Corinne Hofmann

Die weiße Massai

Knaur

Besuchen Sie uns im Internet:
www.knaur.de

Dieser Band ist bereits unter der Titelnummer 61496 erschienen.

Vollständige Taschenbuchausgabe 2001
Droemersche Verlagsanstalt Th. Knaur Nachf., München

Umschlaggestaltung: ZERO Werbeagentur, München
Umschlagabbildung: Georg Kürzinger, München / A1 Verlag, München
Satz: Ventura Publisher im Verlag
Druck und Bindung: Clausen & Bosse, Leck
Printed in Germany
ISBN 3-426-62201-7

2 4 5 3 1

Für Napirai

Ankunft in Kenia

Herrliche Tropenluft empfängt uns bei der Ankunft auf dem Flughafen Mombasa, und bereits hier ahne und spüre ich: dies ist mein Land, hier werde ich mich wohl fühlen. Doch allem Anschein nach bin nur ich empfänglich für die wunderbare Aura, die uns umgibt, denn mein Freund Marco bemerkt trocken: »Hier stinkt's!«

Nach der Zollabfertigung geht es mit dem Safaribus zu unserem Hotel. Auf dem Weg dorthin müssen wir mit der Fähre einen Fluß überqueren, der die Südküste von Mombasa trennt. Es ist heiß, wir sitzen im Bus und staunen. Zu diesem Zeitpunkt weiß ich noch nicht, daß diese Fähre drei Tage später mein ganzes Leben verändern, ja auf den Kopf stellen wird.

Auf der anderen Seite des Flusses fahren wir etwa eine Stunde über Landstraßen durch kleine Siedlungen. Die meisten Frauen vor den einfachen Hütten scheinen Moslems zu sein, denn sie sind in schwarze Tücher gehüllt. Endlich erreichen wir unser Hotel, das Africa-Sea-Lodge. Es ist eine moderne, aber noch im afrikanischen Stil erbaute Anlage, in der wir ein kleines Rundhäuschen, das hübsch und gemütlich eingerichtet ist, beziehen. Ein erster Besuch am Strand bestärkt das überwältigende Gefühl: Dies ist das schönste aller Länder, die ich je besucht habe, hier würde ich gerne bleiben.

Nach zwei Tagen haben wir uns gut eingelebt und wollen auf eigene Faust mit dem öffentlichen Bus nach Mombasa und mit der Likoni-Fähre hinüber zu einer Stadtbesichtigung. Unauffällig geht ein Rastaman an uns vorbei, und ich höre: »Haschisch, Marihuana.« Marco nickt: »Yes, yes, where we can make a deal?« Nach einem kurzem Gespräch sollen wir ihm folgen. »Laß das, Marco, es ist zu gefährlich!« sage ich, doch er achtet nicht auf meine Bedenken. Als wir in eine heruntergekommene, verlassene Gegend kommen, möchte ich das Unternehmen abbrechen, doch der Mann erklärt uns, wir sollen auf ihn warten, und verschwindet daraufhin. Mir ist unbehaglich zumute, und endlich sieht auch Marco ein, daß wir gehen sollten. Wir verziehen uns gerade noch rechtzeitig, bevor der Rastaman in Polizeibegleitung auftaucht. Ich bin wütend und frage aufgebracht: »Siehst du jetzt, was hätte passieren können!?«

Mittlerweile ist es später Nachmittag, wir sollten uns auf den Heimweg machen. Aber in welche Richtung? Ich weiß nicht mehr, wo diese Fähre ablegt, und auch Marco versagt kläglich. Schon haben wir den ersten handfesten Streit, und erst nach langer Suche sind wir am Ziel, die Fähre ist in Sicht. Hunderte von Menschen mit vollgepackten Kartons, Karren und Hühnern stehen zwischen den wartenden Autos. Jeder will auf die zweistöckige Fähre.

Endlich sind auch wir an Bord, und das Unfaßbare geschieht. Marco sagt: »Corinne, schau, da drüben, das ist ein Massai!« »Wo?« frage ich und schaue in die gezeigte Richtung. Es trifft mich wie ein Blitzschlag. Da sitzt ein langer, tiefbrauner, sehr schöner, exotischer Mann lässig auf dem Fährengeländer und schaut uns, die einzigen Weißen in diesem Gewühl, mit dunklen Augen an. Mein Gott, denke ich, ist der schön, so etwas habe ich noch nie gesehen.

Er ist nur mit einem kurzen, roten Hüfttuch bekleidet, dafür aber reich geschmückt. Seine Stirn ziert ein großer, an

bunten Perlen befestigter Perlmuttknopf, der hell leuchtet. Die langen roten Haare sind zu feinen Zöpfchen geflochten, und sein Gesicht ist mit Zeichen bemalt, die bis auf die Brust hinabreichen. Über dieser hängen gekreuzt zwei lange Ketten aus farbigen Perlen, und an den Handgelenken trägt er mehrere Armbänder. Sein Gesicht ist so ebenmäßig schön, daß man fast meinen könnte, es sei das einer Frau. Aber die Haltung, der stolze Blick und der sehnige Muskelbau verraten, daß er ein Mann ist. Ich kann den Blick nicht mehr abwenden. So, wie er dasitzt in der untergehenden Sonne, sieht er wie ein junger Gott aus.
In fünf Minuten siehst du diesen Menschen nie wieder, denke ich bedrückt, denn dann legt die Fähre an, und alle rennen los, verteilen sich auf die Busse und verschwinden in alle Himmelsrichtungen. Mir wird das Herz schwer, und gleichzeitig bekomme ich kaum noch Luft. Neben mir beendet Marco gerade den Satz »… vor diesen Massai müssen wir uns in acht nehmen, die rauben die Touristen aus.« Das ist mir im Moment jedoch völlig egal, und ich überlege fieberhaft, wie ich mit diesem atemberaubend schönen Mann in Kontakt kommen kann. Englisch beherrsche ich nicht, und ihn einfach nur anzustarren bringt auch nichts.
Die Ladeklappe wird heruntergelassen, und alle drängen zwischen den abfahrenden Autos an Land. Von dem Massai sehe ich nur noch seinen glänzenden Rücken, als er geschmeidig zwischen den anderen, schwerfällig schleppenden Menschen verschwindet. Aus, vorbei, denke ich und könnte in Tränen ausbrechen. Weshalb mich das so mitnimmt, weiß ich nicht.
Wir haben wieder festen Boden unter den Füßen und drängen zu den Bussen. Mittlerweile ist es finster geworden, in

Kenia bricht die Dunkelheit innerhalb einer halben Stunde herein. Die vielen Busse füllen sich in kurzer Zeit mit Menschen und Gepäck. Wir stehen ratlos da. Zwar wissen wir den Namen unseres Hotels, aber nicht, an welchem Strand es liegt. Ungeduldig stoße ich Marco an: »Frag doch mal jemanden!« Das sei meine Sache, meint er, dabei war ich noch nie in Kenia und spreche kein Englisch. Es war ja seine Idee, nach Mombasa zu fahren. Ich bin traurig und denke an den Massai, der sich bereits in meinem Kopf festgesetzt hat.

In völliger Dunkelheit stehen wir da und streiten. Alle Busse sind weg, als hinter uns eine dunkle Stimme »Hello!« sagt. Wir drehen uns gleichzeitig um, und mir bleibt fast das Herz stehen. »Mein« Massai! Einen Kopf größer als ich, obwohl ich bereits 1,80 m groß bin. Er schaut uns an und redet in einer Sprache auf uns ein, die wir beide nicht verstehen. Mein Herz scheint aus der Brust zu springen, meine Knie zittern. Ich bin völlig durcheinander. Marco versucht währenddessen zu erklären, wohin wir müssen. »No problem«, erwidert der Massai, wir sollen warten. Etwa eine halbe Stunde vergeht, in der ich nur diesen schönen Menschen ansehe. Er beachtet mich kaum, Marco hingegen reagiert sehr irritiert. »Was ist eigentlich los mit dir?« will er wissen. »Du starrst diesen Mann geradezu penetrant an, ich muß mich schämen. Reiß dich zusammen, so kenne ich dich ja gar nicht!« Der Massai steht dicht neben uns und sagt kein Wort. Nur durch die Umrisse seines langen Körpers und seinen Geruch, der auf mich erotisch wirkt, spüre ich, daß er noch da ist.

Am Rande des Busbahnhofs gibt es kleine Geschäfte, die eher wie Baracken aussehen und alle dasselbe anbieten: Tee, Süßigkeiten, Gemüse, Früchte und Fleisch, das an Haken

hängt. Vor den nur schwach mit Petroleumlampen beleuchteten Buden stehen Menschen in zerlumpten Kleidern. Als Weiße fallen wir hier sehr auf.
»Laß uns zurück nach Mombasa gehen und ein Taxi suchen. Der Massai versteht doch nicht, was wir wollen, und ich traue ihm nicht. Außerdem glaube ich, daß du von ihm richtig verhext bist«, sagt Marco. Mir allerdings erscheint es wie eine Fügung, daß ausgerechnet er unter all den Schwarzen auf uns zugekommen ist.
Als kurz darauf ein Bus hält, sagt der Massai »Come, come!«, schwingt sich hinein und reserviert uns zwei Plätze. Wird er wieder aussteigen oder mitfahren, frage ich mich. Zu meiner Beruhigung setzt er sich auf die andere Seite des Durchgangs direkt hinter Marco. Der Bus fährt auf einer Landstraße, die völlig im Dunkeln liegt. Ab und zu sieht man zwischen den Palmen und Sträuchern ein Feuer und ahnt die Anwesenheit von Menschen. Die Nacht verwandelt alles, wir haben völlig die Orientierung verloren. Marco erscheint die Strecke viel zu lang, so daß er mehrmals den Versuch macht auszusteigen. Nur durch mein gutes Zureden und nach ein paar Worten des Massai sieht er ein, daß wir dem Fremden vertrauen müssen. Ich habe keine Angst, im Gegenteil, ich möchte ewig so weiterfahren. Die Anwesenheit meines Freundes beginnt mich zu stören. Alles sieht er negativ und obendrein versperrt er mir die Sicht! Krampfhaft überlege ich: »Was ist, wenn wir am Hotel eintreffen?«
Nach gut einer Stunde ist der gefürchtete Moment gekommen. Der Bus hält, und Marco steigt erleichtert aus, nachdem er sich bedankt hat. Ich schaue noch einmal den Massai an, bringe kein Wort hervor und stürze aus dem Bus. Er fährt weiter, irgendwohin, vielleicht sogar nach Tansania.

Von diesem Moment an will sich bei mir keine Ferienstimmung mehr einstellen.
Ich denke viel über mich, Marco und mein Geschäft nach. Seit bald fünf Jahren betreibe ich in Biel eine exklusive Secondhand-Boutique mit einer Abteilung für Brautkleider. Nach anfänglichen Schwierigkeiten läuft das Geschäft bestens, und ich beschäftige mittlerweile drei Schneiderinnen. Mit siebenundzwanzig Jahren habe ich es geschafft, auf einen ansehnlichen Lebensstandard zu kommen.
Marco lernte ich kennen, als es beim Einrichten meiner Boutique Schreinerarbeiten zu erledigen gab. Er war höflich und lustig, und da ich in Biel neu zugezogen war und niemanden kannte, nahm ich eines Tages seine Einladung zum Essen an. Langsam entwickelte sich unsere Freundschaft, und nach einem halben Jahr zogen wir zusammen. Wir gelten in Biel als »Traumpaar«, haben viele Freunde, und alle warten auf unseren Hochzeitstermin. Doch ich gehe völlig in der Aufgabe als Geschäftsfrau auf und bin auf der Suche nach einem zweiten Laden in Bern. Mir bleibt kaum Zeit für Gedanken an Hochzeit oder Kinder. Marco ist von meinen Plänen allerdings nicht sehr angetan, sicher auch, weil ich schon jetzt wesentlich mehr verdiene als er. Das macht ihm zu schaffen und hat in letzter Zeit zu Auseinandersetzungen geführt.
Und nun diese für mich völlig neue Erfahrung! Ich versuche immer noch zu begreifen, was da in mir vorgeht. Mit meinen Gefühlen bin ich weit weg von Marco und merke, daß ich ihn kaum wahrnehme. Dieser Massai hat sich in meinem Gehirn festgesetzt. Ich kann nichts essen. Im Hotel haben wir die besten Buffets, aber ich bringe nichts mehr hinunter. In meinem Bauch haben sich anscheinend die Gedärme verknotet. Den ganzen Tag spähe ich zum

Strand oder spaziere an ihm entlang, in der Hoffnung, ihn zu erblicken. Ab und zu sehe ich einige Massai, aber alle sind kleiner und weit entfernt von seiner Schönheit. Marco läßt mich gewähren, es bleibt ihm ja nichts anderes übrig. Er freut sich auf die Heimreise, weil er fest davon überzeugt ist, daß sich dann alles normalisiert. Doch dieses Land hat mein Leben aus den Fugen gerissen, und es wird nichts mehr so sein wie bisher.

Marco beschließt, eine Safari ins Massai-Mara zu unternehmen. Mir behagt diese Idee nicht besonders, denn unter diesen Umständen habe ich keine Chance, den Massai wiederzufinden. Aber mit einer Zweitagesreise bin ich einverstanden.

Die Safari ist anstrengend, weil es mit den Bussen weit ins Landesinnere geht. Wir fahren bereits mehrere Stunden, und Marco geht alles zu langsam. »Wegen der paar Elefanten und Löwen hätten wir wirklich nicht diese Strapaze auf uns nehmen müssen, die können wir auch bei uns im Zoo sehen.« Mir aber gefällt die Fahrt. Bald erreichen wir die ersten Massai-Dörfer. Der Bus hält, und der Fahrer fragt, ob wir Lust hätten, die Hütten und deren Bewohner zu besichtigen. »Klar«, sage ich, und die anderen Safariteilnehmer schauen mich kritisch an. Der Fahrer handelt einen Preis aus. In weißen Turnschuhen stapfen wir durch lehmigen Morast, darauf bedacht, nicht auf die Kuhfladen zu treten, die überall herumliegen. Kaum sind wir bei den Hütten, den Manyattas, stürzen sich die Frauen mit ihrer Kinderschar auf uns, zerren an unseren Kleidern und wollen praktisch alles, was wir an uns tragen, gegen Speere, Stoffe oder Schmuck eintauschen.

Inzwischen sind die Männer in die Hütten gelockt worden. Ich kann mich nicht überwinden, in diesem Morast noch einen einzigen Schritt zu machen. So reiße ich mich von den rabiaten Frauen los und stürme zurück zum Safaribus, gefolgt von Hunderten von Fliegen. Auch die anderen Gäste eilen zum Bus und rufen: »Losfahren!« Der Chauffeur lächelt und meint: »Jetzt seid ihr hoffentlich gewarnt vor diesem Stamm, den letzten unzivilisierten Menschen in Kenia, mit denen auch die Regierung ihre Schwierigkeiten hat.«

Im Bus stinkt es fürchterlich, und die Fliegen sind eine Plage, während Marco lacht und meint: »So, jetzt weißt du wenigstens, woher dein Schönling kommt und wie es bei denen ausschaut.« An meinen Massai habe ich komischerweise in diesen Minuten überhaupt nicht gedacht.

Schweigend fahren wir weiter, vorbei an großen Elefantenherden. Nachmittags erreichen wir ein Touristenhotel. Es ist fast unwirklich, in dieser Halbwüste in einem luxuriösen Hotel zu übernachten. Als erstes beziehen wir unsere Zimmer und gehen unter die Dusche. Das Gesicht, die Haare, alles klebt. Dann gibt es ein üppiges Abendessen, und selbst ich verspüre nach fast fünf Tagen Hungerns so etwas wie Appetit. Am nächsten Morgen stehen wir sehr früh zur Löwenbesichtigung auf und tatsächlich finden wir drei noch schlafende Tiere. Dann treten wir den langen Heimweg an. Je näher wir Mombasa kommen, desto mehr überkommt mich ein merkwürdiges Glücksgefühl. Für mich steht fest: Noch knapp eine Woche sind wir hier, und ich muß meinen Massai wiederfinden.

Abends findet im Hotel ein Massai-Tanz mit anschließendem Schmuckverkauf statt, und ich bin voller Hoffnung, ihn hier wiederzusehen. Wir sitzen in der ersten Reihe, als die Krieger hereinkommen. Es sind etwa zwanzig Männer, kleine, große, hübsche, häßliche, aber mein Massai ist nicht dabei. Ich bin enttäuscht. Trotzdem gefällt mir ihre Darbietung, und wieder rieche ich diese Ausdünstung, die sich von der anderer Afrikaner stark unterscheidet.

In der Nähe des Hotels soll es ein Freiluft-Dancing, die »Bush-Baby-Disco«, geben, wo auch Einheimische hingehen können. So sage ich: »Marco, komm, wir suchen dieses Tanzlokal.« Er will nicht so recht, da natürlich die Hotelleitung auf die Gefahren hingewiesen hat, aber ich setze mich durch. Nach kurzer Wanderung entlang der dunklen Straße erspähen wir Licht und hören die ersten Töne von Rockmusik. Wir gehen hinein, und mir gefällt es sofort. Endlich nicht mehr diese kahlen, klimatisierten Hotel-Discos, sondern eine Tanzfläche unter freiem Himmel mit einigen Bars zwischen Palmen. Überall hocken Touristen mit Einheimischen an den Theken. Hier geht es locker zu. Wir setzen uns an einen Tisch. Marco bestellt Bier und ich eine Cola. Dann tanze ich allein, da Marco nicht viel vom Tanzen hält.

Gegen Mitternacht betreten einige Massai die Disco. Ich sehe sie mir genau an, erkenne aber nur ein paar von denen, die im Hotel ihren Auftritt hatten. Enttäuscht kehre ich an den Tisch zurück. Ich fasse den Entschluß, die restlichen Abende in der Disco zu verbringen, denn es scheint mir die einzige Möglichkeit zu sein, meinen Massai wiederzufinden. Marco protestiert zwar, aber allein im Hotel bleiben will er auch nicht. So machen wir uns jeden Abend nach dem Essen auf den Weg zur Bush-Baby-Disco.

Nach dem zweiten Abend, es ist bereits der 21. Dezember, hat mein Freund genug von den Ausflügen. Ich verspreche ihm, es sei nur noch dieses eine Mal. Wie immer sitzen wir an dem inzwischen zu unserem Stammplatz gewordenen Tisch unter der Palme. Ich entschließe mich zu einem Solo-

tanz inmitten der tanzenden Schwarzen und Weißen. Er muß doch einfach kommen!
Kurz nach elf Uhr, ich bin schon ganz schweißgebadet, öffnet sich die Tür. Mein Massai! Er legt seinen Schlagstock beim Kontrolleur nieder, geht langsam zu einem Tisch und setzt sich mit dem Rücken zu mir. Meine Knie zittern, ich kann kaum noch stehen. Jetzt schießt mir der Schweiß erst recht aus allen Poren. Ich muß mich an einer Säule am Rand der Tanzfläche festhalten, um nicht umzukippen.
Fieberhaft überlege ich, was ich tun könnte. Auf diesen Augenblick habe ich Tage gewartet. So ruhig wie möglich gehe ich an unseren Tisch zurück und sage zu Marco: »Schau, da ist der Massai, der uns geholfen hat. Hol ihn bitte an unseren Tisch und spendiere ihm ein Bier als Dankeschön!« Marco dreht sich um, und im selben Moment sieht uns der Massai. Er winkt, steht auf und kommt tatsächlich zu uns. »Hello, friends!« Schon streckt er uns lachend seine Hand entgegen. Sie fühlt sich kühl und geschmeidig an.
Er setzt sich neben Marco direkt mir gegenüber. Warum nur kann ich kein Englisch! Marco bemüht sich um ein Gespräch, wobei sich herausstellt, daß auch der Massai kaum Englisch spricht. Mit Gestik und Mimik versuchen wir uns zu verständigen. Er schaut zuerst Marco, dann mich an und fragt schließlich, auf mich zeigend: »Your wife?« Auf Marcos »Yes, yes« reagiere ich empört: »No, only boyfriend, no married!« Der Massai versteht nicht. Er fragt nach Kindern. Wieder sage ich: »No, no! No married!«
So nah war er mir noch nie. Nur der Tisch ist zwischen uns, und ich kann ihn nach Herzenslust anstarren. Er ist faszinierend schön, mit seinem Schmuck, den langen Haaren und dem stolzen Blick! Von mir aus könnte die Zeit stehenbleiben. Er fragt Marco: »Warum tanzt du nicht mit deiner

Frau?« Als Marco, zum Massai gewandt, antwortet, er trinke lieber Bier, ergreife ich die Gelegenheit und mache dem Massai klar, daß ich mit ihm tanzen will. Er schaut Marco an, und als keine Reaktion kommt, stimmt er zu.

Wir tanzen, er mehr hüpfend wie beim Volkstanz, ich europäisch. Er bewegt keinen Muskel im Gesicht. Ich weiß nicht, ob ich ihm überhaupt gefalle. Dieser Mann, so fremd er mir ist, zieht mich wie ein Magnet an. Nach zwei Songs kommt langsame Musik, und ich würde ihn am liebsten an mich drücken. Statt dessen reiße ich mich zusammen und gehe von der Bühne, ich würde sonst völlig die Kontrolle verlieren.

Am Tisch reagiert Marco prompt: »Corinne, komm, wir gehen ins Hotel, ich bin müde.« Aber ich will nicht. Der Massai gestikuliert wieder mit Marco. Er will uns einladen, uns morgen seine Wohnstätte zeigen und eine Bekannte vorstellen. Ich stimme schnell zu, bevor Marco widersprechen kann. Wir verabreden uns vor dem Hotel.

In der Nacht liege ich schlaflos auf dem Bett, und gegen Morgen ist mir klar, daß meine Zeit mit Marco zu Ende ist. Fragend schaut er mich an, und plötzlich bricht es aus mir heraus: »Marco, ich kann nicht mehr. Ich weiß nicht, was mir mit diesem völlig fremden Mann passiert ist. Ich weiß nur, dieses Empfinden ist stärker als jede Vernunft.« Marco tröstet mich und meint gutmütig, wenn wir wieder in der Schweiz seien, werde sich alles wieder einrenken. Kläglich erwidere ich: »Ich will nicht mehr zurück. Ich will hier bleiben in diesem schönen Land bei den liebenswerten Menschen und vor allem bei diesem faszinierenden Massai.« Marco versteht mich natürlich nicht.

Bei brütender Hitze stehen wir am nächsten Tag wie verabredet vor dem Hotel. Plötzlich taucht er auf der anderen

Seite der Straße auf und kommt herüber. Nach kurzer Begrüßung sagt er: »Come, come!« und wir folgen ihm. Wir gehen ungefähr zwanzig Minuten durch Wald und Gestrüpp. Da und dort springen Affen, manche halb so groß wie wir, vor uns her. Wieder bewundere ich den Gang des Massai. Er scheint den Boden kaum zu berühren. Es ist fast wie ein Schweben, obwohl seine Füße in schweren Autoreifen-Sandalen stecken. Marco und ich wirken dagegen wie Trampeltiere.

Dann kommen fünf Rundhäuschen in Sicht, in einem Kreis zusammengestellt, ähnlich wie im Hotel, nur viel kleiner, und statt Beton sind hier Natursteine aufeinander gestapelt, mit rotem Lehm verputzt. Das Dach ist aus Stroh. Vor einem Häuschen steht eine stämmige Frau mit einem großen Busen. Der Massai stellt sie uns als seine Bekannte Priscilla vor, und erst jetzt erfahren wir den Namen des Massai: Lketinga.

Priscilla begrüßt uns freundlich, und zu unserer Verwunderung spricht sie gut Englisch. »You like tea?« fragt sie. Ich nehme dankend an. Marco meint, es sei viel zu heiß, er hätte lieber ein Bier. Das bleibt hier natürlich Wunschvorstellung. Priscilla holt einen kleinen Spirituskocher hervor, stellt ihn vor unsere Füße, und wir warten, bis das Wasser kocht. Wir erzählen von der Schweiz, von unserer Arbeit und fragen, wie lange sie hier schon wohnen. Priscilla lebt bereits seit zehn Jahren an der Küste. Lketinga hingegen sei neu hier, er sei erst vor einem Monat angekommen und spreche deshalb fast noch kein Wort Englisch.

Wir fotografieren, und jedesmal, wenn ich in Lketingas Nähe komme, zieht er mich körperlich spürbar an. Ich muß mich zusammenreißen, damit ich ihn nicht berühre. Wir trinken den Tee, der ausgezeichnet schmeckt, aber ver-

dammt heiß ist. Wir verbrennen uns beinahe die Finger an den Emailletassen.
Es beginnt, rasch dunkel zu werden, und Marco sagt: »Komm jetzt, wir müssen langsam zurück.« Wir verabschieden uns von Priscilla und tauschen, mit dem Versprechen zu schreiben, unsere Adressen aus. Schweren Herzens trabe ich hinter Marco und Lketinga zurück. Vor dem Hotel fragt er: »Tomorrow Christmas, you come again to Bush-Baby?« Ich strahle Lketinga an, und bevor Marco antworten kann, sage ich »Yes!«
Morgen ist unser drittletzter Tag, und ich habe mir vorgenommen, meinem Massai mitzuteilen, daß ich Marco nach den Ferien verlassen werde. Neben dem, was ich für Lketinga empfinde, erscheint mir alles andere, was vorher war, lächerlich. Ich will ihm das morgen irgendwie klarmachen und ihm auch sagen, daß ich bald allein zurückkommen werde. Nur einmal denke ich kurz darüber nach, was er für mich empfindet, doch sofort gebe ich mir selbst die Antwort. Er muß einfach genauso empfinden wie ich!
Heute ist Weihnachten. Bei vierzig Grad im Schatten ist hier von weihnachtlicher Stimmung allerdings nichts zu spüren. Ich mache mich für den Abend so schön wie möglich und ziehe mein bestes Ferienkleid an. An unserem Tisch haben wir zum Fest Champagner bestellt, der teuer ist, dafür um so schlechter und viel zu warm serviert. Um zehn Uhr ist von Lketinga und seinen Freunden noch nichts zu sehen. Was ist, wenn er ausgerechnet heute nicht kommt? Wir sind nur noch morgen hier, und tags darauf geht es in aller Frühe zum Flughafen. Erwartungsvoll starre ich zur Tür und hoffe inständig, daß er kommen wird.
Da taucht ein Massai auf. Er schaut sich um und kommt zögernd auf uns zu. »Hello«, begrüßt er uns und fragt,

ob wir die Weißen seien, die mit Lketinga verabredet sind. Ich habe einen Klumpen im Hals und bekomme einen Schweißausbruch, während wir nicken. Er berichtet uns, Lketinga sei am Nachmittag am Strand gewesen, was normalerweise für Einheimische verboten ist. Dort wurde er von anderen Schwarzen wegen seiner Haare und seiner Kleidung gehänselt. Als stolzer Krieger wehrte er sich seiner Haut und schlug mit seinem Rungu, dem Schlagstock, auf seine Gegner ein. Die Strandpolizei nahm ihn kurzerhand mit, weil sie seine Sprache nicht verstanden. Jetzt sei er irgendwo in einem Gefängnis zwischen der Süd- und Nordküste. Er sei hier, um uns das mitzuteilen, und wünsche uns im Namen von Lketinga eine gute Heimreise.
Marco übersetzt, und als ich begreife, was geschehen ist, stürzt für mich eine Welt zusammen. Nur mit größter Anstrengung kann ich die Tränen der Enttäuschung zurückhalten. Ich flehe Marco an: »Frag, was wir tun können, wir sind nur noch morgen hier!« Er antwortet kühl: »Das ist hier eben so, wir können nichts machen, und ich bin froh, wenn wir endlich zu Hause sind.« Ich lasse nicht locker: »Edy«, so heißt der Massai, »können wir ihn suchen?« Ja, er sammle heute abend bei den anderen Massai Geld und morgen um zehn Uhr fahre er los und versuche, ihn zu finden. Es sei schwierig, weil man nicht wisse, in welches der fünf Gefängnisse er gebracht worden sei.
Ich bitte Marco darum, daß wir mitgehen, er habe uns ja schließlich auch geholfen. Nach längerem Hin und Her willigt er ein, und wir verabreden uns mit Edy um zehn Uhr vor dem Hotel. Die ganze Nacht kann ich nicht schlafen. Ich weiß immer noch nicht, was in mich gefahren ist. Ich weiß nur, daß ich Lketinga wiedersehen will, ja muß, bevor ich in die Schweiz zurückfliege.

Auf der Suche

Marco hat es sich anders überlegt und bleibt im Hotel. Er versucht noch, mir das Vorhaben auszureden, aber gegen diese Kraft, die mir sagt, ich muß gehen, kommen alle gutgemeinten Ratschläge nicht an. So lasse ich ihn zurück und verspreche, gegen zwei Uhr wieder da zu sein. Edy und ich fahren in Richtung Mombasa mit dem Matatu. Diese Art von Taxi benutze ich zum ersten Mal. Es ist ein kleiner Bus mit zirka acht Sitzplätzen. Als er hält, befinden sich bereits dreizehn Leute darin, dichtgedrängt zwischen ihrem Gepäck. Der Kontrolleur hängt draußen am Fahrzeug. Ich schaue ratlos in das Gewühl. »Go, go in!« sagt Edy, und ich klettere über Taschen und Beine und halte mich in gebückter Haltung fest, damit ich in den Kurven nicht auf die anderen falle.

Gott sei Dank steigen wir nach etwa fünfzehn Kilometern aus. Wir sind in Ukunda, dem ersten größeren Dorf, das ein Gefängnis hat. Gemeinsam gehen wir hinein. Noch bevor ich einen Fuß über die Schwelle gesetzt habe, hält uns ein bulliger Typ auf. Fragend sehe ich Edy an. Er verhandelt, und nach etlichen Minuten, nachdem ich angewiesen wurde, stehenzubleiben, öffnet der Typ eine Tür hinter sich. Da es im Inneren dunkel ist und ich draußen in der Sonne stehe, kann ich nicht viel erkennen. Dafür schlägt uns ein so schrecklicher Gestank entgegen, daß ich Brechreiz verspüre. Der Dicke schreit etwas in das dunkle Loch, und nach ein paar Sekunden erscheint ein Mensch, der völlig verwahrlost aussieht. Es ist anscheinend ein Massai, doch

ohne Schmuck. Ich schüttle erschreckt den Kopf und frage Edy: »Ist nur dieser Massai hier?« Offensichtlich ist es so, und der Gefangene wird zurückgestoßen zu den anderen, die am Boden kauern. Wir gehen, und Edy sagt: »Komm, wir nehmen noch mal ein Matatu, die sind schneller als die großen Busse, und suchen in Mombasa weiter.«
Wieder geht es hinüber mit der Likoni-Fähre und weiter mit dem nächsten Bus an den Stadtrand zum dortigen Gefängnis. Es ist wesentlich größer als das letzte. Auch hier werde ich als Weiße grimmig angeschaut. Der Mann hinter der Barriere nimmt keine Notiz von uns. Er liest gelangweilt in seiner Zeitung, und wir stehen ratlos herum. Ich stupse Edy an: »Frag doch mal!« Nichts passiert, bis Edy mir erklärt, ich solle diesem Kerl unauffällig einige Kenia-Schillinge hinlegen. Aber wieviel? Ich habe in meinem Leben noch nie jemanden bestechen müssen. Also lege ich 100 Kenia-Schillinge hin, was etwa zehn Franken entspricht. Scheinbar achtlos streicht er das Geld ein und schaut uns endlich an. Nein, in letzter Zeit sei kein Massai namens Lketinga eingeliefert worden. Es seien zwei Massai hier, aber die seien viel kleiner als der Beschriebene. Ich will sie trotzdem sehen, denn vielleicht täuscht er sich ja, und das Geld hat er bereits genommen. Mit einem finsteren Blick auf mich erhebt er sich und sperrt eine Tür auf.
Was ich hier sehe, schockiert mich. In einem Raum ohne Fenster hocken zusammengepfercht mehrere Personen, die einen auf Pappkartons, die anderen auf Zeitungen oder direkt auf dem Betonboden. Durch den Lichtstrahl geblendet, halten sie sich die Hände vor die Augen. Nur ein kleiner Gang zwischen den kauernden Menschen ist frei. Im nächsten Augenblick sehe ich auch, warum, denn ein Angestellter kommt, um einen Kübel mit »Essen« hinein-

zuschütten, direkt auf den Betongang. Es ist unfaßbar, so füttert man bestenfalls Schweine! Bei dem Wort Massai kommen zwei Männer heraus, aber keiner von beiden ist Lketinga. Ich bin entmutigt. Was erwartet mich überhaupt, wenn ich ihn finde?

Wir fahren in die Innenstadt, nehmen ein anderes Matatu und rumpeln zirka eine Stunde zur Nordküste. Edy beruhigt mich und meint, hier müsse er sein. Doch wir kommen gar nicht erst bis zum Eingang. Ein bewaffneter Polizist fragt, was wir wollen. Edy erklärt unser Anliegen, doch der andere schüttelt den Kopf, seit zwei Tagen hätten sie keinen Neuen bekommen. Wir verlassen den Ort, und ich bin völlig ratlos.

Edy sagt, es sei bereits spät, wenn ich um zwei Uhr zurück sein wolle, müßten wir uns beeilen. Ich will aber nicht ins Hotel. Nur noch heute habe ich Zeit, Lketinga zu finden. Edy schlägt vor, wir sollten noch mal beim ersten Gefängnis nachfragen, weil die Insassen oft verlegt werden. Also fahren wir in der brütenden Hitze wieder zurück nach Mombasa.

Als sich unsere Fähre mit einer entgegenkommenden kreuzt, sehe ich, daß sich auf dem anderen Schiff fast keine Menschen, sondern nur Fahrzeuge befinden, wovon eines besonders hervorsticht. Es ist knallgrün und vergittert. Edy sagt, dies sei der Gefangenentransporter. Mir wird übel beim Gedanken an diese armen Geschöpfe, aber weiter denke ich nicht. Ich bin müde, durstig und total verschwitzt. Um 14.30 Uhr sind wir wieder in Ukunda.

Vor dem Gefängnis steht jetzt ein anderer Wächter, der wesentlich freundlicher wirkt. Edy erklärt nochmals, wen wir suchen, und es wird lebhaft diskutiert. Ich verstehe nichts. »Edy, was ist los?« Er erklärt mir, Lketinga sei vor einer

knappen Stunde an die Nordküste, von der wir gerade kommen, gebracht worden. Er sei in Kwale gewesen, dann kurz hier und jetzt auf dem Weg zu dem Gefängnis, in dem er bis zu seiner Verhandlung bleiben müsse.
Langsam beginne ich durchzudrehen. Wir waren den ganzen Morgen unterwegs, und vor einer halben Stunde fuhr er an uns vorbei, in der grünen Minna. Edy schaut mich ratlos an. Wir sollten besser ins Hotel gehen, er werde es morgen wieder versuchen, er wisse jetzt, wo Lketinga sei. Ich könne ihm ja das Geld geben, er werde ihn auslösen.
Ich muß nicht lange überlegen und bitte Edy, noch einmal mit mir zur Nordküste zu fahren. Er ist nicht begeistert, aber er kommt mit. Schweigend fahren wir den langen Weg zurück, und ständig frage ich mich, warum, Corinne, warum tust du das? Was will ich Lketinga überhaupt sagen? Ich weiß es nicht, ich werde einfach von dieser unheimlichen Kraft weitergetrieben.
Kurz vor sechs Uhr erreichen wir erneut das Gefängnis an der Nordküste. Es steht noch derselbe bewaffnete Mann dort. Er erkennt uns und berichtet, daß Lketinga vor etwa zweieinhalb Stunden angekommen sei. Jetzt bin ich völlig wach. Edy erklärt, wir wollten den Massai herausholen. Der Wächter schüttelt den Kopf und meint, vor Silvester gehe das nicht, da der Gefangene noch keine Verhandlung gehabt habe und der Chef des Gefängnisses bis dahin in Ferien sei.
Mit allem habe ich gerechnet, damit aber nicht. Selbst mit Geld ist Lketinga nicht freizubekommen. Mit Müh und Not bringe ich den Wächter soweit, mir zumindest zu erlauben, Lketinga für zehn Minuten zu sehen, da er verstanden hat, daß ich morgen abfliege. Und dann kommt er strahlend heraus auf das Gelände. Ich erschrecke zutiefst.

Er trägt keinen Schmuck mehr, hat die Haare in ein schmutziges Tuch gewickelt und stinkt fürchterlich. Dennoch scheint er sich zu freuen und wundert sich nur, warum ich ohne Marco hier bin. Ich könnte schreien, der merkt auch gar nichts! Ich sage ihm, daß wir morgen nach Hause fliegen, ich aber so schnell wie möglich wiederkommen werde. Ich schreibe ihm meine Adresse auf und bitte ihn um seine. Nur zögernd schreibt er mühsam seinen Namen und die P. O. Box auf. Ich kann ihm gerade noch das Geld zustecken, und schon nimmt ihn der Wärter wieder mit. Beim Weggehen schaut er zurück, bedankt sich und sagt, ich solle Marco grüßen.
Langsam gehen wir zurück und warten in der einfallenden Dunkelheit auf einen Bus. Erst jetzt merke ich, wie erschöpft ich bin, heule plötzlich los und kann nicht mehr aufhören. Im überfüllten Matatu starren alle die weinende Weiße mit dem Massai an. Mir ist es egal, ich will am liebsten sterben.
Es ist bereits nach 20 Uhr, als wir die Likoni-Fähre erreichen. Marco fällt mir wieder ein, und ich bekomme Schuldgefühle, weil ich seit mehr als sechs Stunden über die vereinbarte Zeit hinaus verschwunden bin.
Während wir auf die Fähre warten, sagt Edy: »No bus, no Matatu to Diani-Beach.« Ich glaube, mich verhört zu haben. »Ab 20 Uhr fahren keine öffentlichen Busse mehr bis zum Hotel.« Das kann nicht wahr sein! Wir stehen im Dunkeln bei der Fähre, und drüben geht es nicht weiter. Ich gehe die wartenden Autos ab, ob sich unter den Insassen Weiße befinden. Zwei heimkehrende Safari-Busse sind dabei. Ich klopfe an die Scheibe und frage, ob ich mitfahren kann. Der Fahrer verneint, er dürfe keine Fremden aufnehmen. Die Insassen sind Inder, die ohnehin schon alle Plätze

belegt haben. Im letzten Moment fährt ein Auto auf die Rampe, und ich habe Glück. Zwei italienische Nonnen, denen ich mein Problem erklären kann, sitzen darin. Angesichts meiner Situation sind sie bereit, mich und Edy zum Hotel zu bringen.

Eine dreiviertel Stunde fahren wir durch die Dunkelheit, und ich bekomme Angst vor Marco. Wie wird er reagieren? Selbst wenn er mir eine Ohrfeige verpaßt, würde ich das verstehen, er wäre völlig im Recht. Ja, ich hoffe sogar, daß er soweit geht und ich dadurch vielleicht wieder zu mir komme. Immer noch begreife ich nicht, was in mich gefahren ist und warum ich die Kontrolle über jegliche Vernunft verloren habe. Ich merke nur, daß ich so müde bin wie nie in meinem Leben zuvor und das erste Mal große Angst empfinde, vor Marco und vor mir selbst.

Beim Hotel verabschiede ich mich von Edy und stehe kurz darauf vor Marco. Er schaut mich traurig an, kein Geschrei, keine langen Worte, nur dieser Blick. Ich falle ihm um den Hals und weine schon wieder. Marco führt mich in unser Häuschen und spricht beruhigend auf mich ein. Mit allem habe ich gerechnet, nur nicht mit einem so liebevollen Empfang. Er sagt nur: »Corinne, es ist alles gut. Ich bin so froh, daß du überhaupt noch lebst. Ich wollte gerade zur Polizei gehen und eine Vermißtenmeldung aufgeben. Ich hatte die Hoffnung schon aufgegeben und gedacht, dich nicht mehr zu sehen. Soll ich dir etwas zu essen holen?« Ohne meine Antwort abzuwarten, geht er und kommt mit einem beladenen Teller zurück. Es sieht köstlich aus, und ihm zuliebe esse ich, soviel ich kann. Erst nach dem Essen fragt er: »Und, hast du ihn wenigstens gefunden?« »Ja«, antworte ich und berichte ihm alles. Er schaut mich an und meint: »Du bist eine verrückte, aber sehr starke Frau. Wenn du etwas willst, gibst du nicht auf, nur warum kann nicht ich den Platz dieses Massai einnehmen?« Eben das weiß ich nicht. Ich kann mir auch nicht erklären, welches magische Geheimnis diesen Mann umgibt. Hätte mir jemand vor zwei Wochen gesagt, ich würde mich in einen Massai-Krieger verlieben, ich hätte ihn ausgelacht. Nun stehe ich vor einem riesengroßen Chaos.

Während des Heimflugs fragt Marco: »Wie soll es nun weitergehen mit uns, Corinne? Es liegt an dir.« Es fällt mir schwer, Marco das Ausmaß meiner Verwirrung deutlich zu machen. »Ich suche mir so schnell wie möglich eine eigene Wohnung, auch wenn es nicht für sehr lange sein wird, denn ich will wieder nach Kenia, vielleicht für immer«, antworte ich. Marco schüttelt nur traurig den Kopf.

Ein langes halbes Jahr

Bis ich endlich eine neue Wohnung oberhalb von Biel finde, vergehen zwei Monate. Der Umzug ist einfach, da ich nur meine Kleider mitnehme und einige persönliche Sachen, den Rest überlasse ich Marco. Am schwersten fällt es mir, meine zwei Katzen zurückzulassen. Aber angesichts der Tatsache, daß ich sowieso weggehe, gibt es nur diese Lösung. Mein Geschäft betreibe ich weiterhin, aber mit weniger Engagement, weil ich ständig von Kenia träume. Ich besorge mir alles, was ich finden kann über dieses Land, auch dessen Musik. Von früh bis spät höre ich im Geschäft Suaheli-Songs. Meine Kunden merken natürlich, daß ich nicht mehr so aufmerksam bin, doch erzählen kann und mag ich nicht.

Täglich warte ich auf Post. Dann endlich, nach fast drei Monaten, bekomme ich Nachricht. Nicht von Lketinga, dafür von Priscilla. Sie schreibt viel Belangloses. Immerhin erfahre ich, daß Lketinga drei Tage, nachdem wir abgereist waren, freigelassen wurde. Noch am gleichen Tag schreibe ich an die Adresse, die ich von Lketinga bekommen habe, und berichte von meinem Vorhaben, im Juni oder Juli wieder nach Kenia zu fahren, diesmal jedoch allein.

Ein weiterer Monat verstreicht, und endlich erhalte ich einen Brief von Lketinga. Er bedankt sich für meine Hilfe und würde sich sehr freuen, wenn ich sein Land wieder besuchen würde. Am selben Tag stürme ich in das nächste Reisebüro und buche für drei Wochen im Juli im selben Hotel.

Nun heißt es warten. Die Zeit scheint stillzustehen, die Tage kriechen dahin. Von unseren gemeinsamen Freunden ist nur einer treu geblieben, der sich ab und zu meldet, um sich mit mir auf ein Glas Wein zu treffen. Er scheint mich wenigstens etwas zu verstehen. Der Abreisetag rückt näher, und ich werde unruhig, da meine Briefe nur von Priscilla erwidert werden. Und doch kann mich nichts erschüttern; nach wie vor bin ich überzeugt, daß mir nur dieser Mann fehlt, um glücklich zu werden.

Inzwischen kann ich mich einigermaßen auf Englisch ausdrücken, meine Freundin Jelly unterrichtet mich täglich. Drei Wochen vor der Abreise entschließen sich mein jüngerer Bruder Eric und die mit ihm liierte Jelly mitzukommen. Das längste halbe Jahr meines Lebens ist überstanden. Wir fliegen ab.

Das Wiedersehen

Nach gut neun Stunden landen wir im Juli 1987 in Mombasa. Uns umgibt dieselbe Hitze, dieselbe Aura. Nur ist mir diesmal alles vertraut, Mombasa, die Fähre und die lange Busfahrt bis zum Hotel.

Ich bin angespannt. Ist er da oder nicht? An der Rezeption ertönt hinter mir ein »Hello!« Wir drehen uns um, und da steht er! Er lacht und kommt mir strahlend entgegen. Das halbe Jahr ist wie weggefegt. Ich stupse ihn an und sage: »Jelly, Eric, schaut, das ist er, Lketinga.« Mein Bruder wühlt verlegen in einer Tasche, meine Freundin Jelly lächelt und begrüßt ihn. Ich stelle sie einander vor. Mehr als einen Händedruck wage ich im Moment nicht.

Im allgemeinen Durcheinander beziehen wir erst einmal unser Häuschen, und Lketinga wartet an der Bar. Endlich kann ich Jelly fragen: »Und, wie findest du ihn?« Sie antwortet, nach Worten suchend: »Schon etwas speziell, vielleicht muß ich mich erst an ihn gewöhnen, im Moment erscheint er mir etwas fremd und wild.« Mein Bruder meint gar nichts. Die Begeisterung liegt offensichtlich allein bei mir, denke ich doch etwas enttäuscht.

Ich ziehe mich um und gehe zur Bar. Lketinga sitzt dort mit Edy. Auch ihn begrüße ich freudig, und dann versuchen wir zu erzählen. Von Lketinga erfahre ich, daß er kurz nach seiner Freilassung zu seinem Stamm gegangen und erst vor einer Woche wieder in Mombasa eingetroffen ist. Er hat durch Priscilla die Nachricht von meiner Ankunft erhalten. Es sei eine Ausnahme, daß sie uns im Hotel begrüßen dürf-

ten, denn normalerweise gebe es keinen Zutritt für Schwarze, die nicht hier arbeiten.
Mir fällt auf, daß ich ohne Edys Hilfe Lketinga fast nichts erzählen kann. Mein Englisch ist noch in den Anfängen, und auch Lketinga spricht kaum mehr als zehn Wörter. So sitzen wir bisweilen schweigend am Strand und strahlen einander einfach an, während meine Freundin und Eric die meiste Zeit am Pool oder im Zimmer verbringen. Langsam wird es Abend, und ich überlege, wie es weitergehen soll. Im Hotel können wir nicht länger bleiben, und abgesehen von unserem ersten Händedruck ist nicht viel passiert. Es ist schwierig, wenn man ein halbes Jahr auf einen Mann gewartet hat. In Gedanken habe ich mich in dieser Zeit oft in die Arme dieses schönen Mannes geträumt, mir Küsse ausgemalt und die wildesten Nächte vorgestellt. Jetzt, wo er da ist, verspüre ich Angst davor, auch nur seinen braunen Arm zu berühren. So gebe ich mich völlig dem Glücksgefühl hin, ihn an meiner Seite zu haben.
Eric und Jelly gehen schlafen, sie sind erschöpft von der langen Reise und der schwülen Hitze. Lketinga und ich schlendern zur Bush-Baby-Disco. Ich fühle mich königlich neben meinem »Prinzen«. Wir setzen uns an einen Tisch und schauen den Tanzenden zu. Er lacht ständig. Und weil wir uns kaum unterhalten können, sitzen wir und lauschen der Musik. Durch seine Nähe und die Atmosphäre werde ich kribbelig, und gerne würde ich einmal sein Gesicht streicheln oder gar erfahren, wie es ist, ihn zu küssen. Als endlich langsame Musik ertönt, ergreife ich seine Hände und deute auf die Tanzfläche. Hilflos steht er herum und macht keine Anstalten.
Plötzlich aber liegen wir uns in den Armen und bewegen uns im Rhythmus der Musik. Die Anspannung in mir

schwindet. Ich zittere am ganzen Körper, doch diesmal kann ich mich an ihm festhalten. Die Zeit scheint stillzustehen, und langsam erwacht mein Verlangen nach diesem Mann, das ein halbes Jahr geschlummert hatte. Ich wage nicht, meinen Kopf zu heben und ihn anzusehen. Was wird er von mir denken? Ich weiß so wenig von ihm! Erst als sich der Rhythmus der Musik ändert, gehen wir an unseren Platz zurück, und ich merke, daß wir als einzige getanzt haben. Ich glaube zu spüren, wie uns Dutzende von Augenpaaren folgen.

Wir sitzen noch eine Weile zusammen, dann gehen wir. Es ist weit nach Mitternacht, als er mich zum Hotel bringt. Am Eingang schauen wir einander in die Augen, und ich glaube, bei ihm einen veränderten Ausdruck wahrzunehmen. Etwas wie Verwunderung und Erregung erkenne ich in diesen wilden Augen. Endlich wage ich, mich seinem schönen Mund zu nähern, und drücke sanft meine Lippen auf seine. Da spüre ich, daß der ganze Mann erstarrt und mich fast entsetzt anschaut.

»What you do?« fragt er und tritt einen Schritt zurück. Ernüchtert stehe ich da, verstehe nichts, empfinde Scham, drehe mich um und renne aufgelöst ins Hotel. Im Bett überfällt mich ein Weinkrampf, die Welt scheint einzustürzen. Mir geht nur eines durch den Kopf: daß ich ihn bis zum Wahnsinn begehre und er sich anscheinend nichts aus mir macht. Irgendwann schlafe ich dennoch ein.

Ich erwache sehr spät, das Frühstück ist längst vorbei. Es ist mir gleichgültig, weil ich absolut keinen Hunger verspüre. So, wie ich momentan ausschaue, will ich nicht gesehen werden, setze mir eine Sonnenbrille auf und schleiche am Pool vorbei, wo sich mein Bruder wie ein verliebter Hahn mit Jelly tummelt.

Am Strand lege ich mich unter eine Palme und starre in den blauen Himmel. War das alles? frage ich mich. Habe ich mich dermaßen getäuscht in meiner Wahrnehmung? Nein, schreit es in mir, woher hätte ich sonst die Kraft genommen, mich von Marco zu trennen und ein halbes Jahr auf jeglichen sexuellen Kontakt zu verzichten, wenn nicht für diesen Mann.

Plötzlich nehme ich einen Schatten über mir wahr und verspüre eine sanfte Berührung am Arm. Ich öffne die Augen und blicke direkt in das schöne Gesicht dieses Mannes. Er strahlt mich an und sagt wieder nur: »Hello!« Ich bin froh, meine Sonnenbrille auf der Nase zu haben. Er schaut mich lange an und scheint mein Gesicht zu studieren. Nach geraumer Zeit fragt er nach Eric und Jelly und erklärt umständlich, daß wir heute nachmittag bei Priscilla zum Tee eingeladen sind. Auf dem Rücken liegend schaue ich in zwei mich sanft und hoffnungsvoll anblickende Augen. Als ich nicht sofort antworte, verändert sich sein Ausdruck, die Augen werden dunkler, ein stolzer Schimmer glänzt in ihnen. Ich kämpfe mit mir und frage dann doch, um welche Zeit wir kommen sollen.

Eric und Jelly sind einverstanden, und so warten wir zur verabredeten Zeit am Hoteleingang. Nach etwa zehn Minuten hält eines der überfüllten Matatus. Zwei lange Beine steigen aus, gefolgt vom langen Körper Lketingas. Er hat Edy mitgebracht. Ich kenne den Weg zu Priscilla noch vom ersten Besuch, mein Bruder allerdings schaut den Affen, die unweit des Weges spielen und essen, skeptisch zu.

Das Wiedersehen mit Priscilla ist sehr herzlich. Sie holt ihren Spirituskocher hervor und bereitet Tee. Während wir warten, diskutieren die drei miteinander, und wir schauen verständnislos zu. Immer wieder wird gelacht, und ich spü-

re, daß auch über mich gesprochen wird. Nach etwa zwei Stunden brechen wir auf, und Priscilla bietet mir an, jederzeit mit Lketinga hierherkommen zu können.
Obwohl ich für zwei weitere Wochen bezahlt habe, beschließe ich, aus dem Hotel auszuziehen und mich bei Priscilla einzuquartieren. Ich habe genug vom ewigen Disco-Besuch und den Abendessen ohne ihn. Die Hotelleitung warnt mich zwar, daß ich nachher wohl weder Geld noch Kleider besitzen werde. Auch mein Bruder ist mehr als skeptisch, doch hilft er mir, alles in den Busch zu schleppen. Lketinga trägt die große Reisetasche und scheint sich zu freuen.
Priscilla räumt ihre Hütte und zieht zu einer Freundin. Als es draußen finster wird und wir dem Moment des körperlichen Zusammentreffens nicht mehr aus dem Weg gehen können, setze ich mich auf die schmale Pritsche und warte mit klopfendem Herzen auf den lang ersehnten Augenblick. Lketinga setzt sich neben mich, und ich erkenne nur das Weiß in seinen Augen, den Perlmuttknopf auf der Stirn und die weißen Elfenbeinringe in den Ohren. Plötzlich geht alles sehr schnell. Lketinga drückt mich auf die Liege, und schon spüre ich seine erregte Männlichkeit. Noch bevor ich mir im klaren bin, ob mein Körper überhaupt bereit ist, spüre ich einen Schmerz, höre komische Laute, und alles ist vorbei. Ich könnte heulen vor Enttäuschung, ich hatte es mir völlig anders vorgestellt. Erst jetzt wird mir richtig bewußt, daß ich es mit einem Menschen aus einer mir fremden Kultur zu tun habe.
Weiter komme ich mit meinen Überlegungen nicht, denn schon wiederholt sich das Ganze. In dieser Nacht folgen noch weitere Anläufe, und nach dem dritten oder vierten »Beischlaf« gebe ich es auf, ihn mit Küssen oder anderen

Berührungen etwas zu verlängern, denn das scheint Lketinga nicht zu mögen.
Endlich wird es hell, und ich warte darauf, daß Priscilla an die Tür klopft. Tatsächlich vernehme ich gegen sieben Uhr morgens Stimmen. Ich schaue hinaus und finde vor der Tür ein Becken voll Wasser. Ich hole es herein und wasche mich gründlich, weil ich überall am Körper rote Farbe von Lketingas Bemalung habe.
Er schläft immer noch, als ich mich bei Priscilla melde. Sie hat bereits Tee gekocht und bietet ihn an. Als sie mich fragt, wie ich meine erste Nacht in einer afrikanischen Behausung verbracht habe, sprudelt es aus mir heraus. Sichtlich verlegen hört sie zu und sagt: »Corinne, wir sind nicht wie die Weißen. Geh zurück zu Marco, mach Ferien in Kenia, aber suche keinen Mann fürs Leben.« Über die Weißen habe sie erfahren, daß sie gut zu den Frauen seien, auch in der Nacht. Massai-Männer seien da anders, so wie ich es gerade erlebt hätte, sei es normal. Massai küssen nicht. Der Mund sei zum Essen da, küssen, und dabei macht sie ein verächtliches Gesicht, sei schrecklich. Ein Mann fasse eine Frau unterhalb des Bauches niemals an, und eine Frau dürfe das Geschlechtsteil eines Mannes nicht berühren. Die Haare und das Gesicht eines Mannes seien ebenfalls tabu.
Ich weiß nicht, ob ich lachen oder weinen soll. Ich begehre einen wunderschönen Mann und darf ihn nicht anfassen. Erst jetzt fällt mir die Szene mit dem mißglückten Kuß wieder ein und zwingt mich, das Gehörte zu glauben.
Während des Gespräches hat Priscilla mich nicht angesehen, es muß ihr schwer gefallen sein, über dieses Thema zu sprechen. Mir geht vieles durch den Kopf, und ich bezweifle, ob ich alles richtig verstanden habe. Plötzlich steht Lketinga in der Morgensonne. Mit nacktem Oberkörper, sei-

nem roten Hüfttuch und den langen roten Haaren sieht er traumhaft aus. Die Erlebnisse der letzten Nacht rücken in den hintersten Teil meines Gehirns, und ich weiß nur, daß ich diesen Mann will und keinen anderen. Ich liebe ihn, und außerdem ist alles erlernbar, beruhige ich mich.
Später fahren wir mit einem überfüllten Matatu nach Ukunda, das nächste größere Dorf. Dort treffen wir auf weitere Massai, die in einem einheimischen Teehaus sitzen. Es besteht aus ein paar Brettern, die notdürftig zusammengenagelt sind, einem Dach, einem langen Tisch, sowie ein paar Stühlen. Der Tee wird in einem großen Kübel über dem Feuer gekocht. Als wir uns setzen, werde ich teils neugierig, teils kritisch gemustert. Und wieder wird wild durcheinandergeredet. Es geht eindeutig um mich. Ich mustere alle und stelle fest, daß keiner so gut und so friedlich aussieht wie Lketinga.
Stundenlang sitzen wir da, und mir ist egal, daß ich nichts verstehe. Lketinga ist rührend besorgt um mich. Er bestellt ständig etwas zu trinken und später auch einen Teller Fleisch. Es sind zerkleinerte Teile einer Ziege, die ich kaum herunterkriege, weil sie noch blutig und sehr zäh sind. Nach drei Stücken würgt es mich, und ich gebe Lketinga zu verstehen, er solle es essen. Doch weder er noch die anderen Männer nehmen etwas von meinem Teller, obwohl deutlich zu sehen ist, daß sie hungrig sind.
Nach einer halben Stunde stehen sie auf, und Lketinga versucht, mir mit Händen und Füßen etwas zu erklären. Ich verstehe allerdings nur, daß alle essen gehen wollen, ich jedoch nicht mitgehen kann. Ich will aber unbedingt mitgehen. »No, big problem! You wait here«, höre ich. Dann sehe ich, wie sie hinter einer Wand verschwinden und kurz darauf auch Berge von Fleisch. Nach einiger Zeit kommt

mein Massai zurück. Er scheint den Bauch voll zu haben. Ich begreife immer noch nicht, warum ich hierbleiben mußte, und er meint nur: »You wife, no lucky meat.« Ich werde am Abend Priscilla danach fragen.
Wir verlassen das Teehaus und fahren mit dem Matatu zum Strand zurück. Beim Africa-Sea-Lodge steigen wir aus und beschließen, Jelly und Eric zu besuchen. Am Eingang werden wir angehalten, doch als ich dem Wärter klarmache, daß wir nur meinen Bruder und seine Freundin besuchen, läßt er uns kommentarlos ein. An der Rezeption werde ich vom Manager lachend begrüßt: »So, you will now come back in the hotel?« Ich verneine und erwähne, daß es mir sehr gut gefällt im Busch. Er zuckt nur mit den Schultern und meint: »Mal sehen, wie lange noch!«
Wir finden die beiden am Pool. Aufgeregt kommt Eric zu mir: »Wird aber auch Zeit, daß du dich wieder einmal zeigst!« Ob ich gut geschlafen habe. Über diese Besorgnis muß ich lachen und erwidere: »Sicher habe ich schon komfortabler genächtigt, aber ich bin glücklich!« Lketinga steht da, lacht und fragt: »Eric, what's the problem?« Einige badende Weiße starren uns an. Ein paar Frauen laufen auffällig langsam an meinem geschmückten und mit neuer Bemalung gefärbten, schönen Massai vorbei und bestaunen ihn unverhohlen. Er seinerseits verschenkt keinen Blick, da es ihn eher geniert, soviel Haut ansehen zu müssen.
Wir bleiben nicht lange, da ich einiges einkaufen möchte, Petroleum, WC-Papier und vor allem eine Taschenlampe. Letzte Nacht blieb es mir erspart, mitten in der Nacht das Busch-WC aufsuchen zu müssen, aber das wird nicht so bleiben. Das WC befindet sich außerhalb des Dorfes. Man erreicht es über eine halsbrecherische Hühnerleiter etwa zwei Meter über dem Boden. Dort befindet sich aus ge-

flochtenen Palmenblättern eine Art Häuschen mit zwei Fußbodenbrettern und einem größeren Loch in der Mitte.
Wir finden alles in einem kleinen Laden, wo anscheinend auch die Hotelangestellten ihre Ware beziehen. Jetzt erst merke ich, wie preiswert hier alles ist. Für meine Verhältnisse kostet, außer den Taschenlampen-Batterien, der Einkauf fast nichts.
Ein paar Meter weiter befindet sich eine weitere Bruchbude, wo mit roter Farbe »Meat« angeschrieben ist. Lketinga zieht es dorthin. An der Decke hängt ein riesiger Fleischerhaken und daran eine gehäutete Ziege. Lketinga schaut mich fragend an und meint: »Very fresh! You take one kilo for you and Priscilla.« Mich schüttelt es beim Gedanken, dieses Fleisch essen zu müssen. Trotzdem willige ich ein. Der Verkäufer nimmt eine Axt und schlägt dem Tier ein Hinterbein ab, um mit zwei, drei weiteren Schlägen unsere Portion abzutrennen. Der Rest wird wieder an den Haken gehängt. Alles wird in Zeitungspapier gewickelt, und wir ziehen in Richtung Dorf.
Priscilla freut sich riesig über das Fleischgeschenk. Sie kocht uns Chai und holt bei der Nachbarin einen zweiten Kocher. Dann wird das Fleisch zerkleinert, gewaschen und in Salzwasser zwei Stunden gekocht. Inzwischen haben wir unseren Tee getrunken, den ich langsam als angenehm empfinde. Priscilla und Lketinga reden pausenlos. Nach einiger Zeit steht Lketinga auf und sagt, er gehe weg, sei aber bald wieder da. Ich versuche herauszukriegen, was er vorhat, doch er meint nur: »No problem, Corinne, I come back«, lacht mich an und verschwindet. Ich frage Priscilla, wo er hingeht. Sie meint, so genau wisse sie es nicht, denn einen Massai könne man das nicht fragen, das sei seine Sache, aber sie vermute, nach Ukunda. »Um Gottes willen,

was will er denn in Ukunda, von dort kommen wir ja gerade!« sage ich etwas empört. »Vielleicht will er noch etwas essen«, erwidert Priscilla. Ich starre auf das siedende Fleisch in dem großen Blechtopf: »Für wen ist dann dies hier?« »Das ist für uns Frauen«, belehrt sie mich, »Lketinga kann von diesem Fleisch nichts essen. Kein Massai-Krieger ißt jemals etwas, was eine Frau angefaßt oder angeschaut hat. Sie dürfen nicht in Gegenwart von Frauen essen, nur Tee trinken ist erlaubt.«

Mir kommt die merkwürdige Szene in Ukunda in den Sinn, und meine Frage an Priscilla, warum alle hinter der Mauer verschwunden sind, erübrigt sich. Lketinga darf also gar nicht mit mir essen gehen, und ich kann nie etwas für ihn kochen. Komischerweise erschüttert mich diese Tatsache mehr als der Verzicht auf guten Sex. Als ich mich einigermaßen gefangen habe, will ich mehr wissen. Wie das sei, wenn zwei verheiratet sind. Auch da enttäuscht mich ihre Antwort. Die Frau ist grundsätzlich bei den Kindern und der Mann in Gesellschaft von anderen Männern seines Standes, also Kriegern, von denen ihm mindestens einer beim Essen Gesellschaft leisten muß. Es gehört sich nicht, allein eine Mahlzeit einzunehmen.

Ich bin sprachlos. Meine romantischen Phantasien vom gemeinsamen Kochen und Essen im Busch oder in der einfachen Hütte stürzen ein. Ich kann meine Tränen kaum zurückhalten, und Priscilla schaut mich erschrocken an. Dann bricht sie in Gelächter aus, was mich fast wütend macht. Plötzlich fühle ich mich einsam und merke, daß auch Priscilla eine mir fremde, in einer anderen Welt lebende Person ist.

Wo bleibt nur Lketinga? Es ist Nacht geworden, und Priscilla serviert auf zwei zerbeulten Aluminiumtellern das

Fleisch. Inzwischen bin ich richtig hungrig, probiere und bin überrascht, wie weich es ist. Der Geschmack ist allerdings sehr eigenartig und salzig wie Sudfleisch. Wir essen schweigend mit den Händen.
Spät verabschiede ich mich und ziehe mich in Priscillas ehemaliges Häuschen zurück. Ich bin müde, zünde die Petroleumlampe an und lege mich auf das Bett. Draußen zirpen die Grillen. Meine Gedanken kehren in die Schweiz zurück, zu meiner Mutter, zu meinem Geschäft und dem Bieler Alltag. Wie anders ist hier die Welt! Trotz aller Einfachheit scheinen die Menschen glücklicher zu sein, vielleicht gerade weil sie mit weniger Aufwand leben können. Dies geht mir durch den Kopf, und sofort fühle ich mich wohler.
Plötzlich geht die Holztüre quietschend auf, und Lketinga steht lachend im Türrahmen. Er muß sich bücken, damit er überhaupt eintreten kann. Er schaut sich kurz um und setzt sich zu mir auf die Bettpritsche. »Hello, how are you? You have eat meat?« fragt er, und so wie er mich fragend und gleichzeitig fürsorglich aushorcht, fühle ich mich gut und empfinde ein großes Verlangen nach ihm. Im Schein der Petroleumlampe sieht er wunderbar aus. Sein Schmuck glänzt, der Oberkörper ist nackt und nur mit den zwei Perlenschnüren verziert. Das Wissen, daß sich unter dem Hüftrock nichts außer Haut befindet, erregt mich sehr. Ich ergreife seine schlanke, kühle Hand und drücke sie fest an mein Gesicht. In diesem Moment fühle ich mich verbunden mit diesem mir im Grunde völlig fremden Menschen und weiß, daß ich ihn liebe. Ich ziehe ihn an mich und spüre sein Körpergewicht auf mir. Ich presse meinen Kopf seitlich an seinen und rieche den wilden Geruch seiner langen roten Haare. Eine Ewigkeit verharren wir so, und ich

merke, wie auch ihn die Erregung überkommt. Es trennt uns nur mein leichtes Sommerkleid, das ich jetzt ausziehe. Er dringt in mich ein, und diesmal spüre ich, wenn auch nur für kurze Zeit, ein ganz neues Glücksgefühl, ohne zum Höhepunkt zu kommen. Ich fühle mich eins mit diesem Menschen und weiß in dieser Nacht, daß ich trotz aller Hindernisse bereits eine Gefangene seiner Welt bin.

Nachts spüre ich ein Ziehen in der Bauchgegend und packe meine Taschenlampe, die ich glücklicherweise am Kopfende deponiert habe. Beim Öffnen der quietschenden Türe hören mich vermutlich alle, denn außer den nimmermüden Grillen ist es still. Ich begebe mich auf den Weg zur »Hühnertoilette«, die letzten Stufen springe ich förmlich und erreiche den Ort gerade noch rechtzeitig. Da sich alles in der Hocke abspielt, zittern meine Knie. Mit letzter Kraft komme ich wieder hoch, fasse die Lampe und klettere zurück über die Hühnerleiter zum Häuschen. Lketinga schläft friedlich. Ich quetsche mich zwischen ihn und die Wand auf die Pritsche.

Als ich erwache, ist es bereits acht Uhr, und die Sonne brennt kräftig, so daß es im Häuschen stickig heiß ist. Nach dem üblichen Tee und dem Waschritual will ich meine Haare waschen. Aber wie, ohne fließendes Wasser? Wir bekommen unser Wasser in Zwanzig-Liter-Kanistern, die mir Priscilla täglich am nahen Ziehbrunnen auffüllt. Ich versuche, meine Absicht Lketinga mit der Händesprache klarzumachen. Er ist sofort hilfsbereit: »No problem, I help you!« Lketinga leert mit einer Konservendose Wasser über meinen Kopf. Dann shampooniert er mir unter großem Gelächter sogar die Haare. Bei soviel Schaum wundert er sich, daß danach noch alle Haare auf dem Kopf sind.

Danach wollen wir meinen Bruder und Jelly im Hotel be-

suchen. Als wir ankommen, sitzen beide genüßlich bei einem üppigen Frühstück. Beim Anblick dieser herrlichen Speisen wird mir bewußt, wie kärglich mein derzeitiges Frühstück ist. Diesmal erzähle ich, und Lketinga sitzt lauschend daneben. Nur als ich meinen nächtlichen Besuch schildere und die zwei sich entgeistert anschauen, fragt er: »What's the problem?« »No problem«, entgegne ich lachend, »everything is okay!«
Wir laden die beiden zum Mittagessen bei Priscilla ein. Ich möchte Spaghetti kochen. Sie stimmen zu, und Eric meint, sie würden den Weg schon finden. Uns bleiben zwei Stunden, um Spaghetti und Sauce sowie Zwiebeln und Gewürze aufzutreiben. Lketinga weiß gar nicht, von welchem Essen wir sprechen, meint aber lachend: »Yes, yes, it's okay.«
Wir besteigen ein Matatu und fahren zum nahegelegenen Supermarket, wo wir tatsächlich das Gewünschte finden. Als wir endlich im Dorf ankommen, bleibt mir nur wenig Zeit, um das »Festessen« zu kochen. Am Boden kauernd bereite ich alles vor. Priscilla und Lketinga schauen beim Spaghettikochen belustigt zu und meinen: »This is no food!« Mein Massai-Freund starrt in das kochende Wasser und verfolgt gespannt, wie sich die starren Spaghettistäbchen langsam biegen. Für ihn ist es ein Rätsel, und er bezweifelt, daß das ein Essen wird. Während die Teigwaren garen, öffne ich mit einem Messer die Dose mit der Tomatensauce. Als ich den Inhalt in eine verbeulte Pfanne leere, fragt Lketinga entsetzt: »Is this blood?« Jetzt bin ich diejenige, die lauthals lachen muß. »Blood? O no, Tomatensauce!« antworte ich kichernd.
Inzwischen kommen Jelly und Eric schwitzend bei uns an. »Was, du kochst auf dem Boden?« fragt Jelly überrascht. »Ja, meinst du, wir haben hier eine Küche?« antworte ich.

Als wir die Spaghetti einzeln mit Gabeln herausfischen, geraten Priscilla und Lketinga völlig aus dem Häuschen. Priscilla holt ihre Nachbarin. Auch diese schaut auf die weißen Spaghetti, dann in den Topf mit der roten Sauce, fragt, auf die Teigwaren zeigend, »Worms?« und verzieht das Gesicht zur Grimasse. Jetzt müssen wir lachen. Die drei glauben, wir äßen Würmer mit Blut, und rühren das Gericht nicht an. Irgendwie kann ich sie fast verstehen, denn je länger ich in die Schüssel schaue, desto mehr vergeht auch mir bei der Vorstellung von Blut und Würmern der Appetit.

Beim Abwaschen stoße ich auf das nächste Problem. Es gibt weder Abwaschmittel noch eine Bürste. Priscilla löst diese Aufgabe, indem sie einfach »Omo« benutzt und mit den Fingernägeln kratzt. Mein Bruder stellt nüchtern fest: »Schwesterherz, für immer sehe ich dich hier noch nicht. Auf jeden Fall benötigst du für deine schönen langen Nägel sicher keine Feile mehr.« Irgendwie hat er recht.

Den beiden bleiben noch zwei Tage Ferien, dann werde ich mit Lketinga allein sein. An ihrem letzten Abend findet im Hotel wieder ein Massai-Tanz statt. Jelly und Eric haben das im Gegensatz zu mir noch nie erlebt. Lketinga macht auch mit, und wir drei warten gespannt auf den Beginn. Die Massai versammeln sich vor dem Hotel und deponieren dort Speere, Schmuck, Perlengürtel und Stoffe für den späteren Verkauf.

Es sind etwa fünfundzwanzig Krieger, die sich singend einfinden. Ich fühle mich verbunden mit diesen Menschen und bin so stolz auf dieses Volk, als wären alle meine Brüder. Es ist unglaublich, wie elegant sie sich bewegen und welche Aura sie verströmen. Mir schießen Tränen in die Augen bei diesem mir unbekannten Gefühl von Heimat.

Mir scheint, ich habe meine Familie, mein Volk gefunden. Beunruhigt über so viele wild bemalte und geschmückte Massai, raunt Jelly mir zu: »Corinne, bist du sicher, daß dies deine Zukunft ist?« »Ja«, ist alles, was es für mich zu sagen gibt.
Gegen Mitternacht ist die Vorstellung beendet, und die Massai ziehen ab. Lketinga kommt und zeigt stolz das beim Schmuckverkauf verdiente Geld. Uns scheint es wenig zu sein, für ihn bedeutet es das Überleben für die nächsten Tage. Wir verabschieden uns herzlich, da wir Eric und Jelly nicht mehr sehen werden, denn am frühen Morgen verlassen sie das Hotel. Mein Bruder muß Lketinga versprechen wiederzukommen: »You are my friends now!« Jelly drückt mich fest und meint weinend, ich solle auf mich aufpassen, mir alles gut überlegen und in zehn Tagen in der Schweiz erscheinen. Anscheinend traut sie mir nicht.
Wir machen uns auf den Heimweg. Abertausende von Sternen stehen am Himmel, aber es scheint kein Mond. Doch Lketinga kennt den Weg durch den Busch trotz der Dunkelheit bestens. Ich muß mich an seinem Arm festhalten, damit ich ihn nicht aus den Augen verliere. Beim Village erwartet uns in der Finsternis ein kläffender Hund. Lketinga stößt kurze scharfe Laute aus, und der Köter verzieht sich. Im Häuschen taste ich nach der Taschenlampe. Als ich sie endlich gefunden habe, suche ich Streichhölzer, um unsere Petroleumlampe anzuzünden. Einen kurzen Moment denke ich, wie einfach doch in der Schweiz alles ist. Da gibt es Straßenlampen, elektrisches Licht, und alles funktioniert scheinbar wie von selbst. Ich bin erschöpft und möchte schlafen. Lketinga hingegen kommt von der Arbeit, fühlt sich hungrig und sagt, ich solle ihm noch einen Tee zubereiten. Das hatte ich bis jetzt immer Priscilla

überlassen! Im Halbdunkel muß ich zuerst Sprit nachfüllen. Als ich das Teepulver anschaue, frage ich: »How much?« Lketinga lacht und schüttet ein Drittel des Päckchens in das kochende Wasser. Später kommt Zucker dazu. Aber nicht etwa zwei, drei Löffel, sondern eine volle Tasse. Ich staune und denke, daß man diesen Tee bestimmt nicht mehr trinken kann. Und doch schmeckt er fast so gut wie der von Priscilla. Nun verstehe ich auch, daß Tee durchaus eine Mahlzeit ersetzen kann.
Den nächsten Tag verbringe ich mit Priscilla. Wir wollen Wäsche waschen, und Lketinga beschließt, zur Nordküste zu fahren, um in Erfahrung zu bringen, in welchen Hotels Tanzaufführungen stattfinden. Er fragt nicht, ob ich mitkommen möchte.
Ich gehe mit Priscilla zum Ziehbrunnen und versuche, wie sie einen Zwanzig-Liter-Kanister mit Wasser zum Häuschen zu bringen, was sich als gar nicht so einfach herausstellt. Zum Auffüllen läßt man einen Eimer, der drei Liter faßt, etwa fünf Meter hinunter und zieht ihn nach oben. Dann schöpft man mit einer Blechdose das Wasser heraus und gießt es in die schmale Öffnung des Kanisters, bis dieser voll ist. Es wird peinlich genau gearbeitet, damit nichts von dem kostbaren Naß verlorengeht.
Als mein Kanister gefüllt ist, versuche ich, ihn die 200 Meter bis zur Hütte zu schleppen. Obwohl ich immer glaubte, robust zu sein, schaffe ich es nicht. Priscilla dagegen schwingt ihren Kanister mit zwei, drei Griffen auf den Kopf und marschiert ruhig und locker zur Hütte. Auf halber Strecke kommt sie mir wieder entgegen und bringt auch meinen Kanister nach Hause. Meine Finger schmerzen bereits. Das Ganze wiederholt sich ein paarmal, denn das hiesige Omo erweist sich als sehr schaumig. Die Hand-

wäsche, dazu mit kaltem Wasser, bei schweizerischer Gründlichkeit, macht sich bald an meinen Fingerknöcheln bemerkbar. Nach geraumer Zeit sind sie völlig wundgescheuert, und das Omo-Wasser brennt. Die Fingernägel sind ruiniert. Als ich erschöpft mit schmerzendem Rücken aufhöre, erledigt Priscilla für mich den Rest.

Mittlerweile ist es später Mittag, und gegessen haben wir noch nichts. Was auch? Im Haus haben wir keine Vorräte, denn sonst würden uns bald Käfer und Mäuse besuchen. Also kaufen wir täglich alles im Shop. Trotz der enormen Hitze machen wir uns auf den Weg. Dies bedeutet eine halbe Stunde Marsch, sofern Priscilla nicht mit jeder entgegenkommenden Person einen ausführlichen Schwatz hält. Anscheinend ist es hier üblich, jeden mit »Jambo« anzusprechen, um dann die halbe Familiengeschichte zu erzählen.

Endlich angekommen, kaufen wir Reis und Fleisch, Tomaten, Milch und sogar weiches Brot. Nun müssen wir den langen Weg zurückmarschieren, um anschließend zu kochen. Gegen Abend ist Lketinga immer noch nicht aufgetaucht. Als ich Priscilla frage, ob sie weiß, wann er wiederkommt, lacht sie und meint: »No, I can't ask this a Massai-man!« Erschöpft vom ungewohnten Arbeiten in der Hitze lege ich mich in das kühle Häuschen, während Priscilla gemächlich mit dem Kochen beginnt. Wahrscheinlich bin ich deshalb so schlapp, weil ich den ganzen Tag nichts gegessen habe.

Ich vermisse meinen Massai, ohne ihn ist diese Welt nur halb so interessant und lebenswert. Dann endlich, kurz vor Einbruch der Dunkelheit, schlendert er elegant auf die Hütte zu, und das bekannte »Hello, how are you?« ertönt. Ich antworte etwas beleidigt: »Oh, not so good!«, worauf er sofort erschrocken fragt: »Why?« Etwas beunruhigt über sein Gesicht beschließe ich, nichts über seine lange Abwesenheit verlauten zu lassen, da dies bei unseren mangelnden Englischkenntnissen nur zu Mißverständnissen führen würde. So antworte ich auf den Bauch zeigend: »Stomach!« Er strahlt mich an und meint: »Maybe baby?« Ich verneine lachend. Auf diese Idee wäre ich wirklich nicht gekommen, weil ich mit der Pille verhüte, was er nicht weiß und sicher gar nicht kennt.

Bürokratische Hürden

Wir suchen ein Hotel auf, in dem sich ein Massai mit seiner weißen Frau aufhalten soll. Ich kann mir das zwar nicht vorstellen, bin aber sehr gespannt, denn ich könnte diese Frau einiges fragen. Als wir die beiden treffen, bin ich enttäuscht. Dieser Massai sieht wie ein »gewöhnlicher« Schwarzer aus, ohne Schmuck und Traditionskleidung, dafür in teurem Maßanzug und um einige Jahre älter als Lketinga. Auch die Frau ist schon Ende vierzig. Alle sprechen durcheinander, und Ursula, eine Deutsche, meint: »Was, du willst hierherkommen und mit diesem Massai leben?« Ich bejahe und frage schüchtern, was dagegen spreche. »Weißt du«, sagt sie, »mein Mann und ich leben bereits fünfzehn Jahre zusammen. Er ist Jurist, hat aber trotzdem viel Mühe mit der deutschen Mentalität. Jetzt schau mal Lketinga an, der war noch nie in einer Schule, er kann nicht schreiben und lesen und kaum Englisch sprechen. Von den Sitten und Bräuchen in Europa und besonders von der perfekten Schweiz hat er überhaupt keine Ahnung. Das ist doch von vornherein zum Scheitern verurteilt!« Die Frauen hier hätten gar keine Rechte. Für sie käme ein Wohnen in Kenia überhaupt nicht in Frage, Ferien hingegen seien großartig. Ich solle Lketinga sofort andere Kleidung besorgen, so könne ich doch nicht mit ihm herumlaufen.
Sie erzählt und erzählt, und mein Herz sinkt immer tiefer bei so vielen möglichen Problemen. Auch ihr Mann meint, es sei besser, wenn Lketinga mich in der Schweiz besuchen könnte. Ich kann mir das überhaupt nicht vorstellen, und

mein Gefühl spricht dagegen. Trotzdem akzeptieren wir die angebotene Hilfe und machen uns am nächsten Tag auf den Weg nach Mombasa, um einen Paß für Lketinga zu beantragen. Als ich meine Zweifel äußere, fragt Lketinga, ob ich einen Mann in der Schweiz habe, sonst könne ich ihn ja problemlos mitnehmen. Dabei hatte er zehn Minuten vorher gesagt, er wolle Kenia überhaupt nicht verlassen, da er nicht wisse, wo sich die Schweiz befinde und wie meine Familie sei.

Auf dem Weg zur Paßstelle überkommen mich Zweifel, die sich später als berechtigt erweisen. Die friedlichen Tage in Kenia sind von diesem Moment an vorbei, der Officestreß beginnt. Zu viert betreten wir das Büro und stehen sicher eine Stunde in der wartenden Schlange, bevor wir in das gewünschte Zimmer vorgelassen werden. Hinter einem großen Mahagoni-Schreibtisch sitzt ein Beamter, der sich mit den Anträgen befassen soll. Zwischen Ursulas Mann und ihm entsteht eine Diskussion, von der Lketinga und ich gar nichts verstehen. Ich merke nur, wie sie immer wieder zu Lketinga in seiner exotischen Aufmachung herüberschauen. Nach fünf Minuten heißt es »Let's go!«, und wir verlassen verwirrt das Büro. Für fünf Minuten eine Stunde zu warten, empört mich.

Doch das ist erst der Anfang. Ursulas Mann meint, es müsse noch einiges geregelt werden. Auf keinen Fall könne Lketinga sofort mit mir fliegen, vielleicht, wenn alles klappt, in etwa einem Monat. Zuerst müßten wir Fotos machen, dann wiederkommen und Formulare ausfüllen, die allerdings momentan vergriffen und in etwa fünf Tagen wieder erhältlich seien. »Was, in einer so großen Stadt gibt es keine Paßantragsformulare«, entrüste ich mich und kann es kaum fassen. Als wir nach langer Suche endlich einen

Fotografen finden, müssen wir mehrere Tage warten, bis wir die Fotos abholen können. Erschöpft von der Hitze und der ewigen Warterei, beschließen wir, zur Küste zurückzukehren. Die beiden anderen verschwinden im luxuriösen Hotel und meinen, jetzt wüßten wir ja, wo sich das Office befinde, und wenn es Probleme gäbe, seien sie hier anzutreffen.
Weil uns die Zeit davonläuft, gehen wir schon nach drei Tagen mit den Fotos ins Office. Wieder müssen wir warten, länger als das erste Mal. Je näher wir der Tür kommen, desto nervöser werde ich, weil sich Lketinga gar nicht wohl fühlt und mich Panik über mein geringes Englisch erfaßt. Endlich vor dem Officer, bringe ich mühsam unser Anliegen vor. Dieser schaut nach geraumer Zeit von seiner Zeitung auf und fragt, was ich denn mit so einem, dabei schaut er abschätzig auf Lketinga, in der Schweiz wolle. »Holidays«, erwidere ich. Der Officer lacht und meint, solange dieser Massai nicht zivilisiert angezogen sei, bekomme er gar keinen Paß. Da er keine Ausbildung und keine Ahnung von Europa habe, müsse ich eine Kaution in Höhe von 1 000 Schweizer Franken hinterlegen und gleichzeitig ein gültiges Flugticket mit Hin- und Rückflug besorgen. Erst wenn ich dies erledigt hätte, könne er mir das Antragsformular geben.
Jetzt frage ich, entnervt von der Arroganz dieses Fettsacks, wie lange es noch dauere, wenn ich alles erledigt hätte. »Etwa zwei Wochen«, antwortet er, bedeutet uns mit der Hand, das Büro zu verlassen, und greift gelangweilt nach seiner Tageszeitung.
Soviel Unverschämtheit verschlägt mir die Sprache. Statt alles abzublasen, stachelt mich sein Verhalten erst richtig an, um ihm zu zeigen, wer hier gewinnen wird. Vor allem

will ich nicht, daß sich Lketinga minderwertig vorkommt. Außerdem möchte ich ihn bald meiner Mutter vorstellen können.
Ich verrenne mich immer mehr in diese fixe Vorstellung und beschließe, mit Lketinga, der mittlerweile ungeduldig und enttäuscht ist, ins nächste Reisebüro zu gehen und alles Notwendige zu erledigen. Wir treffen auf einen freundlichen Inder, der die Situation erfaßt und mich ermahnt aufzupassen, da viele weiße Frauen auf ähnliche Weise ihr Geld verloren hätten. Ich vereinbare mit ihm, uns eine Bestätigung über das Flugticket auszustellen, und deponiere das nötige Geld bei ihm. Er gibt mir eine Quittung und das Versprechen, mir den Betrag zurückzuerstatten, wenn es mit dem Paß nicht klappen sollte.
Irgendwie weiß ich, daß es waghalsig ist, aber ich verlasse mich auf meine gute Menschenkenntnis. Wichtig ist, daß Lketinga weiß, wo er hingehen kann, wenn er den Paß hat, um das Abflugdatum anzugeben. »Wieder einen Schritt weiter!« denke ich kämpferisch.
Auf einem nahe gelegenen Markt kaufen wir für Lketinga Hosen, Hemd und Schuhe. Das ist nicht einfach, denn sein Geschmack und meiner sind sehr gegensätzlich. Er möchte rote oder weiße Hosen. Weiße, denke ich, sind im Busch unmöglich und rot ist nicht gerade eine »männliche« Farbe für westliche Kleidung. Das Schicksal kommt mir zu Hilfe, alle Hosen sind zu kurz für meinen Zweimetermann. Nach langem Suchen finden wir endlich Jeans, die passen. Bei den Schuhen fängt es wieder von vorne an. Er trug bis jetzt nur Sandalen, die aus alten Autoreifen gefertigt sind. Wir einigen uns auf Turnschuhe. Nach zwei Stunden ist er neu eingekleidet, und mir gefällt er trotzdem nicht. Sein Gang ist nicht mehr schwebend, sondern schleppend. Er aller-

dings ist richtig stolz, zum ersten Mal im Leben lange Hosen, ein Hemd und Turnschuhe zu besitzen.
Natürlich ist es zu spät, um noch mal zum Büro zu gehen, und so schlägt Lketinga vor, zur Nordküste zu fahren. Er will mir Freunde vorstellen und mir zeigen, wo er gewohnt hat, bevor er sich bei Priscilla einquartierte. Ich zögere noch, da es schon vier Uhr ist und wir dann in der Nacht zur Südküste zurück müßten. Wieder einmal sagt er: »No problem, Corinne!« Also warten wir auf ein Matatu nach Norden, doch erst im dritten Bus finden wir ein winziges Plätzchen. Bereits nach wenigen Minuten läuft mir der Schweiß herunter.
Glücklicherweise erreichen wir bald ein wirklich großes Massai-Dorf, wo ich zum ersten Mal auf geschmückte Massai-Frauen treffe, die mich freudig begrüßen. Es ist ein Kommen und Gehen in den Hütten. Ich weiß nicht, staunen sie mehr über mich oder das neue Outfit von Lketinga. Alle begrapschen das helle Hemd, die Hosen, und sogar die Schuhe werden bewundert. Die Farbe des Hemdes wird langsam, aber sicher dunkler. Zwei, drei Frauen versuchen gleichzeitig, auf mich einzureden, und ich sitze stumm lächelnd da und verstehe gar nichts.
Zwischendurch kommen wieder viele Kinder in die Hütte. Sie staunen oder kichern mich an. Mir fällt auf, wie schmutzig alle sind. Plötzlich sagt Lketinga: »Wait here«, und schon ist er weg. Mir ist nicht sehr wohl. Eine Frau bietet mir Milch an, die ich angesichts der Fliegen ablehne. Eine andere schenkt mir ein Massai-Armband, das ich freudig anziehe. Offensichtlich arbeiten alle an irgendwelchen Schmuckstücken.
Etwas später erscheint Lketinga wieder und fragt mich: »You hungry?« Diesmal antworte ich ehrlich mit ja, denn

ich habe wirklich Hunger. Wir gehen ins nahe gelegene Buschrestaurant, das ähnlich wie das in Ukunda ist, nur viel größer. Hier gibt es eine Abteilung für Frauen und weiter hinten eine für die Männer. Ich muß natürlich zu den Frauen, und Lketinga verzieht sich zu den anderen Kriegern. Die Situation gefällt mir nicht, ich wäre lieber in meinem Hüttchen an der Südküste. Ich bekomme einen Teller vorgesetzt, in dem Fleisch und sogar einige Tomaten in einer saucenähnlichen Flüssigkeit schwimmen. Auf einem zweiten Teller liegt eine Art Fladen. Ich beobachte, wie eine andere Frau das gleiche »Menü« vor sich hat und mit der rechten Hand den Fladen zerstückelt, dann in die Sauce tunkt, dazu noch ein Stück Fleisch nimmt und alles mit der Hand in den Mund schiebt. Ich mache es ihr nach, benötige jedoch dazu beide Hände. Augenblicklich wird es still, alle schauen mir beim Essen zu. Mir ist das peinlich, zumal zehn oder mehr Kinder um mich versammelt sind und mit großen Augen zusehen. Dann reden alle wieder durcheinander, und doch fühle ich mich weiter beobachtet. So schnell wie möglich schlinge ich alles herunter und hoffe, daß Lketinga bald wieder auftaucht. Als nur noch die Knochen übrig sind, gehe ich zu einer Art Faß, aus dem man Wasser schöpft und sich über die Hände schüttet, um sie vom Fett zu befreien, was natürlich illusorisch ist.
Ich warte und warte, und endlich kommt Lketinga. Am liebsten würde ich ihm um den Hals fallen. Doch er schaut mich komisch, ja fast böse an, und ich weiß gar nicht, was ich falsch gemacht haben soll. Daß auch er gegessen hat, sehe ich an seinem Hemd. Er sagt: »Come, come!« Auf dem Weg zur Straße frage ich: »Lketinga, what's the problem?« Bei seinem Gesichtsausdruck wird mir bange. Daß ich der Grund für seine Verärgerung bin, erfahre ich, als er

meine linke Hand nimmt und sagt: »This hand no good for food! No eat with this one!« Ich verstehe zwar, was er sagt, aber weshalb er deswegen ein solches Gesicht macht, weiß ich nicht. Ich frage nach dem Grund, aber ich bekomme keine Antwort.

Ermüdet von den Strapazen und verunsichert durch dieses neue Rätsel, fühle ich mich unverstanden und möchte nach Hause in unser Häuschen an der Südküste. Dies versuche ich Lketinga mitzuteilen, indem ich sage: »Let's go home!« Er schaut mich an, wie weiß ich nicht, denn ich sehe wieder nur das Weiße der Augen und den leuchtenden Perlmuttknopf. »No«, sagt er, »all Massai go to Malindi tonight.« Mir bleibt fast das Herz stehen. Wenn ich ihn richtig verstehe, will er tatsächlich wegen eines Tanzes heute noch weiter nach Malindi. »It's good business in Malindi«, höre ich. Er merkt, daß ich nicht sehr begeistert bin und fragt mich sofort in besorgtem Ton: »You are tired?« Ja, müde bin ich. Wo genau Malindi liegt, weiß ich nicht, und Kleider zum Wechseln sind auch nicht hier. Er meint, kein Problem, ich könne bei den »Massai-ladies« schlafen, und morgen früh sei er wieder hier. Das macht mich wieder völlig wach. Hier bleiben, ohne ihn und ohne nur ein Wort sprechen zu können, diese Vorstellung erfüllt mich mit Panik. »No, we go to Malindi together«, beschließe ich. Lketinga lacht endlich wieder, und das vertraute »No problem!« ertönt. Mit einigen anderen Massai steigen wir in einen öffentlichen Bus, der wirklich bequemer ist als diese halsbrecherischen Matatus. Wir sind in Malindi, als ich aufwache.

Als erstes suchen wir ein Einheimischen-Lodging, weil nach der Show wahrscheinlich alles ausgebucht sein wird. Viel Auswahl gibt es nicht. Wir finden eines, in dem sich bereits andere Massai einquartiert haben, und bekommen den letzten leeren Raum. Er ist nicht größer als drei mal drei Meter. An zwei Betonwänden steht ein Eisenbett mit dünnen, durchhängenden Matratzen und jeweils zwei Wolldecken darauf. Von der Decke hängt eine nackte Glühbirne herunter, und zwei Stühle stehen verloren im Raum. Wenigstens kostet es fast nichts, pro Nacht umgerechnet vier Franken. Uns bleibt gerade noch eine halbe Stunde Zeit, bevor die Vorführung der Massai-Tänzer beginnt. Ich gehe schnell eine Cola trinken.

Als ich kurz darauf in unser Zimmer zurückkomme, staune ich nicht schlecht. Lketinga sitzt auf einem der durchhängenden Betten, die Jeanshose bis zu den Knien heruntergezogen und reißt ärgerlich daran herum. Offensichtlich will er sie ausziehen, weil wir gleich los müssen und er natürlich nicht in europäischer Kleidung auftreten kann. Bei diesem Anblick kann ich nur mühsam mein Lachen unterdrücken. Da er die Turnschuhe anhat, gelingt es ihm nicht, die Jeans darüberzuziehen. Nun hängt die Hose an seinen Beinen und geht weder rauf noch runter. Lachend knie ich nieder und versuche, die Schuhe wieder aus den Jeansbeinen herauszukriegen, wobei er schreit: »No, Corinne, out with this!« auf die Hose zeigend. »Yes, yes«, antworte ich und versuche zu erklären, daß er zuerst wieder hineinsteigen muß, dann die Schuhe ausziehen soll, erst dann könne er sich der Hose entledigen.

Die halbe Stunde ist längst um, und wir hetzen zum Hotel. In seinem bewährten Outfit gefällt er mir tausendmal besser. Er hat schon große Blasen an den Fersen von den neuen Schuhen, die er natürlich ohne Socken tragen wollte. Wir erreichen gerade noch rechtzeitig die Show. Ich setze mich zu den weißen Zuschauern, die mich zum Teil abschätzig mustern, da ich immer noch dieselben Kleider wie am Morgen anhabe, die sicher nicht schöner und sauberer geworden sind. Auch rieche ich nicht so frisch wie die eben geduschten Weißen, von meinen verklebten langen Haaren ganz zu schweigen. Trotzdem bin ich wahrscheinlich die stolzeste Frau in diesem Raum. Beim Anblick der tanzenden Männer überkommt mich dieses mir nun schon bekannte Gefühl der Dazugehörigkeit.

Als die Show und der Verkauf vorbei sind, ist es fast Mitternacht. Ich will nur noch schlafen. Im Lodging möchte ich mich notdürftig waschen, doch Lketinga kommt, gefolgt von einem weiteren Massai, in unseren Raum und meint, sein Freund könne doch im zweiten Bett schlafen. Ich bin nicht gerade erfreut über die Vorstellung, mit einem fremden Mann diese drei mal drei Meter zu teilen, aber ich sage nichts, um nicht unhöflich zu erscheinen. Also quetsche ich mich in meinen Kleidern mit Lketinga auf das schmale, durchhängende Bett und schlafe trotzdem irgendwann ein.

Morgens kann ich endlich duschen, zwar nicht sehr luxuriös mit spärlichem Wasserstrahl, dazu noch eiskalt. Trotz der dreckigen Kleider fühle ich mich auf der Fahrt zurück zur Südküste etwas besser.

In Mombasa kaufe ich mir ein einfaches Kleid, da wir im Office wegen des Passes und der Formulare vorbeischauen wollen. Heute klappt es tatsächlich. Nach dem Begutachten des vorläufigen Tickets und der Bescheinigung über das Depotgeld erhalten wir endlich ein Antragsformular. Beim Versuch, die vielen Fragen zu beantworten, stelle ich fest, daß ich die meisten kaum verstehe, und beschließe deshalb, das Papier mit Ursula und ihrem Mann auszufüllen.

Nach fünf Stunden Fahrt sind wir schließlich wieder an der

Südküste in unserem Häuschen. Priscilla hat sich bereits große Sorgen gemacht, da sie nicht wußte, wo wir die Nacht verbracht haben. Lketinga muß ihr erklären, warum er in der europäischen Aufmachung daherkommt. Ich lege mich etwas hin, weil es draußen wirklich heiß ist. Hunger habe ich auch. Sicher bin ich schon um etliche Kilo leichter geworden.
Mir bleiben noch sechs Tage bis zum Heimflug, und ich habe mit Lketinga noch nicht über eine gemeinsame Zukunft in Kenia gesprochen. Alles dreht sich nur um diesen blöden Paß. So mache ich mir Gedanken, was ich hier anfangen könnte. Zum Leben benötigt man bei diesem bescheidenen Stil nicht viel Geld, und trotzdem brauche ich eine Aufgabe und zusätzliche Einnahmen. Da kommt mir die Idee, in einem der vielen Hotels ein Ladenlokal zu suchen. Ich könnte ein oder zwei Schneiderinnen beschäftigen, Schnittmuster von Kleidern aus der Schweiz mitbringen und hier eine Schneiderei betreiben. Schöne Stoffe gibt es im Überfluß, gute Näherinnen ebenfalls, die für etwa 300 Franken im Monat arbeiten, und verkaufen ist meine absolute Stärke.
Von dieser Idee begeistert, rufe ich Lketinga ins Häuschen und versuche sie ihm zu erklären, merke aber bald, daß er mich nicht versteht. Doch das erscheint mir jetzt wichtig, und deshalb hole ich Priscilla hinzu. Sie übersetzt, und Lketinga nickt nur ab und zu. Priscilla erklärt mir, ohne Arbeitsbewilligung oder Heirat könne ich mein Vorhaben nicht verwirklichen. Die Idee sei gut, denn sie kenne hier einige Leute, die mit einer Maßschneiderei gutes Geld verdienen. Ich frage Lketinga, ob er denn eventuell an einer Heirat interessiert sei. Entgegen meinen Erwartungen reagiert er zurückhaltend. Er meint auch recht vernünftig, da

ich ein so gutgehendes Geschäft in der Schweiz habe, solle ich dies nicht verkaufen, sondern statt dessen lieber zwei- oder dreimal im Jahr zu »holidays« kommen, er werde immer auf mich warten!
Nun werde ich etwas ungehalten. Nachdem ich drauf und dran bin, in der Schweiz alles aufzugeben, macht er mir Ferienvorschläge! Ich bin enttäuscht. Er merkt es sofort und sagt, natürlich zu Recht, daß er mich nicht richtig kenne und ebensowenig meine Familie. Er brauche Zeit zum Überlegen. Auch ich müsse nachdenken, und außerdem käme er eventuell in die Schweiz. Ich sage nur: »Lketinga, wenn ich etwas mache, dann richtig und nicht halb.« Entweder möchte er, daß ich komme und er empfindet ähnlich wie ich, oder ich versuche, alles zu vergessen, was zwischen uns geschehen ist.
Am nächsten Tag suchen wir Ursula und ihren Mann im Hotel auf, um das Formular auszufüllen. Wir treffen sie aber nicht an, weil sie auf eine mehrtägige Safari gegangen sind. Wieder einmal verfluche ich mein spärliches Englisch. Wir suchen jemand anderen zum Übersetzen. Lketinga will nur einen Massai, anderen traut er nicht.
Wir fahren wieder nach Ukunda und hocken Stunden im Teehaus, bis endlich ein Massai auftaucht, der lesen, schreiben und Englisch sprechen kann. Seine überhebliche Art gefällt mir zwar nicht, doch gemeinsam mit Lketinga füllt er alles aus, meint aber gleichzeitig, ohne Schmiergeld funktioniere hier nichts. Da er mir seinen Paß zeigt und anscheinend schon zweimal in Deutschland war, glaube ich ihm. Er fügt hinzu, durch meine weiße Haut steige das Schmiergeld gleich ins Fünffache. Am nächsten Tag werde er mit Lketinga gegen ein kleines Entgelt nach Mombasa fahren und alles erledigen. Mißmutig willige ich ein, denn

langsam habe ich keine Geduld mehr, mich mit dem arroganten Officer herumzuschlagen. Für nur 50 Franken will er alles erledigen und Lketinga sogar bis zum Flughafen begleiten. Ich übergebe noch etwas Schmiergeld, und die beiden fahren los nach Mombasa.
Endlich gehe ich wieder einmal an den Strand und lasse mich von der Sonne und dem guten Hotelessen verwöhnen, das natürlich zehnmal soviel kostet wie in den lokalen Restaurants. Gegen Abend kehre ich ins Häuschen zurück, wo mich Lketinga bereits grimmig erwartet. Aufgeregt frage ich, wie es in Mombasa war. Er aber will nur wissen, wo ich war. Lachend antworte ich ihm: »Am Strand und essen im Hotel!« Er will weiter wissen, mit welchen Leuten ich mich unterhalten habe. Ich denke mir nichts und erwähne Edy und zwei andere Massai, mit denen ich ein paar Worte am Strand gewechselt habe. Sein Gesicht wird nur langsam freundlicher, und er sagt nebenbei, daß es mit dem Paß etwa drei bis vier Wochen dauern wird.
Ich freue mich und versuche, viel von der Schweiz und meiner Familie zu erzählen. Auf Eric freue er sich, gibt er mir zu verstehen, aber was die anderen Leute betrifft, wisse er nicht, was auf ihn zukomme. Auch mir ist bei der Vorstellung, wie die Menschen in Biel auf ihn reagieren werden, nicht ganz wohl. Schon der Verkehr auf den Straßen, die ausgefallenen Lokale und der ganze Luxus werden ihn verwirren.
Meine letzten Tage in Kenia verbringen wir etwas ruhiger. Wir schlendern ab und zu ins Hotel, an den Strand oder verbringen den Tag im Village mit verschiedenen Leuten, Tee trinkend und kochend. Als der letzte Tag anbricht, bin ich traurig und versuche, die Fassung zu bewahren. Auch Lketinga ist nervös. Viele bringen mir irgendein Geschenk,

meistens Massai-Schmuck. Meine Arme sind fast bis zu den Ellenbogen hoch geschmückt.
Lketinga wäscht mir nochmals die Haare, hilft mir beim Packen und fragt andauernd: »Corinne, really you will come back to me?« Anscheinend glaubt er nicht, daß ich wiederkomme. Er meint, viele Weiße behaupten dies und kommen nicht mehr, oder wenn, dann nehmen sie sich einen anderen Mann. »Lketinga, ich will keinen anderen, only you!« beteuere ich immer wieder. Ich werde viel schreiben, Fotos schicken und ihm Nachricht geben, wenn ich alles erledigt habe. Immerhin muß ich jemanden finden, der mir das Geschäft abkauft und jemanden, der meine Wohnung und die gesamte Einrichtung übernimmt.
Er soll mir über Priscilla mitteilen, wann er kommt, falls er den Paß erhält. »Wenn es nicht klappt oder du wirklich nicht in die Schweiz willst, kannst du es mir ruhig mitteilen«, sage ich zu ihm. Ich werde ungefähr drei Monate brauchen, bis ich alles erledigt habe. Er fragt mich, wie lange drei Monate sind: »How many full moons?« »Dreimal Vollmond«, gebe ich lachend zur Antwort.
Wir verbringen am letzten Tag jede Minute gemeinsam und beschließen, bis vier Uhr morgens in die Bush-Baby-Bar zu gehen, um nicht zu verschlafen und die Zeit zu nutzen. Wir reden, zeigen, deuten die ganze Nacht, und immer wieder die gleiche Frage, ob ich wirklich wiederkomme. Ich verspreche es zum zwanzigsten Mal und merke, wie aufgewühlt auch Lketinga ist.
Eine halbe Stunde vor Abfahrt treffen wir, begleitet von zwei weiteren Massai, im Hotel ein. Die verschlafenen, wartenden Weißen schauen uns irritiert an. Mit meiner Reisetasche und den drei geschmückten Massai mit ihren Rungus muß ich wohl ein sonderbares Bild abgeben. Dann

muß ich einsteigen. Lketinga und ich fallen uns noch einmal in die Arme, und er sagt: »No problem, Corinne! I wait here or I come to you!« Dann, ich kann es kaum fassen, drückt er mir noch einen Kuß auf den Mund. Ich bin gerührt, steige ein und winke den dreien zu, die in der Finsternis zurückbleiben.

Abschied und Aufbruch

In der Schweiz beginne ich sogleich mit der Suche nach einer Nachfolgerin für mein Geschäft. Viele haben Interesse, wenige eignen sich, doch diese haben kein Geld. Natürlich will ich möglichst viel herausholen, weil ich nicht weiß, wann ich wieder Geld verdienen kann. Mit zehn Franken kann ich in Kenia gut zwei Tage leben. So werde ich ziemlich geizig und lege jeden Franken für die Zukunft in Afrika zur Seite.

Schnell ist ein Monat vergangen, und von Lketinga habe ich nichts gehört. Ich habe bereits drei Briefe geschrieben. Deshalb schreibe ich nun etwas beunruhigt auch an Priscilla. Zwei Wochen später erhalte ich von ihr einen Brief, der mich verwirrt. Von Lketinga habe sie schon zwei Wochen nach meiner Abreise nichts mehr gesehen, wahrscheinlich lebe er wieder an der Nordküste. Mit seinem Paß gehe es nicht so recht vorwärts, und zu guter Letzt rät sie mir, ich solle lieber in der Schweiz bleiben. Ich bin völlig ratlos und schreibe sofort den nächsten Brief an die P. O. Box an der Nordküste, wohin schon meine ersten Briefe an Lketinga gingen.

Nach fast zwei Monaten entschließt sich eine Freundin von mir, mein Geschäft zum ersten Oktober zu kaufen. Ich bin überglücklich, daß dieses größte Problem endlich gelöst ist. Also kann ich theoretisch im Oktober abreisen. Aber von Lketinga habe ich leider immer noch nichts gehört. In die Schweiz muß er nun nicht mehr kommen, weil ich bald wieder in Mombasa sein werde, denke ich und glaube

weiterhin an unsere große Liebe. Von Priscilla erhalte ich noch zwei verworrene Briefe, doch mit unerschütterlichem Glauben gehe ich zum Reisebüro und buche einen Flug nach Mombasa für den fünften Oktober.
Mir bleiben noch gut zwei Wochen, um meine Wohnung und die Autos loszuwerden. Die Wohnung ist kein Problem, da ich alles komplett eingerichtet zu einem Spottpreis einem jungen Studenten verkaufe. So kann ich wenigstens bis zur letzten Minute in der Wohnung bleiben.
Meine Freunde, Geschäftskollegen, alle, die mich kennen, begreifen nicht, was ich mache. Für meine Mutter ist es besonders hart, doch habe ich das Gefühl, daß sie mich noch am ehesten versteht. Sie hoffe und bete für mich, daß ich finde, was ich suche, und glücklich werde.
Mein Cabriolet verkaufe ich am allerletzten Tag und lasse mich gleich zum Bahnhof bringen. Als ich das Bahnbillett nach Zürich-Kloten »einfach« löse, bin ich aufgeregt. Mit kleinem Handgepäck und einer großen Reisetasche, in der sich einige T-Shirts, Unterwäsche, einfache Baumwollröcke und einige Geschenke für Lketinga und Priscilla befinden, sitze ich im Zug und warte auf die Abfahrt.
Als sich der Zug in Bewegung setzt, glaube ich vor Freude abzuheben. Ich lehne mich zurück, leuchte wahrscheinlich wie eine Laterne und lache vor mich hin. Ein wundervolles Gefühl der Freiheit hat mich ergriffen. Ich könnte losschreien und jedem, der im Zug sitzt, mein Glück und mein Vorhaben mitteilen. Ich bin frei, frei, frei! In der Schweiz habe ich keine Verpflichtungen mehr, keinen Briefkasten mit Rechnungen, und ich entkomme dem trostlosen, trüben Wetter im Winter. Ich weiß nicht, was mich in Kenia erwartet, ob Lketinga meine Briefe erhalten hat und wenn, ob sie ihm richtig übersetzt wurden. Ich weiß nichts und

genieße einfach das beglückende Gefühl von Schwerelosigkeit.

Drei Monate werde ich Zeit haben, mich einzuleben, erst dann muß ich mich um ein weiteres Visum bemühen. Mein Gott, drei Monate, viel Zeit, um alles zu regeln und Lketinga besser kennenzulernen. Mein Englisch habe ich verbessern können, außerdem habe ich gute Bücher mit Bildern zum Lernen im Gepäck. In fünfzehn Stunden bin ich in meiner neuen Heimat. Mit diesen Gedanken steige ich ins Flugzeug, lehne mich ins Polster und sauge noch einmal die letzten Eindrücke von der Schweiz durch das Guckloch ein. Wann ich wiederkomme, ist ungewiß. Ich leiste mir zum Abschied und zum Neuanfang Champagner und weiß bald nicht mehr, ob ich lachen oder weinen soll.

In der neuen Heimat

Vom Flughafen Mombasa kann ich mit einem Hotelbus bis zum Africa-Sea-Lodge mitfahren, obwohl ich kein Hotel gebucht habe. Priscilla und Lketinga sollten informiert sein, wann ich dort bin. Ich bin furchtbar durcheinander. Was ist, wenn niemand kommt? Am Hotel angekommen, habe ich keine Zeit mehr nachzudenken. Ich schaue mich um und sehe niemanden, der mich empfängt. Nun stehe ich da mit der schweren Tasche, meine Spannung löst sich langsam und macht einer großen Enttäuschung Platz. Doch plötzlich höre ich meinen Namen, und als ich den Weg hinaufschaue, stürmt Priscilla mit ihrem wogenden Busen auf mich zu. Vor Erleichterung und Freude schießen mir Tränen in die Augen.

Wir fallen uns um den Hals, und natürlich muß ich fragen, wo Lketinga ist. Ihr Gesicht wird finster, sie schaut mich nicht an, als sie sagt: »Corinne, please, I don't know, where he is!« Seit damals, vor mehr als zwei Monaten, habe sie ihn nicht mehr gesehen. Es werde viel erzählt, aber sie wisse nicht, was davon wahr sei. Ich will alles erfahren, aber Priscilla meint, wir sollten zuerst zum Village gehen. Ich lade ihr die schwere Tasche auf den Kopf und nehme mein Handgepäck. So machen wir uns auf den Weg.

Mein Gott, was wird aus meinen Träumen vom großen Glück und der Liebe, denke ich. Wo ist nur Lketinga? Ich kann nicht glauben, daß er alles vergessen haben soll. Im Village treffe ich auf eine weitere Frau, eine Muslimin. Priscilla stellt sie mir als eine Freundin vor und erklärt, momentan müßten wir zu dritt in ihrer Behausung leben, da diese Frau nicht mehr zu ihrem Mann zurückgehen will. Das Häuschen ist zwar nicht sehr groß, aber fürs erste wird es schon reichen.

Wir trinken Tee, doch mir lassen die ungeklärten Fragen keine Ruhe. Wieder frage ich nach meinem Massai. Priscilla erzählt zögernd, was sie gehört hat. Einer seiner Kollegen erzähle, er sei nach Hause gefahren. Da er so lange keine Briefe von mir erhielt, wurde er krank. »Was?« entgegne ich aufgebracht. »Ich habe mindestens fünfmal geschrieben.« Jetzt schaut auch Priscilla etwas überrascht. »Ja, wohin denn?« will sie wissen. Ich zeige ihr die P. O. Box-Adresse an der Nordküste. Dann, so meint sie, sei es kein Wunder, wenn Lketinga diese Briefe nicht bekommen habe. Diese Box gehöre allen Massai an der Nordküste, und jeder könne herausnehmen, was er will. Da Lketinga nicht lesen kann, habe man ihm die Briefe wahrscheinlich unterschlagen.

Ich kann kaum glauben, was Priscilla mir erzählt: »Ich dachte, alle Massai sind Freunde oder fast wie Brüder, wer soll denn so etwas machen?« Da erfahre ich zum ersten Mal von der Mißgunst unter den Kriegern hier an der Küste. Als ich vor drei Monaten wegging, hätten einige der Männer, die schon lange an der Küste leben, Lketinga gehänselt und aufgestachelt: »So eine Frau, so jung und hübsch, mit viel Geld, wird sicher nicht mehr nach Kenia zurückkommen wegen eines schwarzen Mannes, der nichts besitzt.« Und so, erzählt Priscilla weiter, habe er, der noch nicht lange hier lebe, wahrscheinlich den anderen geglaubt, weil er keine Briefe erhielt.

Neugierig frage ich Priscilla, wo denn sein Zuhause sei. Sie weiß es nicht genau, aber irgendwo im Samburu-District, etwa eine dreitägige Reise von hier entfernt. Ich solle mir keine Gedanken machen, ich sei jetzt gut angekommen, und sie werde versuchen, jemanden zu finden, der in absehbarer Zeit dorthin fährt und eine Nachricht überbringen kann. »Mit der Zeit erfahren wir schon, was los ist. Pole, pole«, sagt sie, was soviel heißt wie »langsam, langsam«. »Du bist jetzt in Kenia, da brauchst du viel Zeit und Geduld.«

Die beiden Frauen umsorgen mich wie ein Kind. Wir reden viel miteinander, und Esther, die Moslemfrau, erzählt von ihrem Leidensweg mit ihrem Ehemann. Sie warnen mich davor, jemals einen Afrikaner zu heiraten. Sie seien nicht treu und behandelten die Frauen schlecht. Mein Lketinga ist anders, denke ich und sage nichts dazu.

Nach der ersten Nacht beschließen wir, ein Bett zu kaufen. In der vergangenen Nacht konnte ich kein Auge schließen, denn Priscilla und ich teilten uns ein schmales Bett, während Esther an der anderen Seite auf dem zweiten Bett schlief. Da Priscilla recht voluminös ist, habe ich kaum Platz und muß mich am Bettrand festhalten, um nicht dauernd auf sie zu rutschen.

Also fahren wir nach Ukunda und laufen bei 40 Grad im Schatten von einem Händler zum nächsten. Der erste hat kein Doppelbett, könnte dies jedoch in drei Tagen herstellen. Ich aber möchte jetzt eines. Beim nächsten finden wir ein wunderschön geschnitztes Bett für etwa achtzig Franken. Ich will es sofort kaufen, doch Priscilla meint entrüstet: »Too much!« Ich glaube, mich verhört zu haben. Für dieses Geld ein so schönes Doppelbett und handgefertigt! Aber Priscilla marschiert weiter. »Come, Corinne, too much!« So geht es den halben Nachmittag, bis ich endlich für sechzig Franken eines kaufen kann. Der Handwerker zerlegt es, und wir transportieren alles zur Hauptstraße. Priscilla besorgt noch eine Schaumstoffmatratze, und nach einer Stunde Warten in brütender Hitze an der staubigen Straße fahren wir mit einem Matatu wieder bis zum Hotel, wo alles abgeladen wird. Jetzt stehen wir da mit den Einzelteilen, die natürlich schwer sind, da alles aus massivem Holz besteht.

Ratlos schauen wir uns um, als drei Massai vom Strand kommen. Priscilla spricht mit ihnen, und sofort helfen uns die sonst arbeitsscheuen Krieger, mein neues Doppelbett ins Village zu tragen. Ich muß mir das Lachen verkneifen, denn das Ganze sieht wirklich komisch aus. Als wir endlich beim Häuschen ankommen, will ich mich sofort an die Arbeit machen und das Bett zusammenschrauben, habe aber keine Chance, denn jeder der Massai will dies für mich erledigen. Inzwischen sind es bereits sechs Männer, die sich an meinem Bett zu schaffen machen.

Spät abends können wir uns erschöpft auf den Bettrand setzen. Für alle Helfer gibt es Tee, und es wird wieder einmal in der mir unverständlichen Massai-Sprache gesprochen. Von den Kriegern werde ich abwechselnd gemustert, und ab und zu verstehe ich den Namen Lketinga. Nach etwa einer Stunde verlassen uns alle, wir Frauen machen uns bereit zum Schlafen. Das heißt notdürftiges Waschen außerhalb des Häuschens, was sehr gut geht, weil es stockdunkel ist und wir sicher nicht beobachtet werden. Auch das letzte Wasserlassen findet etwas abseits der Hütte statt, denn im Dunkeln geht man nicht mehr die Hühnerleiter hoch.

Erschöpft sinke ich in einen herrlichen Schlaf im neuen Bett. Von Priscilla spüre ich diesmal nichts, da das Bett breit genug ist. Allerdings ist kaum mehr Platz in der

Hütte, und wenn Besuch kommt, sitzt nun jeder auf der Bettkante.
Die Tage vergehen wie im Fluge, und ich werde von Priscilla und Esther verwöhnt. Die eine kocht, die andere schleppt Wasser und wäscht sogar meine Kleider. Wenn ich protestiere, heißt es, für mich sei es zu heiß, um zu arbeiten. So verbringe ich die meiste Zeit am Strand und warte immer noch auf ein Zeichen von Lketinga. Abends besuchen uns häufig Massai-Krieger, wir spielen Karten oder versuchen, Geschichten zu erzählen. Mit der Zeit merke ich wohl, daß der eine oder andere Interesse an mir zeigt, aber ich habe keine Lust darauf einzugehen, da für mich nur der eine Mann in Frage kommt. Keiner ist nur halb so schön und elegant wie mein »Halbgott«, für den ich alles aufgegeben habe. Nachdem die Krieger mein Desinteresse bemerken, höre ich weitere Gerüchte über Lketinga. Anscheinend wissen alle, daß ich immer noch auf ihn warte.
Als ich wieder einmal einem die angebotene Freundschaft, sprich Liebschaft, höflich, aber bestimmt abschlage, meint er nur: »Wieso wartest du auf diesen Massai, obwohl jeder weiß, daß er mit deinem Geld, das du ihm für den Paß gegeben hast, nach Watamu Malindi gereist ist und mit afrikanischen Girls alles versoffen hat?« Dann steht er auf und sagt, ich solle mir sein Angebot noch mal überlegen. Ärgerlich fordere ich ihn auf, sich nicht mehr blicken zu lassen. Trotzdem fühle ich mich sehr einsam und verraten. Was ist, wenn es wirklich stimmt? Mir gehen viele Gedanken durch den Kopf, und letzten Endes weiß ich mit Gewißheit nur, daß ich das nicht glauben will. Ich könnte zum Inder nach Mombasa fahren, aber irgendwie bringe ich den Mut dazu nicht auf, denn eine Blamage wäre für mich kaum erträglich. Täglich treffe ich am Strand auf Krieger, und die Ge-

schichten nehmen kein Ende. Einer berichtet sogar, Lketinga sei »crazy« und nach Hause gebracht worden. Dort habe er ein junges Mädchen geheiratet und komme nicht mehr nach Mombasa. Wenn ich Trost brauche, sei er immer für mich da. Mein Gott, lassen die mich denn nie in Ruhe? Ich komme mir langsam wie ein verlorenes Reh unter Löwen vor. Jeder will mich fressen!
Abends erzähle ich Priscilla von den neuesten Gerüchten und Belästigungen. Sie meint, das sei normal. Ich sei drei Wochen hier allein ohne Mann, und normalerweise machen diese Leute die Erfahrung, daß eine weiße Frau nie lange allein bleibt. Dann erzählt mir Priscilla von zwei weißen Frauen, die schon länger in Kenia wohnen und nahezu jedem Massai nachlaufen. Einerseits bin ich schockiert, andererseits erstaunt zu hören, daß noch andere weiße Frauen hier sind und sogar Deutsch sprechen. Diese Mitteilung weckt meine Neugier. Priscilla zeigt auf ein anderes Häuschen im Village und erklärt: »Dies gehört Jutta, einer Deutschen. Sie ist irgendwo im Samburu-District und arbeitet im Moment für ein Touristen-Camp, will aber in den nächsten zwei oder drei Wochen wieder kurz hierherkommen.« Ich bin neugierig auf diese geheimnisvolle Jutta.
Währenddessen wiederholen sich die verbalen Annäherungsversuche, so daß ich mich wirklich nicht mehr wohl fühle. Eine alleinstehende Frau scheint Freiwild zu sein. Auch Priscilla kann oder will sich dagegen nicht richtig durchsetzen. Wenn ich ihr etwas erzähle, lacht sie manchmal kindisch, was ich nicht begreifen kann.

Meine Reise mit Priscilla

Eines Tages macht sie mir den Vorschlag, mit ihr für zwei Wochen in ihr Dorf zu fahren, um ihre Mutter und ihre fünf Kinder zu besuchen. Erstaunt frage ich: »Was, du hast fünf Kinder, wo leben die denn?« »Bei meiner Mutter oder manchmal auch bei meinem Bruder«, sagt sie. Sie lebe an der Küste, um durch Schmuckverkauf Geld zu verdienen, und bringe dies zweimal im Jahr nach Hause. Ihr Mann wohne schon lange nicht mehr mit ihr zusammen. Wieder einmal staune ich über die afrikanischen Verhältnisse.

Bis wir zurück sind, ist vielleicht Jutta hier, denke ich und willige ein. Durch die Reise könnte ich auch dem Ansturm der verschiedenen Massai entkommen! Priscilla freut sich riesig, da sie noch nie eine Weiße mit nach Hause gebracht hat.

Kurz entschlossen reisen wir am nächsten Tag ab. Esther bleibt und versorgt das Häuschen. In Mombasa kauft Priscilla verschiedene Schuluniformen, die sie ihren Kindern mitbringen will. Ich habe nur den kleinen Rucksack dabei, in dem sich etwas Unterwäsche, Pullover, drei T-Shirts und Jeans zum Wechseln befinden. Wir kaufen unsere Tickets und haben bis zur Busabfahrt am Abend noch viel Zeit. Deshalb gehe ich in einen Coiffeursalon und lasse mir die Haare zu afrikanischen Zöpfchen flechten. Diese Prozedur dauert fast drei Stunden und ist sehr schmerzhaft. Doch scheint es mir zum Reisen praktischer zu sein.

Lange vor der Abfahrt drängeln sich bereits Dutzende von Menschen um den Bus, der zuerst auf dem Dach mit allen

möglichen Reiseutensilien beladen wird. Als wir abfahren, ist es stockfinster, und Priscilla schlägt vor zu schlafen. Bis Nairobi seien es sicher neun Stunden, dann müßten wir umsteigen und noch mal fast viereinhalb Stunden bis Narok durchhalten.
Während der langen Fahrt weiß ich bald nicht mehr, wie ich sitzen soll und bin erleichtert, als wir schließlich ankommen. Nun folgt ein langer Fußmarsch. Leicht ansteigend geht es fast zwei Stunden durch Felder, Wiesen, ja sogar Tannenwälder. Landschaftlich gesehen könnte man meinen, wir seien in der Schweiz, weit und breit nur Grün und keine Menschen.
Endlich sichte ich weit oben Rauch und erkenne einige verfallene Holzbaracken. »Wir sind gleich da«, sagt Priscilla und erklärt mir, daß sie für ihren Vater noch einen Kasten Bier besorgen müsse, dies sei das Geschenk für ihn. Ich staune nicht schlecht, als sie diesen auch noch auf dem Kopf nach oben schleppt. Ich bin gespannt, wie diese Massai leben, denn Priscilla hat mir erzählt, sie seien wohlhabender als die Samburus, von denen Lketinga abstammt.
Oben angekommen gibt es ein großes Hallo. Alle stürzen herbei, begrüßen Priscilla, bleiben dann aber abrupt stehen und schauen mich schweigend an. Priscilla scheint allen zu erzählen, daß wir Freundinnen sind. Als erstes müssen wir in das Haus ihres Bruders, der etwas Englisch spricht. Die Behausungen sind größer als unser Village-Haus und haben drei Räume. Aber alles ist schmutzig und verrußt, weil auf Holzfeuer gekocht wird und überall Hühner, junge Hunde und Katzen umherspringen. Wohin man sieht, tummeln sich Kinder jeden Alters, von denen die größeren die nächst kleineren im Tragetuch auf dem Rücken schleppen. Die ersten Geschenke werden verteilt.

Die Menschen hier sehen nicht mehr sehr traditionell aus. Sie tragen normale Kleidung und leben ein geregeltes Bauernleben. Als die Ziegen nach Hause kommen, muß ich als Gast für unser Willkommensessen eine aussuchen. Ich bringe es nicht über mich, ein Todesurteil zu fällen, aber Priscilla belehrt mich, daß dies üblich und mit großer Ehre verbunden sei. Wahrscheinlich werde ich das täglich auch bei den folgenden Besuchen machen müssen. Also zeige ich auf eine weiße Ziege, die sofort eingefangen wird. Von zwei Männern wird das arme Tier erstickt. Um das Gezappel nicht länger mit ansehen zu müssen, wende ich mich ab. Es wird bereits dunkel und kühl. Wir gehen ins Haus und setzen uns ans Feuer, das auf dem Lehmboden in einem der Räume brennt.

Wo die Ziege gekocht oder gebraten wird, weiß ich nicht. Um so überraschter bin ich, als mir ein ganzes Vorderbein und dazu ein riesiges Buschmesser gereicht werden. Priscilla bekommt das andere Bein. »Priscilla«, sage ich, »ich habe nicht soviel Hunger, ich kann das unmöglich alles essen!« Sie lacht und meint, den Rest nehmen wir mit und essen morgen weiter. Die Vorstellung, zum Frühstück bereits wieder an diesem Bein knabbern zu müssen, behagt mir nicht. Aber ich bewahre Haltung und esse wenigstens etwas, wobei ich allerdings wegen meines geringen Hungers bald ausgelacht werde.

Da ich hundemüde bin und mein Rücken extrem schmerzt, möchte ich wissen, wo wir schlafen können. Wir bekommen eine schmale Pritsche, auf der wir zu zweit schlafen sollen. Wasser zum Waschen ist weit und breit nicht zu sehen, und ohne Feuer ist es im Raum enorm kalt. Zum Schlafen ziehe ich mir den Pulli und eine dünne Jacke an. Ich bin sogar froh, daß Priscilla sich neben mich quetscht,

denn so ist es etwas wärmer. Mitten in der Nacht erwache ich, spüre ein Jucken und merke, daß diverse Tierchen an mir hoch- und runterkriechen. Ich möchte von der Pritsche springen, aber es ist stockfinster und bitterkalt. Mir bleibt nichts anderes übrig, als so bis zum Morgen zu verharren. Beim ersten Lichtstrahl wecke ich Priscilla und zeige ihr meine Beine. Sie sind übersät mit roten Bißwunden, wahrscheinlich von Flöhen. Viel ändern können wir nicht, denn Kleider zum Wechseln habe ich nicht. Ich möchte mich wenigstens waschen, aber als ich nach draußen gehe, bin ich verblüfft. Das ganze Gebiet ist in Nebel gehüllt, und Reif liegt auf den saftigen Wiesen. Man könnte meinen, bei einem Bauern im Jura zu sein.
Heute ziehen wir weiter, um Priscillas Mutter und ihre Kinder zu besuchen. Wir marschieren über Hügel und Felder und treffen ab und zu Kinder oder ältere Menschen. Während die Kinder Abstand zu mir wahren, möchten mich die meisten älteren Leute, vorwiegend Frauen, berühren. Einige halten lange meine Hand und murmeln etwas, was ich natürlich nicht verstehe. Priscilla sagt, die meisten dieser Frauen hätten noch nie eine Weiße gesehen, geschweige denn berührt. So kommt es vor, daß während des Händedrückens noch darauf gespuckt wird, was eine besondere Ehre sein soll.
Nach etwa drei Stunden erreichen wir die Hütte, in der Priscillas Mutter lebt. Sofort stürzen uns Kinder entgegen und kleben an Priscilla. Ihre Mutter, noch rundlicher als Priscilla, sitzt am Boden und wäscht Kleider. Die beiden haben sich natürlich viel zu erzählen, und ich versuche wenigstens, einen Teil zu erahnen.
Diese Hütte ist die bescheidenste, die ich bisher gesehen habe. Sie ist ebenfalls rund und mit diversen Brettern, Tü-

chern und Plastik zusammengeflickt. Im Inneren kann ich kaum stehen, und die Feuerstelle in der Mitte erfüllt den Raum mit beißendem Rauch. Ein Fenster gibt es nicht. Deshalb nehme ich den Tee im Freien ein, weil mir sonst laufend die Tränen herunterrollen und die Augen schmerzen. Etwas beunruhigt frage ich Priscilla, ob wir hier nächtigen müssen. Sie lacht: »No, Corinne, ein anderer Bruder wohnt etwa eine halbe Stunde entfernt in einem größeren Häuschen. Da werden wir übernachten. Hier ist kein Platz, weil hier alle Kinder schlafen, und mehr als Milch und Mais gibt es nicht zu essen.« Erleichtert atme ich auf.

Kurz vor Einbruch der Dunkelheit ziehen wir weiter zum nächsten Bruder. Auch hier erwartet uns eine freudige Begrüßung. Die Leute waren nicht informiert, daß Priscilla kommt und weißen Besuch mitbringt. Dieser Bruder ist mir sehr sympathisch. Endlich kann ich mich gut unterhalten. Auch seine Frau spricht etwas Englisch. Beide haben die Schule besucht.

Dann muß ich mir erneut eine Ziege aussuchen. Ich fühle mich hilflos, denn ich möchte nicht schon wieder das zähe Ziegenfleisch essen. Andererseits habe ich wirklich Hunger und wage zu fragen, ob es noch etwas anderes zu essen gibt, wir Weißen seien es nicht gewohnt, so viel Fleisch zu konsumieren.

Alle lachen, und seine Frau meint, ob ich lieber ein Huhn mit Kartoffeln und Gemüse möchte. Bei diesem herrlichen Menüvorschlag antworte ich begeistert: »O yes!« Sie verschwindet und kommt bald darauf mit einem gerupften Huhn, Kartoffeln und einer Art Blattspinat zurück. Diese Massai sind richtige Bauern, haben zum Teil eine Schule besucht und arbeiten hart auf ihren Feldern. Wir Frauen essen gemeinsam mit den Kindern das wirklich gute Mahl. Es

ist wie ein Eintopf und schmeckt nach all den gut gemeinten Fleischbergen wunderbar.
Wir bleiben fast eine Woche und machen unsere Besuche von hier aus. Sogar warmes Wasser wird für mich zubereitet, damit ich mich waschen kann. Trotzdem sind unsere Kleider dreckig und stinken fürchterlich nach Rauch. Langsam habe ich genug von diesem Leben und sehne mich nach dem Strand in Mombasa und meinem neuen Bett. Auf meinen Wunsch abzureisen entgegnet Priscilla, wir seien noch auf eine Hochzeitszeremonie eingeladen, die in zwei Tagen stattfindet, und so bleiben wir.
Die Hochzeit findet einige Kilometer entfernt statt. Einer der reichsten Massai soll dort seine dritte Frau heiraten. Ich bin überrascht, daß die Massai offensichtlich so viele Frauen heiraten dürfen, wie sie ernähren können. Mir kommen dabei die Gerüchte über Lketinga in den Sinn. Vielleicht ist er ja wirklich schon verheiratet? Dieser Gedanke macht mich fast krank. Doch ich beruhige mich und denke, er hätte mir das sicher erzählt. Irgend etwas anderes steckt hinter seinem Verschwinden. Ich muß es herausfinden, sobald ich in Mombasa bin.
Die Zeremonie ist beeindruckend. Hunderte von Männern und Frauen erscheinen. Auch der stolze Bräutigam wird mir vorgestellt, der mir anbietet, wenn ich heiraten wolle, wäre er sofort bereit, auch mich zur Frau zu nehmen. Ich bin sprachlos. Zu Priscilla gewandt fragt er sie tatsächlich, wie viele Kühe er für mich bieten müsse. Priscilla aber wehrt ab, und er geht.
Dann erscheint die Braut, begleitet von den zwei ersten Frauen. Es ist ein wunderschönes Mädchen, geschmückt von Kopf bis Fuß. Über ihr Alter bin ich schockiert, denn sie ist bestimmt nicht älter als zwölf oder dreizehn Jahre.

Die beiden anderen Ehefrauen sind vielleicht achtzehn oder zwanzig. Der Bräutigam selbst ist sicher auch nicht sehr alt, aber immerhin etwa fünfunddreißig. »Wieso«, frage ich Priscilla, »werden hier Mädchen verheiratet, die fast noch Kinder sind?« Das sei eben so, sie selbst sei nicht viel älter gewesen. Irgendwie empfinde ich Mitleid mit dem Mädchen, das zwar stolz, aber nicht glücklich aussieht. Wieder wandern meine Gedanken zu Lketinga. Ob er überhaupt weiß, daß ich siebenundzwanzig Jahre alt bin? Plötzlich fühle ich mich alt, verunsichert und nicht mehr besonders attraktiv in meinen schmutzigen Kleidern. Die zahlreichen Angebote von verschiedenen Männern, die über Priscilla auf mich zukommen, können dieses Gefühl nicht mindern. Mir gefällt keiner, und in Bezug auf einen möglichen Ehemann existiert in meinen Gedanken nur Lketinga. Ich will nach Hause, nach Mombasa. Vielleicht ist er in der Zwischenzeit gekommen. Immerhin bin ich schon fast einen Monat in Kenia.

Begegnung mit Jutta

Wir nächtigen das letzte Mal in der Hütte und kehren am nächsten Tag nach Mombasa zurück. Mit klopfendem Herzen marschiere ich zum Village. Von weitem hört man fremde Stimmen, und Priscilla ruft: »Jambo, Jutta!« Mein Herz macht einen Freudensprung, als ich diese Worte höre. Nach fast zwei Wochen nahezu ohne Konversation freue ich mich auf die angekommene Weiße.

Sie begrüßt mich ziemlich kühl und redet auf Suaheli mit Priscilla. Schon wieder verstehe ich nichts! Doch dann schaut sie mich lachend an und fragt: »So, wie hat dir das Buschleben gefallen? Wenn du nicht vor Dreck stehen würdest, würde ich dir das gar nicht zutrauen.« Dabei schaut sie mich kritisch von Kopf bis Fuß an. Ich antworte, daß ich froh sei, wieder hier zu sein, denn ich sei total zerstochen und meine Haare juckten ebenfalls gräßlich. Jutta lacht: »Du wirst Flöhe und Läuse haben, das ist alles! Doch wenn du jetzt in deine Hütte gehst, bringst du sie nicht mehr raus!«

Sie schlägt mir wegen der Flöhe ein Bad im Meer mit anschließender Dusche in einem der Hotels vor. Diesen Luxus leiste sie sich immer, wenn sie gerade in Mombasa sei. Ich frage zweifelnd, ob das nicht auffalle, da ich kein Gast sei.

»Unter so vielen Weißen kann man das unbemerkt machen«, zerstreut sie meine Bedenken. Sie gehe manchmal sogar bei den Buffets Essen holen, natürlich nicht immer im selben Hotel. Über all diese Tricks staune ich und be-

wundere Jutta. Sie verspricht mir, nachher mitzukommen und verschwindet in ihrem Häuschen.
Priscilla versucht, mir die Zöpfchen zu öffnen. Es zieht grausam. Die Haare sind verfilzt und kleben von Rauch und Dreck. In meinem ganzen Leben war ich noch nie so schmutzig und fühle mich dementsprechend schlecht. Nach über einer Stunde mit büschelweisem Haarausfall sind wir am Ziel. Alle Zöpfchen sind geöffnet, und ich sehe aus wie nach einem Stromschlag. Mit Haarwaschmittel, Seife und frischen Klamotten ausgerüstet, klopfe ich bei Jutta an, und wir ziehen los. Sie nimmt Bleistifte und einen Zeichenblock mit. Als ich sie frage: »Was willst du denn damit machen?« erklärt sie: »Geld verdienen! In Mombasa kann ich leicht zu Geld kommen, deswegen bin ich ja auch für zwei bis drei Wochen hier.«
»Aber wie?« will ich wissen. »Ich zeichne Karikaturen von Touristen in zehn bis fünfzehn Minuten und verdiene pro Bild etwa zehn Franken. Wenn ich pro Tag vier bis fünf Leute male, lebe ich nicht schlecht!« erzählt Jutta. Seit fünf Jahren schlägt sie sich auf diese Weise durch, wirkt immer noch selbstbewußt und kennt jeden Trick. Ich bewundere sie.
Wir sind am Strand angekommen, und ich stürze mich ins erfrischende Salzwasser. Erst nach einer Stunde komme ich wieder heraus, und Jutta zeigt mir das erste Geld, das sie in der Zwischenzeit verdient hat. »So, und jetzt gehen wir duschen«, meint sie lachend. »Du mußt einfach locker und selbstverständlich am Strandwächter vorbeigehen, denn wir sind Weiße, das mußt du dir immer vor Augen halten!«
Es klappt tatsächlich. Ich dusche und dusche und wasche meine Haare wohl fünfmal, bis ich mich sauber fühle. Schließlich ziehe ich ein leichtes Sommerkleid an, und wir

gehen wie selbstverständlich zum traditionellen Vier-Uhr-Tee. Alles gratis!
Hier fragt sie, warum ich eigendich im Village sei. Ich erzähle ihr meine Geschichte, und sie hört aufmerksam zu. Danach folgen ihre Ratschläge: »Wenn du unbedingt hierbleiben willst und deinen Massai haben möchtest, muß endlich etwas geschehen. Erstens mußt du dir ein eigenes Häuschen mieten, das kostet fast nichts, und du hast endlich Ruhe. Zweitens solltest du dein Geld zusammenhalten und eigenes verdienen, zum Beispiel mit mir Kunden werben, die ich malen kann, dann wird geteilt. Drittens glaube keinem Schwarzen an der Küste. Im Grunde wollen alle nur das Geld. Um zu sehen, ob dieser Lketinga deinen Kummer wert ist, gehen wir morgen ins Reisebüro und sehen nach, ob er dein Geld von damals dort gelassen hat. Wenn ja, ist er noch nicht verdorben vom Tourismus, das meine ich ernst.« Wenn ich ein Foto von ihm hätte, würden wir ihn mit etwas Glück schon finden!
Jutta tut mir einfach gut. Sie kann Suaheli sprechen, kennt sich aus und hat Energie wie ein Rambogirl. Am nächsten Tag fahren wir nach Mombasa, aber nicht etwa mit dem Bus. Jutta meint, sie werfe doch ihr sauer verdientes Geld nicht zum Fenster heraus, und hält gekonnt den Daumen raus. Tatsächlich hält das erste private Auto, das vorbeikommt. Es sind Inder, die uns bis zur Fähre mitnehmen. Hier besitzen fast nur Inder oder Weiße Privatautos. Jutta lacht mich an: »Siehst du, Corinne, schon hast du wieder etwas gelernt!«
Nach langem Suchen finden wir das Reisebüro. Ich hoffe sehnlichst, daß das Geld nach nunmehr fast fünf Monaten noch hier ist, nicht unbedingt des Geldes wegen, sondern um in dem Glauben bestätigt zu werden, mich in Lketinga

und unserer Liebe nicht getäuscht zu haben. Obendrein will mir Jutta bei der Suche nach Lketinga nur helfen, wenn er dieses Geld nicht abgeholt hat. Anscheinend glaubt sie nicht daran.
Mein Herz klopft bis zum Hals, als ich die Tür öffne und über die Schwelle trete. Der Mann hinter dem Schreibtisch schaut auf, und ich erkenne ihn sogleich. Noch bevor ich etwas sagen kann, kommt er strahlend mit ausgestreckten Händen auf mich zu und sagt: »Hello, how are you after such a long time? Wo ist der Massai-Mann? Ich habe ihn nicht mehr gesehen.« Bei diesen zwei Sätzen wird mir warm ums Herz, und ich erkläre nach dem ersten Hallo, es hätte mit dem Paß nicht geklappt und deshalb käme ich das Geld wieder abholen.
Immer noch wage ich nicht, daran zu glauben, doch der Inder verschwindet hinter einem Vorhang, während ich einen kurzen Blick auf Jutta werfe. Sie zuckt nur die Achseln. Schon kommt er zurück und hält in beiden Händen bündelweise Geldscheine. Vor Glück könnte ich heulen. Ich wußte es, ich wußte, daß Lketinga nicht hinter meinem Geld her war. In dem Moment, als ich das viele Geld an mich nehme, fühle ich eine ungeahnte Stärke in mir wachsen. Mein Vertrauen ist zurückgekehrt. Das ganze Geschwätz und die Gerüchte kann ich abschütteln.
Wir gehen auf die Straße, nachdem ich den Inder für seine Ehrlichkeit belohnt habe. Dann sagt Jutta endlich: »Corinne, diesen Massai mußt du wirklich finden. Nun glaube ich dir die ganze Geschichte und vermute auch, daß andere ihre Finger im Spiel haben.«
Glücklich falle ich ihr um den Hals. »Komm«, sage ich, »ich lade dich ein, wir gehen essen wie die Touristen!«

Während des Essens planen wir unser weiteres Vorgehen. Jutta schlägt vor, in etwa einer Woche zum Samburu-District zu starten. Es sei ein langer Weg bis Maralal, dem District-Dorf, wo sie Ausschau halten will nach einem Massai, den sie vielleicht von der Küste her kennt. Dem wird sie die Fotos von Lketinga zeigen, und mit etwas Glück werden wir seinen Aufenthaltsort ausfindig machen. »Dort kennt praktisch jeder jeden.« Meine Hoffnung steigt von Minute zu Minute. Wohnen könnten wir bei ihren Freunden, denen sie dort helfe, ein Haus zu bauen. Mit allem, was sie mir vorschlägt, bin ich einverstanden, wenn nur endlich etwas passiert und ich nicht länger untätig abwarten muß.
Die Woche mit Jutta gestaltet sich vergnüglich. Ich helfe ihr, Termine für diverse Portraits zu bekommen, und sie malt. Es klappt gut, und wir lernen angenehme Leute kennen. Die Abende verbringen wir meistens in der Bush-Baby-Bar, da Jutta anscheinend Nachholbedarf an Musik und Unterhaltung hat. Trotzdem muß sie aufpassen, daß sie das verdiente Geld nicht gleich wieder ausgibt, denn sonst sind wir in einem Monat noch hier.
Endlich packen wir unsere Sachen. Etwa die Hälfte der Kleider nehme ich in der Reisetasche mit, den Rest lasse ich im Häuschen bei Priscilla. Sie ist nicht glücklich über mein Weggehen und meint, es sei fast unmöglich, einen Massai-Krieger zu finden. »Sie ziehen ständig von Ort zu Ort. Sie haben kein Zuhause, solange sie nicht verheiratet sind, und höchstens seine Mutter weiß vielleicht, wo er ist.« Aber ich lasse mich nicht mehr abbringen von meinem Plan. Ich bin sicher, das einzig Richtige zu tun.
Zuerst fahren wir mit dem Bus nach Nairobi. Diesmal stört mich die achtstündige Busfahrt überhaupt nicht. Ich bin

gespannt auf die Gegend, aus der mein Massai stammt, und mit jeder Stunde kommen wir dem Ziel näher.
In Nairobi hat Jutta wieder einiges zu erledigen, und so hängen wir drei Tage im Igbol-Lodging, einem Tramper-Hotel, herum. Aus aller Welt kommen die Tramper hierher und unterscheiden sich sehr von den Mombasa-Touristen. Überhaupt ist Nairobi völlig anders. Alles ist hektischer, und man sieht viele verstümmelte Menschen und Bettler. Da wir mitten in der »Szene« unser Lodging haben, sehe ich auch, wie die Prostitution blüht. Am Abend lockt eine Bar neben der anderen mit Suaheli-Musik. Fast jede Frau in den Lokalen verkauft sich, sei es für einige Biere oder für Geld. Hauptkunden in dieser Gegend sind Einheimische. Es ist laut und doch irgendwie faszinierend. Wir zwei weißen Frauen fallen sehr auf, und alle fünf Minuten fragt jemand, ob wir einen »boyfriend« suchen. Zum Glück kann uns Jutta in Suaheli energisch verteidigen. Nachts geht sie in Nairobi nur mit einem Rungu, dem Schlagstock der Massai, auf die Straße, weil es sonst zu gefährlich ist.
Am dritten Tag flehe ich Jutta an, endlich weiterzureisen. Sie willigt ein, und wir besteigen mittags den nächsten Bus in Richtung Nyahururu. Dieser Bus ist noch viel verlotterter als der in Mombasa, der ja auch nicht gerade ein Luxusliner war. Jutta lacht nur: »Wart ab, bis wir den nächsten nehmen, da wirst du dich wundern! Dieser hier ist okay.«
Wir sitzen eine Stunde im Bus, bis er voll bepackt und restlos ausgebucht ist, denn vorher wird nicht gestartet. Wieder liegen sechs Stunden Fahrt, immer leicht bergauf, vor uns. Ab und zu hält der Bus, einige Menschen steigen aus und andere zu. Natürlich hat jeder Berge von Hausrat dabei, der ab- oder aufgeladen wird.
Endlich sind wir am heutigen Ziel: Nyahururu. Wir schlep-

pen uns zum nächsten Lodging und mieten ein Zimmer. Wir essen noch und gehen schlafen, da ich nicht mehr sitzen kann. Ich bin froh, endlich meine Knochen ausstrecken zu können, und schlafe sofort ein. Am Morgen um sechs Uhr müssen wir aufstehen, denn um sieben Uhr fährt der einzige Bus nach Maralal. Als wir hinkommen, ist er schon fast voll. Im Bus sehe ich einige Massai-Krieger und fühle mich nicht mehr so fremd. Aber wir werden sehr genau gemustert, denn auf allen Fahrten sind wir die einzigen Weißen.

Der Bus ist wirklich eine Katastrophe. Überall springen die Federn aus den Sitzen oder quillt der dreckige Schaumstoff heraus, einige Fensterscheiben fehlen. Zudem herrscht ein ziemliches Chaos. Man muß über diverse Schachteln steigen, in denen Hühner deponiert sind. Andererseits ist es der erste Bus, in dem gute Stimmung herrscht. Es wird viel geredet und gelacht. Jutta springt noch einmal hinaus und holt an einem der zahlreichen Verkaufsstände etwas zu trinken. Sie kommt zurück und reicht mir eine Colaflasche. »Hier, nimm sie und genieße sie sparsam, du wirst sehr durstig werden. Diese letzte Strecke ist staubig, denn wir fahren auf Naturstraßen. Bis Maralal gibt es nur noch Busch und Einöde.« Der Bus fährt los, und nach etwa zehn Minuten verlassen wir die geteerte Straße und holpern nun über einen roten, löchrigen Weg.

Augenblicklich ist das Gefährt in eine Staubwolke gehüllt. Wer eine Scheibe im Fenster hat, schließt sie, die anderen ziehen sich Tücher oder Mützen über. Ich huste und kneife die Augen zusammen. Jetzt weiß ich, warum nur noch die hinteren Plätze frei waren. Der Bus fährt langsam, und trotzdem muß ich mich ständig festhalten, damit ich nicht vorrutsche, da er durch die riesigen Schlaglöcher hin- und herschaukelt. »He, Jutta, wie lange geht das so?« Sie lacht: »Wenn wir keine Panne haben, etwa vier bis fünf Stunden, obwohl es nur 120 Kilometer sind.« Ich bin entsetzt, und nur der Gedanke an Lketinga läßt mich diese Strecke als halbwegs romantisch erleben.

Ab und zu sehen wir in einiger Entfernung Manyattas, dann wieder lange nichts außer Einöde, roter Erde und hin und wieder einem Baum. Manchmal tauchen Kinder mit einigen Ziegen und Kühen auf und winken dem Bus zu. Sie sind mit ihrer Herde unterwegs auf Nahrungssuche.

Nach etwa anderthalb Stunden hält der Bus zum erstenmal. Links und rechts der Straße stehen einige Bretterbuden. Auch zwei kleinere Läden erspähe ich, die Bananen, Tomaten und andere Kleinigkeiten feilbieten. Kinder und Frauen stürzen an die Scheiben und versuchen, in der kurzen Pause etwas zu verkaufen. Einige der Fahrgäste decken sich mit Nahrung ein, und schon schaukelt der Bus weiter. Ausgestiegen ist niemand, dafür sind drei weitere geschmückte Krieger hinzugekommen. Jeder trägt zwei lange Speere. Als ich die drei mustere, bin ich mir sicher, daß ich Lketinga bald finden werde. »Beim nächsten Halt sind wir in Maralal«, sagt Jutta müde. Ich bin ebenfalls erschöpft von der ewigen Rumpelei auf der grauenhaften Straße. Bis jetzt hätten wir Glück gehabt, denn wir hatten weder einen Platten noch einen Motorschaden, das wäre sonst nichts Außergewöhnliches, und außerdem sei die Straße trocken. Bei Regen sei die rote Erde nur noch Schlamm, erzählt Jutta.

Nach weiteren eineinhalb Stunden sind wir endlich in Maralal. Der Bus fährt hupend ein und dreht zuerst eine Runde durch das Dorf, das nur eine Straße hat, bevor er am Eingang des Dorfes parkt. Sofort ist er von Dutzenden von

Neugierigen umlagert. Wir steigen auf die staubige Straße und sind selbst von Kopf bis Fuß gepudert. Um den Bus drängen sich Menschen jeden Alters, und ein richtiger Tumult entsteht. Wir warten auf unsere Reisetaschen, die unter diversen Kisten, Matratzen und Körben liegen. Beim Anblick dieses Dörfchens und seiner Bewohner ergreift mich die Abenteuerlust.
Etwa fünfzig Meter neben der Haltestelle befindet sich ein kleiner Markt. Überall hängen farbige Tücher, die in der Luft flattern. Berge von Kleidern und Schuhen liegen auf Plastikbahnen. Davor sitzen fast nur Frauen und versuchen, etwas zu verkaufen.
Endlich erhalten wir unsere Taschen. Jutta schlägt vor, zuerst einmal Tee zu trinken und etwas zu essen, bevor wir zu ihrem Häuschen marschieren, das etwa eine Stunde Fußweg entfernt liegt. Hunderte von Augenpaaren folgen uns zum Lodging. Jutta wird von der Inhaberin, einer Kikuyu-Frau, begrüßt. Man kennt Jutta, da sie seit drei Monaten an einem Hausbau in der Nähe beteiligt ist und außerdem als Weiße in dieser Umgebung nicht zu übersehen ist.
Das Teehaus ähnelt dem in Ukunda. Wir sitzen am Tisch und bekommen Essen, natürlich Fleisch mit Sauce und Chapattis, die Fladenbrote, und unseren Tee. Etwas weiter hinten sitzt eine Gruppe Massai-Krieger. »Jutta«, frage ich, »kennst du vielleicht einen von denen, die schauen ständig zu uns herüber!« »Hier wirst du immer angeschaut«, meint Jutta gelassen. »Wir fangen erst morgen mit der Suche nach deinem Massai an, denn heute müssen wir noch eine ziemliche Strecke bergauf gehen!«
Nach dem Essen, das für meine Verhältnisse fast nichts kostet, brechen wir auf. Bei brütender Hitze laufen wir eine staubige, stetig ansteigende Straße entlang. Schon nach ei-

nem Kilometer kommt mir meine Reisetasche unendlich schwer vor. Jutta beruhigt mich: »Warte, wir nehmen eine Abkürzung zu einer Touristen-Lodge! Vielleicht haben wir Glück, und es ist jemand mit einem Auto da.«
Auf einem schmalen Pfad raschelt es plötzlich neben uns im Dickicht, und Jutta ruft: »Corinne, bleib stehen! Falls es Büffel sind, mach keine Bewegung!« Erschrocken versuche ich, das Wort »Büffel« in meinen Gedanken zu einem Bild zu formen. Wir stehen bewegungslos da, als ich etwa fünfzehn Meter neben mir etwas Helles mit dunklen Streifen erkenne. Jutta bemerkt es ebenfalls und lacht befreit auf: »Ach, nur Zebras!« Von uns aufgeschreckt galoppieren sie davon. Ich schaue Jutta fragend an: »Büffel hast du gesagt, sind die denn so nahe beim Dorf?« »Wart's ab!« meint sie. »Wenn wir bei der Lodge sind, sehen wir am Wasserloch mit etwas Glück Büffel, Zebras, Affen oder Gnus.« »Ist es für Leute, die diesen Weg gehen, nicht gefährlich?« frage ich verwundert. »Doch, aber normalerweise gehen diesen Weg nur bewaffnete Samburu-Krieger. Die Frauen werden meistens bewacht. Die anderen Leute nehmen die offene Straße, da ist es weniger riskant. Aber dieser Weg ist nur halb so lang!«
Mir wird erst wohler, als wir die Lodge erreichen. Es ist wirklich eine schöne Lodge, nicht so pompös wie die, die ich mit Marco in Massai-Mara besucht hatte. Diese hier ist bescheiden, paßt aber gut in die Gegend. Vergleicht man sie mit dem Einheimischen-Lodging in Maralal, so erscheint sie wie eine Fata Morgana. Wir treten ein. Alles wirkt wie ausgestorben. Wir setzen uns auf die Veranda, und tatsächlich sehen wir in hundert Meter Entfernung am Wasserloch zahlreiche Zebras. Etwas weiter rechts tummelt sich eine große Gruppe von Pavianweibchen mit ihren Jungen. Ver-

einzelt erkenne ich unter ihnen auch riesige Männchen. Alle wollen an das Wasser.
Endlich schlendert ein Kellner herbei und fragt nach unseren Wünschen. Jutta plaudert mit ihm auf Suaheli und bestellt zwei Cola. Während wir darauf warten, erzählt sie vergnügt: »Der Chef der Lodge kommt in ungefähr einer Stunde. Er besitzt einen Landrover und wird uns bestimmt nach oben fahren, jetzt können wir gemütlich warten.«
Jede von uns hängt ihren Gedanken nach. Ich studiere die umliegenden Hügel und gäbe viel darum zu wissen, auf oder hinter welchem sich wohl Lketinga befindet. Ob er fühlt, daß ich in seiner Nähe bin?
Wir warten fast zwei Stunden, bis der Manager endlich auftaucht. Er ist ein angenehmer, eher einfacher Mensch ohne Allüren und tiefschwarz. Er bittet uns einzusteigen, und wir erreichen nach fünfzehn Minuten Schüttelfahrt unser Ziel. Nachdem wir uns bedankt haben, zeigt mir Jutta stolz, wo sie arbeitet. Das Haus ist ein langer Kasten aus Beton, unterteilt in einzelne Räume, von denen zwei annähernd fertig sind. In einem davon wohnen wir. Im Zimmer befinden sich nur ein Bett und ein Stuhl. Fenster gibt es nicht, deshalb muß die Türe tagsüber offen bleiben, wenn man etwas sehen will. Ich wundere mich, wie Jutta sich in diesem düsteren Raum wohl fühlen kann. Wir zünden eine Kerze an, damit wir in der einbrechenden Dunkelheit noch etwas sehen können. Zu zweit liegen wir im Bett und machen es uns gemütlich, so gut es geht. Vor Erschöpfung schlafe ich bald ein.
Schon am frühen Morgen sind wir wach, da einige Leute lärmend mit der Arbeit beginnen. Wir wollen uns erst einmal an einem Waschbecken mit kaltem Wasser gründlich reinigen, was in der Morgenkühle einiges an Überwindung

kostet. Aber schließlich will ich hübsch sein, wenn ich meinem Massai endlich gegenüberstehe.
Aufgedreht und voller Tatendrang möchte ich nach Maralal und mir das Städtchen näher anschauen. Bei so vielen Massai-Kriegern, die ich bei unserer Ankunft gesehen habe, muß es doch einen geben, den Jutta von früher kennt. Mit meiner Euphorie habe ich Jutta angesteckt, und nach dem üblichen Tee ziehen wir los. Ab und zu überholen wir Frauen oder junge Mädchen, die ebenfalls in diese Richtung gehen, um ihre Milch, die sie in Kalebassen tragen, im Ort zu verkaufen.
»Jetzt brauchen wir viel Geduld und Glück«, sagt Jutta. »Vor allem müssen wir etliche Runden drehen, damit wir gesehen werden oder ich jemanden wiedererkenne.« Das Städtchen ist schnell umrundet. Die einzige Straße verläuft in einer Art Rechteck. Links und rechts von ihr gibt es einen Laden nach dem anderen. Alle sind, mit wenigen Ausnahmen, halb leer und bieten fast dasselbe an. Zwischen den Geschäften befinden sich ab und zu Lodgings, in denen man im vorderen Raum ißt oder etwas trinkt. Hinten liegen die Übernachtungsräume, einer nach dem anderen, wie in einem Kaninchenstall. Danach folgt die Toilette, die sich immer als Plumpsklo entpuppt. Mit etwas Glück findet sich eine Dusche mit spärlichem Wasserstrahl. Das auffallendste Gebäude ist die Commercial Bank. Sie ist komplett aus Beton und frisch angestrichen. In der Nähe der Bushaltestelle gibt es eine Zapfsäule für Benzin. Autos habe ich allerdings bis jetzt nur drei gesehen, zwei Landrover und einen Pick-up.
Die erste Runde durch das Dorf machen wir recht gemütlich, und ich schaue mir jedes Geschäft an. Der eine oder andere Ladenbesitzer versucht, uns in Englisch anzuspre-

chen. Hinter uns befindet sich immer eine Traube von Kindern, die aufgeregt sprechen oder lachen. Das einzige Wort, das ich verstehe, ist: »Mzungu, Mzungu«, »Weiße, Weiße«.
Wir machen uns gegen sechzehn Uhr auf den Heimweg. Mein Hochgefühl ist geschwunden, obwohl mein Verstand sagt, daß ich Lketinga nicht gleich am ersten Tag finden kann. Auch Jutta beruhigt mich: »Morgen sind wieder ganz andere Menschen im Dorf. Jeden Tag kommen neue, nur die wenigsten wohnen hier, und die sind nicht interessant für uns. Morgen wissen einige Leute mehr, daß zwei weiße Frauen hier sind, denn diese Nachricht bringen diejenigen von heute in den Busch zurück.« Eine echte Chance sieht Jutta erst nach etwa drei oder vier Tagen.
Die Tage verstreichen, und ich empfinde all das Neue in Maralal nicht mehr besonders aufregend, denn ich kenne bald jeden Winkel in diesem Nest. Jutta hat mit meinen Fotos von Lketinga einige Krieger angesprochen, aber mehr als argwöhnisches Grinsen haben wir nicht geerntet. Nun ist eine Woche vorbei, und es ist immer noch nichts geschehen, außer daß wir uns langsam blöd vorkommen, immer dasselbe zu tun. Jutta erklärt mir, sie komme noch einmal mit und dann solle ich es selber mit den Fotos probieren. In dieser Nacht bete ich, daß es morgen klappen möge, denn ich will nicht glauben, daß der weite Weg umsonst war.
Als wir die dritte Runde drehen, kommt ein Mann auf uns zu und spricht Jutta an. An den großen Löchern im Ohrläppchen erkenne ich, daß es sich um einen ehemaligen Samburu-Krieger handelt. Zwischen den beiden entsteht ein lebhafter Wortwechsel, und ich stelle erfreut fest, daß Jutta ihn kennt. Der Mann heißt Tom, und Jutta zeigt ihm

die Fotos von Lketinga. Er schaut sie an und sagt langsam: »Yes, I know him.«
Jetzt bin ich wie elektrisiert. Da die beiden nur Suaheli sprechen, verstehe ich fast gar nichts. Immer wieder frage ich: »Was ist, Jutta, was weiß er über Lketinga?« Wir gehen in ein Restaurant, und Jutta übersetzt. Ja, er kenne ihn, nicht sehr gut, aber er wisse, daß dieser Mann zu Hause bei seiner Mutter lebe und täglich mit den Kühen unterwegs sei. »Wo ist sein Zuhause?« frage ich gespannt. Es ist recht weit, erzählt er, etwa sieben Stunden Fußmarsch für einen geübten Mann. Man müsse einen dichten Wald durchqueren, der sehr gefährlich sei, da es dort Elefanten und Büffel gebe. Es sei nicht sicher, ob die Mutter immer noch am selben Ort, in Barsaloi, wohne, denn manchmal, je nach Wasservorkommen, zögen die Menschen mit ihren Tieren weiter.
Bei diesen Nachrichten, die mir Lketinga unerreichbar erscheinen lassen, bin ich völlig verstört: »Jutta, frag ihn, ob es irgendeine Möglichkeit gibt, ihn zu informieren, ich bin auch bereit Geld zu bezahlen.« Tom denkt nach und meint, er könne übermorgen nacht losgehen mit einem Brief von mir. Vorher müsse er aber seine erst kürzlich geheiratete Frau informieren, sie sei noch völlig fremd hier. Wir vereinbaren einen Geldbetrag, von dem er jetzt die Hälfte bekommt und später, sofern er mit einer Nachricht zurückkehrt, den Rest. Ich diktiere Jutta einen Brief, den sie in Suaheli schreibt. In vier Tagen sollen wir wieder in Maralal sein, sagt der Samburu, denn falls er Lketinga finde und er mitgehen wolle, seien sie irgendwann im Laufe des Tages hier.
Es sind vier lange Tage, und jeden Abend schicke ich meine Stoßgebete zum Himmel. Am letzten Tag bin ich völlig am

Ende mit meinen Nerven. Auf der einen Seite bin ich sehr gespannt, auf der anderen ist mir bewußt, daß ich, wenn es nicht klappt, wieder nach Mombasa reisen und meine große Liebe vergessen muß. Meine Tasche nehme ich bereits mit, weil ich nicht mehr in Juttas Haus, sondern in Maralal übernachten will. Ob mit oder ohne Lketinga, auf jeden Fall verlasse ich morgen dieses Dorf.
Jutta und ich drehen wieder unsere Runden. Nach etwa drei Stunden trennen wir uns, und jede läuft in die entgegengesetzte Richtung, damit wir gesehen werden. Ununterbrochen bete ich, daß er kommen möge. Auf einer der Runden treffe ich Jutta nicht wie üblich auf halber Strecke. Ich schaue mich um und sehe kein weißes Gesicht. Trotzdem schlendere ich weiter, als plötzlich ein kleiner Junge gerannt kommt und keucht: »Mzungu, Mzungu, come, come!« Er fuchtelt mit den Armen und zupft mich am Rock. Im ersten Moment denke ich, Jutta sei etwas passiert. Der Junge zieht mich in Richtung des ersten Lodgings, wo ich meine Reisetasche deponiert habe. Er spricht in Suaheli auf mich ein. Vor dem Lodging deutet er hinter das Gebäude.

Glücklich in Maralal

Mit klopfendem Herzen gehe ich in die gewünschte Richtung und schaue um die Ecke. Dort steht er! Mein Massai steht einfach da und lacht mich an, neben ihm Tom. Ich bin sprachlos. Immer noch lachend streckt er seine Arme nach mir aus und sagt: »He, Corinne, no kiss for me?« Erst jetzt erwache ich aus meiner Starre und stürze auf ihn zu. Wir umarmen uns, und für mich bleibt die Welt stehen. Er hält mich etwas von sich ab, blickt mich strahlend an und meint: »No problem, Corinne.« Bei diesen vertrauten Worten könnte ich heulen vor Freude.
Nun hüstelt Jutta hinter mir und freut sich mit uns: »So, jetzt habt ihr euch wiedergefunden! Ich habe ihn vorhin erkannt und hierher gebracht, damit ihr euch wenigstens begrüßen könnt, ohne daß ganz Maralal dabei ist.« Herzlich bedanke ich mich bei Tom und schlage vor, daß wir erst einmal Tee trinken und die zwei danach in aller Ruhe Fleisch, soviel sie wollen, auf meine Rechnung essen sollen. Wir gehen in mein gemietetes Zimmer, setzen uns aufs Bett und warten auf das Fleischmenü. Jutta hat mit Lketinga gesprochen und erklärt, daß er ruhig mit uns essen könne, weil wir keine Samburu-Frauen seien. Darauf unterhält er sich mit dem anderen und willigt dann ein.
Nun ist er also da. Unentwegt muß ich ihn ansehen, und auch er mustert mich mit seinen schönen Augen. Warum er nicht nach Mombasa gekommen sei, möchte ich wissen. Tatsächlich hat er keinen Brief von mir erhalten. Er habe zweimal wegen des Passes nachgefragt, doch der Beamte

habe ihn nur ausgelacht und schikaniert. Dann seien die anderen Krieger ihm gegenüber komisch geworden und wollten ihn nicht mehr mittanzen lassen. Da er ohne Tanzen kein Geld mehr verdienen konnte, sah er keinen Grund, länger an der Küste zu bleiben. So sei er nach etwa einem Monat nach Hause gefahren. Er habe nicht mehr geglaubt, daß ich zurückkomme. Einmal habe er mit mir aus dem Africa-Sea-Lodge-Hotel telefonieren wollen, aber niemand habe ihm geholfen, und der Manager habe gesagt, das Telefon sei nur für Touristen.

Einerseits bin ich gerührt, als ich erfahre, was er alles versucht hat, andererseits bekomme ich eine richtige Wut auf seine sogenannten »Freunde«, die ihm nur geschadet statt geholfen haben. Als ich ihm erzähle, daß ich in Kenia bleiben und nicht mehr in die Schweiz zurück will, sagt er: »It's okay. You stay now with me!« Glücklich versuchen wir, uns zu unterhalten, als Jutta und der Bote uns verlassen. Lketinga bedauert, wir könnten nicht zu ihm nach Hause, da Trockenzeit sei und Hungersnot herrsche. Außer etwas Milch gebe es nichts zu essen, und ein Haus sei auch nicht vorhanden. Ich erkläre ihm, mir sei alles recht, wenn wir nur endlich zusammensein können. So schlägt er vor, zuerst nach Mombasa zu fahren. Sein Zuhause und seine Mutter könne ich später kennenlernen, aber seinen kleinen Bruder James, der in Maralal die Schule besucht, will er mir unbedingt vorstellen. Er ist der einzige aus der Familie, der zur Schule geht. Ihm könne er sagen, daß er mit mir in Mombasa sei, und wenn James in den Schulferien nach Hause zur Mutter gehe, könne er sie informieren.

Die Schule liegt etwa einen Kilometer außerhalb des Dorfes. In der Schule geht es streng zu. Auf dem Schulhof sind Mädchen und Knaben getrennt. Alle sind gleich angezogen, die Mädchen in einfachen, blauen Kleidern, die Knaben in blauen Hosen und hellem Hemd. Etwas abseits warte ich, während Lketinga langsam auf die Jungen zugeht. Bald starren alle auf ihn, dann auf mich. Er spricht mit ihnen, und einer läuft los und kommt mit einem anderen zurück. Dieser geht auf Lketinga zu und begrüßt ihn respektvoll. Nach einer kurzen Unterhaltung kommen beide zu mir. James streckt mir seine Hand entgegen und begrüßt mich freundlich. Ich schätze ihn auf etwa sechzehn Jahre. Er spricht sehr gut Englisch und bedauert, daß er nicht ins Dorf mitkommen kann, denn jetzt sei nur eine kurze Pause, und abends gebe es keinen Ausgang, lediglich an den Samstagen etwa zwei Stunden. Der Headmaster sei sehr streng. Schon läutet die Glocke, und in Windeseile sind alle wieder verschwunden, auch James.

Wir gehen ins Dorf zurück, und ich hätte nichts dagegen, wenn wir uns ins Lodgingzimmer verziehen würden. Aber Lketinga wendet lachend ein: »Hier ist Maralal, nicht Mombasa.« Anscheinend gehen Mann und Frau nicht zusammen ins Zimmer, bevor es dunkel ist, und selbst dann noch möglichst unauffällig. Nicht, daß ich mich so sehr nach Sex sehne, ich weiß ja, wie er abläuft, aber etwas Nähe nach all den Monaten könnte ich gut vertragen.

Wir schlendern durch Maralal, wobei ich etwas Abstand halte, da sich dies anscheinend gehört. Ab und zu spricht er mit einigen Kriegern oder Mädchen. Während mich die Mädchen, alle sehr jung und schön geschmückt, nur schnell mit einem neugierigen Blick streifen und dann verlegen kichern, starren mich die Krieger länger an. Es wird geredet, wohl meistens über mich. Mir ist das etwas unangenehm, da ich nicht deuten kann, was hier abläuft. Ich kann es kaum erwarten, daß es endlich Abend wird.

Auf dem Markt kauft Lketinga sich ein Plastikbeutelchen mit rotem Farbpulver. Er zeigt dabei auf seine Haare und seine Kriegsbemalung. An einem anderen Stand verkauft jemand grüne Stengelchen mit Blättern daran. Sie sind zusammengebunden zu Bündeln von etwa zwanzig Zentimetern Länge. Hier herrscht richtiges Gezänk zwischen fünf oder sechs Männern, die das Zeug begutachten.
Auch Lketinga steuert auf diesen Stand zu. Schon nimmt der Verkäufer Zeitungspapier und wickelt zwei Bündel ein. Lketinga zahlt einen stattlichen Preis dafür und läßt das Paket schnell unter seinem Kanga verschwinden. Auf dem Weg zum Lodging kauft er mindestens zehn Kaugummis. Erst im Zimmer frage ich nach diesem Kraut. Er strahlt mich an: »Miraa, it's very good. You eat this, no sleeping!« Er packt alles aus, nimmt den Kaugummi in den Mund und entfernt die Blätter von den Stielen. Mit den Zähnen schält er die Rinde von den Stengeln und kaut sie zusammen mit dem Kaugummi. Fasziniert sehe ich ihm zu, wie elegant er das wiederholt mit seinen schönen, schlanken Händen. Auch ich probiere davon, spucke es aber gleich wieder aus, es schmeckt mir viel zu bitter. Ich lege mich aufs Bett, betrachte ihn, halte seine Hand und bin glücklich. Die ganze Welt könnte ich umarmen. Ich bin am Ziel. Ihn, meine große Liebe, habe ich wiedergefunden. Morgen früh fahren wir nach Mombasa, und ein herrliches Leben wird beginnen.
Ich muß eingeschlafen sein. Als ich wieder erwache, sitzt Lketinga immer noch da und kaut und kaut. Auf dem Boden sieht es mittlerweile wüst aus. Überall liegen Blätter, abgeschälte Stengel und ausgespuckte grüne, zerkaute Klumpen. Er schaut mich mit leicht starrem Blick an und streicht mir über den Kopf: »No problem, Corinne, you

tired, you sleep. Tomorrow Safari.« »And you«, frage ich, »you not tired?« Nein, erwidert er, vor einer so großen Reise könne er nicht schlafen, deshalb esse er Miraa.
Wie er das sagt, vermute ich, daß dieses Miraa so etwas wie »Mut antrinken« sein muß, denn Alkohol darf ein Krieger nicht trinken. Ich verstehe, daß er Mut braucht, weil er nicht weiß, was auf uns zukommt und seine Erfahrungen in Mombasa nicht die besten waren. Hier ist seine Welt, und Mombasa ist zwar Kenia, aber eben nicht sein Stammesgebiet. Ich werde ihm schon helfen, denke ich und schlafe wieder ein.
Am nächsten Morgen müssen wir früh los, um im einzigen Bus, der nach Nyahururu fährt, noch Platz zu bekommen. Da Lketinga nicht geschlafen hat, ist dies kein Problem. Ich staune, wie fit er ist und wie spontan er ohne jegliches Gepäck, nur mit seinem Schmuck und Hüfttuch bekleidet, seinen Schlagstock in der Hand, eine so weite Reise antreten kann.
Die erste Etappe liegt vor uns. Lketinga hat das restliche Kraut verstaut und kaut nur noch auf demselben Klumpen herum. Er ist schweigsam. Überhaupt herrscht nicht die gleiche Lebhaftigkeit im Bus wie damals, als Jutta und ich hierher fuhren.
Wieder schaukelt der Bus durch tausend Schlaglöcher. Lketinga hat seinen zweiten Kanga über den Kopf gezogen, nur die Augen stechen noch hervor. So sind seine schönen Haare vor Staub geschützt. Ich halte mir ein Taschentuch vor Nase und Mund, damit ich einigermaßen atmen kann. Etwa auf halber Strecke stößt mich Lketinga an und zeigt auf einen grauen, langen Hügel. Erst beim genauen Hinsehen erkenne ich, daß dies Hunderte von Elefanten sind. Dieses Bild ist gigantisch. Soweit das Auge reicht, zie-

hen diese Kolosse gemütlich dahin, zwischen ihnen erkennt man Elefantenkinder. Im Bus herrscht wildes Geschnatter. Alle schauen dem Elefantenzug nach. Wie ich erfahre, sieht man so etwas nur ganz selten.
Endlich ist das erste Ziel erreicht, um die Mittagszeit sind wir in Nyaharuru. Wir gehen Chai trinken und essen einen Brotfladen. Eine halbe Stunde später fährt schon der nächste Bus nach Nairobi, wo wir gegen Abend eintreffen. Ich schlage Lketinga vor, hier zu übernachten und am Morgen den Bus nach Mombasa zu nehmen. Er will nicht in Nairobi bleiben, die Lodgings seien viel zu teuer. Da ich ja alles finanziere, finde ich es rührend und versichere ihm, daß dies kein Problem sei. Er meint jedoch, Nairobi sei gefährlich und es gebe viel Polizei. Obwohl wir seit sieben Uhr morgens unentwegt im Bus sitzen, will er die längste Strecke ohne Unterbrechung weiterfahren. Doch weil ich merke, wie unselbständig er sich in Nairobi bewegt, willige ich ein.
Wir gehen kurz etwas trinken und essen. Ich bin froh, daß er nun wenigstens mit mir ißt, obwohl er seinen Kanga tief ins Gesicht zieht, damit man ihn nicht erkennt. Der Busbahnhof ist nicht weit entfernt, und wir gehen die wenigen hundert Meter zu Fuß. Hier in Nairobi schauen sogar die Einheimischen komisch hinter Lketinga her, teils belustigt, teils ehrfürchtig. Er paßt nicht in diese hektische, moderne Stadt. Als mir das bewußt wird, bin ich froh, daß es mit dem Paß nicht geklappt hat.
Endlich haben wir einen der begehrten Nachtbusse bekommen und warten auf die Weiterfahrt. Lketinga holt wieder Miraa hervor und kaut. Ich versuche mich zu entspannen, weil mein ganzer Körper schmerzt. Nur meinem Herzen geht es gut. Nach vier Stunden, in denen ich mehr

oder weniger gedöst habe, hält der Bus in Voi. Die meisten, auch ich, steigen aus, um ihre Notdurft zu verrichten. Doch als ich das verschissene WC-Loch erspähe, warte ich lieber weitere vier Stunden. Mit zwei Flaschen Cola besteige ich den Bus. Nach einer halben Stunde geht die Reise weiter. Diesmal kann ich nicht mehr einschlafen. Wir rasen auf der schnurgeraden Strecke durch die Nacht. Ab und zu begegnen wir einem Bus, der in die andere Richtung fahrt. Autos sieht man nahezu keine.
Zweimal passieren wir eine Polizeisperre. Der Bus muß anhalten, da auf der Fahrbahn Holzbalken mit langen Nägeln liegen. Dann läuft auf jeder Seite ein Polizist mit Maschinenpistole bewaffnet den Bus entlang und leuchtet mit einer Taschenlampe in jedes Gesicht. Nach fünf Minuten geht die nächtliche Fahrt weiter. Ich weiß bald nicht mehr, wie ich sitzen soll, als ich ein Schild »245 Kilometer bis Mombasa« erblicke. Gott sei Dank, jetzt ist es nicht mehr so weit bis nach Hause. Lketinga hat immer noch nicht geschlafen. Offensichtlich hält dieses Miraa wirklich wach. Nur seine Augen sind unnatürlich starr, und Unterhaltung scheint er keine zu benötigen. Ich werde langsam unruhig. Schon rieche ich das Salz in der Luft, die Temperatur wird angenehmer. Von der feuchten Kälte Nairobis ist nichts mehr zu spüren.

Zurück in Mombasa

Kurz nach fünf Uhr früh fahren wir endlich in Mombasa ein. Einige Leute steigen beim Busbahnhof aus. Ich will auch raus, doch Lketinga hält mich zurück und erklärt, vor sechs Uhr ginge kein Bus an die Küste, wir müßten hier warten, weil es sonst zu gefährlich sei. Jetzt sind wir endlich angekommen, und aussteigen kann man immer noch nicht! Meine Blase zerreißt es fast. Ich versuche, dies Lketinga mitzuteilen. »Come!« sagt er und erhebt sich. Wir steigen aus und begeben uns zwischen zwei leere Busse. Da außer ein paar streunenden Katzen und Hunden weit und breit niemand zu sehen ist, leere ich im Schutz der Busse meine Blase. Lketinga lacht, als er meinen »Bach« bemerkt. Die Luft ist herrlich an der Küste, und ich frage ihn, ob wir nicht langsam zur nächsten Matatu-Station gehen könnten. Er holt meine Tasche, und wir ziehen in der Morgendämmerung los. Bei einem Wächter, der ein Geschäft bewacht und sich seinen Chai auf einem Kohleöfchen wärmt, bekommen wir sogar unseren Frühstückstee. Dafür gibt Lketinga ihm etwas Miraa. Ab und zu schleichen zerlumpte Gestalten an uns vorbei, die einen still, die anderen lallend. Da und dort liegen Menschen auf Kartons oder Zeitungen am Boden und schlafen. Es ist wirklich noch die Zeit der Gespenster, bevor das geschäftige Treiben beginnt. Doch ich fühle mich ganz und gar sicher in Gegenwart meines Kriegers.

Kurz vor sechs Uhr hupen die ersten Matatus, und nur etwa zehn Minuten später erwacht die ganze Gegend.

Auch wir sitzen wieder in einem Bus zur Fähre. Auf der Fähre überkommt mich erneut ein großes Glücksgefühl. Nun folgt das letzte Stündchen Busfahrt zur Südküste. Lketinga scheint nervös zu werden, und ich frage ihn: »Darling, you are okay?« »Yes«, antwortet er und redet dann auf mich ein. Ich verstehe nicht alles, doch will er anscheinend bald herausfinden, welcher Massai meine Briefe gestohlen und wer mir erzählt hat, er wäre verheiratet. Dabei schaut er so finster, daß es mir unbehaglich wird. Ich versuche ihn zu beruhigen, daß dies doch keine Rolle mehr spiele, weil ich ihn gefunden habe. Er erwidert nichts und schaut unruhig zum Fenster hinaus.

Wir gehen direkt ins Village. Priscilla ist überrascht, als wir zwei ankommen. Sie begrüßt uns freudig und macht sofort Chai. Esther ist nicht mehr hier. Meine Sachen hängen schön geordnet über einer Schnur hinter der Tür. Priscilla und Lketinga unterhalten sich zuerst freundlich, doch schon bald wird die Diskussion heftiger. Ich versuche herauszukriegen, was los ist. Priscilla meint, er mache ihr Vorwürfe. Sie hätte sicher gewußt, daß ich geschrieben habe. Schließlich beruhigt sich Lketinga und legt sich endlich auf unserem großen Bett schlafen.

Priscilla und ich bleiben draußen und suchen nach einer Lösung des Schlafproblems, denn zu dritt mit einer Massai-Frau geht das nicht in einem Häuschen. Da bietet uns ein anderer Massai, der an die Nordküste will, seine Hütte an. Also putzen wir sie und schleppen meine Sachen und das große Bett in unsere neue Behausung. Nachdem ich alles so gemütlich wie möglich eingerichtet habe, bin ich zufrieden. Die Miete kostet umgerechnet zehn Franken.

Wir verbringen zwei schöne Wochen. Tagsüber lehre ich Lketinga lesen und schreiben. Er ist begeistert, lernt mit wirklicher Freude. Die englischen Bücher mit den Bildchen helfen uns dabei sehr, und er ist stolz über jeden Buchstaben, den er mehr erkennt. Nachts besuchen wir manchmal Massai-Vorführungen mit Schmuckverkauf. Den Schmuck stellen wir zum Teil selbst her. Lketinga und ich fertigen schöne Armbänder, Priscilla bestickt Gürtel. Einmal findet einen ganzen Tag lang ein Schmuck-, Schilder- und Speerverkauf im Robinson-Club statt. Zu diesem Zweck kommen viele von der Nordküste, auch Massai-Frauen. Lketinga ist nach Mombasa gefahren und hat diverse Sachen von Händlern gekauft, damit wir mehr zum Ausstellen haben. Das Geschäft läuft phantastisch. Alle Weißen belagern unseren Stand und bedrängen mich mit Fragen. Als wir fast alles verkauft haben, helfe ich auch den anderen, ihre Sachen loszuwerden. Lketinga paßt das nicht, denn diese Massai sind immerhin schuld daran, daß wir so lange getrennt waren. Andererseits will ich keine Mißstimmung, weil sie uns ja großzügig mitmachen lassen.

Wir werden immer wieder eingeladen, mit dem einen oder anderen Touristen an der Bar etwas zu trinken. Ein-, zweimal setze ich mich dazu, dann habe ich genug. Schließlich macht der Verkauf mehr Spaß. Lketinga hockt mit zwei Deutschen an der Bar. Ich schaue ab und zu hinüber, sehe aber nur ihre Rücken. Nach längerer Zeit geselle ich mich kurz zu ihnen und erschrecke, als ich bemerke, daß Lketinga Bier trinkt. Als Krieger darf er doch keinen Alkohol trinken. Auch wenn die Massai von der Küste dies ab und zu machen, kommt Lketinga gerade erst vom Samburu-District und ist sicher nicht an Alkohol gewöhnt. Besorgt frage ich: »Darling, why you drink beer?« Doch er lacht nur: »Diese Freunde haben mich eingeladen.« Ich sage den Deutschen, sie sollten sofort aufhören, ihm Bier zu spen-

dieren, da er keinen Alkohol gewöhnt sei. Sie entschuldigen sich und versuchen mich zu beschwichtigen, er hätte erst drei Bier getrunken. Wenn das nur gut geht!
Der Verkauf geht langsam zu Ende, und wir packen die restlichen Sachen zusammen. Draußen vor dem Hotel wird Geld zwischen den Massai verteilt. Ich habe Hunger, bin erschöpft von der Hitze und vom ständigen Stehen und möchte endlich nach Hause. Lketinga, leicht angetrunken, aber immer noch fröhlich, beschließt, mit ein paar anderen nach Ukunda zum Essen zu gehen. Schließlich war es ein Riesenerfolg, und alle haben Geld. Ich passe und gehe enttäuscht allein ins Village.
Das ist ein großer Fehler, wie ich später feststellen muß. In fünf Tagen läuft mein Visum ab. Das fällt mir auf dem Heimweg plötzlich wieder ein, und Lketinga und ich haben beschlossen, zusammen nach Nairobi zu fahren. Mir graut vor der langen Fahrt, noch mehr aber vor den kenianischen Behörden! Es wird schon gut werden, beruhige ich mich und schließe unser Häuschen auf. Ich koche mir etwas Reis mit Tomaten, mehr gibt die Küche nicht her. Es ist still im Village.
Vor einiger Zeit ist mir aufgefallen, daß seit meiner Rückkehr mit Lketinga unser Haus fast nie mehr Besuch hat. Jetzt vermisse ich es ein wenig, denn die Abende mit Kartenspielen waren immer lustig. Priscilla ist ebenfalls nicht zu Hause, und so lege ich mich aufs Bett und schreibe einen Brief an meine Mutter. Ich berichte ihr über unser friedliches Leben, das wir nun führen und teile ihr mit, daß ich glücklich bin.
Es ist bereits zweiundzwanzig Uhr, und Lketinga ist noch nicht zurück. Langsam werde ich unruhig, doch die zirpenden Grillen dämpfen meine Nerven. Kurz vor Mitter-

nacht springt die Türe krachend auf, und Lketinga steht im Türrahmen. Er starrt zuerst mich an und erfaßt mit einem Blick den Raum. Seine Gesichtszüge sind kantig, von Fröhlichkeit ist nichts mehr zu erkennen. Er kaut Miraa, und als ich ihn begrüße, fragt er: »Wer war hier?« »Niemand«, antworte ich. Gleichzeitig beginnt mein Puls zu rasen. Nochmals fragt er, wer vorhin das Haus verlassen habe. Verärgert beteuere ich, es sei wirklich niemand dagewesen, während er, immer noch im Türrahmen stehend, behauptet, er wisse, daß ich einen Freund habe. Das sitzt! Ich richte mich im Bett auf und schaue ihn zornig an. »Wie kommst du auf eine so verrückte Idee?« Er wisse es, in Ukunda habe man ihm erzählt, daß ich jeden Abend einen anderen Massai zu Besuch gehabt hätte. Sie seien bis spät in der Nacht bei mir und Priscilla gewesen. Alle Frauen seien doch gleich, immer habe jemand bei mir gelegen!
Schockiert über seine harten Worte verstehe ich die Welt nicht mehr. Jetzt habe ich ihn endlich gefunden, wir hatten zwei schöne Wochen miteinander, und nun dies. Der Bierkonsum und dieses Miraa müssen ihn völlig verstört haben. Um nicht loszuheulen, reiße ich mich zusammen und frage statt dessen, ob er nicht einen Chai wolle. Endlich kommt er von der Tür weg und setzt sich auf das Bett. Mit zitternden Händen mache ich Feuer und versuche, möglichst gelassen zu sein. Er fragt, wo Priscilla sei. Das weiß ich auch nicht, bei ihr im Haus ist alles finster. Lketinga lacht böse und sagt: »Vielleicht ist sie in der Bush-Baby-Disco, um sich einen Weißen zu angeln!« Fast muß ich lachen, denn das kann ich mir bei ihrer Fülle doch nicht ganz vorstellen. Trotzdem schweige ich lieber.
Wir trinken Chai, und ich frage vorsichtig, ob es ihm gut gehe. Er behauptet, außer daß sein Herz stark klopfe und

das Blut rausche, sei alles okay. Ich versuche, diese Worte zu interpretieren und komme doch nicht weiter. Er geht ständig ums Haus oder läuft im Village herum. Dann plötzlich steht er wieder da und kaut sein Kraut. Er wirkt fahrig und ruhelos. Wie kann ich ihm nur helfen? Sicher, das viele Miraa schadet ihm, aber ich darf es ihm doch nicht einfach wegnehmen!

Nach zwei Stunden hat er endlich alles aufgegessen, und ich hoffe, daß er schlafen kommt und morgen der ganze Spuk vorbei ist. Er legt sich wirklich ins Bett, doch er findet keine Ruhe. Ich wage nicht, ihn zu berühren, statt dessen quetsche ich mich an die Wand und bin froh, daß das Bett so groß ist. Nach kurzer Zeit springt er auf und sagt, er könne nicht mit mir im selben Bett schlafen. Sein Blut rausche wie verrückt, und er glaube, sein Kopf zerspringe. Er will raus. Verzweiflung überkommt mich: »Darling, where you will go?« Er gehe zu den anderen Massai schlafen, und mit dieser Bemerkung ist er weg. Ich bin niedergeschlagen und wütend zugleich. Was haben die nur mit ihm gemacht in Ukunda, frage ich mich. Die Nacht will nicht enden. Lketinga kommt nicht mehr. Ich weiß nicht, wo er schläft.

Krank im Kopf

Beim ersten Sonnenstrahl stehe ich total gerädert auf und wasche mein verquollenes Gesicht. Dann gehe ich zu Priscillas Häuschen. Es ist nicht verschlossen, also ist sie da. Ich klopfe und rufe leise: »Ich bin's, Corinne, please open the door, I have a big problem!« Völlig verschlafen kommt Priscilla heraus und schaut mich erschrocken an. »Where is Lketinga?« fragt sie. Krampfhaft halte ich die aufsteigenden Tränen zurück und erzähle ihr alles. Sie hört aufmerksam zu, während sie sich anzieht und sagt, ich solle warten, sie gehe zu den Massai, um nachzusehen. Nach zehn Minuten ist sie zurück und erklärt, wir müßten warten. Er sei nicht dort, habe auch nicht bei ihnen geschlafen und sei in den Busch gelaufen. Er käme bestimmt, wenn nicht, gingen andere ihn suchen. »Was will er im Busch?« frage ich verzweifelt. Wahrscheinlich habe er durch das Bier und das Miraa Störungen im Kopf. Ich solle Geduld haben.

Er taucht aber nicht auf. Ich gehe in unser Häuschen zurück und warte. Dann, gegen zehn Uhr, erscheinen zwei Krieger und bringen mir einen völlig erschöpften Lketinga. Jeder der beiden hat einen Arm von ihm über den Schultern. So schleppen sie ihn ins Haus und legen ihn aufs Bett. Dabei wird hin- und herdiskutiert, und es macht mich rasend, daß ich nichts verstehe. Er liegt apathisch da und starrt an die Decke. Ich spreche ihn an, aber er erkennt mich offensichtlich nicht. Er blickt durch mich hindurch und schwitzt am ganzen Körper. Ich bin einer Panik nahe, denn ich kann mir das alles nicht erklären. Auch die anderen sind ratlos. Sie haben ihn im Busch unter einem Baum gefunden und berichten, er sei Amok gelaufen, deshalb sei er so erschöpft. Ich frage Priscilla, ob ich einen Arzt holen soll, doch sie entgegnet, es gebe nur einen hier am Diani Beach und der komme nicht hierher. Man muß zu ihm gehen. Das allerdings ist in diesem Zustand ausgeschlossen. Lketinga schläft wieder und phantasiert wirres Zeug von Löwen, die ihn angreifen. Er schlägt wild um sich, und die beiden Krieger müssen ihn festhalten. Der Anblick bricht mir fast das Herz. Wo ist mein stolzer, fröhlicher Massai geblieben? Ich kann nur noch heulen. Priscilla schimpft: »Das ist nicht gut! Man weint nur, wenn jemand gestorben ist.«

Erst im Laufe des Nachmittags kommt Lketinga zu sich und sieht mich verwundert an. Ich lächle ihn glücklich an und frage vorsichtig: »Hello, darling, you remember me?« »Why not, Corinne?« gibt er schwach zurück, schaut zu Priscilla und fragt, was los sei. Sie reden miteinander. Er schüttelt den Kopf und glaubt selbst nicht, was er hört. Ich bleibe bei ihm, während die anderen ihrer Arbeit nachgehen. Er habe Hunger, aber auch Bauchschmerzen. Auf meine Frage, ob ich etwas Fleisch holen soll, antwortet er: »O yes, it's okay.« Hastig mache ich mich auf den Weg zum Meat-Stand und eile zurück. Lketinga liegt schlafend im Bett. Nach etwa einer Stunde, als das Essen zubereitet ist, versuche ich ihn zu wecken. Er schlägt die Augen auf und starrt mich erneut verwirrt an. Was ich von ihm wolle, wer ich überhaupt sei, fährt er mich barsch an. »I'm Corinne, your girlfriend«, ist meine Antwort. Immer wieder fragt er mich, wer ich sei. Ich bin am Verzweifeln, zumal Priscilla von ihrem Kangaverkauf am Strand noch nicht zurück ist. Er solle etwas essen, bitte ich ihn. Doch er lacht höhnisch,

von diesem »food« esse er nichts, ich wolle ihn bestimmt vergiften.
Nun kann ich meine Tränen nicht mehr zurückhalten. Er sieht es und fragt, wer gestorben sei. Um Ruhe zu bewahren, bete ich laut vor mich hin. Endlich kommt Priscilla zurück, und ich hole sie sofort. Auch sie versucht, mit ihm zu sprechen, kommt aber nicht weiter. Nach einer Weile sagt sie: »He's crazy!« Viele Morans, die Krieger, die an die Küste kommen, bekämen den Mombasa-Koller. Bei ihm sei es allerdings sehr schlimm. Vielleicht habe ihn jemand »crazy« gemacht. »Was, wie und welcher jemand?« stottere ich und erwähne, daß ich nicht an solche Sachen glaube. Hier in Afrika gebe es vieles, was ich lernen müsse, belehrt mich Priscilla. »Wir müssen ihm helfen!« flehe ich sie an. »Okay!« sagt sie, sie werde jemanden an die Nordküste senden, um Hilfe zu holen. Dort sei das große Zentrum der Küsten-Massai. Ihrem Oberhaupt unterstünden im weitesten Sinne alle Krieger. Er müsse entscheiden, was geschehen soll.
Um etwa neun Uhr abends kommen zwei Krieger von der Nordküste zu uns. Obwohl sie mir nicht sehr angenehm sind, bin ich froh, daß endlich etwas geschieht. Sie sprechen auf Lketinga ein und massieren seine Stirn mit einer intensiv riechenden getrockneten Blume. Während sie sich unterhalten, gibt Lketinga ganz normal Antwort. Ich kann es kaum glauben. Vorher war er noch so verwirrt, jetzt redet er ruhig. Damit auch ich eine Aufgabe habe, koche ich für alle Chai. Verstehen kann ich nichts und fühle mich deshalb hilflos und überflüssig.
Zwischen den drei Männern herrscht eine solche Vertrautheit, daß sie mich gar nicht mehr wahrnehmen. Trotzdem nehmen sie gerne Tee, und ich frage, was los sei. Einer von

ihnen spricht etwas Englisch und erklärt mir, Lketinga gehe es nicht gut, er sei krank im Kopf. Vielleicht ginge es bald vorbei. Er brauche Ruhe und viel Platz, deshalb würden sie etwas abseits zu dritt im Busch schlafen. Morgen führen sie mit ihm zur Nordküste, um alles zu regeln. »Aber warum kann er nicht hier schlafen bei mir?« frage ich verstört, denn bald glaube ich niemandem mehr, obwohl es ihm im Moment sichtlich besser geht. Nein, meinen sie, für sein Blut sei meine Nähe jetzt nicht gut. Sogar Lketinga pflichtet ihnen bei, da er eine solche Krankheit bisher nicht hatte, es müsse also an mir liegen. Ich bin schockiert, dennoch bleibt mir nichts anderes übrig, als ihn mit den anderen ziehen zu lassen.
Am nächsten Morgen kommen sie tatsächlich zurück, um Tee zu trinken. Lketinga geht es gut, er ist fast wieder der alte. Die zwei bestehen trotzdem darauf, daß er zur Nordküste mitgeht. Lachend willigt er ein: »Now I'm okay!« Als ich erwähne, daß ich heute nacht nach Nairobi muß, um mein Visum zu holen, sagt er: »No problem, wir fahren zur Nordküste und dann zusammen nach Nairobi.«
An der Nordküste angekommen wird da und dort zuerst geschwatzt, bis wir zur Hütte des »Häuptlings« geführt werden. Er ist nicht so alt, wie ich angenommen habe, und empfängt uns herzlich, obwohl er uns nicht sehen kann, denn er ist blind. Geduldig spricht er auf Lketinga ein. Ich sitze da und beobachte die Szene, ohne nur das geringste zu verstehen. Andererseits wage ich im Moment nicht, den Dialog zu unterbrechen. Mir läuft langsam die Zeit davon. Obwohl ich erst den Nachtbus nehmen will, muß ich doch das Ticket drei bis vier Stunden vor der Abfahrt besorgen, sonst bekomme ich keinen Platz.
Nach einer Stunde erklärt mir der Häuptling, ich solle ohne

Lketinga fahren, denn Nairobi sei für seinen Zustand und sein sensibles Gemüt nicht gut. Sie würden auf ihn aufpassen, und ich solle so schnell wie möglich wiederkommen. Ich bin einverstanden, weil ich völlig hilflos wäre, wenn in Nairobi etwas Ähnliches passieren würde. So verspreche ich Lketinga, wenn alles wunschgemäß verläuft, bereits morgen abend den Bus zurück zu nehmen und übermorgen in der Früh wieder hierherzukommen. Als ich in den Bus einsteige, ist Lketinga sehr traurig. Er hält meine Hand und fragt mich, ob ich auch wirklich zurückkomme. Ich versichere ihm, er solle sich keine Gedanken machen, ich käme wieder und dann würden wir weitersehen. Wenn es ihm nicht gut gehe, könnten wir auch einen Arzt aufsuchen. Er verspricht mir, zu warten und alles zu probieren, um keinen Rückfall zu bekommen. Das Matatu fährt ab, und mir wird schwer ums Herz. Wenn nur alles gutgeht!
In Mombasa erhalte ich meine Fahrkarte und muß bis zur Abfahrt fünf Stunden warten. Nach acht Stunden Fahrt bin ich schließlich am frühen Morgen in Nairobi. Wieder muß ich im Bus bis kurz vor sieben Uhr warten, um auszusteigen. Ich trinke zuerst Tee und nehme mir ein Taxi zum Nyayo-Gebäude, weil ich den Weg dorthin nicht kenne. Als ich ankomme, herrscht großes Durcheinander. Weiße wie Schwarze drängeln an den verschiedenen Schaltern, jeder will etwas. Ich quäle mich durch diverse Formulare, die ich auszufüllen habe, natürlich in Englisch! Dann gebe ich sie ab und warte. Volle drei Stunden vergehen, bis endlich mein Name aufgerufen wird. Ich hoffe inständig, daß ich meinen Stempel bekomme. Die Frau hinter dem Schalter mustert mich und fragt, warum ich nochmals um drei Monate verlängern möchte. So gelassen wie möglich antworte ich: »Weil ich längst nicht alles gesehen habe von diesem

herrlichen Land und genügend Geld besitze, um noch mal drei Monate zu bleiben.« Sie schlägt meinen Paß auf, blättert hin und her und klatscht einen riesigen Stempel auf die Seite. Ich habe mein Visum und bin wieder einen Schritt weiter! Glücklich bezahle ich die gewünschte Gebühr und verlasse das schreckliche Gebäude. Zu diesem Zeitpunkt kann ich nicht ahnen, daß ich dieses Gebäude noch so häufig betreten werde, bis ich es schließlich hasse.

Mit einem Ticket für den Abendbus in der Tasche gehe ich anschließend essen. Es ist früher Nachmittag, und ich spaziere etwas in Nairobi umher, um nicht einzuschlafen. Seit mehr als dreißig Stunden habe ich nicht mehr geschlafen. Ich schlendere nur zwei Straßen entlang, um mich nicht zu verlaufen. Um neunzehn Uhr ist es dunkel, und langsam, als die Geschäfte geschlossen werden, erwacht das Nachtleben in den Bars. Auf der Straße möchte ich mich nicht mehr aufhalten, die Gestalten werden von Minute zu Minute finsterer. Eine Bar kommt nicht in Frage, deshalb betrete ich einen nahe gelegenen McDonald, um die letzten zwei Stunden abzusitzen.

Endlich hocke ich wieder im Bus nach Mombasa. Der Busfahrer kaut Miraa. Er rast wie verrückt, und tatsächlich sind wir in Rekordzeit um vier Uhr früh am Ziel. Wieder muß ich warten, bis das erste Matatu zur Nordküste fährt. Ich bin gespannt, wie es Lketinga geht.

Kurz vor sieben Uhr bin ich bereits im Massai-Dorf. Da alles schläft und das Chaihaus noch geschlossen ist, warte ich davor, weil ich nicht weiß, in welcher Hütte sich Lketinga aufhält. Um halb acht kommt der Besitzer des Teehauses und öffnet. Ich setze mich hinein und warte auf den ersten Chai. Er bringt ihn mir und verzieht sich gleich wieder in die Küche. Bald kommen einzelne Krieger und lassen sich

an anderen Tischen nieder. Es herrscht gedrückte Stimmung, und niemand spricht. Wahrscheinlich liegt es daran, daß es noch früh am Morgen ist, denke ich.
Kurz nach acht Uhr halte ich es nicht mehr aus und frage den Besitzer, ob er wisse, wo Lketinga sei. Er schüttelt den Kopf und verschwindet wieder. Doch nach einer halben Stunde setzt er sich an meinen Tisch und sagt, ich solle zur Südküste fahren und nicht mehr warten. Erstaunt schaue ich ihn an und frage: »Warum?« »Er ist nicht mehr hier. Er ist diese Nacht zurück nach Hause gefahren«, erklärt mir der Mann. Mein Herz verkrampft sich. »Nach Hause zur Südküste?« frage ich naiv. »No, home to Samburu-Maralal.«
Voller Entsetzen schreie ich: »No, that's not true! Er ist hier, sag mir wo!« Vom anderen Tisch kommen zwei auf mich zu und reden beruhigend auf mich ein. Ich schlage ihre Hände von mir weg, tobe und schreie, so laut ich kann, dieses Pack in Deutsch an: »Ihr verdammte Saubande, hinterhältiges Pack, ihr habt das alles geplant!« Tränen der Wut laufen mir über das Gesicht, doch diesmal ist es mir völlig gleichgültig.
Am liebsten würde ich den erstbesten zusammenschlagen, so wütend bin ich. Die haben ihn einfach in den Bus gesetzt, obwohl sie wußten, daß ich mit dem gleichen Bus, nur in entgegengesetzter Richtung, wiederkomme, genau zur gleichen Zeit, so daß wir uns irgendwo auf der Strecke begegnet sind. Ich kann es nicht fassen. Soviel Gemeinheit! Als ob es auf diese acht Stunden angekommen wäre. Ich stürze aus dem Lokal, da immer mehr Schaulustige kommen und ich mich kaum mehr beherrschen kann. Für mich ist klar, die stecken alle unter einer Decke. Traurig und voller Zorn fahre ich zurück an die Südküste.

You come to my home

Im Moment weiß ich nicht, wie es weitergehen soll. Das Visum habe ich, aber Lketinga ist fort. Priscilla ist mit zwei Kriegern in ihrem Häuschen. Ich berichte, und die beiden lassen sich von ihr übersetzen. Abschließend rät mir Priscilla, ich solle Lketinga, obwohl er sehr lieb sei, doch vergessen. Entweder sei er wirklich krank, oder die anderen hätten ihm etwas Schlechtes angewünscht, was ihn zwinge, zu seiner Mutter zurückzukehren, denn so sei er in Mombasa verloren. Er müsse zu einem Medizinmann. Ich könne ihm nicht helfen. Auch wäre es gefährlich, mich als Weiße gegen alle anderen zu stellen.

Ich bin völlig verzweifelt und weiß nicht mehr, was und vor allem wem ich glauben soll. Nur mein Gefühl sagt mir, daß man Lketinga gegen seinen Willen vor meiner Rückkehr weggebracht hat. Am selben Abend kommen die ersten Krieger in mein Häuschen, um mir den Hof zu machen. Als der zweite eindeutig wird und meint, ich brauche ihn als boyfriend, da Lketinga »crazy« sei und nicht mehr herkomme, werfe ich, erbost über soviel Frechheit, alle hinaus. Als ich Priscilla davon erzähle, lacht sie nur, das sei normal, ich solle alles nicht so eng sehen. Offensichtlich hat auch sie noch nicht begriffen, daß ich nicht irgend jemanden will, sondern mein ganzes Leben in der Schweiz für Lketinga aufgegeben habe.

Am nächsten Tag schreibe ich gleich einen Brief an seinen Bruder James in Maralal. Vielleicht weiß er mehr. Nun werden sicher zwei Wochen vergehen, bevor ich Antwort

erhalte. Zwei lange Wochen, in denen ich nicht erfahre, was los ist, da werde ich verrückt! Am vierten Tag halte ich es nicht mehr aus. Klammheimlich beschließe ich, aufzubrechen und die weite Strecke nach Maralal auf mich zu nehmen. Dort werde ich weitersehen, aber ich gebe nicht auf, die werden noch staunen! Nicht einmal Priscilla erzähle ich von meinen Plänen, denn ich traue niemandem mehr. Als sie an den Strand geht, um Kangas zu verkaufen, packe ich meine Reisetasche und verschwinde Richtung Mombasa. Wieder lege ich gute 1 400 Kilometer zurück und komme nach zwei Tagen in Maralal an. Ich beziehe dasselbe Lodging für vier Franken wie beim letzten Mal, und die Besitzerin staunt, als ich schon wieder auftauche. Im spärlichen Zimmer lege ich mich auf die Pritsche und überlege: Was jetzt? Morgen gehe ich zu Lketingas Bruder.
Zuerst muß ich den Headmaster überreden, bevor er bereit ist, James zu holen. Auch ihm erzähle ich alles, und er meint, falls er die Erlaubnis bekäme, würde er mich zu seiner Mutter bringen. Der Headmaster ist nach langem Hin und Her einverstanden, wenn ich ein Auto auftreiben kann, das James und mich nach Barsaloi bringen wird. Zufrieden, so viel mit meinem spärlichen Englisch erreicht zu haben, ziehe ich durch Maralal und frage mich durch, wer ein Auto besitzt. Die wenigen sind fast alle Somalis. Doch wenn ich sage, wohin ich will, werde ich entweder ausgelacht, oder sie verlangen Preise, die mir astronomisch erscheinen.
Am zweiten Tag der Suche treffe ich auf meinen damaligen Retter Tom, der Lketinga gesucht und gefunden hat. Auch er möchte wissen, wo Lketinga ist. Erneut versteht er meine Situation und will versuchen, ein Auto zu bekommen, denn bei meiner Hautfarbe würde der Preis um das Fünf-

fache steigen. Tatsächlich sitzen wir beide kurz nach Mittag in einem Landrover, den er samt Chauffeur für zweihundert Franken chartern konnte. Bei James melde ich mich ab, da Tom mitkommen will.
Der Landrover fährt durch Maralal und dann eine öde, rote Lehmstraße entlang. Nach kurzer Zeit kommen wir in einen dichten Wald mit riesigen Bäumen, die von Lianen überwuchert sind. Man sieht keine zwei Meter in den Busch hinein. Auch das Sträßchen ist bald nur noch an den Fahrspuren, die die Reifen verursacht haben, erkennbar. Der Rest ist zugewachsen. Hinten im Landrover kann ich allerdings nicht viel erkennen. Nur an der Seitenlage, die ab und zu entsteht, merke ich, daß der Weg sehr steil und schräg sein muß. Als wir nach einer Stunde den Wald verlassen, stehen wir vor mächtigen Felsbrocken. Hier kann es unmöglich weitergehen! Aber meine zwei Begleiter steigen aus und verschieben einige Steine. Dann poltert das Gefährt langsam über die Geröllhalde. Spätestens hier wird mir klar, daß der Preis nicht zu hoch ist. Nach dem wenigen, was ich sehe, aber dem vielen, das ich spüre, wäre ich jetzt bereit, mehr zu bezahlen. Es wäre ein Wunder, wenn wir das Auto heil hinüberbrächten. Aber wir schaffen es, der Chauffeur ist ein hervorragender Fahrer.
Ab und zu fahren wir an Manyattas und Kindern mit Ziegen- oder Kuhherden vorbei. Ich bin aufgeregt. Wann sind wir endlich da? Ist hier mein Darling irgendwo zu Hause, oder ist die ganze Anstrengung vergebens? Gibt es noch eine Chance? Leise bete ich vor mich hin. Mein Retter hingegen ist sehr ruhig. Endlich überqueren wir ein breites Flußbett, und nach zwei oder drei Kurven erspähe ich einige einfache Blockhütten und weiter oben, auf einer Anhöhe, ein riesiges Gebäude, das sich von der Landschaft wie

eine Oase abhebt, grün und schön. »Wo sind wir?« frage ich meinen Begleiter. »Hier ist Barsaloi-Town und dort oben die neu gebaute Mission. Zuerst gehen wir aber zu den Manyattas und schauen, ob Lketinga zu Hause bei seiner Mutter ist«, erklärt er mir. Wir fahren nahe an der Mission vorbei, und ich staune über das viele Grün, denn hier ist es sehr trocken, wie in einer Halbwüste oder Steppe. Nach dreihundert Metern biegen wir ab und holpern über die Steppe. Zwei Minuten später hält das Fahrzeug. Tom steigt aus und fordert mich auf, ihm langsam nachzukommen. Den Chauffeur bittet er zu warten. Unter einem großen, flachen Baum sitzen mehrere Erwachsene und Kinder. Mein Begleiter geht auf die Leute zu, während ich in angemessenem Abstand warte. Alle blicken herüber. Nach längerem Schwatz mit einer alten Frau kommt er zurück und sagt: »Corinne, come, his Mama tells me, Lketinga is here.« Wir gehen durch hohes, stacheliges Gebüsch und gelangen zu drei sehr einfachen Manyattas, die in etwa fünf Metern Abstand voneinander stehen. Vor der mittleren stecken zwei lange Speere im Boden. Tom deutet darauf und sagt: »Here he is inside.« Ich wage mich nicht zu bewegen, und so bückt er sich und geht hinein. Da ich dicht hinter ihm bin, verdeckt mich sein Rücken. Nun höre ich Tom sprechen und kurz darauf Lketingas Stimme. Jetzt halte ich es nicht mehr aus und quetsche mich vorbei. Wie überrascht und freudig, ja ungläubig Lketinga mich in diesem Moment ansieht, werde ich mein ganzes Leben nicht mehr vergessen. Er liegt auf einem Kuhfell in dem kleinen Raum hinter der Feuerstelle im rauchigen Halbdunkel und lacht plötzlich los. Tom macht Platz, so gut es geht, und ich krieche in seine ausgestreckten Arme. Wir halten uns lange fest. »I know always, if you love me, you come to my home.«

Dieses Wiedersehen, ja Wiederfinden ist schöner als alles bisher Dagewesene. In dieser Minute weiß ich, hier werde ich bleiben, auch wenn wir nichts haben außer uns. Lketinga spricht mir aus dem Herzen, als er sagt: »Now you are my wife, you stay with me like a Samburu-wife.« Ich bin überglücklich.

Mein Begleiter schaut mich skeptisch an und fragt, ob er wirklich allein mit dem Landrover nach Maralal zurückfahren soll. Es sei schwer für mich hier. Es gäbe fast nichts zu essen, und schlafen müsse ich am Boden. Zu Fuß nach Maralal käme ich auch nicht. Mir ist das alles egal, und ich sage zu ihm: »Wo Lketinga lebt, da kann auch ich leben.«

Für einen kurzen Moment wird es dunkel in der Hütte, Lketingas Mutter schiebt sich durch das kleine Loch am Eingang. Sie setzt sich gegenüber der Feuerstelle nieder und schaut mich lange schweigend und düster an. Ich bin mir bewußt, daß dies entscheidende Minuten sind, und sage nichts. Wir sitzen da, halten unsere Hände, und unsere Gesichter glühen. Würden wir Licht damit erzeugen, wäre die Hütte hell erleuchtet.

Lketinga spricht nun ein paar Worte mit ihr, und ab und zu verstehe ich nur »Mzungu« oder »Mombasa«. Seine Mutter sieht mich unentwegt an. Sie ist ganz schwarz. Der rasierte Kopf ist schön geformt. Am Hals und an den Ohren trägt sie farbige Perlenringe. Sie ist eher füllig, und an ihrem nackten Oberkörper hängen zwei lange, riesige Brüste. Die Beine sind bedeckt mit einem schmutzigen Rock.

Plötzlich streckt sie mir ihre Hand entgegen und sagt »Jambo«. Dann folgt ein größerer Redeschwall. Ich schaue zu Lketinga. Er lacht: »Mutter hat ihren Segen gegeben, wir können mit ihr in der Hütte bleiben.« Jetzt verabschiedet sich Tom, und ich hole nur noch meine Tasche aus dem

Landrover. Als ich zurückkomme, hat sich eine größere Menschenmenge um die Manyatta versammelt.
Gegen Abend höre ich Glockengebimmel. Wir gehen nach draußen, und ich erblicke eine große Herde von Ziegen. Die meisten ziehen vorbei, andere werden in unser Dornengehege getrieben. Etwa dreißig Tiere kommen in die Mitte des Krals, der nochmals mit Dornengestrüpp verbarrikadiert ist. Dann geht die Mama mit einer Kalebasse zu den Ziegen, um zu melken. Die gewonnene Milch reicht gerade für den Chai, wie ich später feststellen muß. Die Herde wird von einem etwa achtjährigen Knaben betreut. Er setzt sich bei der Manyatta nieder und beobachtet mich ängstlich, während er durstig zwei Becher Wasser hinunterkippt. Es ist der Sohn von Lketingas älterem Bruder.
Eine Stunde später ist es dunkel. Wir sitzen zu viert in der kleinen Manyatta, die Mama vorne neben dem Eingang und neben ihr das verschreckte Mädchen Saguna, die etwa drei Jahre alt ist. Saguna ist die kleine Schwester des Jungen. Sie drückt sich ängstlich an ihre Großmutter, die jetzt ihre Mutter ist. Wenn das erste Mädchen des ältesten Sohnes alt genug sei, gehöre es der Mutter, als eine Art Altershilfe zum Holz sammeln oder Wasser holen, erklärt mir Lketinga.
Wir beide bleiben auf dem Kuhfell sitzen. Die Mama stochert zwischen den drei Feuersteinen in der Asche und holt versteckte Glut zum Vorschein. Dann bläst sie langsam, aber ständig auf die Funken. Dadurch entsteht für einige Minuten beißender Rauch, der mir die Tränen in die Augen treibt. Alle lachen. Als ich auch noch einen Hustenanfall bekomme, quetsche ich mich ins Freie. Luft, Luft, ist das einzige, was ich denken kann.
Draußen vor dem Hüttchen ist es stockfinster. Nur Millio-

nen Sterne erscheinen so nah, als könnte man sie vom Himmel pflücken. Ich genieße dieses Gefühl der Ruhe. Überall sieht man das Flackern der Feuer in den Manyattas. Auch in unserer brennt es gemütlich. Die Mama kocht Chai, unser Abendessen. Nach dem Tee plagt mich meine Blase. Lketinga lacht: »Here no toilet, only bush. Come with me, Corinne!« Geschmeidig geht er voraus, kippt einen Dornenbusch zur Seite, und ein Durchgang bildet sich. Der Dornenzaun ist die einzige Sicherheit gegen wilde Tiere. Wir entfernen uns etwa dreihundert Meter vom Kral, und er zeigt mit seinem Rungu auf einen Busch, der in Zukunft mein WC sein wird. Pippi kann ich nachts auch neben der Manyatta machen, denn der Sand saugt alles auf. Aber den Rest dürfe ich niemals in deren Nähe erledigen, sonst müßten sie dem Nachbarn eine Ziege opfern, und wir müßten umziehen, was eine große Schande bedeute.
Zurück bei der Manyatta wird alles mit dem Gebüsch verriegelt, und wir ziehen uns auf das Kuhfell zurück. Waschen kann man sich hier nicht, denn das Wasser reicht gerade für den Chai. Als ich Lketinga nach der Körperpflege frage, meint er: »Tomorrow at the river, no problem!« Während es in der Hütte durch das Feuer recht warm wird, ist es draußen kühl. Das kleine Mädchen schläft bereits nackt neben der Großmutter, und wir drei versuchen, einander zu unterhalten. Zwischen acht und neun Uhr gehen die Menschen hier schlafen. Auch wir nisten uns ein, da das Feuer nachläßt und wir uns kaum noch sehen. Lketinga und ich kuscheln uns eng aneinander. Obwohl wir beide mehr wollen, geschieht natürlich nichts in Gegenwart der Mutter und in dieser endlosen Stille.
Die erste Nacht schlafe ich schlecht, da ich den harten Boden nicht gewöhnt bin. Ich drehe mich von einer Seite auf

die andere und lausche den verschiedenen Geräuschen nach. Ab und zu bimmelt das Glöckchen einer Ziege, und für mich klingt es fast wie eine Kirchenglocke in dieser lautlosen Nacht. In der Ferne heult irgendein Tier. Später raschelt es im Dornengestrüpp. Ja, ich höre es deutlich, da sucht jemand den Eingang zum Kral. Mein Herz schlägt bis zum Hals, während ich angestrengt horche. Es kommt jemand. Liegend spähe ich durch den kleinen Eingang und sehe zwei schwarze Balken, nein Beine, und zwei Speerenden. Gleich darauf tönt eine Männerstimme: »Supa Moran!« Ich stoße Lketinga in die Seite und flüstere: »Darling, somebody is here.« Er stößt mir unbekannte Laute aus, die sich fast wie ein Grunzen anhören, und starrt mich für den Bruchteil einer Sekunde fast böse an. »Outside is somebody«, erkläre ich aufgeregt. Wieder ertönt die Stimme: »Moran supa!« Dann werden einige Sätze gewechselt, worauf sich die Beine bewegen und verschwinden. »What's the problem?« frage ich. Der Mann, ein anderer Krieger, wollte hier übernachten, was normalerweise auch kein Problem sei, aber weil ich hier bin, gehe es nicht. Er versuche, in einer anderen Manyatta unterzukommen. Ich solle wieder schlafen.
Morgens um sechs Uhr geht die Sonne auf, und mit ihr erwachen Tiere und Menschen. Die Ziegen blöken laut, denn sie wollen raus. Überall höre ich Stimmen, und der Platz von Mama ist bereits leer. Eine Stunde später erheben auch wir uns und trinken Chai. Dies wird fast zur Qual, da mit der Morgensonne auch die Fliegen erwachen. Stelle ich die Tasse neben mich auf die Erde, umschwirren Dutzende den Rand der Tasse. Unentwegt surren sie um meinen Kopf. Saguna scheint es kaum zu bemerken, obwohl sie ihr in den Augen- und sogar in den Mundwinkeln sitzen. Ich frage

Lketinga, woher all diese Fliegen kommen. Er deutet auf den Ziegenkot, der sich während der Nacht angesammelt hat. Durch die Hitze am Tag trocknet der Kot aus, und die Fliegen werden weniger. Deshalb habe ich es am gestrigen Abend nicht so penetrant empfunden. Er lacht, dies sei nur der Anfang, wenn erst die Kühe wiederkämen, werde es noch viel schlimmer, denn deren Milch ziehe Tausende von Fliegen an. Noch unangenehmer seien die Moskitos, die nach Regenfällen auftauchten. Nach dem Chai möchte ich zum River, um mich endlich zu waschen. Mit Seife, Handtuch und frischer Wäsche ausgerüstet, ziehen wir los. Lketinga trägt lediglich einen gelben Kanister für das nächste Chai-Wasser von Mama. Wir gehen etwa einen Kilometer einen schmalen Weg hinunter bis zu dem breiten Flußbett, das wir am Tag zuvor mit dem Landrover überquert haben. Links und rechts des Flußbettes stehen große, saftige Bäume, aber Wasser sehe ich keines. Wir spazieren am trokkenen Fluß entlang, bis nach einer Biegung Felsen auftauchen. Tatsächlich fließt hier noch ein kleines Bächlein aus dem Sand.

Wir sind nicht die einzigen hier. Neben dem Rinnsal haben einige Mädchen ein Loch in den Sand gegraben und schöpfen mit einem Becher geduldig ihre Kanister mit Trinkwasser voll. Beim Anblick meines Kriegers senken sie verschämt den Kopf und schöpfen kichernd weiter. Zwanzig Meter weiter unten steht eine Gruppe von Kriegern nackt am Bach. Sie waschen sich gegenseitig. Ihre Hüfttücher liegen auf den warmen Felsen zum Trocknen. Mein Anblick läßt sie verstummen, doch ihre Nacktheit stört sie offensichtlich nicht. Lketinga bleibt stehen und spricht mit ihnen. Einige sehen mich unverhohlen an, während ich bald nicht mehr weiß, wohin ich schauen soll. So viele nackte

Männer, denen dies nicht einmal bewußt ist, habe ich noch nie gesehen. Die schlanken, graziösen Körper glänzen wunderschön in der Morgensonne.
Da ich nicht recht weiß, wie ich mich in dieser ungewohnten Situation verhalten soll, schlendere ich weiter und setze mich nach ein paar Metern an das spärlich fließende Wasser, um die Füße zu waschen. Lketinga tritt zu mir und meint: »Corinne, come, here is not good for lady!« Wir gehen um eine weitere Biegung des Flußbettes, bis wir nicht mehr gesehen werden können. Hier entblättert er sich und wäscht sich. Als auch ich alles ausziehen möchte, schaut er mich erschrocken an. »No, Corinne, this is not good!« »Warum?« frage ich. »Wie soll ich mich waschen, wenn ich mein T-Shirt und den Rock nicht ausziehen kann?« Er erklärt mir, daß ich die Beine nicht entblößen dürfe, das sei unsittlich. Wir debattieren, und schließlich knie ich doch nackt am Fluß und wasche mich gründlich. Lketinga seift mir den Rücken und die Haare ein, dabei blickt er ständig um sich, ob uns wirklich niemand beobachtet.
Das Waschritual dauert etwa zwei Stunden, dann gehen wir zurück. Am River herrscht jetzt heftiges Treiben. Mehrere Frauen waschen sich Kopf und Füße, andere graben Löcher, damit sie die Ziegen tränken können, und wieder andere schöpfen geduldig ihre Behälter voll Wasser. Auch Lketinga stellt seinen kleinen Wasserkanister hin, den ihm sofort ein Mädchen füllt.
Dann schlendern wir durch das Dorf, weil ich die Geschäfte besichtigen will. Es gibt drei viereckige Lehmhüttchen, die Geschäfte sein sollen. Lketinga spricht mit den jeweiligen Besitzern, die alle Somalis sind. Überall schütteln sie den Kopf. Es gibt nichts zu kaufen außer etwas Teepulver oder Kimbo-Fettbüchsen. Beim größten finden wir noch

ein Kilogramm Reis. Als er es uns einpacken will, entdecke ich, daß der Reis voller kleiner schwarzer Käferchen ist. »O no«, sage ich, »I don't want this!« Er bedauert und nimmt ihn zurück. Wir haben also nichts zu essen.
Unter einem Baum sitzen mehrere Frauen und bieten Kuhmilch aus ihren Kalebassen zum Verkauf an. Also kaufen wir wenigstens Milch. Für wenige Münzen nehmen wir zwei gefüllte Kalebassen, etwa einen Liter, mit nach Hause. Die Mama freut sich über so viel Milch. Wir kochen Chai, und Saguna erhält eine ganze Tasse voll Milch. Sie ist glücklich.
Lketinga und die Mama besprechen die mißliche Lage. Ich wundere mich wirklich, wovon sich die Leute ernähren. Ab und zu gibt es ein Kilo Maismehl von der Mission für alte Frauen, aber auch von dort ist vorläufig nichts zu erwarten. Lketinga beschließt, am Abend eine Ziege zu schlachten, sobald die Herde nach Hause kommt. Überwältigt von all dem Neuen, verspüre ich noch keinen Hunger.
Den restlichen Nachmittag verbringen wir in der Manyatta, da sich die Mutter unter dem großen Baum mit anderen Frauen unterhält. Endlich können wir uns lieben. Vorsichtshalber behalte ich meine Kleider an, immerhin ist es Tag und jederzeit kann jemand in die Hütte kommen. Den kurzen Liebesakt vollziehen wir an diesem Nachmittag mehrere Male. Es ist ungewohnt für mich, daß alles immer so schnell vorbei ist und andererseits nach nur kurzer Pause wieder beginnt. Aber es stört mich nicht, ich vermisse nichts. Ich bin glücklich, bei Lketinga zu sein.
Abends kommen die Ziegen nach Hause und mit ihnen auch Lketingas älterer Bruder, Sagunas Vater. Zwischen ihm und der Mutter entwickelt sich ein heftiges Gespräch, wobei er mich ab und zu wild mustert. Später erkundige

ich mich bei Lketinga. Ausführlich versucht er mir zu erzählen, sein Bruder mache sich nur große Sorgen um meine Gesundheit. Es würde sicher nicht lange dauern, bis der District-Chief herkäme und wissen wolle, warum eine weiße Frau in dieser Hütte lebe, das sei doch nicht normal.
In zwei bis drei Tagen wüßten in der gesamten Region alle Menschen, daß ich hier sei, und würden herkommen. Wenn mir etwas passiere, käme gar die Polizei, und das sei noch nie in der ganzen Geschichte der Leparmorijos, das ist ihr Familienname, vorgekommen. Ich beruhige Lketinga und versichere ihm, daß mit mir und meinem Paß alles in Ordnung sei, falls der Chief käme. Bis jetzt war ich in meinem ganzen Leben noch nie ernsthaft krank. Schließlich gehen wir ja jetzt eine Ziege essen, und ich werde mich bemühen, viel zu verzehren.
Sobald es dunkel ist, ziehen wir zu dritt los, Lketinga, sein Bruder und ich. Lketinga hat eine Ziege im Schlepptau. Wir gehen etwa einen Kilometer vom Dorf entfernt in den Busch, da Lketinga nicht in der Hütte von Mama essen darf, wenn sie anwesend ist. Mich akzeptiert man notgedrungen, weil ich eine Weiße bin. Was denn Mama und Saguna sowie deren Mutter essen würden, frage ich. Lketinga lacht und erklärt, gewisse Stücke seien für die Frauen und würden nicht von Männern gegessen. Diese und alles, was wir nicht äßen, brächten wir Mama nach Hause. Sie sei, wenn es Fleisch gäbe, bis spät in die Nacht wach, sogar Saguna würde wieder geweckt. Ich bin beruhigt, obwohl ich ständig zweifle, ob ich alles richtig verstehe, denn unsere Verständigung in Englisch, gemischt mit Massai sowie Händen und Füßen, ist immer noch sehr spärlich.
Endlich sind wir am geeigneten Platz angelangt. Es wird Holz gesucht, und grüne Äste werden von einem Busch ge-

schlagen. Sie werden auf dem sandigen Boden zu einer Art Bett gebüschelt. Dann packt Lketinga die meckernde Ziege an den Vorder- und Hinterbeinen und legt sie seitwärts auf das Grünbett. Sein Bruder hält den Kopf und erstickt das arme Tier, indem er ihm Nase und Mund zudrückt. Es zappelt kurz und heftig und schaut bald starr und reglos in die sternenklare Nacht. Notgedrungen muß ich alles aus nächster Nähe mit ansehen, da ich hier im Dunkeln nicht weggehen kann. Etwas empört frage ich, warum man der Ziege nicht die Kehle durchschneidet, statt sie so grausam zu ersticken. Die Antwort ist kurz. Bei den Samburus darf kein Blut fließen, bevor das Tier tot ist, das sei schon immer so gewesen.

Jetzt wohne ich zum ersten Mal der Zerlegung eines Tieres bei. Am Hals wird ein Schnitt gemacht, und während der Bruder am Fell zieht, entsteht eine Art Mulde, die sich sofort mit Blut füllt. Angeekelt schaue ich zu und wundere mich, als sich Lketinga tatsächlich über diese Blutlache beugt und mehrere Schlucke daraus schlürft. Sein Bruder macht dasselbe. Ich bin entsetzt, sage jedoch kein Wort. Lachend zeigt Lketinga auf die Öffnung: »Corinne, you like blood, make very strong!« Verneinend schüttle ich den Kopf.

Dann geht alles recht schnell. Der Ziege wird das Fell gekonnt abgezogen. Der Kopf und die abgetrennten Füße werden auf das Blätterbett geworfen. Schon folgt der nächste Schock. Der Bauch wird vorsichtig geöffnet, und eine schrecklich stinkende, grüne Masse leert sich über dem Boden aus. Das ist der volle Magen. Mein Appetit ist ganz und gar vergangen. Der Bruder zerteilt weiter, während mein Massai das Feuer geduldig anbläst. Nach einer Stunde ist es soweit, daß man die zerstückelten Fleischteile auf die zu einer Art Pyramide geformten Stecken legen kann. Die Rippen am Stück kommen zuerst darauf, weil sie weniger lange brauchen als die Hinterbeine. Der Kopf und die Füße liegen direkt im Feuer.

Das Ganze sieht ziemlich grausig aus, doch ich weiß, daß ich mich daran gewöhnen muß. Nach kurzer Zeit werden die Rippen vom Feuer geholt, und nach und nach wird der Rest der Ziege gegrillt. Lketinga schneidet mit seinem Buschmesser eine Hälfte der Rippen ab und streckt sie mir entgegen. Tapfer greife ich zu und knabbere an ihnen. Mit etwas Salz wäre es wahrscheinlich schmackhafter. Während ich Mühe habe, das zähe Fleisch von den Knochen zu beißen, schmatzen Lketinga und sein Bruder geübt und schnell. Die abgenagten Knochen fliegen nach hinten in den Busch, in dem es kurz darauf raschelt. Wer sich die Reste holt, weiß ich nicht. Aber wenn Lketinga bei mir ist, kenne ich keine Angst.

Die beiden schneiden sich nun schichtweise durch das erste Hinterbein, wobei sie es immer wieder auf das Feuer zurücklegen, um es weiter durchzugrillen. Der Bruder fragt mich, ob es mir schmeckt. Ich antworte: »O yes, it's very good!« und nage weiter. Schließlich muß ich ja auch mal etwas im Magen haben, wenn ich nicht in kurzer Zeit selber ein Knochengestell werden will. Endlich bin ich durch, und meine Zähne schmerzen. Lketinga greift zum Feuer und reicht mir ein ganzes Vorderbein. Fragend schaue ich ihn an: »For me?« »Yes, this is only for you.« Aber mein Magen ist voll. Ich mag einfach nicht mehr. Sie wollen es kaum glauben und meinen, ich sei noch keine richtige Samburu. »You take home and eat tomorrow«, sagt Lketinga gutmütig. Nun sitze ich nur noch da und schaue ihnen zu, wie sie Kilo um Kilo verschlingen.

Als die beiden endlich satt sind, packen sie die restlichen Ziegenteile mit allen Innereien, Kopf und Füßen in das Fell ein, und wir marschieren zur Manyatta zurück. Ich trage mein »Frühstück« nach Hause. Im Kral herrscht nächtliche Stille. Wir kriechen in unsere Hütte, und Mama erhebt sich sofort von ihrer Schlafstelle. Die Männer geben ihr das übrig gebliebene Fleisch. Sehen kann ich fast nichts außer rötlich schimmernder Glut in der Feuerstelle.
Der Bruder verläßt uns und bringt Fleisch zur Manyatta seiner Frau. Mama stochert in der Glut und bläst vorsichtig hinein, um das Feuer erneut zu entfachen. Natürlich gelingt es nicht ohne Rauch, und ich huste wieder kräftig. Dann lodert eine Flamme, und es ist hell und gemütlich in der Hütte. Mama macht sich über ein Stück gegrilltes Fleisch her und weckt Saguna. Ich staune, wie dieses kleine Mädchen, aus dem Tiefschlaf gerissen, sich gierig das dargebotene Fleisch schnappt und mit einem Messer kleine Stücke davon direkt neben dem Mund abschneidet.
Während die beiden essen, kocht das Wasser für den Chai. Lketinga und ich trinken Tee. Mein Ziegenhinterbein hängt über meinem Kopf im Deckengeäst der Hütte. Kaum ist der einzige Topf vom Tee geleert, wirft Mama klein geschnittene Fleischstücke hinein und brät sie knusprig braun. Anschließend füllt sie diese in leere Kalebassen. Ich versuche zu erfahren, was sie macht. Lketinga erklärt, daß sie so das Fleisch mehrere Tage konserviert. Mama werde alle Reste kochen, sonst kämen morgen viele Frauen hierher, mit denen sie teilen müsse, und wir hätten wieder nichts. Der Ziegenkopf, der durch die Asche völlig schwarz ist, soll besonders gut sein, den bewahre sie für morgen auf.
Das Feuer ist heruntergebrannt, und Lketinga und ich ver-

suchen zu schlafen. Er legt seinen Kopf immer auf ein dreibeiniges, geschnitztes Holzböckchen von etwa zehn Zentimeter Höhe, damit seine langen roten Haare sich nicht verzausen und nicht alles verfärben. In Mombasa hatte er dieses Gestell nicht und band deshalb seine Haare in eine Art Kopftuch. Mir ist es ein Rätsel, wie man mit gestrecktem Kopf auf so etwas Hartem gut schlafen kann. Doch für ihn scheint es kein Problem zu sein, denn er schläft bereits. Mir dagegen bereitet das Schlafen auch in der zweiten Nacht noch Schwierigkeiten. Es ist sehr hart am Boden, und Mama ißt immer noch genüßlich, was nicht zu überhören ist. Ab und zu schwirren lästige Moskitos um meinen Kopf.

Das Meckern der Ziegen und ein seltsames Rauschen wekken mich am Morgen. Ich spähe durch den Eingang und sehe Mamas Rock. Zwischen ihren Beinen ergießt sich ein rauschender Bach. Offensichtlich pinkeln die Frauen im Stehen, während die Männer sich für diesen Zweck zwanglos niederkauern, wie ich bei Lketinga bemerkt habe. Als das Rauschen verklingt, krieche ich aus der Hütte und verrichte ebenfalls mein Pippi, indem ich mich hinter unsere Manyatta kauere. Dann schlendere ich zu den Ziegen und schaue Mama beim Melken zu. Nach dem üblichen Chai ziehen wir wieder an den River und bringen fünf Liter Wasser mit.

Als wir zurückkommen, sitzen in der Manyatta drei Frauen, die sofort die Hütte verlassen, als sie Lketinga und mich erblicken. Mama ist verärgert, weil anscheinend schon vorher andere da waren und sie nun kein Teepulver, keinen Zucker und keinen Tropfen Wasser mehr im Hause hat. Zur Gastfreundschaft gehört, daß jedem Besucher Tee oder zumindest eine Tasse Wasser angeboten wird. Alle fragten

sie über die Weiße aus. Vorher sei sie nicht interessant gewesen, jetzt sollten sie sie auch in Ruhe lassen. Ich schlage Lketinga vor, in einem der Läden wenigstens Teepulver zu beschaffen. Bei unserer Rückkehr hocken mehrere alte Menschen vor der Manyatta im Schatten. Dabei zeigen sie unendliche Geduld. Stundenlang hocken sie da, warten und unterhalten sich, wohlwissend, daß die Mzungu auch mal essen wird und die Gastfreundschaft es nicht erlaubt, die Alten auszuschließen.
Lketinga will mir die Gegend zeigen, da er sich als Krieger nicht wohl fühlt unter so vielen verheirateten Frauen und älteren Männern. Wir marschieren quer durch den Busch. Lketinga nennt mir die Namen von Pflanzen und Tieren, die wir sehen. Die Gegend ist ausgetrocknet, und der Boden besteht entweder aus roter, steinharter Erde oder aus Sand. Die Erde ist zerklüftet, und manchmal durchqueren wir richtige Krater. Bei der Hitze verspüre ich nach kurzer Zeit Durst. Doch Lketinga meint, je mehr Wasser ich trinke, desto durstiger würde ich. Er schneidet von einem Busch zwei Holzstücke ab, steckt sich eines in den Mund und reicht mir das andere. Das sei gut zum Zähneputzen und nehme gleichzeitig das Durstgefühl.
Ab und zu bleibt mein weiter Baumwollrock am dornigen Gebüsch hängen. Nach einer weiteren Stunde bin ich völlig verschwitzt und will nun doch etwas trinken. Also gehen wir zum River, den man schon von weitem erkennt, weil dort die Bäume größer und grüner sind. Im ausgetrockneten Flußbett suche ich vergebens nach Wasser. Wir laufen eine Weile am Flußbett entlang, bis wir aus einiger Entfernung mehrere Affen erblicken, die erschrocken über die Felsen davonspringen. Genau bei diesen Felsen gräbt Lketinga ein Loch in den Sand. Nach nur kurzer Zeit wird der

Sand dunkler und feucht. Bald bildet sich die erste Wasserpfütze, die mit der Zeit immer klarer wird. Der Durst wird gelöscht, und wir machen uns auf den Heimweg.
Der Rest des Ziegenbeines ist meine Abendmahlzeit. Im Halbdunkel unterhalten wir uns, so gut es geht. Mama will viel von meinem Land und meiner Familie wissen. Manchmal lachen wir über unsere Verständigungsprobleme. Saguna schläft wie üblich dicht an Mama gepreßt. Allmählich hat sie sich an meine Anwesenheit gewöhnt, doch anfassen läßt sie sich noch nicht von mir. Nach neun Uhr versuchen wir bereits zu schlafen. Das T-Shirt behalte ich an, nur den Rock lege ich unter meinen Kopf als Kissen. Als Zudecke benütze ich einen dünnen Kanga, der mich allerdings nicht vor der Morgenkälte schützt.
Am vierten Tag ziehe ich mit Lketinga los, um den ganzen Tag die Ziegen zu hüten. Ich bin sehr stolz, mitgehen zu dürfen, und freue mich. Es ist nicht einfach, alle beisammen zu halten. Wenn wir anderen Ziegengruppen begegnen, staune ich, wie sogar die Kinder jedes einzelne Tier erkennen, das zu ihnen gehört. Immerhin sind es meistens fünfzig Tiere oder mehr. Man läuft gelassen Kilometer um Kilometer, und die Ziegen knabbern die ohnehin fast kahlen Büsche ab. Um die Mittagszeit werden sie an den Fluß gebracht, um Wasser zu trinken, und dann geht es weiter. Auch wir trinken dieses Wasser. Es ist unsere einzige Nahrung an diesem Tag. Gegen Abend kehren wir nach Hause zurück. Völlig erschöpft und verbrannt von der sengenden Sonne denke ich: Einmal und nie wieder! Ich bewundere die Menschen, die dies Tag für Tag, ja ihr ganzes Leben lang betreiben. Bei der Manyatta werde ich freudig von der Mama, dem älteren Bruder und dessen Frau empfangen. Am Gespräch zwischen ihnen merke ich, daß ich an Anse-

hen gewonnen habe. Sie sind stolz, daß ich das geschafft habe. Zum ersten Mal schlafe ich tief und fest bis spät in den Morgen.
Mit einem frischen Baumwollrock krieche ich aus der Manyatta. Die Mama staunt und fragt, wie viele ich denn besitze. Ich zeige vier Finger, und sie meint, ob ich ihr nicht einen abtreten könne. Sie besitzt nur den, den sie schon seit Jahren trägt. Den Löchern und dem Schmutz nach ist das leicht zu glauben. Nur sind ihr meine viel zu lang und zu eng. Ich verspreche ihr, einen von der nächsten Safari mitzubringen. Für Schweizer Verhältnisse besitze ich wirklich nicht mehr viele Kleider, aber hier kommt man sich mit vier Röcken und etwa zehn T-Shirts fast unverschämt vor.
Heute will ich meine Wäsche im spärlichen Flußwasser waschen. Deshalb gehen wir in einen Shop und kaufen Omo. Dieses einzige Waschmittel, das man in Kenia kaufen kann, wird auch zur Körperpflege und zum Haarewaschen benutzt. Es ist nicht einfach, mit wenig Wasser und viel Sand die Kleider zu waschen. Lketinga hilft mir sogar, wobei er von den anwesenden Mädchen und Frauen kichernd beobachtet wird. Dafür, daß er sich meinetwegen bloßstellt, liebe ich ihn noch mehr. Männer verrichten nahezu keine Arbeit, schon gar nicht Frauenarbeit, wie Wasser holen, Brennholz suchen oder eben Kleiderwaschen. Nur ihren eigenen Kanga waschen sie meistens selbst.
Am Nachmittag beschließe ich, bei der »pompösen« Mission vorbeizuschauen, um mich vorzustellen. Ein grimmig bis erstaunt aussehender Missionspater öffnet die Türe. »Yes?« Ich krame mein bestes Englisch hervor, um zu erklären, daß ich hier in Barsaloi bleiben möchte und mit einem Samburu-Mann zusammenlebe. Etwas abweisend schaut er mich an und sagt mit italienischem Akzent: »Yes,

and now?« Ich frage ihn, ob es möglich sei, ab und zu mit ihm nach Maralal zu fahren, um Eßwaren zu besorgen. Kühl erwidert er, daß er nie im voraus wisse, wann er Maralal aufsuche. Abgesehen davon sei er zuständig, kranke Menschen zu transportieren, aber nicht dafür, Einkaufsmöglichkeiten zu bieten. Er streckt mir seine Hand entgegen und verabschiedet mich kühl mit den Worten: »I'm Pater Giuliano, arrivederci.«
Benommen von dieser Abfuhr stehe ich vor der geschlossenen Tür und versuche, meine erste Begegnung mit einem Missionar zu verdauen. Wut steigt in mir auf, und ich schäme mich, weiß zu sein. Langsam gehe ich zurück zur Manyatta und zu meinem armen Volk, das bereit ist, das wenige mit mir zu teilen, obwohl ich für sie völlig fremd bin.
Meine Erlebnisse erzähle ich Lketinga. Er lacht und meint, diese zwei Missionare seien nicht gut. Der zweite, Pater Roberto, sei aber entgegenkommender. Ihre Vorgänger hätten sie besser unterstützt und in einer solchen Hungersnot immer wieder Maismehl verteilt. Diese hier würden zu lange warten. Die Abfuhr des Paters stimmt mich traurig. Anscheinend kann ich auf eine Mitfahrgelegenheit nicht hoffen. Und betteln will ich nicht.
Die Tage verstreichen in gleichmäßigem Rhythmus. Die einzige Abwechslung sind die verschiedenen Besucher in der Manyatta. Mal sind es Alte, mal Krieger derselben Altersgruppe, wobei ich meist stundenlang zuhören muß, um wenigstens ab und zu ein Wort zu verstehen.

Der Landrover

Nach vierzehn Tagen wird mir klar, daß ich nicht länger mit dem einseitigen Essen auskommen kann, obwohl ich täglich eine europäische Vitamintablette zu mir nehme. Einige Kilo habe ich schon verloren, was ich an den weiter werdenden Röcken bemerke. Ich will bleiben, das steht fest, aber nicht verhungern. Auch fehlt mir Toilettenpapier, und die Papiertaschentücher schwinden ebenfalls. Mit der Steinputzmethode der Samburus kann ich mich beim besten Willen nicht anfreunden, obwohl sie umweltfreundlicher ist als mein weißes Papier hinter den Büschen.
Bald steht mein Entschluß fest. Ein Auto muß her. Natürlich nur ein Landrover, alles andere ist hier unbrauchbar. Ich bespreche dies mit Lketinga, und er wiederum redet mit Mama, der dieser Gedanke absurd vorkommt. Ein Auto, da ist man jemand von einem anderen Stern mit viel, viel Geld. Sie ist noch nie in einem Auto mitgefahren. Und die Leute, was werden die Leute sagen? Nein, glücklich ist Mama nicht gerade, aber sie versteht mein und unser aller Problem, das Essen.
Der Gedanke, einen Landrover zu haben und unabhängig zu sein, beflügelt mich mächtig. Da aber mein Geld in Mombasa ist, bedeutet das für mich, noch einmal die lange Reise anzutreten. Ich muß meine Mutter bitten, den Geldnachschub von meinem Schweizer Konto zur Mombasa-Barclays-Bank zu veranlassen. Ich überlege hin und her und hoffe, daß Lketinga mich begleitet, weil ich keine Ahnung habe, woher ich ein Auto bekommen soll. Autohänd

ler wie bei uns in der Schweiz sind mir nicht aufgefallen. Wie man Papiere und Nummernschilder erhält, ist mir ebenso unklar. Eines weiß ich jedoch: Ich werde mit einem Auto wiederkommen.

Noch einmal trete ich den unangenehmen Gang zur Mission an. Diesmal öffnet Pater Roberto. Ich berichte von meinem Vorhaben und bitte um die nächste Mitfahrgelegenheit nach Maralal. Höflich erwidert er, ich solle in zwei Tagen wiederkommen, dann fahre er vielleicht hinunter.

Vor der Abfahrt erklärt mir Lketinga, daß er nicht mitkommt. Er wolle Mombasa nie mehr sehen. Ich bin enttäuscht, und doch verstehe ich ihn nach allem, was passiert ist. Wir reden die halbe Nacht, und ich spüre seine Angst, ich könnte nicht mehr wiederkommen. Auch Mama ist dieser Meinung. Immer wieder verspreche ich, in spätestens einer Woche wieder hier zu sein. Am Morgen ist die Stimmung gedrückt. Mir fällt es schwer, fröhlich zu sein.

Eine Stunde später sitze ich neben Roberto, und wir fahren einen mir unbekannten neuen Weg nach Baragoi im Turkana-Gebiet und erst dann in Richtung Maralal. Diese Straße ist nicht so gebirgig, und den Vierradantrieb benötigen wir fast nie. Dafür gibt es viele kleine, spitze Steine, die Platten verursachen können, und die Strecke ist doppelt so lang, also fast vier Stunden bis Maralal. Kurz nach vierzehn Uhr treffen wir dort ein. Ich bedanke mich höflich und gehe ins Lodging, um meine Tasche abzustellen. Die Nacht werde ich dort verbringen, weil der Bus erst um sechs Uhr morgens fährt. Zum Zeitvertreib schlendere ich durch Maralal, als ich plötzlich meinen Namen höre. Erstaunt drehe ich mich um und erblicke zu meiner Freude meinen Retter Tom. Es tut gut, ein bekanntes Gesicht unter den vielen mich dauernd musternden Gesichtern zu entdecken.

Ich erzähle ihm von meinem Vorhaben. Er gibt mir zu verstehen, daß es schwer werden wird, weil in Kenia nicht viele gebrauchte Autos angeboten werden. Er werde sich aber umhören. Vor zwei Monaten habe jemand in Maralal versucht, seinen Landrover zu verkaufen. Vielleicht sei der noch zu haben. Wir verabreden uns für neunzehn Uhr in meinem Lodging.
Das wäre das beste, was mir passieren könnte! Tatsächlich erscheint Tom bereits eine halbe Stunde früher und meint, wir müßten sofort diesen Landrover anschauen. Erwartungsvoll gehe ich mit ihm. Der Landrover ist zwar schon alt, aber genau das, was ich gesucht habe. Ich verhandle mit dem fetten Besitzer, der dem Kikuyu-Stamm angehört. Nach langem Hin und Her einigen wir uns auf 2 500 Franken. Ich kann es kaum glauben, versuche aber cool zu bleiben, als wir per Handschlag das Geschäft besiegeln. Ich erkläre ihm, daß das Geld in Mombasa sei und ich in vier Tagen wieder zurückkäme, um das Auto zu bezahlen. Er dürfe es um keinen Preis weitergeben, ich würde mich darauf verlassen. Anzahlen will ich nicht, da der Verkäufer nicht sehr vertrauenswürdig wirkt. Mit einem Grinsen versichert er mir, noch vier Tage zu warten. Mein Retter und ich verlassen den Kikuyu und gehen essen. Glücklich darüber, einige Sorgen weniger zu haben, verspreche ich ihm, ihn und seine Frau einmal auf eine Safari einzuladen.
Die Reise nach Mombasa verläuft ohne Schwierigkeiten. Priscilla freut sich riesig, als ich im Village auftauche. Wir erzählen uns viel. Über meine Mitteilung jedoch, daß ich mein Häuschen hier auflösen und für immer zu den Samburus ziehen will, ist sie traurig und auch etwas besorgt. Alles, was ich nicht mitnehmen kann, schenke ich ihr, sogar mein wunderbares Bett.

Bereits am nächsten Morgen fahre ich nach Mombasa. Dort hebe ich den nötigen Geldbetrag ab, was nicht einfach ist. So ein Bankgeschäft erfordert viel Geduld. Nach fast zwei Stunden bin ich im Besitz eine großen Menge von Geldscheinen, die ich an mir zu verstecken versuche. Auch der Banker meint, ich solle bloß aufpassen, das sei ein Riesenvermögen hier, und für so viel Geld sei schnell ein Mord passiert. Mir ist nicht wohl, als ich die Bank verlasse, weil viele wartende Menschen mich beobachtet haben. Über der einen Schulter trage ich die schwere Reisetasche, gefüllt mit den restlichen Kleidern aus Mombasa. In der rechten Hand halte ich einen Schlagstock, wie ich es von Rambo-Jutta gelernt habe. Im Notfall würde ich ihn sofort gebrauchen. Ständig wechsle ich die Straßenseite, um feststellen zu können, ob mir jemand aus der Bank folgt. Erst nach etwa einer Stunde traue ich mich, den Busbahnhof aufzusuchen, um das Ticket für den Nachtbus nach Nairobi zu lösen. Danach gehe ich zurück ins Zentrum und setze mich ins Hotel Castel. Es ist das teuerste in Mombasa und steht unter Schweizer Leitung. Endlich kann ich wieder einmal europäisch essen, allerdings zu gigantischen Preisen. Aber was soll's, ich weiß nicht, wann ich das nächste Mal wieder zu Salat oder Pommes frites komme.
Pünktlich fährt der Bus ab, und ich freue mich, bald wieder zu Hause zu sein und Lketinga zu beweisen, daß er mir vertrauen kann. Nach nur gut eineinhalb Stunden macht der Bus einen Schlenker und steht kurz darauf bockstill. Es wird laut, alle sprechen durcheinander. Der Fahrer stellt fest, daß der Bus am Hinterrad einen Platten hat. Nun steigen alle aus. Einige setzen sich an den Straßenrand und holen Tücher oder Wolldecken hervor. Es ist stockfinster, weit und breit keine Siedlung. Ich spreche einen Mann mit

Brille auf Englisch an, da ich annehme, einer mit Goldbrille spricht diese Sprache. Tatsächlich versteht er mich und meint, es könnte länger dauern, da auch das Reserverad kaputt sei und wir nun warten müßten, bis ein Fahrzeug aus der anderen Richtung kommt, um jemanden nach Mombasa mitzunehmen. Dieser soll veranlassen, daß ein Ersatzreifen hergeschickt wird.
Das kann doch nicht wahr sein, daß ein rappelvoller Bus ohne intakten Ersatzreifen in der Nacht auf eine so lange Strecke geschickt wird! Die meisten scheint es nicht sonderlich zu stören. Sie sitzen oder liegen einfach am Straßenrand. Es ist kalt, und ich friere. Nach einer dreiviertel Stunde kommt endlich aus der anderen Richtung ein Fahrzeug. Unser Fahrer stellt sich auf die Straße und fuchtelt wild mit den Armen. Der Wagen hält, ein Mann steigt ein. Nun heißt es wieder warten, mindestens drei Stunden, da wir ja schon eineinhalb Stunden unterwegs waren.
Beim Gedanken an meine lange Heimfahrt werde ich panisch. Ich nehme meine Tasche und stelle mich entschlossen auf die Fahrbahn, um das nächste Auto anzuhalten. Es dauert nicht lange, bis ich in der Ferne zwei helle Scheinwerfer sehe. Ich winke wie verrückt. Ein Mann gibt mir eine Taschenlampe und sagt, ohne sie sei ich tot. Am Lichtpegel erkenne er, daß es ein Bus sei. Tatsächlich quietschen kurz vor mir die Reifen, und ein Bus der Maraika-Safari hält. Ich erkläre, daß ich so schnell wie möglich nach Nairobi müsse und frage, ob ich mitfahren dürfe. Es scheint ein indisches Unternehmen zu sein, denn im Bus sind die meisten der Fahrgäste Inder. Nachdem ich nochmals den Fahrpreis entrichtet habe, kann ich mitfahren.
Gott sei Dank bin ich mit meinem vielen Geld von der dunklen Straße weg. Ich döse vor mich hin und habe ver-

mutlich schon geschlafen, als es in dem ruhigen Bus wieder laut wird. Verschlafen spähe ich nach draußen in die Finsternis und stelle fest, daß der Bus ebenfalls am Straßenrand steht. Viele Mitfahrer sind schon ausgestiegen und stehen herum. Ich klettere heraus und schaue auf die Reifen. Alle sind okay. Erst jetzt bemerke ich die offene Motorhaube und erfahre, der Keilriemen sei gerissen. »Was passiert jetzt?« will ich von jemandem wissen. Es sei schwierig, wir seien noch gut zwei Stunden von Nairobi entfernt, und die Werkstätten öffneten erst um sieben Uhr. Nur dort könne man Ersatz finden. Damit er meine aufsteigenden Tränen nicht sieht, wende ich mich ab.

In ein und derselben Nacht stecke ich auf dieser verdammten Straße mit zwei verschiedenen Bussen fest! Heute ist bereits der dritte Tag, und ich muß um sieben Uhr morgens den Bus in Nairobi nach Nyahururu erreichen, damit ich am vierten Tag den einzigen Bus nach Maralal erwische, sonst muß ich damit rechnen, daß der Kikuyu mein reserviertes Auto weiterverkauft. Ich bin verzweifelt über so viel Pech, das mir ausgerechnet dann passiert, wenn jede Stunde zählt. Laufend hämmert es in meinem Kopf: Ich muß Nairobi vor dem Morgen erreichen!

Zwei Pkws fahren vorbei, doch vor Privatleuten fürchte ich mich einfach zu sehr. Nach gut zweieinhalb Stunden erkenne ich wieder die großen Lichter eines Busses. Mit zwei brennenden Feuerzeugen stelle ich mich auf die Straße und hoffe, daß der Fahrer mich sieht. Er hält, es ist mein erster Bus! Lachend öffnet mir der Fahrer die Tür, und ich steige beschämt ein. In Nairobi habe ich gerade noch Zeit, einen Chai und etwas Kuchen zu verschlingen. Dann sitze ich im nächsten Bus nach Nyahururu. Mich schmerzen Rücken, Nacken und Beine. Daß ich aber trotz des vielen Geldes an

mir noch lebe und den Zeitplan einhalten kann, tröstet mich.
Mit klopfendem Herzen betrete ich in Maralal das Geschäft des Kikuyus. Eine Frau steht hinter dem Tresen und versteht kein Englisch. Ihrem Suaheli entnehme ich gerade soviel, daß ihr Mann nicht hier sei, ich solle morgen wiederkommen. Wie enttäuschend, daß Streß und Ungewißheit noch nicht vorbei sind!
Gegen Mittag sichte ich am nächsten Tag endlich das fette Gesicht. Auch der Landrover steht noch voll bepackt vor dem Geschäft. Er begrüßt mich kurz und räumt geschäftig das Auto leer. Ich stehe daneben wie bestellt und nicht abgeholt. Als er den letzten Sack aus dem Wagen räumt, will ich zum Geschäftlichen kommen. Verlegen reibt er sich die Hände und erklärt dann endlich, er müsse umgerechnet 1 000 Franken mehr verlangen, weil er das Auto jemand anderem verkaufen könne.
Nur mühsam beherrscht sage ich ihm, daß ich das vereinbarte Geld bei mir habe und nicht mehr. Er zuckt die Schultern und meint, er könne schon warten, bis ich den Rest aufgetrieben habe. Unmöglich, denke ich, das dauert Tage, bis überhaupt Geld aus der Schweiz hier ist, und nach Mombasa fahre ich nicht mehr. Als er mich einfach stehen läßt und andere Leute bedient, stürze ich aus dem Geschäft in Richtung Lodging. Dieser elende Dreckskerl! Ich könnte ihn erschlagen.
Vor meinem Lodging steht der Landrover des Managers der Touristen-Lodge. Ich muß die Bar durchqueren, um in den Hinterhof zu gelangen, wo die Schlafräume sind. Der Manager erkennt mich sofort und lädt mich auf ein Bier ein. Er stellt mich seinem Begleiter vor, der im Maralal-Office arbeitet. Wir unterhalten uns erst über Belangloses,

aber mich interessiert natürlich, ob Jutta noch in der Nähe ist. Leider nein, sie sei für einige Zeit nach Nairobi gegangen, um dort mit Malen wieder zu Geld zu kommen.
Schließlich erwähne ich mein Mißgeschick mit dem Landrover. Der Manager lacht und meint, dieser sei keine 2 000 Franken mehr wert, denn sonst wäre er schon längst verkauft. Bei den wenigen Fahrzeugen hier kenne man jedes. Ich bin jedoch bereit, meine 2 500 Franken zu bezahlen, wenn ich ihn nur bekomme. Er bietet mir seine Hilfe an, und wir fahren in seinem Wagen noch mal zum Kikuyu. Es wird hin- und herdebattiert, bis ich endlich meinen Wagen habe. Durch den Manager erfahre ich, daß ich das Logbuch vom Kikuyu bekommen muß und wir für die Umschreibung zusammen ins Office gehen müssen, da man hier ein Fahrzeug samt Nummer und Versicherung kauft. Der Manager besteht darauf, daß wir den Kauf mit ihm als Zeuge schriftlich festhalten und dann sofort das Office aufsuchen. Kurz vor Büroschluß halte ich das umgeschriebene Logbuch in den Händen und bin nochmals um fast 100 Franken leichter, aber glücklich. Der Kikuyu streckt mir den Schlüssel entgegen und wünscht mir viel Glück mit dem Fahrzeug.
Da ich noch nie ein solches Gefährt gesteuert habe, lasse ich mir alles erklären und fahre ihn zu seinem Geschäft zurück. Die Straße ist voller Schlaglöcher, und das Lenkrad hat viel Spiel, wie ich schon nach fünf Metern feststelle. Das Schalten geht streng, dafür greift die Bremse sehr spät. So holpere ich natürlich ins erste Schlagloch, und mein Mitfahrer hält sich erschrocken am Armaturenbrett fest. »You have a driver-licence?« fragt er zweifelnd. »Yes«, antworte ich knapp und versuche, wieder zu schalten, was nach einigem Stochern gelingt. Erneut unterbricht er mein konzen-

triertes Fahren und meint, ich fahre auf der falschen Seite. O shit, hier ist ja Linksverkehr! Der Kikuyu steigt bei seinem Geschäft erleichtert aus. Ich fahre weiter zur Schule hinunter, um mich außer Sichtweite mit dem Landrover vertraut zu machen. Nach einigen Runden beherrsche ich das Vehikel einigermaßen.

Nun fahre ich zur Tankstelle, weil die Benzinuhr nur noch ein Viertel anzeigt. Der Somali, der die Tankstelle betreibt, bedauert, im Moment sei kein Benzin erhältlich. »Wann wird es wieder eines geben?« frage ich optimistisch. Heute abend oder morgen, versprochen ist es schon lange, aber man wisse nie genau, wann es kommt. Schon stehe ich vor dem nächsten Problem. Jetzt habe ich zwar ein Auto, aber kein Benzin.

Das ist der reinste Hohn! Zurück beim Kikuyu bitte ich um Benzin. Er habe keines, gibt mir aber immerhin einen Tip, wo es zu Schwarzmarktpreisen zu kaufen ist. Zwanzig Liter erhalte ich für einen Franken pro Liter. Doch das reicht nicht bis nach Barsaloi und zurück. Ich fahre zum Touristen-Lodging-Manager und bekomme tatsächlich zwanzig Liter. Jetzt bin ich zufrieden und nehme mir vor, morgen nach dem Einkaufen direkt nach Barsaloi zu fahren.

Gefahren im Busch

Am nächsten Tag gehe ich in der Früh zur hiesigen Bank und eröffne ein Konto, was nicht ohne diverse Erklärungen abgeht, weil ich weder einen Wohnort noch ein Postfach angeben kann. Als ich erkläre, in den Manyattas in Barsaloi zu wohnen, geraten sie völlig aus der Fassung. Wie ich dort hinkomme, wollen sie wissen. Ich erzähle von meinem Autokauf und bekomme endlich mein Konto. Meiner Mutter schreibe ich, damit der Geldnachschub nach Maralal erfolgt.

Mit Nahrungsmitteln beladen fahre ich los. Natürlich benütze ich den kürzeren Weg durch den Busch, da sonst mein Benzin nicht ausreichen wird, um hin- und später wieder zurückzufahren. Ich freue mich auf die Augen, die Lketinga machen wird, wenn ich mit dem Auto ins Dorf zurückkomme.

Der Landrover schlängelt sich den steilen, roten Naturweg hinauf. Kurz bevor der Wald beginnt, muß ich bereits den Vierradantrieb einschalten, um nicht steckenzubleiben. Ich bin stolz, daß ich das Vehikel so gut im Griff habe. Die Bäume kommen mir riesig vor, und man sieht an der zugewachsenen Spur, daß die Strecke längere Zeit nicht benutzt wurde. Dann fällt der Weg bergab, und ich fahre fröhlich drauflos.

Plötzlich sehe ich eine große Herde auf dem Weg stehen. Ich bremse sofort ab und wundere mich. Hatte mir nicht Lketinga erzählt, daß hier keine Kuhherden weiden? Doch als ich mich den Tieren auf etwa fünfzig Meter genähert

habe, realisiere ich, daß die Kühe ausgewachsene Büffel sind.
Was hat Lketinga gesagt? Das gefährlichste Tier ist nicht der Löwe, sondern der Büffel. Und nun sind hier mindestens dreißig Stück, sogar mit Jungtieren. Es sind riesige Kolosse mit gefährlichen Hörnern und breiten Nasen. Während die einen friedlich weitergrasen, schauen einige zu meinem Auto. Zwischen der Herde dampft es. Oder ist es Staub? Gebannt starre ich auf die Tiere. Soll ich hupen oder nicht? Kennen die ein Fahrzeug? Als sie die Straße nicht freigeben wollen, hupe ich nach längerem Warten doch. Sofort schauen alle Tiere hoch. Vorsichtshalber lege ich den Rückwärtsgang ein und hupe in kurzen Abständen weiter. Da ist es vorbei mit dem friedlichen Grasen. Einige der Kolosse beginnen zu bocken, schlagen mit gesenktem Kopf um sich. Gebannt sehe ich dem Schauspiel zu. Hoffentlich ziehen sie ab in den dichten Wald und kommen nicht den Weg hoch! Doch bevor meine Augen alles erfaßt haben, steht kein Tier mehr auf dem Weg. Der Spuk ist vorbei. Nur eine Staubwolke bleibt zurück.
Vorsichtshalber warte ich noch einige Minuten, bevor ich mit durchgetretenem Gaspedal den Weg hinunterrase. Der Landrover klappert, als würde er auseinanderbrechen. Nur weg hier, ist mein einziger Gedanke. Auf der Höhe der verschwundenen Tiere blicke ich kurz in den Wald, sehe aber kaum einen Meter weit. Lediglich den frischen Kot rieche ich. Das Lenkrad muß ich mit aller Kraft festhalten, damit es mir nicht aus der Hand gerüttelt wird. Nach fünf Minuten rasanter Fahrt werde ich langsamer, weil die Straße immer steiler wird. Ich stoppe und lege den Vierrad ein. Mit seiner Hilfe hoffe ich, dieses schräge Stück zu bewältigen, ohne zu kippen, da immer wieder Erdrisse oder Schlag-

löcher auftauchen. Fieberhaft bete ich, daß das Fahrzeug auf seinen vier Rädern bleibt. Nur nie kuppeln, damit der Gang nicht herausfällt! Alles mögliche geht mir durch den Kopf, während ich Meter um Meter vorwärts fahre. Der Schweiß tropft mir in die Augen, doch wegwischen kann ich ihn nicht, denn ich muß mit beiden Händen das Steuerrad fest umklammern. Nach zwei- bis dreihundert Metern ist das Hindernis überwunden. Der Wald lichtet sich langsam, und ich bin froh, daß es heller um mich wird. Kurz darauf stehe ich vor der Geröllhalde. Auch diese hatte ich anders in Erinnerung. Als ich die Strecke das erste Mal mitfuhr, saß ich hinten, und meine Gedanken galten nur Lketinga.

Ich halte an und steige aus, um zu sehen, ob die Straße wirklich weitergeht. Die Steine sind an einigen Stellen halb so hoch wie das Rad des Landrovers. Jetzt packt mich doch das Entsetzen, und ich fühle mich allein und überfordert trotz meiner guten Fahrkenntnisse. Um die Stufen geringer zu halten, schichte ich Steine aufeinander. Die Zeit läuft, in zwei Stunden ist es dunkel. Wie weit ist es noch bis Barsaloi? In meiner Nervosität kann ich mich an nichts mehr erinnern. Ich lege den Vierrad ein und weiß, ich darf nicht bremsen oder kuppeln, sondern muß den Wagen im Vierrad darüberklettern lassen, obwohl es steil hinuntergeht. Die ersten Brocken nimmt der Wagen. Dabei reißt es mir fast das Steuer aus der Hand. Ich stemme den Oberkörper mit auf und hoffe, daß alles gutgeht. Der Wagen rumpelt und ächzt. Da er so lang ist, steht das Hinterteil meistens noch auf dem letzten Brocken, während das Vorderteil schon über den nächsten Stein schleicht. In der Mitte der Geröllhalde passiert es: Der Motor gluckert kurz auf und stirbt dann komplett ab. Ich hänge schräg über dem Stein-

brocken, und der Motor ist verreckt. Wie bringe ich ihn nur wieder an? Ich drücke kurz die Kupplung, und schon rollt er krachend einen halben Meter weiter. Sofort lasse ich los, denn so geht es nicht. Ich steige aus und sehe, daß ein Hinterrad in der Luft hängt. Hinter das andere schleppe ich einen großen Stein. Inzwischen bin ich der Hysterie nahe. Als ich ins Fahrzeug steige, sehe ich zwei Krieger auf einem nahen Felsen, die mich interessiert beobachten. Zu helfen kommt ihnen anscheinend nicht in den Sinn, trotzdem fühle ich mich wohler, da ich nicht mehr so allein hier draußen bin. Nun versuche ich den Motor zu starten. Er blabbert kurz an, um gleich darauf zu verstummen. Immer und immer wieder probiere ich es. Ich will hier weg. Die zwei stehen stumm auf dem Felsen. Was sollen sie auch helfen, sie verstehen wahrscheinlich ohnehin nichts von Motoren.
Als ich schon nicht mehr daran glaube, springt er plötzlich wieder an, als wäre nichts gewesen. Ganz, ganz langsam lasse ich die Kupplung los und hoffe, daß der Wagen über den dazwischengelegten Stein klettern kann. Nach kurzem Spulen und Geduld mit der Kupplung schafft er es und schaukelt weiter von Stein zu Stein. Nach etwa zwanzig Metern ist das Gröbste vorbei, und ich kann meine Arme etwas lockern. Erst jetzt weine ich erschöpft und bin mir der Gefahr bewußt, in der ich mich befunden habe.
Der Weg verläuft nun ziemlich eben. Abseits des Weges erkenne ich einige Manyattas und Kinder, die aufgeregt winken. Ich verlangsame das Tempo, um ja keine Ziege zu überfahren, die hier so zahlreich sind. Etwa eine halbe Stunde später erreiche ich den großen Barsaloi-River. Auch er ist nicht gefahrlos zu überqueren, obwohl er im Moment kein Wasser führt, dafür hat er Treibsand. noch mal schalte ich den Vierrad ein und rase mit Tempo durch den etwa

hundert Meter breiten River. Der Wagen nimmt die letzte Steigung vor Barsaloi, und langsam und stolz fahre ich durch das Dörfchen. Überall bleiben die Menschen stehen, sogar die Somalis kommen aus ihren Geschäften. »Mzungu-Mzungu!« höre ich von allen Seiten.

Plötzlich steht Lketinga mitten auf der Straße, zusammen mit zwei anderen Kriegern. Er ist im Fahrzeug, bevor ich richtig halten kann, und strahlt mich überglücklich an. »Corinne, you come back and with this car!« Ungläubig schaut er mich an und freut sich wie ein Kind. Ich möchte ihn am liebsten umarmen. Die beiden Krieger steigen auf seine Aufforderung ein, und wir fahren zur Manyatta. Die Mama flüchtet, auch Saguna springt schreiend davon. Innerhalb kurzer Zeit ist das abgestellte Fahrzeug umringt von Alt und Jung. Mama will das Auto nicht neben dem Baum stehen lassen, da sie fürchtet, jemand könnte es mutwillig beschädigen. Lketinga öffnet das Dornengestrüpp, und ich parke den Wagen neben der Manyatta, die neben dem großen Fahrzeug noch kleiner wirkt. Der Gegensatz sieht wirklich grotesk aus.

Wir laden alles Eßbare aus und verstauen es in der Hütte. Ich freue mich auf Mamas Tee. Sie ist glücklich über den mitgebrachten Zucker. In den Geschäften gibt es wenigstens wieder Maismehl, wie ich erfahre, aber keinen Zukker. Lketinga bestaunt zusammen mit den beiden anderen den Wagen. Mama spricht dauernd mit mir. Ich verstehe zwar nichts, aber sie scheint glücklich zu sein, denn als ich hilflos lache, stimmt sie mit ein.

An diesem Abend schlafen wir erst spät, ich muß ausführlich berichten. Bei den Büffeln werden alle ernst, und Mama murmelt ständig »Enkai-Enkai«, was Gott heißt. Als der ältere Bruder mit den Ziegen nach Hause kommt,

staunt auch er nicht schlecht. Es wird viel besprochen. Man müsse das Fahrzeug bewachen, damit niemand etwas stiehlt oder gar böswillig beschädigt, wird beschlossen. Lketinga will die erste Nacht im Landrover schlafen. Das Wiedersehen habe ich mir anders vorgestellt, doch ich sage nichts, weil seine Augen voller Stolz leuchten.
Am nächsten Tag möchte er bereits einen Ausflug machen und seinen Halbbruder besuchen, der in Sitedi seine Kühe hütet. Ich versuche Lketinga zu erklären, daß wir keine großen Ausflüge machen können, weil ich kein Ersatzbenzin habe. Die Benzinuhr zeigt nur noch halbvoll. Das reicht gerade, um wieder nach Maralal zu kommen. Er sieht es nur widerwillig ein. Es tut mir ja auch leid, daß ich ihn nicht stolz durch die Gegend fahren kann, aber ich muß hart bleiben.
Drei Tage später steht der Hilfs-Chief vor unserer Manyatta. Er spricht mit Lketinga und Mama. Ich verstehe nur »Mzungu« und »car«. Es geht um mich. In seiner schlecht sitzenden, grünen Uniform sieht er komisch aus. Nur das große Gewehr verleiht ihm etwas Autorität. Englisch kann er auch nicht. Später will er meinen Paß sehen. Ich zeige ihn und frage, was los sei. Lketinga übersetzt mir, ich müsse mich in Maralal im Office registrieren lassen, da Europäer nicht in den Manyattas leben dürften.

Zukunftspläne

An diesem Nachmittag beschließen Lketinga und ich gemeinsam mit der Mama, daß wir heiraten werden. Der Mini-Chief meint, wir müßten das in Maralal auf dem Office erledigen, denn die traditionelle Heirat im Busch reiche nicht aus. Als alles besprochen ist, will der Chief nach Hause gefahren werden. Für Lketinga ist es selbstverständlich, er ist schließlich eine »Respektsperson«. Daß er das schamlos ausnützt, merke ich schon jetzt. Als ich starte, schaue ich zufällig auf die Benzinuhr und stelle mit Schrecken fest, daß das Benzin geschwunden ist, obwohl der Wagen nicht benutzt wurde. Ich kann mir das nicht erklären.
Wir fahren los, und der Chief setzt sich auf den Nebensitz, während Lketinga hinten Platz nimmt. Ich finde das zwar unverschämt, schließlich gehört uns der Wagen, sage aber nichts, weil es Lketinga anscheinend nicht stört. Am Ziel verkündet der Chief selbstgefällig, er müsse in zwei Tagen nach Maralal, und da ich das mit dem Office sowieso erledigen müsse, könnten wir ihn mitnehmen. Tatsächlich läuft mein Visum in einem Monat aus.
Zurück bei der Manyatta stelle ich fest, daß das restliche Benzin nicht reicht, um nach Maralal zu fahren, außerdem will ich die längere, aber einfachere Strecke nehmen. Ich gehe zur Mission. Pater Giuliano öffnet und fragt diesmal eine Spur höflicher: »Yes?« Ich erkläre ihm meine Benzinprobleme. Auf seine Frage, welchen Weg ich denn gekommen sei, antworte ich: »Den durch den Wald.« Zum ersten Mal habe ich das Gefühl, daß er mich genauer und mit et-

was Respekt betrachtet. »This road is very dangerous, don't go there again.« Dann meint er, ich solle den Wagen vorbeibringen, er schaue sich den Tank an. In der Tat hängt dieser an einer Seite etwa fünf Zentimeter herunter, so daß Benzin verdunstet. Jetzt weiß ich auch, warum ich an den Steinen hängengeblieben bin.

In den nächsten Tagen schweißt der Pater den Tank wieder an. Ich bin ihm sehr dankbar. Er erkundigt sich nebenbei, bei welchem Moran ich lebe, und wünscht mir viel Kraft und gute Nerven. Von ihm erfahre ich, daß es mit Benzin in Maralal immer ein Glücksfall sei und ich besser daran täte, ein oder zwei Fässer zu je zweihundert Litern zu besorgen und sie in der Mission zu deponieren, denn er könne mir nicht immer sein Benzin verkaufen. Ich bin froh über das Angebot, das sogar beinhaltet, meinen Landrover bei der Mission abstellen zu dürfen, weil sie auch nachts bewacht wird. Lketinga ist nur schwer zu überzeugen, den Wagen dort zu parken, denn er traut nicht einmal den Missionaren.

Die folgenden Tage verlaufen friedlich, außer daß täglich neue Menschen aufkreuzen, die fragen, wann wir nach Maralal fahren. Alle wollen mit. Endlich besitzt ein Samburu ein Fahrzeug, und alle betrachten es als ihr gemeinsames. Immer wieder muß ich erklären, daß ich nicht bereit bin, bei diesen Straßenverhältnissen zwanzig Leute in den Wagen zu setzen.

Die Fahrt geht los, selbstverständlich mit dem Mini-Chief, der bestimmen möchte, wer mitfahren darf. Natürlich nur Männer, die wartenden Frauen sollen zurückbleiben. Als ich eine darunter erblicke, die ein Kind mit stark vereiterten und verklebten Augen in ihrem Kanga hängen hat, frage ich, weshalb sie nach Maralal will. Ins Hospital, weil

hier keine Augenmedizin mehr erhältlich ist, antwortet sie, scheu auf den Boden blickend. So fordere ich sie auf einzusteigen.
Als der Chief sich auf den Beifahrersitz setzen will, nehme ich meinen ganzen Mut zusammen und sage: »No, this place is for Lketinga.« Dabei schaue ich ihm direkt in die Augen. Er gehorcht, doch ich weiß, daß ich von nun an bei ihm keine Sympathien mehr habe. Die Fahrt verläuft gut, und im Wagen wird viel geredet und gesungen. Für die meisten ist es die erste Autofahrt ihres Lebens.
Dreimal passieren wir einen Fluß, wobei ich den Vierrad benötige, sonst geht es ohne ihn. Trotzdem muß ich mich intensiv auf die Straße konzentrieren, da sie voller Löcher und Fahrrinnen ist. Der Weg erscheint mir unendlich lang, und das Benzin schwindet schnell.
Im Laufe des Nachmittags erreichen wir Maralal. Die Mitfahrer verlassen uns, und wir begeben uns gleich zur Tankstelle. Zu meiner großen Enttäuschung gibt es immer noch kein Benzin. Seit meinem Autokauf ist ganz Maralal offensichtlich ohne Benzin gewesen. Der Somali beteuert, heute oder morgen käme es. Ich glaube ihm kein Wort mehr. Lketinga und ich beziehen unser Lodging und verbringen dort die erste Nacht.
Inzwischen hat es in Maralal geregnet. Alles ist grün, fast als wären wir in einem anderen Land. Nachts ist es dafür um so kälter. Zum ersten Mal mache ich die Erfahrung, wie furchtbar Moskitos sein können. Schon beim Abendessen, das wir in unserem kalten Raum einnehmen, damit wir ja nicht beobachtet werden, stechen mich die Mücken am laufenden Band. Knöchel und Hände sind in kurzer Zeit angeschwollen. Ununterbrochen schlage ich Mücken tot, während unter dem Dach neue hereinschwirren. Komischer-

weise scheinen sie weiße Haut zu bevorzugen, denn mein Massai kriegt nicht mal die Hälfte der Stiche ab. Als wir im Bett liegen, surrt es dauernd um meinen Kopf. Lketinga zieht die Decke komplett übers Gesicht und merkt deshalb natürlich nichts.

Nach einiger Zeit schalte ich genervt das Licht an und wecke ihn. »I can't sleep with these mosquitoes«, sage ich verzweifelt. Er steht auf und geht. Nach zehn Minuten kommt er zurück und stellt ein grünes, schneckenförmig geschwungenes Ding auf den Boden, eine Moskitokeule, die er an einem Ende anzündet. Tatsächlich verschwinden die Viecher nach kurzer Zeit, dafür stinkt es gräßlich. Irgendwann schlafe ich ein und erwache erst morgens um fünf, als mich erneut die Moskitos plagen. Die Keule ist völlig heruntergebrannt, sie reicht offensichtlich nur für sechs Stunden.

Wir warten schon vier Tage, und immer noch gibt es kein Benzin. Vor Langeweile kaut Lketinga wieder Miraa. Dazu kippt er heimlich zwei bis drei Bier. Mir paßt das nicht, doch was soll ich sagen, die Warterei nervt auch mich. In der Zwischenzeit haben wir das Office aufgesucht, um unsere Heiratsabsichten bekanntzugeben. Wir werden von einem zum anderen geschickt, bis jemand gefunden wird, der sich mit standesamtlichem Heiraten auskennt. Hier kommt so etwas ganz selten vor, da die meisten Samburus mehrere Frauen haben können, wenn sie traditionell heiraten. Geld für das Standesamt haben sie nicht, und niemand legt Wert darauf, weil die Mehrfrauen-Heirat dann nicht mehr möglich ist. Diese Erläuterung bringt uns durcheinander, Lketinga jedoch aus einem anderen Grund als mich, wie ich bald feststellen muß.

Im Moment aber kommen wir nicht dazu, viel nachzudenken. Als nämlich der Officer seine Identitätskarte und meinen Paß verlangt, um die Daten zu notieren, stellt sich heraus, daß Lketinga keine mehr hat. Sie ist ihm in Mombasa gestohlen worden. Der Officer macht ein betretenes Gesicht und meint, dann müsse er eine in Nairobi bestellen, was aber sicher zwei Monate dauern würde. Erst wenn er alle Daten habe, könne er uns ausschreiben und nach sechs Wochen trauen, falls kein Einspruch vorliegt. Das heißt für mich, daß ich spätestens in drei Wochen Kenia verlassen muß, da mein verlängertes Visum abläuft.

Während Lketinga wieder sein Kraut ißt, spreche ich ihn auf die Mehrfrauen-Ehe an. Er bestätigt mir, daß es ein Problem für ihn bedeute, wenn das nach unserer Hochzeit nicht mehr möglich sei. Diese Äußerung trifft mich hart, und ich versuche ruhig zu bleiben, da es für ihn ja normal und nichts Böses oder Falsches ist, aus meiner europäischen Sicht aber undenkbar. Ich versuche mir vorzustellen, wie er mit mir und noch ein oder zwei Frauen lebt. Bei diesem Gedanken schnürt es mir vor Eifersucht fast die Luft ab.

Während ich nachsinne, sagt er mir, daß es für ihn nicht möglich sei, mich in diesem Office zu heiraten, wenn ich ihm später nicht erlauben würde, noch eine Samburu-Frau traditionell zu heiraten. Das ist mir nun doch zuviel, und ich kann meine Tränen nicht zurückhalten. Erschrocken schaut er mich an und fragt: »Corinne, what's the problem?« Ich versuche, ihm zu erklären, daß wir Weißen so etwas nicht kennen und ich mir das Zusammenleben so nicht vorstellen kann. Er lacht, nimmt mich in den Arm und küßt mich kurz auf den Mund. »No problem, Corinne. Now you will get my first wife, pole, pole.« Er will viele Kinder, mindestens acht. Ich muß nun doch schmunzeln und erkläre, mehr als zwei wolle ich nicht. Eben, meint mein Krieger, dann sei es besser, wenn noch eine zweite Frau Kinder bekäme. Und überhaupt wisse er ja nicht, ob ich ihm Kinder schenken könne, und ohne Kinder sei ein Mann nichts wert. Dieses Argument akzeptiere ich, weil ich wirklich nicht weiß, ob ich Kinder kriegen kann. Vor Kenia hatte das keine Bedeutung für mich. Wir besprechen dies und jenes, bis ich zu folgendem bereit bin: Falls ich in zwei Jahren noch kein Kind habe, darf er nochmals heiraten, anderenfalls muß er mindestens fünf Jahre warten. Er ist mit meinem Vorschlag einverstanden, und ich beruhige mich selbst, indem ich mir sage, fünf Jahre sind eine lange Zeit.

Wir verlassen den Schlafraum und spazieren durch Maralal in der Hoffnung, daß inzwischen der Benzinnachschub eingetroffen ist. Aber es gibt nach wie vor keines. Dafür treffen wir auf meinen ewigen Retter Tom und seine junge Frau. Sie ist noch fast ein Kind und blickt scheu auf den Boden. Glücklich ist dieses Mädchen nicht. Wir erwähnen, daß wir schon vier Tage auf Benzin warten. Unser Freund fragt, warum wir nicht an den Lake Baringo führen, das sei nur etwa zwei Stunden von hier entfernt, und dort gäbe es immer Benzin.

Von diesem Vorschlag bin ich begeistert, da mir die Rumhängerei zuwider ist. Ich schlage ihm vor, mit seiner Frau mitzukommen, da ich ihm ja noch eine Safari schuldig bin. Er bespricht sich kurz mit ihr, doch das Mädchen fürchtet sich vor dem Auto. Lketinga lacht und kann sie schließlich überzeugen. Wir nehmen uns vor, gleich am Morgen loszufahren.

Nun suchen wir die hiesige Garage auf, deren Besitzer ebenfalls ein Somali ist. Bei ihm kann ich zwei leere Fässer kaufen, die gut hinten im Landrover Platz finden. Als wir sie mit Seilen befestigt haben, fühle ich mich für zukünftige Fahrten bestens gerüstet, und wir sind glücklich, daß es endlich losgeht. Nur das Mädchen ist noch kleiner und schweigsamer geworden. Ängstlich hält sie sich an den Fässern fest.

Endlos fahren wir auf der staubigen, holprigen Straße dahin, ohne jeglichen Gegenverkehr. Ab und zu sehen wir Zebraherden oder Giraffen, aber weit und breit ist kein Hinweisschild oder menschliches Leben zu sichten. Plötzlich kippt der Landrover vorne ab, und das Steuern wird schwierig, wir haben einen Platten. Vom Radwechsel verstehe ich nicht viel. Das ist mir in meiner zehnjährigen Fahrpraxis noch nie passiert. »No problem«, meint Tom. Wir ziehen den Ersatzreifen, den Kreuzschlüssel und den uralten Wagenheber hervor. Tom kriecht unter den Landrover, um den Wagenheber richtig zu plazieren. Mit dem Kreuzschlüssel will er die Radmuttern lösen. Doch die Kanten des Werkzeugs sind abgeschliffen, so daß der Schlüssel an der Schraube keinen Halt findet. Deshalb versuchen wir, mit Sand, Hölzchen und Tüchern den Schlüssel zu fixieren. Bei drei Muttern klappt es, aber die anderen sitzen fest. Wir müssen aufgeben. Toms Frau beginnt zu weinen und rennt in die Steppe hinaus.

Tom beruhigt uns, wir sollten sie lassen, sie käme wieder, doch Lketinga holt sie zurück, da wir nun in einem anderen District, den Baringos, sind. Wir sind verschwitzt, dreckig und sehr durstig. Zwar haben wir genügend Benzin, aber nichts zum Trinken dabei, weil wir mit einer kurzen Fahrzeit gerechnet haben. So setzen wir uns in den Schatten und hoffen, daß bald ein Fahrzeug vorbeikommt, schließlich sieht die Straße befahrener aus als die nach Barsaloi.

Als nach Stunden nichts passiert und auch Lketinga nach einer Besichtigungstour zurückkommt, ohne den Baringo-See oder Hütten gefunden zu haben, beschließen wir, die Nacht im Landrover zu verbringen. Diese Nacht scheint unendlich lang. Wir schlafen kaum vor Hunger, Durst und Kälte. Am Morgen probieren es die Männer vergeblich noch einmal. Bis Mittag wollen wir noch warten, ob vielleicht doch Hilfe kommt. Meine Kehle ist ausgetrocknet, und die Lippen sind spröde. Das Mädchen weint schon wieder, und Tom verliert allmählich die Geduld.
Plötzlich lauscht Lketinga angestrengt und glaubt ein Fahrzeug zu hören. Es dauert noch Minuten, bevor auch ich Motorengeräusche wahrnehmen kann. Zu unserer großen Erleichterung sehen wir einen Safari-Bus. Der afrikanische Fahrer hält und läßt die Scheibe herunter. Die italienischen Touristen mustern uns neugierig. Tom schildert dem Driver unser Problem, doch der bedauert, er dürfe keine Fremden aufnehmen. Er reicht uns seinen Kreuzschlüssel. Leider paßt er nicht, er ist zu klein. Nun versuche ich, den Fahrer zu erweichen und biete sogar Geld an. Aber er kurbelt die Scheibe hoch und fährt einfach weiter. Die Italiener sagen die ganze Zeit nichts, mustern mich aber ziemlich distanziert. Anscheinend bin ich ihnen zu dreckig und die anderen zu wild. Wütend schreie ich dem davonfahrenden Bus die gräßlichsten Schimpfwörter hinterher. Ich schäme mich für die Weißen, weil sich nicht einer bemüht hat, den Fahrer zu überreden.
Tom ist überzeugt, daß wir wenigstens auf der richtigen Straße sind, und will gerade zu Fuß aufbrechen, als wir erneut Motorengeräusche vernehmen. Diesmal bin ich wild entschlossen, das Fahrzeug nicht ohne einen von uns wei-

terfahren zu lassen. Es ist ein ähnlicher Safari-Bus, ebenfalls mit Italienern besetzt.
Während Tom und Lketinga mit dem abweisenden Fahrer verhandeln und wieder nur Kopfschütteln ernten, reiße ich die hintere Bustüre auf und rufe verzweifelt hinein: »Do you speak English?« »No, solo italiano«, tönt es zurück. Nur ein jüngerer Mann sagt: »Yes, just a little bit, what's your problem?« Ich erkläre, daß wir schon seit gestern morgen hier stehen, ohne Wasser und Essen, und dringend Hilfe brauchen. Der Fahrer sagt: »It's not allowed«, und will die Türe schließen. Doch Gott sei Dank setzt sich der junge Italiener für uns ein und sagt, daß sie diesen Bus bezahlen und deshalb bestimmen können, ob jemand von uns mitfährt. Tom steigt vorne beim Fahrer ein, ob dieser will oder nicht. Erleichtert bedanke ich mich bei den Touristen.
Wir müssen noch fast drei Stunden ausharren, bis wir in der Ferne eine Staubwolke sichten. Endlich kommt Tom in einem Landrover mit dessen Besitzer zurück. Zu unserem großen Glück bringt er Cola und Brot mit. Ich will mich gleich auf das Getränk stürzen, aber er mahnt mich, nur kleine Schlucke zu nehmen, sonst würde mir schlecht. Wie neu geboren schwöre ich mir, mit diesem Fahrzeug nie mehr ohne Trinkwasser loszufahren.
Tom kann die letzte Radmutter nur lösen, indem er sie mit Hammer und Meißel entzweischlägt. Dann geht der Radwechsel zügig vonstatten, und bald darauf fahren wir mit einer Schraube weniger weiter. Nach gut eineinhalb Stunden erreichen wir endlich den Lake Baringo. Die Tankstelle befindet sich direkt neben einem pompösen Touristen-Gartenrestaurant. Nach den überstandenen Strapazen lade ich alle ins Restaurant ein. Das Mädchen staunt über diese neue Welt, fühlt sich aber nicht wohl. Wir setzen uns an ei-

nen schönen Tisch mit Blick auf den See, in dem sich Tausende rosa Flamingos tummeln. Als ich in die staunenden Gesichter meiner Begleiter sehe, bin ich doch stolz, ihnen außer Mühsal auch etwas Außergewöhnliches bieten zu können.

Zwei Kellner kommen an unseren Tisch, aber nicht etwa für die Bestellung, sondern um uns mitzuteilen, daß wir hier nichts bekommen, weil dies nur für Touristen sei. Entsetzt antworte ich: »Ich bin Touristin und lade meine Freunde ein.« Der schwarze Kellner beruhigt mich, ich könne bleiben, aber die Massai müßten das Gelände verlassen. Wir stehen auf und gehen. Fast körperlich spüre ich, wie gedemütigt sich diese sonst so stolzen Menschen fühlen.

Wenigstens bekommen wir Benzin. Als der Tankstellenbesitzer allerdings sieht, daß ich die zwei großen Fässer füllen will, muß ich ihm zuerst mein Geld zeigen. Lketinga hält den Schlauch in das Faß, und ich entferne mich einige Meter, um nach dem Ärger eine Zigarette zu rauchen. Plötzlich schreit er auf, und entsetzt sehe ich das Benzin wie aus einem Wasserschlauch in der Gegend herumspritzen. Schnell bin ich beim Wagen und hebe den weggeworfenen Hahn auf, um ihn abzustellen. Der Riegel war eingehängt, und das Benzin floß weiter, als das Faß schon voll war. Einige Liter sind auf den Platz und ein Teil ins Fahrzeug gelaufen. Als ich sehe, wie schlecht sich Lketinga fühlt, versuche ich mich zu beherrschen, während Tom mit seiner Frau abseits steht und vor Scham im Boden versinken möchte. Das zweite Faß dürfen wir nicht mehr füllen, wir müssen zahlen und verschwinden. Ich wäre am liebsten zu Hause in der Manyatta, und zwar ohne Auto. Bis jetzt hat es mir nur Ärger gebracht.

Im Dorf trinken wir schweigend Tee und brechen dann auf. Im Auto stinkt es fürchterlich nach Benzin, und es dauert nicht lange, bis sich das Mädchen übergeben muß. Dann will sie nicht mehr in den Wagen steigen, sondern nach Hause laufen. Tom wird wütend und droht ihr, sie in Maralal wieder zu ihren Eltern zu schicken und sich eine andere Frau zu nehmen. Das muß eine große Schande sein, denn sie steigt wieder ein. Lketinga hat noch nichts gesprochen. Er tut mit leid, und ich versuche ihn zu trösten. Es ist dunkel, als wir Maralal erreichen.
Die zwei verabschieden sich ziemlich schnell, und wir beziehen unser Lodging. Obwohl es kühl ist, gehe ich noch unter die spärlich plätschernde Dusche, weil ich vor Dreck und Staub förmlich klebe. Auch Lketinga geht sich waschen. Dann verspeisen wir noch eine große Portion Fleisch im Zimmer. Diesmal schmeckt sogar mir das Fleisch ausgezeichnet, das wir mit Bier herunterspülen. Danach fühle ich mich richtig wohl, und wir verbringen eine schöne Liebesnacht, wobei ich zum ersten Mal mit ihm den Höhepunkt erreiche. Da dies nicht ganz geräuschlos abläuft, hält er mir erschrocken den Mund zu und fragt: »Corinne, what's the problem?« Als ich wieder ruhiger atmen kann, versuche ich, ihm meinen Orgasmus zu erklären. Doch er versteht das nicht und lacht nur ungläubig. So etwas gibt es nur bei den Weißen, ist seine Erkenntnis. Glücklich und müde schlafe ich schließlich ein.
Am frühen Morgen kaufen wir richtig ein: Reis, Kartoffeln, Gemüse, Früchte, sogar Ananas. Auch das zweite Benzinfaß können wir auffüllen, da es wie zum Hohn in Maralal wieder Benzin gibt. Voll beladen machen wir uns auf die Heimreise. Zwei Samburu-Männer nehmen wir auch noch mit.

Lketinga will den kürzeren Weg durch den Busch fahren. Ich habe meine Zweifel, doch in seiner Gegenwart schwinden sie schnell. Die Fahrt verläuft gut, bis wir an den schrägen Teil gelangen. Da die gefüllten Fässer das Schaukeln des Fahrzeugs verstärken, bitte ich die beiden Mitfahrenden, alles Eingekaufte und sich selber auf der Bergseite zu plazieren, denn ich habe Angst, der Wagen könnte kippen. Keiner spricht, als ich die zweihundert Meter in Angriff nehme. Wir schaffen es, und das Geschnatter im Auto geht weiter. Bei den Felsen müssen alle aussteigen, und Lketinga lotst mich gut über die großen Brocken. Als das ebenfalls gelungen ist, fühle ich mich erleichtert und stolz. Problemlos erreichen wir Barsaloi.

Alltagsleben

Die nächsten Tage können wir richtig genießen. Es ist genug Eßbares da und Benzin in Hülle und Fülle. Täglich besuchen wir Verwandte mit dem Auto oder gehen Feuerholz schlagen, das wir mit dem Wagen nach Hause bringen. Ab und zu fahren wir zum River, vollziehen unser Waschritual und bringen für halb Barsaloi die Wasserkanister mit hoch, manchmal bis zu zwanzig Stück. Diese kleineren Ausflüge verbrauchen viel von unserem kostbaren Benzin, so daß ich Einspruch erhebe. Doch es entsteht jedesmal eine große Debatte.

Heute morgen, berichtet ein Moran, habe eine seiner Kühe gekalbt. Dieses Ereignis müssen wir besichtigen. Wir fahren nach Sitedi. Da dies keine offizielle Straße ist, muß ich ständig aufpassen, daß wir nicht über Dornen fahren. Wir besuchen im Kral seinen Halbbruder. Hier sind die Kühe abends versammelt. Deshalb stapfen wir durch Mengen von Kuhfladen, die Tausende von Fliegen anziehen. Lketingas Halbbruder zeigt uns das neugeborene Kalb. Die Mutterkuh bleibt am ersten Tag zu Hause. Lketinga strahlt, während ich mit den Fliegen kämpfe. Meine Plastiksandalen versinken im Kuhmist. Jetzt sehe ich den Unterschied zwischen unserem Kral ohne Kühe und diesem. Nein, hier will ich nicht lange bleiben.

Wir werden zu Chai eingeladen, und Lketinga führt mich in die Hütte seines Halbbruders und dessen junger Frau, die ein zwei Wochen altes Baby hat. Sie scheint erfreut über unseren Besuch. Es wird viel geschwatzt, aber ich verstehe kein Wort. Die Scharen von Fliegen machen mich völlig fertig. Während des Teetrinkens halte ich ständig die Hand über den heißen Becher, damit ich wenigstens keine verschlucke. Das Baby hängt nackt in einem Kanga an der Mutter. Als ich mit der Hand auf den Kanga deute, da das Baby unbemerkt sein Geschäftchen erledigt, lacht die Frau, nimmt das Kind heraus und putzt es, indem sie auf den Po spuckt und ihn abreibt. Kanga und Rock werden ausgeschüttelt und mit Sand trocken gerieben. Mich würgt es bei der Vorstellung, daß dies täglich mehrmals passiert und so das Säuberungsritual vor sich geht. Ich spreche Lketinga darauf an, doch er meint, das sei normal. Jedenfalls helfen die Fliegen mit, die Überreste verschwinden zu lassen.

Als ich nun endlich nach Hause will, teilt Lketinga mir mit: »Das geht nicht, heute schlafen wir hier!« Er will bei der Kuh bleiben, und sein Halbbruder möchte für uns eine Ziege schlachten, da auch seine Frau dringend Fleisch benötige nach der Geburt. Der Gedanke, hier zu übernachten, läßt mich fast in Panik geraten. Einerseits darf ich die Gastfreundschaft nicht verletzen, andererseits fühle ich mich hier wirklich verloren.

Lketinga ist die meiste Zeit mit anderen Kriegern bei den Kühen, und ich sitze währenddessen mit drei Frauen in der dunklen Hütte und kann kein Wort sprechen. Sie reden ganz offensichtlich über mich oder kichern komisch. Eine prüft meine weiße Haut am Arm, die andere greift mir in die Haare. Die langen, hellen Haare verunsichern sie sehr. Alle haben rasierte Schädel, dafür sind sie geschmückt mit farbigen Perlenstirnbändern und langen Ohrringen.

Die Frau stillt wieder ihr Baby und hält es mir kurz darauf entgegen. Ich nehme es in den Arm, kann mich aber nicht recht erwärmen, da ich befürchte, daß es mir bald ähnlich

ergehen wird wie vorher der Mama. Es ist mir schon klar, daß es hier keine Windeln gibt, doch kann ich mich im Moment noch nicht daran gewöhnen. Nachdem ich es eine Weile bestaunt habe, reiche ich es erleichtert zurück.
Lketinga schaut in die Hütte. Ich frage ihn, wo er so lange war. Lachend erklärt er mir, er trinke mit den Kriegern Milch. Nachher wollen sie die Ziege töten und uns gute Stücke bringen. Er muß wieder im Busch essen. Ich will mitkommen, doch diesmal geht es nicht. Der Kral ist riesig, und es sind zu viele Frauen und Krieger hier. Also warten wir ungefähr zwei Stunden, bis unser Fleischanteil gebracht wird.
Mittlerweile ist es dunkel, und die Frau kocht unser Fleisch. Wir sind drei Frauen und vier Kinder, die sich eine halbe Ziege teilen. Die andere Hälfte hat Lketinga mit seinem Halbbruder verzehrt. Als ich satt bin, krieche ich aus der Hütte und geselle mich zu meinem Massai und den anderen Kriegern, die abseits bei den Kühen hocken. Ich frage Lketinga, wann er schlafen kommt. Er lacht: »O no, Corinne, here I cannot sleep in this house together with ladies, I sleep here with friends and the cows.« Mir bleibt nichts anderes übrig, als zurück zu den fremden Frauen zu kriechen. Es ist die erste Nacht ohne Lketinga, und seine Wärme fehlt mir sehr. An meinem Kopfende in der Hütte sind drei kleine neugeborene Ziegen befestigt, die immer wieder meckern. In dieser Nacht schlafe ich nicht.
Am frühen Morgen ist das Treiben viel größer als bei uns in Barsaloi. Hier müssen nicht nur die Ziegen gemolken werden, sondern auch die Kühe. Überall meckert und muht es ungeduldig. Das Melken besorgen die Frauen oder Mädchen. Nach dem Chai brechen wir endlich auf. Mich überkommt geradezu ein Hochgefühl, wenn ich an unsere sau-

bere Manyatta mit dem vielen Essen und an den River denke. Unser Landrover ist voll besetzt mit Frauen, die ihre Milch in Barsaloi verkaufen wollen. Sie sind froh, daß sie heute nicht den weiten Weg laufen müssen. Es dauert nicht lange, bis Lketinga drängt, er wolle auch mal steuern. Mit allen Mitteln versuche ich ihn davon abzubringen. Bald finde ich keine überzeugenden Worte mehr, da die Frauen Lketinga anscheinend anstacheln. Er greift mir ständig ins Steuer, bis ich entnervt anhalte. Stolz steigt er auf den Fahrersitz, und alle Frauen klatschen. Mir ist elend zumute, und verzweifelt versuche ich, ihm wenigstens noch Gas und Bremse zu erklären. Er wehrt ab: »I know, I know«, rumpelt los und strahlt vor Glück. Ich kann dieses Glück nur für Sekunden teilen, denn schon nach etwa hundert Metern rufe ich: »Slowly, slowly!« Lketinga jedoch wird schneller statt langsamer und steuert geradewegs auf einen Baum zu. Er scheint alles zu verwechseln. Ich schreie: »Langsam, mehr links!« In meiner Panik reiße ich kurz vor dem Baum das Steuer nach links. So entkommen wir zwar einer Frontalkollision, aber der Wagen hängt mit dem Kotflügel am Baum, der Motor stirbt ab.

Jetzt kann ich mich nicht mehr beherrschen. Ich steige aus, schaue mir den Schaden an und schlage auf das verdammte Fahrzeug ein. Die Frauen kreischen, aber nicht wegen des Unfalls, sondern weil ich einen Mann anschreie. Lketinga steht neben mir und ist völlig fertig. Das wollte er nicht. Verstört packt er seine Speere und will zu Fuß nach Hause. Nie mehr will er in dieses Auto steigen. Als ich ihn so sehe, nachdem er zwei Minuten zuvor noch so lustig war, tut er mir leid. Ich fahre den Landrover rückwärts, und da alles noch funktioniert, bringe ich Lketinga soweit, daß er wieder einsteigt. Der Rest der Fahrt verläuft schwei-

gend, und ich male mir schon jetzt die Blamage in Maralal aus, wenn die Mzungu mit dem verbeulten Fahrzeug ankommt.
In Barsaloi wartet die Mama schon freudig auf uns. Sogar Saguna begrüßt mich fröhlich. Lketinga legt sich in unsere Hütte. Ihm ist schlecht, und er macht sich Gedanken wegen der Polizei, da er ja nicht fahren darf. Er ist in einem so schlimmen Zustand, daß ich Angst habe, er könnte wieder verrückt werden. Ich beruhige ihn und verspreche, niemandem etwas zu sagen. Es sei mir passiert, und wir würden es in Maralal reparieren.
Ich will an den River, um mich zu waschen. Lketinga kommt nicht mit, er will die Hütte nicht verlassen. So gehe ich allein, obwohl die Mama schimpft. Sie hat Angst, mich ohne Begleitung zum River zu lassen. Sie selbst ist schon jahrelang nicht mehr dort gewesen. Trotzdem mache ich mich auf den Weg und nehme den Wasserkanister mit. An unserer üblichen Stelle wasche ich mich. Doch allein fühle ich mich nicht so wohl und wage nicht, mich ganz auszuziehen. Ich beeile mich. Als ich zurück bin und in die Hütte krieche, fragt er mich neugierig, was ich so lange am River gemacht und wen ich getroffen hätte. Überrascht antworte ich, daß ich die Leute gar nicht kenne und mich sehr beeilt habe. Er erwidert nichts.
Mit ihm und der Mama bespreche ich meine Heimreise, da mein Visum bald abläuft und ich in zwei Wochen Kenia verlassen muß. Die beiden sind nicht gerade glücklich. Lketinga fragt ängstlich, was denn passiert, falls ich nicht wiederkomme, wo wir doch bereits auf dem Office unsere Heiratsabsichten bekannt gegeben haben. »I come back, no problem!« antworte ich. Weil ich kein gültiges Ticket habe und keinen reservierten Flug, plane ich, in einer Woche los-

zufahren. Die Tage verfliegen. Abgesehen von unseren täglichen Waschzeremonien bleiben wir zu Hause und besprechen unsere Zukunft.

Am vorletzten Tag liegen wir faul in der Hütte, als draußen lautes Frauengeschrei zu hören ist. »What's that?« frage ich erstaunt. Lketinga lauscht angespannt nach draußen. Sein Gesicht verfinstert sich. »What's the problem?« frage ich nochmals und spüre, daß etwas nicht in Ordnung ist. Kurz darauf kommt Mama aufgebracht in die Hütte. Sie schaut Lketinga verärgert an, während sie zwei oder drei Sätze mit ihm wechselt. Er geht nach draußen, und ich höre eine laute Auseinandersetzung. Ich will ebenfalls hinauskriechen, doch Mama hält mich kopfschüttelnd zurück. Während ich mich wieder hinsetze, klopft mein Herz wie verrückt. Es muß etwas Schlimmes sein. Endlich kommt Lketinga zurück und setzt sich noch ganz aufgewühlt neben mich. Draußen wird es ruhiger. Nun will ich wissen, was passiert ist. Nach längerem Schweigen erfahre ich, daß die Mutter seiner langjährigen Freundin mit zwei Begleiterinnen vor der Hütte steht.

Mir wird elend vor Angst. Daß eine Freundin existiert, höre ich zum ersten Mal. In zwei Tagen reise ich ab, ich will Klarheit, und zwar jetzt: »Lketinga, you have a girlfriend, maybe you must marry this girl?« Lketinga lacht gequält und sagt: »Yes, many years I have a little girlfriend, but I cannot marry this girl!« Ich verstehe nichts. »Why?« Nun erfahre ich, daß fast jeder Krieger eine Freundin hat. Er schmückt sie mit Perlen und ist bedacht, ihr im Laufe der Jahre viel Schmuck zu kaufen, damit sie möglichst schön aussieht, wenn sie heiratet. Doch heiraten darf ein Krieger seine Freundin niemals. Sie dürfen freie Liebe machen bis einen Tag vor ihrer Hochzeit, dann wird sie von den Eltern

an einen anderen verkauft. Das Mädchen erfährt erst an ihrem Hochzeitstag, wer ihr Ehemann sein soll.
Erschüttert über das soeben Erfahrene, sage ich, daß das sehr schlimm sein muß. »Why?« fragt mich Lketinga. »This is normal for everybody!« Er erzählt mir, das Mädchen habe sich den ganzen Schmuck vom Hals gerissen, als es erfuhr, daß ich bei ihm lebe, noch bevor sie geheiratet wurde. Es sei schlimm für sie. Langsam steigt in mir die Eifersucht hoch, und ich frage ihn, wann er sie zuletzt besucht habe und wo sie überhaupt wohne. Weit weg von hier in Richtung Baragoi, und seit ich hier bin, habe er sie nicht mehr gesehen, ist seine Antwort. Ich überlege hin und her und schlage ihm vor, wenn ich weg bin, zu ihr zu gehen, um alles zu klären. Falls nötig soll er ihr Schmuck kaufen, doch wenn ich zurück bin, sollte diese Angelegenheit erledigt sein. Er antwortet nicht, und so weiß ich auch am Tag meines Aufbruchs nicht, was er tun wird. Doch ich vertraue ihm und unserer Liebe.
Ich verabschiede mich von der Mama und von Saguna, die mich offensichtlich ins Herz geschlossen haben. »Hakuna, matata, keine Probleme«, lache ich ihnen entgegen, und dann fahren wir mit unserem Landrover nach Maralal, weil ich ihn in der Garage zwischenzeitlich reparieren lassen möchte. Lketinga will zu Fuß zurückgehen. Im Busch treffen wir auf eine kleine Gruppe von Büffeln, die aber sofort das Weite suchen, als sie den Motor hören. Trotzdem nimmt Lketinga sofort seine Speere zur Hand und gibt ein grunzendes Geräusch von sich. Lachend schaue ich ihn an, und er beruhigt sich wieder.
Wir parken gleich in der Garage, damit nicht noch mehr Leute auf den verbeulten Kotflügel aufmerksam werden. Der Chef-Somali kommt und schaut sich den Schaden an.

Etwa sechshundert Franken würde es schon kosten, sagt er. Ich bin bestürzt, daß dieser Schaden ein Viertel des Kaufpreises kosten soll. Hartnäckig verhandle ich, und schließlich bleibt es bei dreihundertfünfzig Franken, was immer noch viel zu hoch ist. Die Nacht verbringen wir in unserem Stamm-Lodging. Geschlafen wird nicht viel, zum einen wegen meiner Abreise, zum anderen wegen der vielen Moskitos. Der Abschied ist schwer, und Lketinga steht etwas verloren neben dem abfahrenden Bus. Ich vermumme mein Gesicht, um nicht völlig verstaubt in Nairobi anzukommen.

Fremde Schweiz

Im Rucksack-Hotel Igbol finde ich ein Zimmer und esse mich erst einmal richtig satt. Ich checke jede Fluggesellschaft durch, bis ich endlich bei Allitalia einen Flug bekomme. Nach mehreren Monaten telefoniere ich wieder nach Hause. Die Aufregung ist groß, als ich meiner Mutter mitteile, daß ich für kurze Zeit nach Hause komme. Die bis zum Abflug verbleibenden zwei Tage in Nairobi empfinde ich als Plage. Kreuz und quer streune ich durch die Straßen, um die Zeit totzuschlagen. An jeder Ecke stehen Krüppel und Bettler, denen ich mein Kleingeld gebe. Abends im Igbol unterhalte ich mich mit Weltenbummlern oder halte mir mühsam Inder und Afrikaner vom Leib, die mir ihre Dienste als Boyfriend offerieren.

Endlich sitze ich im Taxi zum Flughafen. Als das Flugzeug abhebt, kann ich mich nicht so recht freuen auf »zu Hause«, weil ich weiß, wie verzweifelt Lketinga und der Rest der Familie auf meine Rückkehr warten.

In Meiringen im Berner Oberland,wo meine Mutter mit ihrem Mann lebt, fühle ich mich nach der ersten Wiedersehensfreude nicht wohl. Alles läuft wieder nach europäischem Zeitplan. In den Lebensmittelgeschäften wird es mir bei all dem Überfluß fast schlecht, und auch die Kühlschrankkost bekommt mir nicht mehr. Ständig habe ich Magenbeschwerden.

Bei der Gemeinde besorge ich mir eine Bescheinigung auf Deutsch und Englisch, daß ich noch ledig bin. Wenigstens sind nun meine Papiere in Ordnung. Meine Mutter kauft

für »meinen Krieger« als Hochzeitsgeschenk eine wunderschöne Kuhglocke. Auch ich besorge einige kleinere Glöckchen für meine Ziegen. Immerhin besitze ich schon vier eigene. Für Mama und Saguna nähe ich je zwei neue Röcke und erwerbe für Lketinga und mich zwei wunderschöne Wolldecken, eine knallrote für ihn, eine gestreifte für uns beide zum Zudecken.
Das Packen gestaltet sich nicht einfach. Ganz unten in der Reisetasche verstaue ich mein langes, weißes Hochzeitskleid, das ich zum Abschluß meiner Geschäftstätigkeit von einem Lieferanten geschenkt bekam. Damals versprach ich ihm, falls ich jemals heiraten sollte, es zu tragen, also muß es unbedingt mit, samt dem dazugehörigen Kopfschmuck. Auf das Brautkleid packe ich Puddingbeutel, Saucen und Suppen. Darauf lege ich die Geschenke. Die Zwischenräume fülle ich mit Arzneimitteln, Pflaster, Verband, Wundsalben und Vitamintabletten. Obenauf kommen die Decken. Beide Taschen sind gestopft voll.
Die Abreise rückt näher. Meine gesamte Familie bespricht eine Kassette für Lketinga zu unserer Hochzeit. Deshalb muß auch noch ein kleines Radio-Kassettengerät in die Reisetasche. Mit zweiunddreißig Kilo Gepäck stehe ich am Flughafen Kloten zum Abflug bereit. Ich freue mich riesig auf die Heimreise. Ja, wenn ich in mein Innerstes horche, weiß ich jetzt, wo mein wirkliches Zuhause ist. Natürlich fällt mir der Abschied von meiner Mutter schwer, doch mein Herz gehört bereits Afrika. Ich weiß nicht, wann ich wiederkomme.

Heimat Afrika

*I*n Nairobi fahre ich mit einem Taxi zum Igbol-Hotel. Der Fahrer bemerkt den Massai-Schmuck an meinen Armen und fragt, ob ich die Massai gut kenne. »Yes, I go to marry a Samburu-man«, ist meine Antwort. Der Driver schüttelt den Kopf und versteht anscheinend nicht, warum eine Weiße ausgerechnet einen Mann aus der, wie er es nennt, primitiven Volksgruppe heiraten will. Ich verzichte auf ein weiteres Gespräch und bin froh, endlich im Igbol angekommen zu sein. Doch heute habe ich kein Glück. Alle Zimmer sind besetzt. Ich suche nach einem anderen, günstigen Lodging und finde zwei Straßen weiter eine Möglichkeit.

Das Schleppen meiner Tasche bereitet mir trotz der kurzen Strecke enorme Mühe. Dann muß ich noch drei Stockwerke hoch, bis ich in meinem Verschlag bin. Es ist bei weitem nicht so gemütlich wie im Igbol, und ich bin hier die einzige Weiße. Das Bett hängt durch, und unter dem Bettgestell liegen zwei gebrauchte Kondome. Wenigstens sind die Bettlaken sauber. Ich gehe noch schnell ins Igbol, weil ich nach Maralal in die Mission telefonieren möchte. Von dort könnten sie morgen beim üblichen Radio-Funk in der Barsaloi-Mission melden, daß ich in zwei Tagen in Maralal eintreffe. Somit wüßte auch Lketinga von meiner Ankunft. Diese Idee kam mir im Flugzeug, und ich will es ausprobieren, obwohl ich die Maralal-Missionare nicht kenne. Ob es gelingt, weiß ich nach dem Gespräch nicht. Mein Englisch ist besser geworden, doch gab es während des Gesprächs

mehrere Mißverständnisse, denn der gute Missionar begriff meine Botschaft nur zögernd.
In der Nacht schlafe ich schlecht. Anscheinend bin ich in einem Stundenhotel der Einheimischen gelandet, denn links und rechts in den Räumen wird gequietscht, gestöhnt oder gelacht. Türen schlagen auf und zu. Aber auch diese Nacht geht vorüber.
Die Busfahrt nach Nyahururu verläuft ohne Hindernisse. Ich schaue aus dem Fenster und erfreue mich an der Landschaft. Mein Zuhause rückt immer näher. In Nyahururu regnet es, und es ist kalt. Ich muß noch einmal übernachten, bevor ich am nächsten Morgen den vergammelten Bus nach Maralal nehmen kann. Die Abfahrt verzögert sich um anderthalb Stunden, weil das Gepäck auf dem Busdach mit Plastikplanen zugedeckt werden muß. Auch meine große, schwarze Reisetasche befindet sich dort oben. Die kleinere behalte ich bei mir.
Nach der kurzen Asphaltstraße biegen wir in die Naturstraße ein. Aus rotem Staub ist rotbrauner Schlamm geworden. Der Bus fährt noch langsamer als sonst, um ja nicht in die großen Löcher zu geraten, die jetzt mit Wasser gefüllt sind. Er schlängelt sich vorwärts, steht manchmal fast quer und spult sich wieder auf die Fahrbahn. Wir werden die doppelte Fahrzeit benötigen. Die Straße wird immer schlimmer. Ab und zu steckt ein Fahrzeug im Schlamm fest, und verschiedene Menschen versuchen es wieder flott zu kriegen. Zum Teil liegt die Fahrspur dreißig Zentimeter tiefer als der Schlamm daneben. Durch die Fenster sieht man kaum etwas, so verspritzt sind sie.
Nach etwa der Hälfte der Strecke gerät der Bus ins Wanken und dreht mit dem Hinterteil so ab, daß er quer steht. Die hinteren Räder stecken im Straßengraben. Nichts geht

mehr, die Räder drehen durch. Zuerst müssen alle Männer raus. Der Bus rutscht zwei Meter zur Seite und steckt wieder fest. Nun müssen alle aussteigen. Kaum habe ich den Bus verlassen, stecke ich bis zu den Knöcheln im Schlamm. Wir stehen auf einer erhöhten Wiese und beobachten die vergeblichen Bemühungen. Viele, auch ich, schlagen Äste von den Büschen, die dann unter die Räder geschoben werden. Aber es nützt alles nichts. Der Bus steht immer noch quer. Einige packen ihre Habseligkeiten und gehen zu Fuß weiter. Ich frage den Fahrer, was jetzt passiert. Er zuckt mit den Schultern und meint, wir müßten bis morgen warten. Vielleicht höre es auf zu regnen, dann trockne die Straße schnell. Verzweifelt stecke ich wieder einmal mitten im Busch fest ohne Wasser und Eßwaren, nur mit Puddingpulver, das mir nichts nützt. Es wird schnell kalt, und ich friere in meinen nassen Sachen. Ich begebe mich wieder zu meinem Sitz. Wenigstens habe ich eine warme Wolldecke bei mir. Falls Lketinga die Nachricht überhaupt bekommen hat, wartet er jetzt vergebens in Maralal.
Vereinzelt packen die Leute Eßbares aus. Jeder, der etwas hat, teilt es mit seinen Nachbarn. Auch mir werden Brot und Früchte angeboten. Ich nehme dankend, aber beschämt an, denn ich habe nichts anzubieten, obwohl ich am meisten Gepäck dabei habe. Alle richten sich im Sitzen zum Schlafen ein, so gut es geht. Die wenigen freien Plätze gehören den Frauen mit Kindern. In der Nacht kommt nur noch ein Landrover vorbei, der jedoch nicht hält.
Um etwa vier Uhr morgens ist es so kalt, daß der Chauffeur für fast eine Stunde den Motor laufen läßt, um zu heizen. Die Zeit schleicht dahin. Langsam färbt sich der Himmel rötlich, und die Sonne zeigt sich zögernd. Es ist kurz nach sechs. Die ersten verlassen den Bus, um ihre Notdurft hin-

ter den Büschen zu verrichten. Auch ich steige aus und strecke meine steifen Glieder. Vor dem Bus ist es genauso schlammig wie tags zuvor. Wir müssen warten, bis die Sonne richtig scheint, dann wollen wir es noch mal probieren. Von zehn Uhr bis mittags wird geschoben und versucht, den Bus aus dem Graben zu fahren. Doch weiter als dreißig Meter kommt er nicht. Eine weitere Nacht hier draußen wäre schrecklich.
Plötzlich sehe ich einen weißen Landrover, der sich durch den Morast schlängelt und teils neben der Straße fährt. In meiner Verzweiflung renne ich auf den Wagen zu und stoppe ihn. In ihm sitzt ein älteres, englisches Paar. Ich erkläre kurz meine Situation und flehe die Leute an, mich mitzunehmen. Die Frau willigt sofort ein. Freudig springe ich zum Bus und lasse mir meine Tasche herunterholen. Im Landrover hört sich die Lady entsetzt meine Geschichte an. Mitleidig hält sie mir ein Sandwich hin, das ich gierig verzehre.
Wir sind noch keinen Kilometer gefahren, als uns ein grauer Landrover entgegenkommt. Jetzt gilt es, höllisch aufzupassen, daß keiner der Wagen ins Schlängeln kommt, da die Straße sehr schmal ist. Wir fahren langsam, und der andere Wagen kommt schnell näher. Als er noch zwanzig Meter von uns entfernt ist, glaube ich, eine Fata Morgana zu sehen. »Stop, please, stop your car, this is my boyfriend!« Am Steuer des Wagens sitzt Lketinga und fährt auf dieser Horrorstraße.
Wie verrückt winke ich aus dem Fenster, um auf mich aufmerksam zu machen, da Lketinga nur starr auf die Straße blickt. Ich weiß nicht, was größer ist: Meine riesige Freude und der Stolz auf ihn oder die Angst, wie er den Wagen zum Stehen bringen wird. Jetzt erkennt er mich und lacht

uns stolz durch die Scheiben an. Nach etwa zwanzig Metern steht der Wagen. Ich stürze hinaus und renne zu Lketinga. Unser Wiedersehen ist phantastisch. Er hat sich besonders schön bemalt und geschmückt. Ich kann meine Freudentränen kaum zurückhalten. Er hat zwei Begleiter bei sich und gibt mir freiwillig die Schlüssel, jetzt solle lieber ich zurückfahren. Wir holen mein Gepäck und laden um. Ich bedanke mich bei meinen Gastgebern, und der Engländer meint, jetzt verstehe er, bei so einem schönen Mann, warum ich hier sei.
Während der Rückfahrt erzählt Lketinga, daß er auf den Bus gewartet habe. Er hatte die Nachricht von Pater Giuliano erhalten und war sofort nach Maralal marschiert. Erst gegen zweiundzwanzig Uhr erfuhr er, daß der Bus stekkengeblieben war und eine Weiße dabei sei. Als am Morgen der Bus wieder nicht kam, war er in die Garage gegangen, hatte unser repariertes Auto geholt und war einfach losgefahren, um seine Frau zu retten. Ich kann es nicht fassen, wie er das geschafft hat. Die Straße ist zwar ziemlich gerade, aber ganz und gar schlammig. Er fuhr alles im zweiten Gang und mußte ab und zu den abgestorbenen Motor wieder anlassen, aber sonst »hakuna matata, no problem«.
Wir erreichen Maralal und beziehen unser Lodging. Alle drei sitzen auf dem einen Bett und ich ihnen gegenüber. Lketinga will natürlich wissen, was ich mitgebracht habe, und auch die Krieger schauen erwartungsvoll. Ich öffne die Taschen und hole zuerst die Decken heraus. Beim Anblick der weichen, knallroten Decke strahlt Lketinga, ich habe es voll getroffen. Die gestreifte will er gleich seinem Freund geben, doch da protestiere ich, weil ich sie selber in der Manyatta haben möchte, die kenianischen kratzen. Ich habe Lketinga ja noch drei Kanga-Tücher genäht, und die kann

er meinetwegen verschenken, weil die anderen so große Augen machen. Beim Radio-Kassettengerät mit den Stimmen meiner Familie ist Lketinga wirklich platt, vor allem als er Eric und Jelly wiedererkennt. Seine Freude ist grenzenlos, und ich freue mich mit, weil ich so viel Staunen und ehrliche Freude über normale europäische Dinge bisher nicht erlebt habe. Mein Darling wühlt in der Reisetasche, um zu schauen, was noch alles kommt. Als er die Kuhglocke, das Hochzeitsgeschenk meiner Mutter, entdeckt, ist er begeistert. Nun werden auch die zwei anderen munter, und jeder schüttelt an der Glocke, die hier, so scheint es mir, viel lauter und schöner klingt. Die beiden wollen auch so eine, doch ich habe nur diese, und so gebe ich ihnen zwei kleine Ziegenglöckchen, über die sie sich auch freuen. Als ich erkläre, das sei alles, räumt mein Darling trotzdem weiter aus und staunt über meine Puddingbeutel und die Medikamente.

Jetzt endlich versuchen wir, einander zu erzählen. Zu Hause sei alles gut, da der Regen gekommen sei, doch gebe es viele Moskitos. Saguna, Mamas Mädchen, sei krank und esse nichts mehr, seit ich weg bin. Ach, ich freue mich so, morgen nach Hause zu fahren.

Erstmal gehen wir alle zum Essen, natürlich wieder zähes Fleisch, Brotfladen sowie eine Art Blattspinat, und nach kurzer Zeit liegen Knochen auf dem Boden verstreut. Die Welt sieht wieder ganz anders aus als noch vor drei Tagen, hier fühle ich mich wohl. Spät abends gehen die zwei, und wir sind endlich allein im Lodging. Durch den ständigen Regen ist es kalt in Maralal, und das Duschen im Freien kann ich vergessen. Lketinga besorgt mir ein großes Waschbecken mit heißem Wasser, so kann ich mich wenigstens im Zimmer waschen. Ich bin glücklich, wieder so nahe bei meinem Darling zu sein. Schlafen kann ich jedoch fast nicht, das Bett ist so schmal und durchhängend, daß ich mich erst wieder daran gewöhnen muß.

Am frühen Morgen gehen wir zuerst ins Office, ob sich schon etwas in Hinblick auf Lketingas Identitätskarte ergeben hat. Leider nein! Weil wir die Nummer nicht angeben können, verzögere sich alles, meint der Beamte. Diese Nachricht entmutigt mich sehr, da ich bei meiner Einreise nur ein Visum für zwei Monate erhalten habe. Wie ich unter diesen Umständen in so kurzer Zeit verheiratet sein soll, ist mir schleierhaft.

Wir beschließen, erst mal nach Hause zu fahren. Wegen der Nässe können wir die Regenwaldstraße nicht benutzen und müssen den Umweg fahren. Diese Straße hat sich schwer verändert. Überall liegen große Steine und Äste, oder größere Gräben queren den Weg. Dennoch kommen wir gut voran. Die Halbwüste blüht, und stellenweise ist sogar Gras gewachsen. Unglaublich schnell geht das hier. Ab und zu grasen Zebras friedlich, oder Straußenfamilien fliehen in großem Tempo vor dem Motorenlärm. Wir müssen einen kleineren und kurz darauf auch den größeren Fluß durchqueren. Beide führen Wasser, aber Gott sei Dank kommen wir mit Hilfe des Vierrads durch, ohne im Treibsand steckenzubleiben.

Wir sind noch gut eine Stunde von Barsaloi entfernt, als ich ein leises Zischen vernehme, und kurz darauf steht der Wagen schief. Ich schaue nach, ein Platten! Zuerst müssen wir alles ausladen, um an das Reserverad zu gelangen, dann krieche ich unter das völlig verdreckte Auto, um den Wagenheber zu plazieren. Lketinga hilft, und nach einer halben Stunde haben wir es geschafft, es geht weiter. Endlich erreichen wir die Manyattas.

Mama steht lachend vor dem Häuschen. Saguna fliegt mir in die Arme. Es ist ein herzliches Wiedersehen, und sogar der Mama drücke ich einen Kuß auf die Wange. Wir schleppen alles in die Manyatta, die dadurch fast voll ist. Mama kocht Chai, und ich gebe ihr und Saguna die selbstgenähten Röcke. Alle sind glücklich. Lketinga läßt das Radio mit der Kassette laufen, was ein großes Geschnatter in Gang setzt. Als ich Saguna die braune Puppe, die meine Mutter für sie gekauft hat, übergebe, stehen alle Münder offen, und Saguna springt schreiend aus der Hütte. Ich verstehe die Aufregung überhaupt nicht. Auch die Mama schaut die Puppe nur mit Abstand an, und Lketinga fragt mich tatsächlich, ob es ein totes Kind sei. Nach der ersten Verblüffung muß ich loslachen: »No, this is only plastic.« Aber der Puppe mit den Haaren und vor allem den Augen, die auf- und zuklappen, trauen sie erst nach einiger Zeit. Immer mehr staunende Kinder kommen, und erst als ein anderes Mädchen die Puppe aufheben will, springt Saguna dazwischen und drückt sie an sich. Von diesem Moment an darf niemand mehr die Puppe anfassen, nicht einmal die Mama. Saguna schläft nur noch mit ihrem »Baby«.
Bei Sonnenuntergang fallen die Mücken über uns her. Da alles feucht ist, scheinen sie sich richtig wohl zu fühlen. Obwohl das Feuer in der Hütte brennt, schwirren sie um unsere Köpfe. Ständig wedle ich mit der Hand vor meinem Gesicht. So kann ich nicht schlafen! Sogar durch die Socken werde ich gestochen. Meine Freude, zu Hause zu sein, ist getrübt. Ich schlafe in Kleidern und ziehe die neue Decke über mich. Doch den Kopf kann ich nicht zudecken, im Gegensatz zu den anderen. Fast hysterisch geworden schlafe ich gegen Morgen ein. In der Früh bringe ich ein Auge nicht auf, so zerstochen bin ich. Ich will mir keine

Malaria einfangen. Deshalb möchte ich ein Moskitonetz kaufen, obwohl das in der Manyatta mit dem offenen Feuer nicht ungefährlich ist.
In der Mission frage ich den Pater, ob er eventuell den Reifen flicken kann. Er hat keine Zeit, gibt mir jedoch einen Ersatzreifen und rät mir, ein zweites Reserverad zu kaufen, denn es könne vorkommen, daß man zwei Pannen auf einmal hat. Bei der Gelegenheit frage ich ihn, was er gegen die Moskitos unternimmt. Er hat in seinem guten Haus keine großen Probleme und hilft sich mit Spray. Am besten wäre es, möglichst schnell ein Haus zu bauen, das koste nicht viel. Der Chief könne uns einen Platz zuweisen, den wir in Maralal registrieren lassen müßten.
Der Hausbau läßt mich nicht mehr los. Es wäre großartig, eine richtige Blockhütte zu haben! Beschwingt von der Idee kehre ich in die Manyatta zurück und erzähle alles Lketinga. Er ist nicht so begeistert und weiß nicht, ob er sich in einem Haus überhaupt wohl fühlt. Wir können es uns ja noch überlegen. Trotzdem will ich nach Maralal, denn ohne Moskitonetz möchte ich keine Nacht mehr verbringen.
Innerhalb kurzer Zeit stehen wieder mehrere Menschen um den Landrover. Alle wollen nach Maralal. Einige kenne ich vom Sehen, andere sind mir völlig fremd. Lketinga bestimmt die Mitfahrer. Wieder dauert es fast fünf Stunden, bis wir am späten Nachmittag ohne Pannen unser Ziel erreichen. Zuerst lassen wir den Reifen flicken, was sich als langwierige Unternehmung herausstellt. Währenddessen schaue ich mir die Reifen an meinem Fahrzeug genauer an und muß feststellen, daß sie fast kein Profil mehr haben. Bei der Garage erkundige ich mich nach neuen Reifen. Es haut mich fast um, als ich die horrenden Preise vernehme.

Umgerechnet wollen sie fast 1 000 Franken für vier Pneus. Das sind Preise wie in der Schweiz! Hier entspricht das drei Monatslöhnen. Aber ich brauche sie, wenn ich nicht ständig steckenbleiben will.
In der Zwischenzeit bin ich wegen des Moskitonetzes in einem der Shops fündig geworden und besorge außerdem schachtelweise Moskitokeulen. Abends lerne ich in der Lodging-Bar den großen Chief vom Samburu-District kennen. Er ist ein angenehmer Mensch und spricht gut Englisch. Er hat bereits von meiner Existenz gehört und wollte uns ohnehin bald besuchen. Meinem Massai gratuliert er zu einer so mutigen Frau. Ich erzähle ihm vom Plan des Hausbaus, unserer Hochzeit und dem Problem mit der Identitätskarte. Er verspricht uns zu helfen, wo er kann, doch der Haushau sei schwierig, da es fast kein Holz mehr gebe.
Wenigstens wird er sich um die Identitätskarte kümmern. Am nächsten Tag kommt er gleich mit ins Office. Es wird viel geredet, Formulare werden ausgefüllt und diverse Namen genannt. Da er alles über Lketingas Familie weiß, kann der Ausweis in zwei bis drei Wochen auch in Maralal ausgestellt werden. Den Heiratsantrag fullen wir gleich aus. Wenn innerhalb von drei Wochen niemand Einspruch erhebe, könnten wir heiraten. Nur zwei schreibkundige Trauzeugen müßten wir mitbringen. Ich weiß gar nicht, wie ich diesem Chief danken soll, so froh bin ich. Hie und da muß ich etwas bezahlen, aber nach einigen Stunden ist alles in die Wege geleitet. Wir sollen in vierzehn Tagen wieder vorbeikommen und die Bescheinigungen mitbringen. Gut gelaunt laden wir den Chief zum Essen ein. Er ist der erste, der uns wirklich von Herzen geholfen hat. Lketinga schiebt ihm auch großzügig etwas Geld zu.

Nach einer Nacht in Maralal wollen wir wieder los. Kurz bevor wir den Ort verlassen, treffe ich Jutta. Natürlich müssen wir noch einen Chai trinken und uns alles erzählen. Sie will bei unserer Hochzeit dabei sein. Momentan wohnt sie bei Sophia, einer anderen Weißen, die vor kurzem mit ihrem Rasta-Freund nach Maralal gezogen ist. Ich soll sie doch gelegentlich besuchen. Wir Weißen müßten zusammenhalten, meint sie lachend. Lketinga schaut finster, er versteht nichts, weil wir dauernd Deutsch sprechen und viel lachen. Er will nach Hause, deshalb brechen wir auf. Diesmal wagen wir den Dschungelweg. Die Straße ist miserabel, und am schlüpfrigen Schräghang traue ich mich kaum noch zu atmen. Meine Stoßgebete werden diesmal erhört, und wir erreichen Barsaloi ohne Schwierigkeiten.

Die nächsten Tage verlaufen ruhig, das Leben geht den gewohnten Gang. Die Leute haben genug Milch, und in den halb zerfallenen Shops gibt es Maismehl und Reis zu kaufen. Die Mama ist mit der Vorbereitung für das größte Samburu-Fest beschäftigt. Bald soll die Endzeit der Krieger, der Altersklasse meines Darlings, gefeiert werden. Nach dem Fest, das in einem guten Monat stattfindet, dürfen diese Krieger offiziell auf Brautsuche gehen und heiraten. Ein Jahr später folgt die Aufnahme der nächsten Generation, der jetzigen Boys, in den Kriegerstatus, die mit einem großen Beschneidungsfest begangen wird.

Das kommende Fest, das an einem besonderen Ort stattfindet, an dem sich alle Mütter mit ihren Kriegersöhnen treffen, ist sehr wichtig für Lketinga. Schon in zwei oder drei Wochen werden Mama und wir unsere Manyatta verlassen und an jenen Ort ziehen, an dem die Frauen nur für dieses Fest neue Hütten aufbauen werden. Den genauen Zeitpunkt dieses Dreitagefestes erfahren alle erst kurz vor-

her, denn der Mond spielt eine große Rolle. Ich rechne mir aus, daß wir ungefähr vierzehn Tage vorher das Standesamt aufsuchen müssen. Falls etwas schiefgeht, bleiben mir nur wenige Tage bis zum Ablauf meines Visums.
Lketinga ist nun viel unterwegs, da er einen schwarzen Bullen von einer bestimmten Größe auftreiben muß. Das erfordert viele Besuche bei den Verwandten, um notwendige Tauschgeschäfte vorzuschlagen. Ab und zu gehe ich mit, doch schlafe ich nur zu Hause unter dem Moskitonetz, das mich gut schützt. Tagsüber erledige ich die gewohnte Arbeit. Morgens gehe ich mit oder ohne Lketinga zum Fluß. Manchmal nehme ich Saguna mit, die einen Riesenspaß hat, wenn sie baden darf. Es ist das erste Mal für das kleine Mädchen. In der Zwischenzeit wasche ich unsere rauchigen Kleider, was meinen Knöcheln nach wie vor nicht gut bekommt. Dann schleppen wir Wasser nach Hause, und danach geht es auf Feuerholzsuche.

Behördenstreß

Die Zeit vergeht, und wir müssen nach Maralal, um zu heiraten. Mama ist ungehalten, daß Lketinga so kurz vor der Zeremonie wegfährt. Doch wir denken, daß eine Woche wirklich mehr als genug ist. Mama bricht am selben Tag alles ab und zieht mit den anderen Müttern und den bepackten Eseln los. Mitfahren will sie auf keinen Fall. Sie ist noch nie in einem Auto gesessen und will dies auch nicht mehr ausprobieren. So packe ich lediglich meine Taschen in den Wagen, den Rest erledigt Mama.

Lketinga nimmt Jomo mit, einen älteren Typ, der etwas Englisch kann. Er ist mir unsympathisch und drängt sich unterwegs dauernd auf, unser Trauzeuge zu sein oder zumindest zu assistieren. Dann sprechen sie über das bevorstehende Fest. Von überall kommen aus diesem Anlaß die Mütter zusammen. Es werden sicher vierzig bis fünfzig Manyattas gebaut, und es soll viel getanzt werden. Ich freue mich sehr auf dieses große Fest, dem ich beiwohnen darf. Nach dem Stand des Mondes dauert es noch ungefähr zwei Wochen, meint unser Fahrgast.

In Maralal gehen wir zuerst zum Meldeamt. Der diensthabende Beamte ist nicht da, wir sollen morgen mittag noch mal kommen. Ohne Ausweis können wir keinen Heiratstermin beantragen. Wir ziehen durch Maralal, um zwei Trauzeugen zu finden. Doch das ist nicht so einfach. Diejenigen, die Lketinga kennt, können nicht schreiben oder verstehen kein Suaheli oder Englisch. Sein Bruder ist zu jung, wieder andere haben Angst, in das Office zu kom-

men, weil sie nicht verstehen, wofür das alles gut ist. Erst am nächsten Tag treffen wir zwei Morans mit Mombasa-Erfahrung, die außerdem einen Ausweis besitzen. Sie versprechen, in den nächsten Tagen in Maralal zu bleiben.
Als wir nachmittags wieder im Office erscheinen, liegt dort tatsächlich Lketingas Ausweis bereit. Er muß nur noch seinen Fingerabdruck daruntersetzen, und wir begeben uns zum »Standesamt«, um einen Termin zu bekommen. Der Beamte prüft meinen Paß sowie die Bescheinigung, daß ich noch ledig bin. Ab und zu stellt er Lketinga auf Suaheli einige Fragen, die er anscheinend nicht immer versteht. Er wird nervös. Ich wage zu fragen, wann der Termin nun sei und gebe auch gleich die Namen der Tranzeugen bekannt. Der Beamte meint, wir müßten beim District-Officer direkt vorsprechen, denn nur dieser könne die Trauung vornehmen.
Wir setzen uns in die Reihe der wartenden Menschen, die alle diesen wichtigen Mann sprechen wollen. Nach gut zwei Stunden können wir hinein. Hinter einem mondänen Schreibtisch sitzt ein massiger Mensch, dem ich unsere Papiere auf den Tisch lege und erkläre, daß wir um einen Heiratstermin ersuchen. Er blättert in meinem Paß und fragt, weshalb ich einen Massai heiraten wolle und wo wir leben würden. In der Aufregung fällt es mir schwer, richtige englische Sätze zu bilden. »Weil ich ihn liebe und wir uns in Barsaloi ein Haus bauen wollen.« Seine Blicke wandern eine Weile zwischen Lketinga und mir hin und her. Endlich sagt er, wir sollten in zwei Tagen um vierzehn Uhr mit den Tranzeugen hier sein. Freudig bedanken wir uns und gehen hinaus.
Alles läuft auf einmal so normal, wie ich es mir nicht im Traum erhofft hätte. Lketinga kauft Miraa und setzt sich

mit einem Bier ins Lodging. Ich rate ihm ab, doch er meint, er brauche dies nun. Gegen neun Uhr klopft es an die Tür. Draußen steht unser Begleiter. Auch er kaut Miraa. Wir sprechen alles noch mal durch, doch je länger der Abend dauert, desto unruhiger wird Lketinga. Er zweifelt, ob es richtig ist, so zu heiraten. Er kenne niemand, der dies auf dem Office macht. Jetzt bin ich froh, daß ihm der andere alles erklärt. Lketinga nickt nur. Wenn nur die zwei Tage gut vergehen, ohne daß er durchdreht! Solche Officebesuche erträgt er sehr schlecht.
Am nächsten Tag suche ich Jutta und Sophia auf und treffe beide an. Sophia lebt richtig feudal in einem Zwei-Zimmer-Haus mit elektrischem Licht, Wasser und sogar einem Kühlschrank. Beide freuen sich über unsere Hochzeit und versprechen, morgen um vierzehn Uhr beim Office zu sein. Sophia leiht mir eine hübsche Haarspange und eine tolle Bluse. Für Lketinga kaufen wir zwei schöne Kangas. Wir sind bereit.
Am Morgen unseres Hochzeitstages werde ich doch etwas nervös. Unsere Tranzeugen sind bis zwölf Uhr immer noch nicht hier und wissen nicht einmal, daß in zwei Stunden ihre Anwesenheit erforderlich ist. Deshalb müssen wir zwei andere finden. Jomo kommt nun doch zum Zug, was mir mittlerweile egal ist, wenn wir nur eine zweite Person finden. In meiner Verzweiflung frage ich unsere Lodging-Wirtin, die sofort begeistert zustimmt. Um vierzehn Uhr stehen wir vor dem Office. Sophia und Jutta sind zur Stelle, sogar mit Fotoapparaten. Wir sitzen auf der Bank und warten mit einigen anderen Leuten. Die Stimmung ist etwas gespannt, und Jutta foppt mich ständig. Tatsächlich habe ich mir die Minuten vor meiner Hochzeit etwas feierlicher vorgestellt.

Eine halbe Stunde ist bereits vergangen, wir werden nicht aufgerufen. Leute gehen hinein und kommen heraus. Einer fällt mir besonders auf, da er schon zum dritten Mal hineingeht. Die Zeit verstreicht, und Lketinga regt sich auf. Er befürchtet, ins Gefängnis zu müssen, falls mit den Papieren etwas nicht in Ordnung ist. So gut es geht, versuche ich, ihn zu beruhigen. Wegen des Miraakonsums hat er fast nicht geschlafen. »Hakuna matata, wir sind in Afrika, pole, pole«, sagt Jutta, als plötzlich die Tür aufgeht und Lketinga und ich hereingebeten werden. Die Tranzeugen müssen warten. Jetzt wird auch mir etwas mulmig.
Der District-Officer sitzt wieder an seinem feudalen Pult, und am langen Tisch vor ihm befinden sich zwei weitere Männer. Einer von ihnen ist derjenige, der ständig rein- und rausgegangen ist. Wir sollen uns den beiden gegenüber hinsetzen. Die zwei Männer stellen sich als Polizisten in Zivil vor und verlangen meinen Paß sowie den Ausweis von Lketinga.
Mein Herz klopft bis in die Schläfen. Was ist hier los? Ich habe Angst, in der Aufregung das Beamtenenglisch nicht mehr zu verstehen. Viele Fragen prasseln auf mich nieder. Seit wann ich im Samburu-Gebiet lebe, wo ich Lketinga kennengelernt habe, seit wann, wie und wovon wir hier lebten, was mein Beruf sei, wie wir uns verständigen, usw. Die Fragen nehmen kein Ende.
Lketinga will ständig wissen, wovon wir sprechen, doch ich kann ihm das hier nicht auf unsere Art, uns miteinander zu verständigen, erklären. Bei der Frage, ob ich schon mal verheiratet war, platzt mir langsam der Kragen. Erregt antworte ich, daß meine Geburtsurkunde und mein Paß denselben Namen tragen und ich auch eine Bescheinigung der Schweizer Gemeinde auf Englisch habe. Diese wird nicht

anerkannt, da die Botschaft in Nairobi das nicht bestätigt hat, sagt der eine. »Aber mein Paß«, entgegne ich aufgebracht. Doch weiter komme ich nicht. Der könnte ja ebenfalls gefälscht sein, antwortet der Officer. Nun bin ich außer mir vor Wut. Der Officer fragt Lketinga, ob er schon eine Samburu-Frau geheiratet habe. Er antwortet wahrheitsgetreu mit nein. Wie er das beweisen kann, will der Officer wissen. Ja, in Barsaloi wissen das alle. Wir sind aber hier in Maralal, ist die Antwort. In welcher Sprache wir denn getraut werden wollen? Ich denke in Englisch, gedolmetscht in Massai. Der Officer lacht dreckig und meint, für solche Spezialfälle habe er keine Zeit und übrigens könne er die Massai-Sprache nicht. Wir sollen wiederkommen, wenn wir dieselbe Sprache, Englisch oder Suaheli, sprechen, ich in Nairobi mein Papier gestempelt habe und Lketinga einen vom Chief unterzeichneten Brief bringt, daß er noch nicht verheiratet ist.

Vor Wut über diese Schikane raste ich völlig aus und schreie den Officer an, warum er das alles nicht schon beim ersten Mal erwähnt habe. Hochmütig erklärt er, hier bestimme immer noch er, wann er was mitteilt, und wenn es mir nicht paßt, könne er dafür sorgen, daß ich morgen das Land verlassen muß. Das sitzt! »Come, darling, we go, they don't want give the marriage.« Wütend und heulend verlasse ich das Office, Lketinga hinter mir. Draußen zucken die Kameras von Sophia und Jutta, da sie glauben, wir hätten es hinter uns.

In der Zwischenzeit haben sich mindestens zwanzig Leute hier versammelt. Am liebsten würde ich im Boden versinken. Jutta bemerkt es als erste: »Was ist los, Corinne, Lketinga, what's the problem?« »I don't know«, antwortet er verwirrt. Ich stürze zu meinem Landrover und rase zum

Lodging. Ich will allein sein. Dort falle ich aufs Bett und kann nur noch heulen, es schüttelt mich am ganzen Körper. »Diese verdammten Schweine!« denke ich.
Irgendwann sitzt Lketinga neben mir und versucht mich zu beruhigen. Obwohl ich weiß, daß er mit Tränen wenig anfangen kann, schaffe ich es nicht, aufzuhören. Jutta schaut ebenfalls herein und bringt mir einen Kenia-Schnaps. Widerwillig stürze ich ihn hinunter, und allmählich löst sich der Weinkrampf. Ich fühle mich müde und wie taub. Irgendwann geht Jutta, Lketinga trinkt Bier und kaut sein Miraa.
Eine Weile später klopft es an der Tür. Ich liege im Bett und starre die Decke an. Lketinga öffnet, und die zwei zivilen Polizisten schleichen herein. Sie entschuldigen sich höflich und wollen ihre Hilfe anbieten. Da ich nicht reagiere, spricht der eine, ein Samburu, mit Lketinga. Als mir klar wird, daß diese Schweine nur viel Geld wollen, damit sie uns heiraten lassen, platzt mir noch mal der Kragen. Ich schreie sie an, unser Zimmer zu verlassen. Ich werde diesen Mann eben in Nairobi oder sonstwo heiraten, und zwar ohne ihre dreckigen Angebote. Betreten verlassen sie unseren Raum.
Morgen werden wir nach Nairobi fahren, um mein Formular bestätigen und vorsorglich mein Visum verlängern zu lassen. Jetzt, mit den Heiratsantragsformularen, sollte das gehen. Dann haben wir wieder drei Monate Zeit, um das Papier vom Chief zu bekommen. Es wäre ja gelacht, wenn es nicht ohne Schmiergeld ginge! Der unsympathische Jomo schaut herein, als ich gerade schlafen will. Lketinga erzählt ihm unseren Plan, und er möchte uns begleiten, da er Nairobi bestens kenne, wie er versichert. Weil die Straße nach Nyahururu immer noch in sehr schlechtem Zustand

ist, beschließen wir, über Wamba nach Isiolo zu fahren und von dort mit den öffentlichen Bussen nach Nairobi. Wegen des bevorstehenden Festes haben wir nur vier bis fünf Tage Zeit.
Die Strecke ist neu für mich, doch verläuft alles problemlos. Nach etwa fünf Stunden erreichen wir Isiolo. Ich frage mich zur Mission durch, um dort mit etwas Glück unseren Wagen zu parken. Vom Missionar bekomme ich die Erlaubnis. Würde man das Fahrzeug einfach irgendwo abstellen, wäre es mit Sicherheit nicht sehr lange dort.
Da es von hier nochmals drei bis vier Stunden bis Nairobi sind, beschließen wir, zu übernachten, um frühmorgens loszufahren und nachmittags das Office aufzusuchen. Nun erklärt mir unser Begleiter, daß er kein Geld mehr habe. Es bleibt mir nichts anderes übrig, als sein Zimmer, Essen und Trinken zu bezahlen. Ich mache es nicht gern, da er mir immer noch nicht sympathisch ist. Im Zimmer falle ich ins Bett und schlafe ein, bevor es dunkel ist. Die beiden trinken Bier und reden. Am Morgen fühle ich mich sehr durstig. Wir frühstücken und steigen in einen Bus nach Nairobi. Nach mehr als einer Stunde ist er endlich voll, so daß die Reise losgeht. Kurz vor Mittag erreichen wir Nairobi.
Wir suchen zuerst die Schweizer Botschaft auf, um mein Gemeindepapier beglaubigen zu lassen. Doch so etwas machen sie nicht, und überhaupt müsse ich zur deutschen Botschaft mit meinem deutschen Paß. Ich bezweifle, daß die Deutschen die Schweizer Gemeindestempel kennen, aber sie lassen sich nicht überzeugen. Die deutsche Botschaft liegt in einem anderen Stadtteil. Mühsam schleppe ich mich durch das schwüle, stickige Nairobi. Bei den Deutschen ist viel Betrieb, man muß anstehen. Als ich endlich an die Reihe komme, schüttelt der Sachbearbeiter den

Kopf und will mich an die Schweizer Botschaft verweisen. Als ich entnervt sage, daß wir gerade von dort kommen, greift der Mann zum Hörer und fragt bei den Schweizern nach. Kopfschüttelnd kommt er zurück und meint, er mache jetzt etwas völlig Sinnloses. Aber für Maralal reiche es, wenn nur möglichst viele Stempel und Unterschriften auf dem Papier sind. Dankend verlasse ich die Botschaft.

Lketinga will wissen, warum alle meine Papiere nicht gut finden. Mir fällt keine Antwort ein, und so wächst sein Mißtrauen gegen mich. Nun trotten wir wieder in einen anderen Bezirk zum Nyayo-Gebäude für mein Visum, das in zehn Tagen abläuft. Meine Beine sind wie bleischwere Klumpen, aber ich will das Visum in den verbleibenden anderthalb Stunden bekommen. Im Nyayo-Gebäude heißt es wieder Formulare auszufüllen. Jetzt bin ich froh um unsere Begleitung, denn mein Kopf schwirrt, und ich kapiere nur jede zweite Frage einigermaßen. Lketinga, der von allen angestarrt wird in seiner Aufmachung, hat seinen Kanga tief ins Gesicht gezogen. Wir warten, daß ich aufgerufen werde. Die Zeit vergeht. Schon über eine Stunde sitzen wir in der stickigen Halle. Das Geschwätz der Menschenmenge kann ich kaum mehr ertragen. Ich schaue auf die Uhr. In fünfzehn Minuten schließt das Office, und morgen fängt die Warterei von vorne an.

Endlich jedoch wird mein Paß in die Höhe gehalten. »Miß Hofmann!« ertönt eine resolute Frauenstimme. Ich zwänge mich zum Schalter. Die Frau schaut mich an und fragt, ob ich einen Afrikaner heiraten wolle. »Yes!« ist meine knappe Antwort. »Where is your husband?« Ich zeige in die Richtung, wo Lketinga steht. Die Frau fragt belustigt, ob ich tatsächlich die Frau eines Massai werden wolle. »Yes, why not?« Sie geht und kommt mit zwei Kolleginnen zurück, die ebenfalls auf Lketinga und dann auf mich starren. Alle drei lachen. Ich stehe stolz da und lasse mich von ihren Unverschämtheiten nicht kränken. Endlich klatscht der Stempel auf eine Seite des Passes, ich habe mein Visum. Höflich bedanke ich mich, und wir verlassen das Gebäude.

Malaria

Draußen ist die Luft stickig, und die Autoabgase sind mir noch nie so unangenehm aufgefallen wie heute. Es ist sechzehn Uhr, alle meine Papiere sind in Ordnung. Ich möchte mich so gerne freuen, aber ich bin zu erschöpft. Wir müssen zurück in die Gegend, wo wir ein Lodging finden können. Schon nach einigen hundert Metern wird mir schwindlig. Meine Beine drohen wegzusacken. »Darling, help me!« Lketinga fragt: »Corinne, what's the problem?« Alles dreht sich. Ich muß mich setzen, doch es gibt kein Restaurant in der Nähe. Ich lehne mich an ein Schaufensterbrett und fühle mich elend und enorm durstig. Lketinga ist es peinlich, denn die ersten Passanten bleiben stehen. Er will mich weiterziehen, doch ich schaffe es nicht, ohne gestützt zu werden. Sie schleppen mich in Richtung Lodging. Plötzlich bekomme ich Platzangst. Die Leute, die mir entgegenkommen, verschwimmen vor meinen Augen. Und diese Gerüche! An jeder Ecke brät jemand Fisch, Maiskolben oder Fleisch. Mir ist schlecht. Wenn ich nicht sofort von dieser Straße wegkomme, muß ich mich auf der Stelle übergeben. Eine Bierbar ist in der Nähe. Wir gehen hinein. Ich will ein Bett. Zuerst wollen sie mir keines geben, doch als unser Begleiter sagt, daß ich nicht mehr gehen kann, führen sie uns in den oberen Stock in ein Zimmer.

Es ist ein typisches Stundenhotel. Im Zimmer hört man das Gedudel der Kikuyu-Musik fast so laut wie im unteren Stock an der Bar. Ich lasse mich auf das Bett fallen, und augenblicklich ist mir übel. Ich deute an, daß ich erbrechen

muß. Lketinga stützt mich und schleppt mich zur Toilette. Doch ich schaffe es nicht mehr. Schon im Gang stürzt die erste Fontäne aus meinem Mund. Auf der Toilette geht es weiter. Ich würge, bis nur noch gelbe Galle kommt. Mit schlotternden Beinen kehre ich ins Zimmer zurück. Mir ist die Schweinerei peinlich. Ich lege mich ins Bett und habe das Gefühl zu verdursten. Lketinga besorgt mir Schweppes. Ich leere die Flasche in einem Zug, dann noch eine und noch eine. Plötzlich friere ich. Ich friere, als säße ich in einem Kühlschrank. Es wird immer schlimmer. Meine Zähne klappern so sehr, daß mein Kiefer schmerzt, aber ich kann es nicht abstellen. »Lketinga, I feel so cold, please give me blankets!« Lketinga gibt mir die Decke, doch es nützt nichts. Jomo geht und bringt zwei weitere Decken vom Lodging. Trotz der vielen Decken hebt sich mein steifer, klappernder Körper vom Bett ab. Ich will Tee, ganz, ganz heißen Tee. Ich habe das Gefühl, es vergehen Stunden, bis ich ihn endlich bekomme. Weil ich so zittere, kann ich ihn kaum trinken. Nach zwei, drei Schlucken dreht sich mein Magen schon wieder um. Doch aus dem Bett kann ich nicht mehr. Lketinga eilt und holt eines der Waschbecken, die überall in den Duschen stehen. Ich erbreche alles, was ich getrunken habe.
Lketinga ist verzweifelt. Er fragt mich dauernd, was los sei, doch ich weiß es auch nicht. Ich habe Angst. Der Schüttelfrost hört auf, und ich falle wie Pudding in die Kissen. Mein ganzer Körper schmerzt. Ich bin so erschöpft, als wäre ich Stunden um mein Leben gerannt. Jetzt spüre ich, wie ich heiß werde. Nach kurzer Zeit bin ich am ganzen Körper patschnaß. Meine Haare kleben am Kopf. Ich habe das Gefühl, ich verglühe. Nun will ich kaltes Cola. Wieder stürze ich das Getränk hinunter. Ich muß auf die Toilette. Lketin-

ga bringt mich hin, und schon geht der Durchfall los. Ich bin froh, daß Lketinga bei mir ist, obwohl er völlig verzweifelt ist. Wieder im Bett will ich nur schlafen. Ich kann auch nicht sprechen. Vor mich hindösend lausche ich den Stimmen der beiden, die leiser sind als das Gedudel unten an der Bar.

Ein neuer Anfall bahnt sich an. Die Kälte schleicht in meinen Körper, und kurz darauf klappere ich schon wieder. Voller Panik halte ich mich so gut es geht am Bett fest. »Darling, help me!« flehe ich. Lketinga legt sich mit seinem halben Körper auf mich, und ich zittere weiter. Unser Begleiter steht daneben und meint, ich hätte wohl Malaria und müsse in ein Spital. In meinem Kopf dröhnt es: Malaria, Malaria, Malaria! Von einer Sekunde zur anderen höre ich auf zu zittern und schwitze aus allen Poren. Die Bettlaken sind richtig naß. Durst, Durst! Ich muß trinken. Die Lodging-Vermieterin steckt den Kopf ins Zimmer. Als sie mich sieht, höre ich »Mzungu, Malaria, Hospital«. Doch ich schüttle den Kopf. Hier in Nairobi will ich nicht in ein Spital. Ich habe soviel Schlimmes gehört. Und dann Lketinga! Er ist verloren allein in Nairobi.

Die Zimmerwirtin geht und kommt mit Malariapulver zurück. Ich trinke es mit Wasser und bin müde. Als ich wieder erwache, ist alles dunkel. Mein Kopf brummt. Ich rufe Lketinga, doch niemand ist hier. Nach weiteren Minuten oder Stunden, ich weiß es nicht, kommt Lketinga ins Zimmer. Er war unten an der Bar. Ich rieche die Bierfahne, und schon dreht sich mein Magen von neuem. Während der Nacht löst ein Schüttelfrost den anderen ab.

Als ich am Morgen aufwache, höre ich die beiden diskutieren. Es geht um das Fest zu Hause. Jomo kommt ans Bett und fragt, wie es mir geht. Einfach schlecht, erwidere ich.

Ob wir denn heute nicht zurückfahren? Für mich ist das unmöglich. Ich muß auf die Toilette. Meine Beine wackeln, ich kann kaum stehen. Ich sollte essen, geht es mir durch den Kopf.
Lketinga geht hinunter und kommt mit einem Teller Fleischbrocken zurück. Als ich das Essen rieche, verkrampft sich mein Magen, der inzwischen höllisch schmerzt. Ich übergebe mich schon wieder. Außer etwas gelber Flüssigkeit kommt nichts mehr, aber gerade diese Art von Brechen schmerzt gräßlich. Durch die Würgerei setzt auch noch der Durchfall ein. Mir ist hundeelend, und ich habe das Gefühl, meine letzten Stunden sind gezählt.
Am Abend des zweiten Tages schlafe ich während der Hitzewellen ständig ein und verliere jegliches Zeitgefühl. Das Gedudel geht mir so auf den Geist, daß ich heule und mir die Ohren zuhalte. Jomo wird wohl alles zuviel, denn er meint, er gehe Verwandte besuchen, sei aber in drei Stunden zurück. Lketinga zählt unser Bargeld, und mir ist, als würde einiges fehlen. Aber es ist mir gleichgültig. Mir wird langsam klar, wenn ich jetzt nichts unternehme, werde ich Nairobi, ja nicht einmal dieses schreckliche Lodging überleben.
Lketinga geht los, um Vitamintabletten und das einheimische Malariamittel zu holen. Die Tabletten würge ich hinunter. Wenn ich breche, schlucke ich sofort wieder eine. Mittlerweile ist es Mitternacht, und Jomo ist immer noch nicht zurück. Wir machen uns Sorgen, da Nairobi in dieser Gegend gefährlich ist. Lketinga schläft fast nicht und kümmert sich liebevoll um mich.
Meine Anfälle haben durch das Mittel etwas nachgelassen, doch bin ich so schwach, daß ich nicht einmal meine Arme heben kann. Lketinga ist verzweifelt. Er will unseren Be-

gleiter suchen gehen, doch das ist Irrsinn in dieser Stadt, in der er sich nicht auskennt. Ich flehe ihn an, bei mir zu bleiben, sonst bin ich ganz allein. Wir müssen Nairobi, sobald es geht, verlassen. Wie Bonbons verschlinge ich die Vitamintabletten. Langsam wird mein Kopf etwas klarer. Wenn ich hier nicht verrecken will, muß ich meine letzte Kraft zusammennehmen. Ich schicke meinen Darling los, mir Früchte und Brot zu kaufen. Nur nichts, das nach Essen riecht! Ich zwinge mich, Stück für Stück hinunterzuschlucken. Meine gesprungenen Lippen brennen höllisch beim Essen der Früchte, doch muß ich Kraft sammeln, um weggehen zu können. Jomo hat uns im Stich gelassen.

Allein die Angst, Lketinga könnte durchdrehen, läßt mich stärker werden. Ich will versuchen, mich zu waschen, damit ich mich besser fühle. Mein Darling bringt mich zur Dusche, und ich schaffe es mit Müh und Not, mich zu duschen. Dann verlange ich nach drei Tagen endlich neue Bettwäsche. Bis alles frisch bezogen ist, will ich ein paar Schritte laufen. Auf der Straße ist mir schwindlig, doch ich will es schaffen. Wir gehen vielleicht fünfzig Meter, und mir scheint, es wären fünf Kilometer. Ich muß zurück, denn der Gestank der Straße läßt meinem Magen keine Ruhe. Dennoch bin ich stolz auf meine Leistung. Ich verspreche Lketinga, daß wir morgen Nairobi verlassen werden. Als ich wieder erschöpft im Bett liege, wünsche ich mir, zu Hause bei meiner Mutter in der Schweiz zu sein.

Morgens bringt uns ein Taxi zur Busstation. Lketinga ist beunruhigt, weil er glaubt, wir ließen den anderen zurück. Aber nach zwei Tagen Wartezeit ist es wohl unser Recht abzureisen, da auch Lketingas Fest immer näherrückt.

Die Fahrt nach Isiolo dauert ewig. Lketinga muß mich stützen, damit ich in den Kurven nicht kraftlos vom Sitz

falle. In Isiolo schlägt Lketinga vor, hier zu übernachten, doch ich will nach Hause. Wenigstens nach Maralal möchte ich, vielleicht sehe ich Jutta oder Sophia. Ich schleppe mich zur Mission und steige ins Fahrzeug, während sich Lketinga bei den Missionaren verabschiedet. Er will ans Steuer, aber das kann ich nicht verantworten. Wir sind in einer kleineren Stadt, und es wimmelt von Straßenkontrollen.
Ich fahre los und schaffe kaum, das Kupplungspedal durchzudrücken. Die ersten paar Kilometer sind noch asphaltiert, dann beginnt die Naturstraße. Unterwegs halten wir an und nehmen drei Samburus mit, die nach Wamba wollen. Beim Fahren denke ich an nichts mehr und konzentriere mich nur auf die Straße. Die Schlaglöcher erkenne ich schon von weitem. Was im Fahrzeug geschieht, nehme ich nicht wahr. Erst als jemand eine Zigarette anzündet, verlange ich, sie sofort zu löschen, sonst muß ich brechen. Ich spüre, wie mein Magen rebelliert. Nur jetzt nicht anhalten und kotzen, das kostet zu viel Energie. Der Schweiß läuft mir am Körper herunter. Ständig wische ich mir mit dem Handrücken über die Stirn, damit er mir nicht in die Augen tropft. Endlos dahinfahrend wende ich meine Augen keine Sekunde von der Straße ab.
Es wird Abend, und Lichter tauchen auf, wir sind in Maralal. Ich kann es kaum glauben, denn ich fuhr ohne jedes Zeitgefühl, und parke sofort bei unserem Lodging. Ich stelle den Motor ab und schaue Lketinga an. Dabei merke ich, wie leicht mein Körper wird, und dann ist alles dunkel.

Im Spital

*I*ch öffne die Augen und glaube, aus einem bösen Traum zu erwachen. Doch um mich blickend, merke ich, daß das Schreien und Stöhnen Wirklichkeit ist. Ich liege im Spital und befinde mich in einem riesigen Raum, in dem Bett an Bett steht. Links von mir liegt eine alte, ausgemergelte Samburu-Frau. Rechts von mir steht ein rosarotes Kinderbett mit Gitter. Darinnen schlägt etwas ständig ans Holz und schreit. Wo ich hinschaue, nichts als Elend. Warum bin ich im Spital? Ich verstehe nicht, wie ich hierher gekommen bin. Wo ist Lketinga? Panik ergreift mich. Wie lange bin ich schon hier? Draußen ist es hell, die Sonne scheint. Mein Bett ist ein Eisengestell mit dünner Matratze und schmuddligen, gräulichen Bettlaken.
Zwei junge Mediziner in weißen Kitteln gehen vorbei. »Hello!« Ich winke. Meine Stimme ist nicht laut genug. Das Gestöhne übertönt mich, und aufrichten kann ich mich nicht. Mein Kopf ist zu schwer. Tränen schießen mir in die Augen. Was soll das hier? Wo ist Lketinga?
Die Samburu-Frau spricht mit mir, doch ich verstehe nichts. Dann endlich sehe ich Lketinga auf mich zukommen. Sein Anblick beruhigt mich und macht mich sogar etwas froh. »Hello, Corinne, how you feel now?« Ich versuche zu lächeln und sage, nicht schlecht. Er berichtet mir, daß ich gleich nach unserer Ankunft ohnmächtig geworden bin. Unsere Zimmerwirtin hat sofort den Krankenwagen alarmiert. Und nun sei ich seit gestern abend hier. Er sei die ganze Nacht bei mir gewesen, doch ich sei nicht auf-

gewacht. Ich kann kaum glauben, daß ich von allem nichts mitbekommen habe. Der Arzt hat mir eine Spritze gegeben.

Nach einer Weile stehen die beiden einheimischen Mediziner neben dem Bett. Ich habe eine akute Malaria, doch machen können sie nicht viel, da es an Medikamenten fehlt. Lediglich Pillen geben sie mir. Ich solle viel essen und schlafen. Allein bei dem Wort Essen wird mir übel, und schlafen bei diesem Gestöhne und Kindergeschrei scheint mir auch unmöglich. Lketinga sitzt am Bettrand und schaut mich hilflos an.

Plötzlich steigt mir ein penetranter Geruch von Kohl in die Nase. Mein Magen dreht sich. Ich brauche irgendeinen Behälter. In meiner Verzweiflung greife ich zum Wasserkrug und erbreche mich. Lketinga hält den Krug und stützt mich, allein würde ich es kaum schaffen. Sogleich steht eine dunkle Krankenschwester neben uns, reißt mir den Krug weg und ersetzt diesen durch einen Kübel. »Why you make this? This is for drinking water!« schnauzt sie mich an. Ich fühle mich elend. Der Geruch kommt vom Essenswagen. Auf diesem stehen Blechnäpfe, in die eine Reis-Kohlmasse gefüllt wird. An jedem Bett wird ein Napf abgestellt.

Völlig erschöpft vom Erbrechen, liege ich auf der Pritsche und halte mir mit dem Arm die Nase zu. Ich kann unmöglich essen. Vor etwa einer Stunde habe ich die ersten Tabletten bekommen, und langsam juckt es mich am ganzen Körper. Wie wild kratze ich überall. Lketinga bemerkt in meinem Gesicht Flecken und Pickel. Ich hebe meinen Rock, und wir entdecken, daß die Beine ebenfalls mit Pusteln übersät sind. Er holt einen Arzt.

Offensichtlich reagiere ich auf das Medikament allergisch.

Doch er kann mir im Moment nichts anderes geben, da alles verbraucht ist und sie täglich auf Nachschub aus Nairobi hoffen.
Gegen Abend verläßt mich Lketinga. Er will etwas essen gehen und schauen, ob er jemanden von zu Hause trifft, um zu erfahren, wann sein großes Fest beginnt. Todmüde möchte ich nur noch schlafen. Mein ganzer Körper ist in Schweiß gebadet, und das Fieberthermometer zeigt einundvierzig Grad. Vom vielen Wassertrinken verspüre ich das Bedürfnis nach einer Toilette. Aber wie komme ich nur dahin? Das Toilettenhäuschen befindet sich etwa dreißig Meter vom Eingang entfernt. Wie soll ich diese Strecke schaffen? Langsam stelle ich die Beine auf den Boden und steige in meine Plastiksandalen. Dann ziehe ich mich am Bettgestell hoch. Meine Beine zittern, ich kann kaum stehen. Ich reiße mich zusammen, denn ich will auf keinen Fall jetzt zusammenbrechen. Von Bett zu Bett Halt suchend, erreiche ich den Ausgang. Die dreißig Meter erscheinen mir unendlich weit, und ich bin versucht, die letzten Meter zu kriechen, da ich mich nirgends festhalten kann. Ich beiße die Zähne zusammen und erreiche mit letzter Kraft das Klo. Doch hier kann man nicht sitzen, im Gegenteil, ich muß in die Hocke. So gut es geht, halte ich mich an den Steinwänden fest.
Die ganze Tragik dieser Malaria wird mir bewußt, als ich realisiere, wie schwach ich bin, ich, die ich noch nie richtig krank war. Vor der Tür steht eine hochschwangere Massai-Frau. Als sie bemerkt, daß ich die Türe nicht loslasse, weil ich sonst hinfallen würde, hilft sie mir wortlos bis zum Eingang zurück. Ich bin ihr so dankbar, daß mir Tränen übers Gesicht laufen. Mühsam schleppe ich mich zurück ins Bett und heule vor mich hin. Die Schwester kommt und fragt,

ob ich Schmerzen habe. Ich schüttle den Kopf und fühle mich noch elender. Irgendwann schlafe ich ein.
In der Nacht erwache ich. Das Kind im Gitterbett schreit furchtbar und schlägt mit dem Kopf an das Gitter. Es kommt niemand, und ich werde fast verrückt. Nun bin ich schon vier Tage hier, und mir geht es miserabel. Lketinga kommt häufig vorbei. Auch er sieht schlecht aus, er will nach Hause, aber nicht ohne mich, da er Angst hat, ich sterbe. Außer Vitamintabletten habe ich immer noch nichts gegessen. Die Schwestern schimpfen ständig mit mir, doch jedesmal übergebe ich mich, wenn ich etwas in den Mund stecke. Mein Bauch schmerzt wahnsinnig. Einmal bringt mir Lketinga ein ganzes Ziegenbein, schön gebraten, und bittet verzweifelt, es zu essen, dann würde ich wieder gesund. Doch ich kann nicht. Enttäuscht geht er.
Am fünften Tag kommt Jutta. Sie hat gehört, eine Weiße sei im Spital. Sie ist entsetzt, als sie mich sieht. Sofort müsse ich hier raus, in das Missionsspital nach Wamba. Doch ich begreife nicht, warum ich in ein anderes Spital soll, es ist doch alles dasselbe. Viereinhalb Stunden Autofahrt halte ich sowieso nicht durch. »Wenn du dich sehen könntest, würdest du begreifen, daß du weg mußt. Fünf Tage, und die haben dir nichts gegeben? Da bist du weniger wert als eine Ziege draußen. Vielleicht wollen sie dir gar nicht helfen«, meint sie. »Jutta, bitte bring mich in ein Lodging. Hier will ich nicht sterben, und nach Wamba schaffe ich es nicht bei diesen Straßen, ich kann mich ja nicht einmal festhalten!«
Jutta spricht mit den Ärzten. Sie wollen mich nicht gehen lassen. Erst als ich einen Zettel unterschreibe und alle Verantwortung übernehme, machen sie meine Entlassungspapiere bereit.
In der Zwischenzeit sucht Jutta Lketinga, damit er hilft,

mich bis zum Lodging zu bringen. Sie nehmen mich in die Mitte, und so gehen wir langsam ins Dorf. Überall bleiben die Menschen stehen und starren uns an. Ich schäme mich, so hilflos durch das Dorf geschleppt zu werden.
Aber ich will kämpfen und überleben. Deshalb bitte ich die beiden, mich zum Somali-Restaurant zu bringen. Dort werde ich versuchen, eine Portion Leber zu essen. Das Restaurant ist mindestens zweihundert Meter entfernt, und mir sacken die Beine weg. Ununterbrochen rede ich mir zu: »Corinne, du schaffst es! Du mußt es erreichen!« Erschöpft, aber stolz setze ich mich. Der Somali ist ebenfalls entsetzt, als er mich sieht. Wir bestellen Leber. Mein Magen rebelliert, als ich auf den Teller blicke. Mit aller Kraft überwinde ich mich und beginne, langsam zu essen. Nach zwei Stunden habe ich meinen Teller fast leer gegessen und rede mir ein, mich phantastisch zu fühlen. Lketinga ist zufrieden. Wir gehen zu dritt ins Lodging, wo sich Jutta verabschiedet. Sie will morgen oder übermorgen wieder vorbeikommen. Den Rest des Nachmittags sitze ich vor dem Lodging in der Sonne. Es ist schön, die Wärme zu spüren. Am Abend liege ich im Bett, esse langsam eine Karotte und bin stolz auf meinen Fortschritt. Mein Magen hat sich beruhigt, und ich kann alles behalten. »Corinne, jetzt geht es aufwärts!« denke ich zuversichtlich und schlafe ein.
In der Früh erfährt Lketinga, daß die Zeremonie bereits begonnen hat. Er ist aufgebracht und möchte sofort nach Hause, zum Festplatz. Ich kann aber unmöglich so weit fahren, und wenn er zu Fuß geht, ist er auch erst am nächsten Tag dort.
Er denkt viel an seine Mama, die verzweifelt wartet und nicht weiß, was passiert ist. Morgen, verspreche ich meinem Darling, werden wir losfahren. So habe ich noch einen

vollen Tag, um Kräfte zu sammeln, damit ich wenigstens das Steuer halten kann. Wenn wir aus Maralal raus sind, kann Lketinga weiterfahren, aber hier, mit der Polizei, ist es zu gefährlich.

Wir gehen wieder zum Somali, und ich bestelle mir dasselbe Essen. Heute habe ich fast die ganze Strecke ohne Hilfe geschafft. Mit dem Essen geht es schon viel leichter. Langsam spüre ich wieder Leben in meinem Körper. Mein Bauch ist flach und nicht mehr hohl eingefallen. Im Lodging betrachte ich mich zum ersten Mal wieder in einem Spiegel. Mein Gesicht hat sich sehr verändert. Die Augen kommen mir riesengroß vor, meine Backenknochen stechen kantig ab. Bevor wir aufbrechen, hat Lketinga noch einige Kilo Kautabak und Zucker gekauft, ich besorge Reis und Früchte. Die ersten Kilometer bereiten mir enorme Mühe, da ich ständig vom ersten in den zweiten Gang schalten muß und viel Kraft für die Kupplung benötige. Lketinga, der neben mir sitzt, hilft, indem er meinem Schenkel mit dem Arm zusätzlichen Druck verleiht. Wieder fahre ich wie in Trance, und wir erreichen nach mehreren Stunden den Festplatz.

Die Zeremonie

Völlig erschöpft bin ich dennoch überwältigt vom Anblick des riesigen Krals. Aus dem Nichts haben die Frauen ein neues Dorf erbaut. Es sind weit mehr als fünfzig Manyattas. Überall ist Leben. Aus jeder Hütte quillt Rauch. Lketinga sucht zuerst die Manyatta von Mama, während ich beim Landrover warte. Meine Beine zittern, und meine dünnen Arme schmerzen. Innerhalb kurzer Zeit haben sich Kinder, Frauen und Alte um mich versammelt und starren mich an. Ich hoffe, Lketinga kommt bald zurück. Tatsächlich erscheint er in Begleitung von Mama. Sie macht ein finsteres Gesicht, als sie mich mustert. »Corinne, jambo ... wewe Malaria?« Ich nicke und unterdrücke die aufsteigenden Tränen.

Wir packen alles aus und lassen den abgeschlossenen Wagen vor dem Kral stehen. An etwa fünfzehn Manyattas müssen wir vorbeigehen, bevor wir die von Mama erreichen. Der ganze Weg ist mit Kuhfladen übersät. Natürlich haben alle ihre Tiere mitgebracht, die momentan unterwegs sind und erst abends heimkehren. Wir trinken Chai, und Mama unterhält sich aufgeregt mit Lketinga. Später erfahre ich, daß wir zwei von den drei Festtagen verpaßt haben. Mein Darling ist enttäuscht und wirkt verstört. Er tut mir leid. Es wird einen Ältestenrat geben, bei dem die wichtigsten Alten bestimmen, ob er noch zugelassen wird und wie es weitergeht. Mama, die auch zu diesem Rat gehört, ist viel unterwegs, um die wichtigsten Männer aufzusuchen.

Die Festlichkeiten beginnen erst, wenn es dunkel wird und

die Tiere zurück sind. Vor der Manyatta sitzend schaue ich dem Treiben zu. Lketinga läßt sich von zwei Kriegern berichten, während sie ihn schmücken und kunstvoll bemalen. Es liegt eine enorme Spannung über dem Kral. Ich fühle mich ausgeschlossen und vergessen. Seit Stunden hat niemand auch nur ein Wort an mich gerichtet. Bald werden die Kühe und Ziegen nach Hause kommen, und kurz darauf wird es Nacht sein. Mama kehrt zurück und bespricht die Situation mit Lketinga. Sie scheint etwas betrunken zu sein. Alle Alten trinken selbstgebrautes Bier in großen Mengen.
Ich will endlich wissen, wie es weitergeht. Lketinga erklärt mir, daß er einen großen Ochsen oder fünf Ziegen für die Alten schlachten muß. Dann seien sie bereit, ihn zu der Zeremonie zuzulassen. Sie würden vor Mamas Manyatta heute nacht den Segen sprechen, und er dürfe den Tanz der Krieger anführen, damit alle offiziell erfahren, daß ihm diese krasse Verspätung, die normal den Ausschluß bedeutet, verziehen wird. Ich bin erleichtert. Doch er meint, im Moment besitze er keine fünf großen Ziegen. Höchstens zwei, die anderen seien schwanger und die dürfe man nicht töten. Ich schlage vor, den Verwandten welche abzukaufen. Dabei ziehe ich ein Bündel Geld hervor und gebe es ihm. Er will erst nicht, da er weiß, daß heute jede Ziege das Doppelte kosten wird. Aber Mama spricht energisch auf ihn ein. Er steckt das Geld ein und verläßt beim ersten Klingeln der Glöckchen, das die Rückkehr der Tiere ankündigt, die Hütte.
Unsere Manyatta füllt sich nach und nach mit weiteren Frauen. Mama kocht Ugali, ein Maisgericht, und es wird viel geredet. Die Hütte ist vom Feuer nur spärlich erhellt. Ab und zu versucht eine Frau ein Gespräch mit mir. Eine

jüngere Frau mit Kleinkind sitzt neben mir und bestaunt zuerst meine Arme, die voller Massai-Schmuck sind, und später wagt sie auch, in meine langen glatten Haare zu fassen. Wieder wird gelacht, und sie zeigt auf ihren kahlen Kopf, der nur mit einem Perlenband geschmückt ist. Ich schüttle den Kopf. Mich mit einer Glatze vorzustellen, fällt mir schwer.
Draußen ist es bereits stockdunkel, als ich ein grunzendes Geräusch vernehme. Es ist das typische Geräusch der Männer, wenn sie in erregtem Zustand sind, sei es bei Gefahr oder auch beim Sex. Augenblicklich ist es still in der Hütte. Mein Krieger streckt den Kopf herein, verschwindet aber beim Anblick der vielen Frauen gleich wieder. Ich höre Stimmen, die immer lauter werden. Plötzlich ertönt ein Schrei, und sofort fallen mehrere Personen in eine Art Summen oder Gurren ein. Neugierig krieche ich hinaus und bin überrascht, wie viele Krieger und junge Mädchen vor unserer Hütte zum Tanz versammelt sind. Die Krieger sind schön bemalt und tragen ein rotes Hüfttuch. Ihre Oberkörper sind frei und mit gekreuzten Perlenketten geschmückt. Die rote Bemalung ist vom Hals bis zur Mitte der Brust im Spitz zulaufend. Mindestens drei Dutzend Krieger bewegen ihre Körper im gleichen Rhythmus. Die Mädchen, zum Teil sehr jung, vielleicht neun- bis etwa fünfzehnjährig, tanzen in einer Reihe, den Männern zugewandt, im Rhythmus den Kopf bewegend mit. Nur ganz allmählich wird der Rhythmus gesteigert. Nach gut einer Stunde springen die ersten Krieger in die Höhe, die typischen Massai-Sprünge.
Mein Krieger sieht wunderbar aus. Er springt wie eine Feder höher und höher. Die langen Haare flattern bei jedem Sprung. Die nackten Oberkörper glänzen vor Schweiß.

Man sieht alles nur undeutlich in der sternenklaren Nacht, dafür spürt man förmlich die Erotik, die sich durch das stundenlange Tanzen verbreitet. Die Gesichter sind ernst und die Augen starr. Ab und zu ertönt ein wilder Schrei, oder ein Vorsprecher singt, und die anderen fallen mit ein. Es ist phantastisch, und für Stunden vergesse ich meine Krankheit und Müdigkeit.
Die Mädchen suchen sich immer wieder andere Krieger aus, denen sie mit ihren nackten Brüsten und dem riesigen Halsschmuck entgegenwippen. Bei ihrem Anblick überkommt mich Traurigkeit. Mir wird bewußt, daß ich mit meinen siebenundzwanzig Jahren hier schon alt bin. Vielleicht nimmt Lketinga später so ein junges Mädchen als Zweitfrau. Von Eifersucht geplagt, fühle ich mich deplaziert und ausgeschlossen.
Die Gruppe formiert sich zu einer Art Polonaise, und Lketinga führt stolz die Kolonne an. Er sieht wild und unnahbar aus. Langsam geht der Tanz zu Ende. Die Mädchen begeben sich kichernd etwas abseits. Die Alten sitzen in ihre Wolldecken gehüllt im Kreis am Boden. Die Morans bilden ebenfalls einen Kreis. Nun wird der Segen von den Alten gesprochen. Einer spricht einen Satz, und alle sagen »Enkai«, das Massai-Wort für Gott. Dies wiederholt sich eine halbe Stunde lang, dann ist das gemeinsame Fest für heute beendet. Lketinga kommt zu mir und meint, ich solle nun mit Mama schlafen gehen. Er gehe mit den anderen Kriegern in den Busch, um eine Ziege zu schlachten. Geschlafen wird nicht, sondern von alten und kommenden Zeiten gesprochen. Ich kann das gut verstehen und wünsche ihm eine wunderbare Nacht.
In der Manyatta richte ich mich zwischen den anderen, so gut es geht, ein. Ich liege lange wach, weil überall Stimmen

zu hören sind. In der Ferne brüllen Löwen, vereinzelt meckern Ziegen. Ich bete, daß ich bald wieder zu Kräften komme.
Morgens um sechs Uhr beginnt die Tagwache. So viele Tiere auf einem Platz verursachen großen Lärm. Mama geht hinaus, um unsere Ziegen und Kühe zu melken. Wir machen Chai. Ich sitze eingehüllt in meine Decke, weil es kühl ist. Ungeduldig warte ich auf Lketinga, da ich seit längerem auf die Toilette muß, es aber bei so vielen Menschen nicht wage, den Kral zu verlassen. Jeder würde mir nachschauen, besonders die Kinder, die mir ständig hinterherlaufen, wenn ich ohne Lketinga ein paar Schritte umhergehe.
Endlich kommt er. Strahlend streckt er den Kopf in die Hütte: »Hello, Corinne, how are you?« Dabei wickelt er seinen zweiten Kanga auf und streckt mir, in Blätter eingepackt, ein gebratenes Schafbein entgegen: »Corinne, now you eat slowly, after Malaria this is very good.« Es ist schön, daß er an mich gedacht hat, denn normal ist es nicht, daß ein Krieger seiner Braut fertig gebratenes Fleisch bringt. Als ich das Bein unschlüssig in der Hand halte, setzt er sich neben mich und schneidet mit seinem großen Buschmesser kleine, mundgerechte Teile ab. Lust auf Fleisch habe ich überhaupt nicht, doch etwas anderes gibt es nicht, und essen muß ich, wenn ich kräftiger werden will. Mit Überwindung verzehre ich ein paar Stücke, und Lketinga ist zufrieden. Ich frage, wo wir uns waschen können. Da lacht er und meint, der River sei sehr weit weg und mit dem Auto nicht erreichbar. Die Frauen holen nur das nötige Teewasser, für mehr reicht es nicht. Also müssen wir mit Waschen noch ein paar Tage warten. Dieser Gedanke ist mir unangenehm. Dafür gibt es fast keine Moskitos, aber um so mehr Fliegen. Beim Zähneputzen vor der Ma

nyatta werde ich neugierig beobachtet. Als ich den Schaum ausspucke, sind die Zuschauer in heller Aufregung. Nun muß auch ich wieder lachen.
An diesem Tag wird ein Ochse geschlachtet, mitten auf dem Platz. Es ist ein schauriges Schauspiel. Sechs Männer versuchen den Ochsen seitlich auf den Boden zu drücken. Das ist nicht einfach, da das Tier in seiner Todesangst mit dem Kopf wild um sich schlägt. Erst nach mehreren Versuchen gelingt es zwei Kriegern, den Ochsen an den Hörnern zu packen und den Kopf zur Seite zu drücken. Der Ochse sinkt langsam zu Boden. Sofort werden die Beine gefesselt. Drei Leute sind damit beschäftigt, ihn zu ersticken, während die anderen die Beine festhalten. Es ist grauenhaft, für die Massai aber die einzige Form, ein Tier zu töten. Als es sich nicht mehr regt, wird dem Tier die Schlagader geöffnet, und alle umstehenden Männer wollen von dem Blut schlürfen. Es muß eine Delikatesse sein, denn es entsteht ein richtiges Gedränge. Dann beginnt die Zerlegung. Alte Männer, Frauen und Kinder stehen bereits an, um ihre Teile zu bekommen. Die besten Stücke gehen an die alten Männer, dann erst kommen die Frauen- und Kinderanteile. Nach vier Stunden ist außer einer Blutlache und dem aufgespannten Fell nichts mehr übrig. Die Frauen haben sich in ihre Hütten zurückgezogen und kochen. Die alten Männer sitzen unter den Bäumen im Schatten, trinken Bier und warten auf ihre gekochten Stücke.
Am späten Nachmittag höre ich ein Motorengeräusch, und kurz darauf erscheint Giuliano auf seinem Motorrad. Ich begrüße ihn freudig. Er hat gehört, daß ich hier bin und Malaria habe, deshalb wolle er nach mir schauen. Er hat selbstgebackenes Brot und Bananen mitgebracht. Ich bin froh und fühle mich wie vom Weihnachtsmann beschenkt.

Nun erzähle ich ihm die ganze Misere von der geplatzten Hochzeit bis zur Malaria. Er rät mir dringend, nach Wamba zu fahren oder zurück in die Schweiz, bis ich wieder kräftiger bin. Mit Malaria sei nicht zu spaßen. Bei diesen Worten schaut er mich eindringlich an, und mir wird klar, daß ich noch lange nicht über den Berg bin. Dann steigt er auf sein Motorrad und braust davon.
Ich denke an zu Hause, an meine Mutter und an ein warmes Bad. Ja, im Moment wäre das wirklich schön, obwohl es nicht allzu lange her ist, daß ich in der Schweiz war. Allerdings kommt es mir wie eine Ewigkeit vor. Beim Anblick meines Darlings vergesse ich die Gedanken an die Schweiz. Er erkundigt sich nach meinem Befinden, und ich erzähle ihm vom Besuch des Paters. Von ihm habe ich erfahren, daß heute die Schüler von Maralal nach Hause kommen. Zum Teil bringt Pater Roberto einige mit seinem Fahrzeug her. Als Mama davon erfährt, hofft sie inständig, daß James dabei ist. Auch ich freue mich auf die Möglichkeit, mich zwei Wochen Englisch unterhalten zu können.
Ab und zu esse ich ein paar Stücke Fleisch, die ich allerdings erst von einem Fliegenschwarm befreien muß. Das Trinkwasser sieht nicht wie Wasser aus, sondern eher wie Kakao. Mir bleibt nichts anderes übrig, als es zu trinken, wenn ich nicht verdursten will. Milch bekomme ich keine, denn Mama meint, nach einer Malaria sei diese sehr gefährlich, es könne einen Rückfall geben.
Die ersten Burschen aus der Schule treffen ein, und James ist mit zwei Freunden dabei. Sie sind gleich angezogen, kurze graue Hosen, ein hellblaues Hemd und ein dunkelblauer Pullover. Er begrüßt mich freudig, seine Mutter dagegen eher respektvoll. Beim gemeinsamen Teetrinken beobachte ich diese Generation und bemerke, wie sehr sie

sich von Lketinga und seinen Altersgenossen unterscheidet. Irgendwie paßt sie nicht in diese Manyattas. James betrachtet mich und sagt, er hätte in Maralal gehört, daß ich Malaria habe. Er bewundere mich, wie ich in Mamas Manyatta als Weiße leben könne. Er als Samburu habe anfangs immer große Mühe, wenn er in den Schulferien nach Hause komme. Alles sei schmutzig und eng.

Die Jungen bringen Abwechslung, der Tag vergeht wie im Flug. Schon kommen die Kühe und Ziegen nach Hause. Abends findet ein großes Tanzfest statt. Heute tanzen sogar die alten Frauen, allerdings ganz unter sich. Auch die Burschen tanzen außerhalb des Krals, zum Teil in ihrer Schuluniform. Es sieht lustig aus. Später in der Nacht sammeln sich erneut die Könige des Festes, die Krieger. James steht daneben und nimmt den Gesang mit unserem Kassettenrecorder auf. Diese Idee war mir gar nicht gekommen. Nach zwei Stunden ist die Kassette voll.

Die Krieger tanzen immer wilder. Einer der Morans fällt plötzlich in eine Art Rausch. Er schüttelt sich ekstatisch, bis er zu Boden sinkt und laut brüllend um sich schlägt. Zwei Krieger lösen sich aus dem Tanzritual und halten ihn mit Gewalt am Boden fest. Aufgeregt trete ich zu James und frage, was los sei. Dieser Moran habe vermutlich zuviel Blut getrunken und sei durch den Tanz in eine Art Trance gefallen. Nun kämpfe er in seinem Wahn mit einem Löwen. Es sei nicht so schlimm, da er bewacht und irgendwann auch wieder normal würde. Der Mann wälzt sich schreiend am Boden. Die Augen sind starr gegen den Himmel gerichtet, er hat Schaum vor dem Mund. Es sieht grauenhaft aus. Ich hoffe nur, daß so etwas nicht Lketinga passiert. Außer den zwei Bewachern kümmert sich niemand um ihn, das Fest geht weiter. Auch ich schaue bald wieder Lketinga zu,

wie er elegant in die Höhe schnellt. Noch einmal genieße ich diesen Anblick, denn offiziell ist das Fest heute nacht beendet.
Mama sitzt angetrunken in der Manyatta. Die Burschen lassen den Recorder laufen, und alles ist in heller Aufregung. Neugierig versammeln sich die Krieger um das Gerät, das James auf den Boden stellt. Lketinga erfaßt es als erster und strahlt über das ganze Gesicht, als er die einzelnen Morans am Schrei oder am Gesang erkennt. Während es die einen reglos mit aufgerissenen Augen anstarren, tasten andere das Gerät ab. Lketinga schultert stolz den Recorder, und einige Morans beginnen von neuem zu tanzen.
Langsam wird es kühl, und ich gehe in die Manyatta zurück. James wird bei einem Freund schlafen, und mein Darling zieht mit den anderen in den Busch. Wieder höre ich von überall Geräusche. Der Eingang der Hütte ist nicht zugedeckt, so daß ich noch ab und zu Beine vorbeihuschen sehe. Ich freue mich, wieder nach Barsaloi zu ziehen. Meine Kleider sind rauchig und schmutzig. Auch mein Körper sollte mit Wasser in Berührung kommen, von meinen Haaren ganz zu schweigen.
Die Burschen sind morgens früher als Lketinga in der Manyatta. Mama kocht Chai, als Lketinga den Kopf zur Hütte hereinstreckt. Beim Anblick der Burschen spricht er zornig auf sie ein. Mama erwidert etwas, und die Burschen verlassen unsere Manyatta ohne Chai. Dafür setzen sich Lketinga und ein zweiter Moran in die Hütte. »What's the problem, darling?« frage ich etwas verstört. Nach einer längeren Pause erklärt er mir, daß dies eine Kriegerhütte sei, und die unbeschnittenen Jungen hier nichts zu suchen hätten. James müsse Essen und Trinken in einer anderen Hütte einnehmen, wo die Mama keinen Sohn im Moranalter, son-

dern in seinem Alter hat. Mama schweigt verbissen. Ich bin enttäuscht, auf die englische Unterhaltung verzichten zu müssen, und empfinde gleichzeitig Mitleid mit den vertriebenen Burschen. Aber ich muß diese Gesetze akzeptieren. Wie lange wir noch hier bleiben, frage ich. Etwa zwei bis drei Tage, ist die Antwort, dann geht jede Familie an ihren alten Platz zurück. Ich bin entsetzt, hier so lange aushalten zu müssen ohne Wasser, mit lästigen Kuhfladen und den Fliegen. Erneut beschleicht mich der Gedanke an die Schweiz. Ich fühle mich nach wie vor sehr schwach. Weiter als ein paar Meter in den Busch, um meine Notdurft zu verrichten, gehe ich nie. Auch möchte ich wieder ein normales Leben mit meinem Freund führen.
Nachmittags schaut Giuliano vorbei und bringt mir einige Bananen und einen Brief von meiner Mutter. Der Brief richtet mich auf, obwohl sich meine Mutter große Sorgen macht, weil sie lange nichts mehr von mir gehört hat. Der Pater und ich wechseln ein paar Worte, dann ist er schon wieder weg. Ich nutze die Zeit, einen Antwortbrief zu schreiben. Meine Krankheit erwähne ich nur beiläufig und verharmlose sie, um meine Mutter nicht zu beunruhigen. Allerdings deute ich an, daß ich eventuell bald in die Schweiz kommen werde. Den Brief will ich bei unserer Rückkehr in der Mission abgeben. Meine Mutter wird drei Wochen auf ihn warten müssen.
Endlich brechen wir auf. Alles ist schnell verpackt. Möglichst viel wird im Landrover verstaut, den Rest bindet Mama auf die zwei Esel. Wir sind natürlich lange vor Mama in Barsaloi, und so fahre ich direkt zum Fluß. Da Lketinga den Wagen nicht unbewacht abstellen will, fahren wir im ausgetrockneten Bachbett weiter, bis wir ungestört sind. Ich entledige mich der rauchigen Kleider, und wir waschen

uns ausgiebig. Der Seifenschaum läuft mir schwarz am Körper herunter. Auf meiner Haut hatte sich eine richtige Rußschicht gebildet. Geduldig wäscht mir Lketinga die Haare in mehreren Gängen.
Lange habe ich mich nicht mehr nackt betrachtet, deshalb fallen mir jetzt meine dünnen Beine auf. Nach dem Waschen fühle ich mich wie neu geboren. Ich wickle mich in einen Kanga und beginne mit dem Waschen der Kleider. Wie immer ist es mühsam, den Schmutz mit kaltem Wasser auszuwaschen, doch mit genügend Omo gelingt es einigermaßen. Lketinga hilft mir dabei und beweist, wie sehr er mich liebt, indem er meine Röcke, T-Shirts und sogar Unterwäsche mitwäscht. Kein anderer Mann würde die Kleider einer Frau waschen.
Unsere Zweisamkeit genieße ich sehr. Die nassen Kleider hängen wir über Büsche oder auf die heißen Felsen. Wir setzen uns in die Sonne, ich im Kanga, Lketinga völlig nackt. Er holt seinen kleinen Taschenspiegel hervor und beginnt sein gewaschenes Gesicht kunstvoll in orangefarbenem Ocker mit einem kleinen Hölzchen zu bemalen. Er macht dies mit seinen langen, eleganten Fingern so exakt, daß es für mich eine Freude ist, ihn zu beobachten. Er sieht phantastisch aus. Endlich fühle ich wieder ein aufsteigendes Begehren. Er schaut zu mir und lacht: »Why you look always to me, Corinne?« »Beautiful, it's very nice«, erkläre ich. Doch Lketinga schüttelt den Kopf und meint, so etwas darf man nicht sagen, das bringt einem Menschen Unglück.
Die Kleider trocknen schnell, wir packen alles zusammen und brechen auf. Im Dorf halten wir an und besuchen das Chaihaus, in dem es neben Tee auch Mandazi, kleine Maisfladen, gibt. Das Gebäude ist eine Mischung zwischen Baracke und einer großen Manyatta. Am Boden befinden sich

zwei Feuerstellen mit kochendem Chai. Entlang den Wänden dienen Bretter als Bänke. Drei alte Männer und zwei Morans sitzen dort. Man begrüßt sich: »Supa Moran!« »Supa«, ist die Antwort. Wir bestellen Tee, und während mich die zwei Krieger mustern, beginnt Lketinga das Gespräch mit den immer gleichen Anfangssätzen, die ich inzwischen verstehen kann. Man fragt hier jeden Unbekannten nach dem Geschlechtsnamen, dem Wohngebiet, wie es seiner Familie und seinen Tieren geht, woher man gerade kommt und wohin man will. Dann bespricht man Begebenheiten, die stattgefunden haben. So funktioniert im Busch, was in der Stadt die Zeitung oder das Telefon leisten. Wenn wir zu Fuß unterwegs sind, wird mit jeder entgegenkommenden Person auf diese Weise gesprochen. Die beiden Morans wollen allerdings noch wissen, wer diese Mzungu sei. Dann ist das Gespräch beendet, und wir verlassen das Teehaus.

Mama ist angekommen und mit dem Flicken und Ausbessern unserer alten Manyatta beschäftigt. Das Dach wird wieder mit Pappkarton oder Sisalmatten zugestopft. Kuhmist ist momentan nicht vorhanden. Lketinga geht mit James in den Busch, um weitere Dornenbüsche zu schlagen. Sie wollen die Umzäunung ausbessern und erhöhen. Die Menschen, die in Barsaloi geblieben waren, wurden vor ein paar Tagen von zwei Löwen heimgesucht, die Ziegen gerissen haben. Sie kamen nachts und sprangen über den Dornenzaun. Dann schnappten sie die Ziegen und verschwanden spurlos in der Finsternis. Da keine Krieger hier waren, wurde die Verfolgung nicht aufgenommen. Doch die Zäune wurden daraufhin erhöht. Die ganze Gegend spricht von diesem Vorfall. Man muß auf der Hut sein, denn sie werden wiederkommen. In unserem Kral werden

sie es schwieriger haben, denn wir beschließen, den Landrover neben der Hütte stehenzulassen, so ist der halbe Platz schon versperrt.
Gegen Abend kehren unsere Tiere zurück. Wegen der Schweizer Kuhglocke hören wir sie von weitem, und Lketinga und ich gehen ihnen entgegen. Es ist ein schönes Schauspiel, wenn die Tiere nach Hause drängen. Vorab die Ziegen, hinter ihnen die Kühe.
Unser Nachtessen besteht aus Ugali, das Lketinga erst spät in der Nacht ißt, wenn alles schläft. Endlich können wir uns lieben. Es muß geräuschlos vor sich gehen, da Mama und Saguna anderthalb Meter von uns entfernt schlafen. Trotzdem ist es schön, seine seidige Haut und sein Begehren zu spüren. Nach diesem Liebesspiel flüstert Lketinga: »Now you get a baby.« Ich muß lachen über seine überzeugten Worte. Gleichzeitig wird mir bewußt, daß meine Regel seit längerem ausgeblieben ist. Doch schreibe ich das eher meinem angeschlagenen Zustand als einer Schwangerschaft zu. Mit dem Gedanken an ein Baby schlafe ich glücklich ein.
In der Nacht erwache ich und fühle ein Ziehen im Magen. Im nächsten Augenblick spüre ich, daß ich Durchfall bekomme. Panik erfaßt mich. Vorsichtig stupse ich Lketinga an, doch er schläft tief. Mein Gott, die Zaunöffnung finde ich nie! Außerdem sind vielleicht die Löwen in der Nähe. Lautlos krieche ich aus der Manyatta und spähe kurz um mich, ob jemand in der Nähe ist. Dann kauere ich mich hinter den Landrover, und schon geht es los. Es will kein Ende nehmen. Ich schäme mich sehr, da ich weiß, daß es ein grobes Vergehen ist, wenn man diese Art von Notdurft innerhalb des Krals erledigt. Papier darf ich auf keinen Fall benutzen, und so reinige ich mich mit meiner Unter-

wäsche, die ich unter dem Landrover im Fahrgestell verstecke. Meine angerichtete Misere schütte ich mit Sand zu und hoffe, daß am Morgen von diesem Alptraum nichts mehr zu sehen ist. Ängstlich krieche ich zurück in die Manyatta. Niemand wacht auf, lediglich Lketinga grunzt kurz.

Wenn nur kein weiterer Schub kommt! Bis zum Morgen geht es gut, dann muß ich schnell im Busch verschwinden. Mein Durchfall hält an, und meine Beine zittern von neuem. Zurück im Kral schaue ich unauffällig neben den Landrover und stelle erleichtert fest, daß von meinem nächtlichen Mißgeschick nichts mehr sichtbar ist. Ein streunender Hund hat wahrscheinlich den Rest erledigt. Ich erzähle Lketinga, daß ich Probleme habe und gedenke, bei der Mission nach Medizin zu fragen. Doch trotz der Kohletabletten hält der Durchfall den ganzen Tag an. Mama bringt mir selbstgemachtes Bier, von dem ich einen Liter trinken soll. Es sieht scheußlich aus und schmeckt auch so. Nach zwei Tassen zeigt sich zumindest die alkoholische Wirkung, den halben Tag döse ich vor mich hin.

Irgendwann kommen die Burschen vorbei. Lketinga ist im Dorf, und ich kann die Unterhaltung unbeschwert genießen. Wir sprechen über Gott und die Welt, über die Schweiz, meine Familie und über die hoffentlich baldige Heirat. James bewundert mich und ist stolz, daß der in seinen Augen nicht einfache Bruder eine weiße, gute Frau bekommt. Sie berichten viel aus der strengen Schule und wie anders das Leben wird, wenn man eine Schule besuchen kann. Viele Dinge zu Hause verstehen sie nun nicht mehr. Sie erzählen Beispiele, über die wir gemeinsam lachen.

Während der Unterhaltung fragt James, warum ich kein Geschäft mit meinem Auto betreibe. Ich könnte doch für

die Somalis Mais oder Zuckersäcke bringen, Leute transportieren etc. Wegen der Straßen bin ich von dieser Idee nicht begeistert, erwähne aber, nach der Hochzeit irgend etwas zu machen, was Geld bringt. Am liebsten hätte ich einen Laden, in dem man alles Eßbare kaufen könnte. Dies ist jedoch zunächst ein Wunsch. Im Moment bin ich zu schwach, und erst muß die Heirat genehmigt werden, bevor ich arbeiten darf. Die Burschen sind von der Idee eines Shops fasziniert. James beteuert, daß er mir in knapp einem Jahr, wenn er seine Schule beendet hat, helfen will. Der Gedanke ist verlockend, doch ein Jahr ist eine lange Zeit.
Lketinga kommt zurück, und kurz darauf verziehen sich die Burschen respektvoll. Er will wissen, worüber wir uns unterhalten haben. Ich erzähle ihm von der vagen Idee mit einem Laden. Zu meiner Überraschung läßt auch er sich mitreißen von dieser Vorstellung. Es wäre der einzige Massai-Laden weit und breit, und die Somalis hätten keine Kunden mehr, denn alle Leute kämen nur zu gerne zu einem Stammesbruder. Dann schaut er mich an und sagt, dies werde viel Geld kosten, ob ich denn soviel habe. Ich beruhige ihn, in der Schweiz sei noch etwas. Aber alles muß gut überlegt werden.

Pole, pole

In letzter Zeit habe ich mich häufig mit verletzten Personen beschäftigt. Seit ich das Kleinkind einer Nachbarin mit einem eiternden Geschwür am Bein mittels Zugsalbe geheilt habe, bringen täglich Mütter ihre Kinder mit zum Teil grauenhaften Abszessen zu mir. Ich reinige, salbe und verbinde, so gut es geht, und bestelle die Leute alle zwei Tage von neuem. Doch der Zulauf wird so groß, daß ich bald keine Salbe mehr besitze und nicht mehr helfen kann. Ich schicke sie zum Hospital oder in die Mission, aber die Frauen gehen wortlos, ohne meinen Rat zu befolgen.
In zwei Tagen werden die Schüler in die Schule zurückkehren. Mit tut es leid, denn sie waren sehr unterhaltsam. Die Idee vom Shop hat sich inzwischen festgesetzt, und eines Tages fasse ich den Entschluß, doch in die Schweiz zu fahren, um Energie zu tanken und mir einige Kilo zuzulegen. Die Gelegenheit, von Roberto oder Giuliano nach Maralal mitgenommen zu werden, ist verlockend. Unseren Landrover könnte ich hier lassen und müßte in meinem geschwächten Zustand die Strecke nicht selber bewältigen. Kurzerhand teile ich Lketinga meine Entscheidung mit. Er ist völlig irritiert von meinem Vorhaben, ihn in zwei Tagen zu verlassen. Ich verspreche ihm, über den Shop nachzudenken und Geld mitzubringen. Er soll sich erkundigen, wo und wie wir ein Gebäude erstellen können. Während ich mit ihm alles bespreche, wird für mich die Vorstellung von einem gemeinsamen Shop konkreter. Jetzt brauche ich nur Zeit, um alles vorzubereiten und Kraft zu sammeln.

Natürlich hat Lketinga wieder Angst, daß ich ihn verlassen will, doch diesmal stehen mir die Burschen zur Seite und können ihm mein Versprechen, in drei bis vier Wochen gesund zurück zu sein, Wort für Wort übersetzen. Den genauen Tag würde ich ihm bekannt geben, sobald ich ein Ticket gelöst habe. Ich führe auf gut Glück nach Nairobi und hoffte auf einen möglichst schnellen Abflug in die Schweiz. Schweren Herzens willigt er ein. Ich lasse ihm etwas Geld zurück, etwa 300 Franken.
Mit wenig Gepäck warte ich mit mehreren Schülern vor der Mission. Wann es losgeht, wissen wir nicht, doch wer dann nicht da ist, muß zu Fuß gehen. Mama und mein Darling sind ebenfalls anwesend. Während Mama James die letzten Anweisungen gibt, tröste ich Lketinga. Einen Monat ohne mich findet er sehr, sehr lang. Dann kommt Giuliano. Ich kann neben ihm sitzen, während sich die Burschen in den hinteren Teil quetschen. Lketinga winkt und gibt mir »Take care of our baby!« mit auf den Weg. Wie überzeugt er von meiner angeblichen Schwangerschaft ist, läßt mich lächeln.
Pater Giuliano rast förmlich über die Straße. Mit Mühe halte ich mich fest. Wir sprechen nicht viel. Lediglich als ich ihm erkläre, daß ich in einem Monat zurück sein will, meint er, daß ich mindestens drei Monate benötigen würde, um mich zu erholen. Aber das ist für mich nicht vorstellbar.
In Maralal herrscht Chaos. Das Städtchen ist mit abreisenden Schülern überfüllt. Sie werden über ganz Kenia verteilt, damit sich die verschiedenen Stämme vermischen. James hat Glück, weil er in Maralal bleiben kann. Ein Bursche aus unserem Dorf muß nach Nakuru, so daß wir einen Teil der Strecke gemeinsam fahren können. Aber erst müssen wir an ein Busticket kommen. Das scheint für die näch-

sten zwei Tage aussichtslos. Alle Plätze sind vergeben. Einige Auswärtige sind mit offenen Pick-ups nach Maralal gekommen, um mit überteuerten Fahrten gutes Geld zu machen. Sogar bei diesen finden wir keinen Platz. Vielleicht am nächsten Morgen um fünf Uhr, stellt jemand in Aussicht. Wir reservieren, aber Geld geben wir noch keines.

Der Bursche steht ratlos herum, weil er nicht weiß, wo er ohne Geld übernachten soll. Er ist sehr scheu und hilfsbereit. Dauernd schleppt er meine Reisetasche. Ich schlage vor, in das mir bekannte Lodging zu gehen, um etwas zu trinken und nach Zimmern Ausschau zu halten. Die Wirtin begrüßt mich freudig, doch auf meine Anfrage nach zwei Zimmern schüttelt sie bedauernd den Kopf. Eines kann sie mir bis zum Abend frei machen, weil ich ihr Stammgast bin. Wir trinken Chai und klappern die anderen Lodgings ab. Ich bin bereit, diesen für mich kleinen Betrag zu übernehmen. Doch alle sind belegt. Inzwischen wird es dunkel und kälter. Ich überlege hin und her, ob ich den Jungen im zweiten Bett in meinem Zimmer einquartieren soll. Für mich wäre es kein Problem, aber wie das die Leute auffassen, weiß ich nicht. Ich frage ihn, was er zu tun gedenkt. Er erklärt mir, er müsse außerhalb von Maralal verschiedene Manyattas aufsuchen. Wenn er eine Mama findet, die einen Sohn seines Alters hat, muß sie ihn aufnehmen.

Das erscheint mir nun wirklich zu umständlich, denn wir wollen um fünf Uhr losfahren. Kurz entschlossen biete ich ihm mein zweites Bett an, das an der gegenüberliegenden Wand steht. Im ersten Moment schaut er mich verlegen an und lehnt dankend ab. Er meint, er könne unmöglich im Raum einer Krieger-Braut schlafen, das würde Probleme geben. Ich lache, nehme das Ganze nicht so ernst und sage, er solle es eben niemandem erzählen. Ich gehe zuerst ins Lodging. Dem Wächter gebe ich ein paar Schilling mit der Bitte, mich um 4.30 Uhr zu wecken. Der Junge erscheint eine halbe Stunde später. Voll angezogen liege ich bereits im Bett, obwohl es erst acht Uhr ist. Bei der Dunkelheit draußen ist nichts mehr los, außer in vereinzelten Bars, die ich meide.

Die kahle Glühbirne erhellt den häßlichen Raum in aller Deutlichkeit. An den Wänden bröckelt der blau gestrichene Putz ab, und überall sind braune Flecken, von denen sich dünne Tropfspuren nach unten ziehen. Es sind scheußliche Reste von ausgespucktem Tabak. Daheim in der Manyatta haben das am Anfang Mama und andere ältere Besucher auch gemacht, bis ich mich darüber beschwerte. Jetzt spuckt Mama unter einen der Feuersteine. Das Lodging-Zimmer empfinde ich als äußerst eklig. Der Bursche legt sich angezogen ins Bett und dreht sich sofort zur Wand. Wir löschen die grelle Glühbirne und reden nicht mehr.

Es poltert an der Tür. Ich schrecke aus dem Tiefschlaf auf und frage, was los ist. Noch bevor eine Antwort kommt, sagt der Bursche, es sei schon fast fünf Uhr. Wir müssen los! Wenn der Pick-up voll ist, fährt er einfach ab. Wir raffen unsere Sachen zusammen und stürzen zum verabredeten Ort. Überall stehen Schüler in kleinen Gruppen zusammen. Einige steigen in ein Fahrzeug. Der Rest wartet wie wir in der kalten Dunkelheit. Ich friere fürchterlich. Um diese Zeit ist Maralal kalt und feucht vom Tau. Wir können nicht einmal Tee trinken, da in den Lodgings noch kein Betrieb ist.

Um sechs Uhr fährt der normal verkehrende Bus überbesetzt und hupend an uns vorbei. Unser Fahrer ist noch

nicht aufgetaucht. Er scheint es nicht eilig zu haben, da wir auf ihn angewiesen sind. Es wird hell, und wir warten nach wie vor. Nun packt mich die Wut. Ich will weg hier, und zwar heute noch bis Nairobi. Der Junge sucht verzweifelt nach einer Mitfahrgelegenheit, doch die wenigen Wagen sind restlos überfüllt, es gibt nur die Möglichkeit, von einem mit Kohlköpfen beladenen Lastwagen mitgenommen zu werden. Ich sage sofort zu, denn wir haben keine Wahl. Schon nach den ersten paar Metern bezweifle ich, ob ich richtig gehandelt habe. Es ist die reinste Tortur, auf den harten Dingern zu sitzen, die sich dauernd bewegen. Festhalten kann ich mich nur am Geländer, und das schlägt mir ständig in die Rippen. Bei jedem Schlagloch hebt es uns in die Luft, um anschließend auf den harten Kohlköpfen zu landen. Unterhalten kann man sich nicht. Es ist viel zu laut und zu gefährlich, denn bei diesen Schlägen könnte man sich auf die Lippen beißen. Irgendwie überlebe ich die viereinhalb Stunden bis Nyahururu.
Völlig zerschlagen klettere ich vom Laster und verabschiede mich von meinem jungen Begleiter, da ich in ein Restaurant gehen will, um eine Toilette aufzusuchen. Als ich meine Jeans herunterstreife, entdecke ich große violette Flekken an den Oberschenkeln. Mein Gott, bis ich in der Schweiz bin, sind meine mageren Beine auch noch dunkelblau unterlaufen! Meine Mutter wird der Schlag treffen, denn seit meinem letzten Besuch vor zwei Monaten habe ich mich körperlich sehr verändert. Sie weiß bis jetzt nicht einmal, daß ich schon wieder nach Hause komme, unverheiratet und schwer angeschlagen.
Im Restaurant bestelle ich mir eine Cola und ein richtiges Essen. Es gibt Hühnchen, und so verzehre ich ein halbes Poulet mit pappigen Pommes frites. Um hier zu übernach-

ten, ist es noch zu früh. Deshalb schleppe ich meine Tasche zum Busbahnhof, wo wie immer viel Betrieb ist. Ich habe Glück, ein Bus nach Nairobi ist abfahrbereit. Die Strecke ist geteert, was eine Wohltat ist, und ich schlafe auf meinem Sitz ein. Als ich wieder einmal aus dem Fenster schaue, sind wir nur noch etwa eine Stunde von meinem Ziel entfernt. Wenn ich Glück habe, erreichen wir die Megastadt, bevor es dunkel ist. Das Igbol liegt nicht gerade in einer ungefährlichen Gegend. Es dämmert bereits, als wir die Außenbezirke der Stadt erreichen.

Überall steigen jetzt Menschen mit ihren Habseligkeiten aus, während ich mein Gesicht krampfhaft an die Scheibe drücke, um mich im Lichtermeer zu orientieren. Bis jetzt kommt mir nichts bekannt vor. Im Bus sind noch fünf Personen, und ich bin unschlüssig, ob ich nicht einfach aussteigen soll, denn bis zum Busbahnhof will ich auf keinen Fall, dort ist es um diese Zeit für mich zu gefährlich. Ständig schaut der Chauffeur im Rückspiegel zu mir und wundert sich, warum die Mzungu nicht aussteigt. Nach einer Weile fragt er, wohin ich will. Ich antworte: »To Igbol-Hotel.« Er zuckt die Schultern. Da fällt mir der Name eines riesigen Kinos ein, das in unmittelbarer Nähe des Igbol liegt. »Mister, you know Odeon Cinema?« frage ich hoffnungsvoll. »Odeon Cinema? This place is no good for Mzungu-lady!« belehrt er mich. »It's no problem for me. I only go into the Igbol-Hotel. There are some more white people«, gebe ich zur Antwort. Er wechselt ein paarmal die Fahrspur, biegt mal links, mal rechts ab und hält direkt vor dem Hotel. Dankbar für diesen Service gebe ich ihm ein paar Schillinge. In meinem erschöpften Zustand bin ich um jeden Meter froh, den ich nicht laufen muß.

Es geht hektisch zu im Igbol. Alle Tische sind belegt,

und überall stehen Tramper-Rucksäcke herum. Mittlerweile kennt mich der Mann an der Rezeption und begrüßt mich mit »Jambo, Massai-lady!« Er hat nur noch ein Bett in einem Dreierzimmer frei. Im Zimmer treffe ich auf zwei Engländerinnen, die den Reiseführer studieren. Sofort gehe ich in den Gang zum Duschen, meine Beuteltasche mit Geld und Paß nehme ich mit. Ich ziehe mich aus und sehe mit Entsetzen, wie zerschlagen mein Körper ist. Meine Beine, eine Hinterbacke und die Unterarme sind übersät mit blauen Flecken. Aber das Duschen macht aus mir wieder einen etwas komfortableren Menschen. Danach setze ich mich ins Restaurant, um endlich etwas zu essen und die verschiedenen Touristen zu beobachten. Je länger ich den Europäern zuschaue, vor allem den männlichen, desto stärker überkommt mich die Sehnsucht nach meinem schönen Krieger. Kurz darauf verziehe ich mich in mein Bett, um meine müden Knochen auszustrecken.
Nach dem Frühstück marschiere ich zum Swissair-Office. Zu meiner großen Enttäuschung haben sie erst in fünf Tagen einen Platz frei. Das dauert mir zu lange. Bei Kenya-Airways ist die Wartezeit noch länger. Fünf Tage Nairobi, da werde ich mit Sicherheit depressiv. Deshalb klappere ich weitere Fluggesellschaften ab, bis ich bei Allitalia einen Flug in zwei Tagen bekomme, allerdings mit vier Stunden Aufenthalt in Rom. Ich frage nach dem Preis und buche. Anschließend hetze ich zur nahe gelegenen Kenya Commercial Bank, um Geld abzuheben.
In der Bank stehen die Menschen Schlange. Der Eingang wird durch zwei mit Maschinenpistolen bewaffnete Polizisten bewacht. Ich stelle mich in eine der wartenden Schlangen und kann nach einer guten halben Stunde mein Anliegen vorbringen. Ich habe einen Scheck auf den benötigten

Betrag ausgestellt. Es wird ein riesiges Bündel Geld sein, das ich durch Nairobi zur Allitalia bringen muß. Der Mann hinter dem Schalter dreht und wendet den Scheck und fragt mich, wo denn Maralal liegt. Er geht und kommt nach einigen Minuten zurück. Ob ich sicher sei, soviel Bargeld mitnehmen zu wollen? »Yes«, antworte ich genervt. Mir ist selber nicht wohl bei dem Gedanken. Nachdem ich diverse Belege unterschrieben habe, bekomme ich stapelweise Geldnoten, die ich sofort in meinem Rucksack verschwinden lasse. Zum Glück sind fast keine Personen mehr anwesend. Der Bankbeamte fragt nebenbei, was ich mit dem vielen Geld machen will und ob ich einen boyfriend brauche. Ich lehne dankend ab und gehe.

Unbehelligt erreiche ich das Allitalia Office. Erneut muß ich Formulare ausfüllen, und der Paß wird kontrolliert. Eine Angestellte erkundigt sich, warum ich kein Retourticket in die Schweiz habe. Ich erkläre ihr, daß ich in Kenia lebe und vor zweieinhalb Monaten nur ferienhalber in der Schweiz war. Die Dame meint höflich, ich sei aber Touristin, da nirgends vermerkt sei, daß ich in Kenia lebe. All diese Fragen verwirren mich. Ich will lediglich ein Flugticket zurück und bezahle es bar. Doch genau das ist das Problem. Ich habe einen Beleg, daß ich das Geld von einem kenianischen Bankkonto bezogen habe. Als Touristin dürfe ich nicht Kontoinhaberin sein und müsse zudem belegen, daß das Geld aus der Schweiz eingeführt wurde. Sonst müsse sie annehmen, daß es Schwarzgeld sei, da Touristen nicht erlaubt ist, in Kenia zu arbeiten. Nun bin ich völlig sprachlos. Die Überweisungen hat meine Mutter veranlaßt, und deshalb sind die Belege in Barsaloi. Bestürzt stehe ich vor dieser Dame mit einem Bündel Geld, das sie mir nicht abnehmen will. Die Afrikanerin hinter dem Counter bedauert, mir ohne Nachweis, woher das Geld stammt, kein Ticket ausstellen zu können. Völlig entnervt breche ich in Tränen aus und stammle, daß ich mit soviel Geld dieses Office nicht mehr verlasse, ich sei doch nicht lebensmüde. Die Afrikanerin starrt mich erschrocken an, und beim Anblick meiner Tränen gibt sie augenblicklich ihre Arroganz auf. »Wait a moment«, sagt sie beruhigend und verschwindet. Kurz darauf erscheint eine zweite Dame, erklärt mir noch mal das Problem und versichert, daß sie nur ihre Pflicht täten. Ich bitte sie, in Maralal bei der Bank nachzufragen, denn der Manager kenne mich gut. Die beiden besprechen die Angelegenheit. Dann kopieren sie lediglich meinen Wechsel sowie meinen Paß. Zehn Minuten später verlasse ich das Office mit dem Ticket. Nun muß ich ein internationales Telefon finden, um meiner Mutter den Überraschungsbesuch anzukündigen.

Während des Fluges wechseln meine Gefühle zwischen der Vorfreude auf die Zivilisation und Heimweh nach meiner afrikanischen Familie. Am Flughafen Zürich kann meine Mutter ihr Entsetzen bei meinem Anblick kaum verbergen. Ich bin dankbar, daß sie es nicht auch noch in Worte faßt. Hunger verspüre ich nicht, da ich im Flugzeug meine Mahlzeit sehr genossen habe, doch einen guten Schweizer Kaffee möchte ich trinken, bevor wir ins Berner Oberland aufbrechen. In den folgenden Tagen werde ich von Mutters Kochkünsten richtig verwöhnt und langsam werde ich etwas ansehnlicher. Wir reden viel über meine Zukunft, und ich erzähle von unserem Vorhaben mit dem Lebensmittelladen. Sie versteht, daß ich ein Einkommen und eine Aufgabe brauche.

Am zehnten Tag kann ich endlich zu einem Frauenarzt, der mich untersuchen soll. Leider fällt das Ergebnis negativ

aus, ich bin nicht schwanger. Dafür besitze ich viel zu wenig Blut und bin stark unterernährt. Nach dem Arztbesuch stelle ich mir vor, wie enttäuscht Lketinga sein wird. Aber ich tröste mich mit der Gewißheit, daß wir noch viel Zeit haben, Nachwuchs zu bekommen. Täglich spaziere ich in der grünen Natur und bin in Gedanken in Afrika. Nach zwei Wochen plane ich bereits meine Abreise und buche meinen Rückflug, der in zehn Tagen stattfinden wird. Wiederum kaufe ich viele Medikamente, diverse Gewürze und packweise Teigwaren. Meine Ankunft teile ich Lketinga mit einem Telegramm an die Mission mit.
Die restlichen neun Tage schleichen ereignislos dahin. Die einzige Abwechslung ist die Hochzeit meines Bruders Eric mit Jelly. Sie spielt sich für mich wie in Trance ab, und ich empfinde den Luxus und das üppige Essen als unangenehm. Alle wollen wissen, wie das Leben in Kenia ist. Zu guter Letzt versucht jeder, mich zur Vernunft zu bringen. Doch für mich ist die Vernunft in Kenia, bei meiner großen Liebe und dem bescheidenen Leben. Ich will endlich wieder abreisen.

Abschied und Willkommen

Schwer beladen treffe ich am Flughafen ein. Der Abschied von meiner Mutter fällt mir diesmal besonders schwer, weil ich nicht weiß, wann ich wiederkommen werde. Am 1. Juni 1988 lande ich in Nairobi und nehme ein Taxi zum Igbol-Hotel.

Zwei Tage später treffe ich in Maralal ein, schleppe mein Gepäck ins Lodging und überlege, wie ich nach Barsaloi gelangen kann. Täglich durchkämme ich den Ort in der Hoffnung, ein Fahrzeug zu finden. Sophia will ich ebenfalls besuchen, aber ich erfahre, daß sie im Moment ferienhalber in Italien ist. Am dritten Tag höre ich, daß nachmittags ein Laster mit Maismehl und Zucker für die Mission nach Barsaloi startet. Gespannt warte ich am Morgen vor dem Großverteiler, bei dem die Säcke abgeholt werden sollen. Tatsächlich erscheint gegen Mittag der Lastwagen. Ich spreche mit dem Fahrer und handle um den Preis, wenn ich vorne mitfahre. Nachmittags geht es endlich los. Wir fahren über Baragoi, also brauchen wir sicher sechs Stunden und werden erst in der Nacht Barsaloi erreichen. Auf dem Laster fahren mindestens fünfzehn Personen mit. Der Driver verdient gutes Geld dabei.

Die Fahrt dauert unendlich lang. Zum ersten Mal lege ich die Strecke mit einem Lastwagen zurück. In tiefer Finsternis überqueren wir den ersten Fluß. Nur der Lichtstrahl der Scheinwerfer tastet sich durch die dunkle Weite. Gegen zehn Uhr haben wir es geschafft. Der Laster hält vor dem Lager der Mission. Viele Menschen erwarten den Lori, wie

er hier heißt. Sie haben die Lichter schon längst erspäht, und damit ist Aufregung in das ruhige Barsaloi eingezogen. Einige wollen sich Geld mit dem Abladen der schweren Säcke verdienen.
Müde, aber freudig erregt klettere ich aus dem Laster. Ich bin zu Hause, obwohl die Manyattas noch einige hundert Meter entfernt sind. Ein paar Leute begrüßen mich freundlich. Giuliano erscheint mit einer Taschenlampe, um Anweisungen zu geben. Auch er begrüßt mich kurz und ist schon wieder verschwunden. Mit meinen schweren Taschen stehe ich hilflos herum, im Dunkeln kann ich sie nicht allein bis zu Mamas Manyatta schleppen. Zwei Boys, die offensichtlich nicht zur Schule gehen, da sie traditionell gekleidet sind, bieten mir ihre Hilfe an. Auf halber Strecke kommt uns jemand mit einer Taschenlampe entgegen. Es ist mein Darling. »Hello!« strahlt er mich an. Freudig umarme ich ihn und drücke ihm einen Kuß auf den Mund. Die Aufregung verschlägt mir die Sprache. Schweigend gehen wir zur Manyatta.
Auch Mama zeigt große Freude. Sofort entfacht sie das Feuer für den obligaten Chai. Ich verteile meine Geschenke. Später klopft Lketinga liebevoll auf meinen Bauch und fragt: »How is our baby?« Mir ist mulmig, als ich ihm sage, ich hätte leider kein Baby im Bauch. Sein Gesicht verfinstert sich: »Why? I know you have baby before!« So ruhig wie möglich versuche ich zu erklären, daß ich nur wegen der Malaria meine Monatsblutung nicht bekommen habe. Lketinga ist über diese Nachricht sehr enttäuscht. Dennoch lieben wir uns in dieser Nacht wunderbar.
Die nächsten Wochen verbringen wir sehr glücklich. Das Leben geht seinen gewohnten Gang, bis wir uns nach Maralal begeben, um erneut nach dem Hochzeitstermin zu

fragen. Lketingas Bruder kommt ebenfalls mit. Diesmal haben wir Glück. Als wir vorsprechen und meine bestätigten Papiere sowie den Brief vom Chief, den Lketinga in der Zwischenzeit bekommen hat, vorlegen, scheint es keine Probleme mehr zu geben.

Standesamt und Hochzeitsreise

Am 26. Juli 1988 werden wir getraut. Anwesend sind zwei neue Trauzeugen, Lketingas älterer Bruder und einige mir unbekannte Menschen. Die Zeremonie wird erst in Englisch und dann in Suaheli von einem netten Officer vollzogen. Alles verläuft reibungslos, außer daß mein Darling im entscheidenden Moment sein »Yes« nicht ausspricht, bis ich kräftig gegen sein Bein stoße. Dann wird die Urkunde unterzeichnet. Lketinga nimmt meinen Paß und meint, jetzt müsse doch ein kenianischer her, da ich nun Leparmorijo heiße. Der Officer erklärt, dies müsse in Nairobi gemacht werden, da Lketinga ohnehin für mich den ständigen Wohnsitz beantragen muß. Nun verstehe ich gar nichts mehr. Ich war der Meinung, jetzt sei alles in Ordnung und der Papierkrieg höre endlich auf. Aber nein, trotz der Heirat bin ich immer noch Touristin, bis ich das Aufenthaltsrecht im Paß habe. Meine Freude schwindet, und auch Lketinga versteht das Ganze nicht. Im Lodging kommen wir zu dem Entschluß, nach Nairobi zu fahren.

Samt Trauzeugen und dem älteren Bruder, der noch nie eine große Reise unternommen hat, brechen wir am nächsten Tag auf. Bis Nyahururu fahren wir mit unserem Landrover, dann mit dem Bus nach Nairobi. Der Bruder kommt aus dem Staunen nicht mehr heraus. Für mich ist es eine Freude, jemanden zu beobachten, der mit vierzig Jahren das erste Mal eine Stadt besucht. Er ist sprachlos und noch hilfloser als Lketinga. Nicht einmal eine Straße kann er ohne unsere Hilfe überqueren. Wenn ich ihn nicht bei der

Hand nehmen würde, bliebe er sicherlich bis zum Abend am selben Fleck stehen, weil ihn der Verkehr und die vielen Autos ängstigen. Beim Anblick der riesigen Wohnblocks versteht er nicht, wie die Leute übereinander leben können. Endlich erreichen wir das Nyayo-Gebäude. Ich stelle mich in die wartende Kolonne, um wieder einige Formulare auszufüllen. Als ich das schließlich geschafft habe, meint die Dame hinter dem Schalter, wir sollen in etwa drei Wochen nachfragen. Protestierend versuche ich ihr klarzumachen, daß wir von sehr weit her kommen und auf keinen Fall ohne gültigen Eintrag im Paß zurückfahren. Fast flehe ich sie an, doch sie sagt höflich, alles habe seinen Weg zu gehen, sie werde versuchen, es in etwa einer Woche hinzukriegen. Da ich merke, daß dies das letzte Wort war, bedanke ich mich.

Draußen besprechen wir die Lage. Wir sind zu viert und müssen eine Woche warten. In Nairobi ist das mit meinen drei Buschmännern unvorstellbar. Deshalb schlage ich vor, nach Mombasa zu fahren, damit der Bruder auch einmal ans Meer kommt. Lketinga ist einverstanden, da er sich in Begleitung sicher fühlt. So treten wir die achtstündige Reise an, sozusagen unsere Hochzeitsreise.

In Mombasa besuchen wir als erstes Priscilla. Über unsere Hochzeit freut sie sich riesig und glaubt auch, daß jetzt alles gut wird. Lketingas Bruder will nun endlich ans Meer, doch als er vor der riesigen Wassermenge steht, muß er sich an uns festhalten. Näher als zehn Meter geht er nicht ans Wasser, und nach zehn Minuten müssen wir den Strand verlassen, zu groß ist seine Furcht. Ich zeige ihm auch ein Touristen-Hotel. Er kann nicht glauben, was er sieht. Einmal fragt er meinen Mann, ob wir wirklich noch in Kenia sind. Es ist ein schönes Gefühl, jemandem, der noch staunen kann, diese Welt zu zeigen. Später gehen wir essen und trinken, wobei er zum ersten Mal Bier trinkt, was ihm nicht gut bekommt. In Ukunda finden wir ein schäbiges Lodging.

Die Tage in Mombasa kosten mich eine Menge Geld. Die Männer trinken Bier, und ich sitze dabei, denn allein mag ich nicht an den Strand. Langsam werde ich sauer, ständig den Bierkonsum für drei Personen zu bezahlen, und so bleiben die ersten kleinen Streitigkeiten nicht aus. Lketinga, der nun offiziell mein Mann ist, versteht mich nicht und meint, es sei meine Schuld, so lange warten zu müssen, bevor wir nach Nairobi zurück können. Er begreife sowieso nicht, warum ich noch einen Stempel brauche. Schließlich habe er mich geheiratet, und dadurch sei ich eine Leparmorijo und Kenianerin. Die anderen stimmen ihm zu. Ich sitze da und weiß auch nicht, wie ich ihnen den ganzen Bürokram erklären soll.

Nach vier Tagen brechen wir mißmutig auf. Mit Müh und Not bringe ich Lketinga nochmals, und wie er sagt, das letzte Mal, in dieses Office in Nairobi. Inständig hoffe ich, daß ich den Stempel schon heute bekomme. Erneut erkläre ich unser Anliegen und bitte nachzuschauen, ob es geklappt hat. Wieder heißt es warten. Die drei machen sich gegenseitig nervös und mich dazu. Die Leute starren uns ohnehin entgeistert an. Eine Weiße mit drei Massai gibt es nicht alle Tage im Office.

Endlich werden mein Mann und ich aufgerufen, wir sollen einer Dame folgen. Als wir vor einem Personenlift warten, ahne ich bereits, was passiert, wenn Lketinga da hineingehen soll. Die Lifttüre öffnet sich, und eine Menschenmasse quillt heraus. Erschrocken starrt Lketinga in die leere Kabine und fragt: »Corinne, what's that?« Ich versuche ihm zu erklären, daß wir mit dieser Kiste in den zwölften Stock fahren. Die Dame wartet bereits ungeduldig am Lift. Lketinga will nicht. Er hat Angst, in die Höhe zu fahren. »Darling, please, this is no problem, if we are in the 12th floor you go around like now. Please, please come!« Ich flehe ihn an zuzusteigen, bevor die Dame keine Arbeitslust mehr verspürt. Tatsächlich steigt er endlich mit großen Augen ein.

Wir werden in ein Büro geführt, wo uns eine strenge Afrikanerin erwartet. Sie fragt mich, ob ich wirklich mit diesem Samburu verheiratet bin. Von Lketinga will sie wissen, ob er in der Lage sei, für mich mit Haus und Essen zu sorgen. Er schaut mich groß an: »Corinne, please, which house I must have?« Mein Gott, denke ich, sag einfach nur ja! Die Frau schaut zwischen uns hin und her. Meine Nerven sind so angespannt, daß mir der Schweiß aus allen Poren läuft. Den Blick streng auf mich gerichtet fragt sie: »You want to have children?« »O yes, two«, ist meine prompte Antwort. Es folgt Schweigen. Dann endlich geht sie zum Pult und sucht unter verschiedenen Stempeln einen aus. Ich zahle 200 Schilling und bekomme meinen abgestempelten Paß zurück. Vor Freude könnte ich heulen. Endlich, endlich geschafft! Ich kann in meinem geliebten Kenia bleiben. Jetzt nichts wie raus und nach Barsaloi, nach Hause!

Unsere eigene Manyatta

Mama ist glücklich, daß alles gelungen ist. Nun sei es an der Zeit, die traditionelle Samburu-Heirat zu planen. Außerdem müssen wir eine eigene Manyatta haben, denn nach der Heirat dürfen wir nicht mehr in ihrem Haus wohnen. Da ich geheilt bin von den ewigen Officebesuchen, lasse ich den Gedanken an ein richtiges Haus fallen und bitte Lketinga, nach Frauen auszuschauen, die uns eine große, schöne Manyatta bauen. Ich werde Äste mit dem Landrover holen, doch bauen kann ich die Hütte nicht. Als Lohn wird es eine Ziege geben.

Nach kurzer Zeit erstellen vier Frauen, darunter seine beiden Schwestern, unsere Manyatta. Sie soll doppelt so groß wie die von Mama werden und auch höher, so daß ich fast darin stehen kann.

Die Frauen arbeiten nun schon zehn Tage, und ich kann es kaum erwarten, bis wir einziehen können. Die Hütte wird fünf auf dreieinhalb Meter. Der Umriß wird zuerst mit dicken Pfosten abgesteckt, die dann mit den Weidenästen verflochten werden. Das Innere teilen wir in drei Plätze auf. Gleich neben dem Eingang ist die Feuerstelle. Darüber hängt ein Gestell für Tassen und Töpfe. Nach anderthalb Metern folgt eine geflochtene Trennwand, die eine Hälfte dahinter ist nur für meinen Darling und mich. Auf den Boden kommt ein Kuhfell, darauf eine Strohmatte und auf diese dann meine gestreifte Schweizer Wolldecke. Über unserem Schlafplatz wird das Moskitonetz hängen. Gegenüber der Schlafstelle ist eine zweite Schlafmöglichkeit für

zwei bis drei Besucher geplant. Ganz hinten am Kopfende soll ein Gestell für meine Kleider stehen.
Im Groben ist unsere Superhütte schon fertig, nur der Putz, das heißt Kuhmist, muß noch aufgebracht werden. Da aber in Barsaloi keine Kühe sind, fahren wir nach Sitedi zu Lketingas Halbbruder und beladen unseren Landrover mit Kuhfladen. Wir müssen dreimal fahren, bis wir genügend zusammen haben.
Zwei Drittel der Hütte werden von innen mit dem Dung verputzt, der in der großen Hitze schnell trocknet. Ein Drittel und das Dach werden von außen verputzt, damit der Rauch durch das poröse Dach entweichen kann. Es ist spannend, den Haushau zu verfolgen. Die Frauen schmieren den Mist mit bloßen Händen um die Hütte und lachen über meine gerümpfte Nase. Wenn alles fertig ist, können wir in einer Woche einziehen, denn bis dahin ist der Mist steinhart und geruchlos.

Samburu-Hochzeit

Wir verbringen die letzten Tage in Mamas Hütte. Alles dreht sich jetzt um unsere bevorstehende Samburu-Hochzeit. Jeden Tag treffen ältere Männer oder Frauen bei Mama ein, um einen möglichen Termin zu finden. Wir leben ohne Datum oder bestimmte Tage, alles richtet sich nach dem Mond. Ich würde gern zu Weihnachten feiern, doch das kennen die Massai nicht, außerdem wissen sie nicht, wie der Mond dann steht. Aber vorläufig haben wir diesen Termin geplant. Da noch nie Weiß und Schwarz hier geheiratet haben, wissen wir nicht, wie viele Leute kommen werden. Es wird sich von Dorf zu Dorf weitersprechen, und erst am Hochzeitstag werden wir sehen, wer uns die Ehre erweist. Je mehr Menschen, vor allem Alte, kommen, desto mehr Ansehen genießen wir.

Eines Abends kommt der Wildhüter vorbei, ein ruhiger, stattlicher Mann, der mir sofort sympathisch ist. Leider spricht auch er nur spärlich Englisch. Er unterhält sich lange mit Lketinga. Nach geraumer Zeit bin ich neugierig und frage nach. Mein Mann erklärt mir, daß uns der Wildhüter seinen neu erstellten Shop, der außer als Lager für Pater Giulianos Mais ungenutzt ist, vermieten will. Aufgeregt frage ich, was er denn kosten würde. Er schlägt vor, morgen gemeinsam den Shop zu besichtigen und anschließend zu verhandeln. In dieser Nacht schlafe ich unruhig, denn Lketinga und ich haben schon Pläne geschmiedet.

Nach dem morgendlichen Waschen am Fluß schlendern wir durch das Dorf zum Shop. Mein Mann spricht mit je-

der entgegenkommenden Person. Es geht um unsere Hochzeit. Sogar die Somalis kommen aus ihren Geschäften und fragen, wann es soweit ist. Aber wir wissen von den Alten immer noch nichts Genaues. Im Moment will ich nur den Shop sehen und dränge Lketinga weiter.
Der Wildhüter erwartet uns schon im geöffneten, leeren Haus. Ich bin sprachlos. Es ist ein gemauertes Gebäude in der Nähe der Mission, von dem ich immer dachte, es gehöre Pater Giuliano. Der Shop ist riesig, mit einem Tor, das sich nach vorne öffnet. Links und rechts davon sind Fenster. In der Mitte steht so etwas wie eine Verkaufstheke, und an der hinteren Wand sind richtige Holzgestelle. Hinter einer Zwischentür befindet sich ein gleich großer Raum, der als Lager oder Wohnung dienen könnte. Ich kann mir gut vorstellen, hier mit etwas Geschick den schönsten Laden in ganz Barsaloi und Umgebung zu betreiben. Aber ich muß meine Begeisterung verbergen, wenn ich den Mietzins nicht in die Höhe treiben will. Wir einigen uns auf umgerechnet 50 Franken, sofern Lketinga die Shop-Lizenz bekommt. Vorher will ich mich noch nicht festlegen, zu schlecht sind meine Ämtererfahrungen.
Der Wildhüter ist einverstanden, und wir kehren zur Mama zurück. Lketinga erzählt ihr alles, und sie geraten in eine Auseinandersetzung. Danach übersetzt er mir lachend: »Mama hat Angst, daß es Probleme mit den Somalis geben könnte, weil die Leute nicht mehr in ihre Läden gehen würden. Die Somalis sind gefährlich und könnten uns Böses anwünschen. Erst will sie unsere Hochzeit hinter sich haben.«
Dann schaut Mama mich lange, sehr lange an und meint, ich solle meinen Oberkörper besser bekleiden, damit nicht jeder sieht, daß ich ein Baby im Bauch trage. Als Lketinga

versucht, mir dies zu übersetzen, bin ich sprachlos. Ich und schwanger? Doch nach längerem Überlegen wird mir klar, daß meine Periode schon fast drei Wochen ausgeblieben ist, was mir nicht bewußt war. Aber schwanger? Nein, das würde ich doch merken!
Warum Mama das denke, frage ich Lketinga. Sie kommt zu mir und zeichnet mit dem Finger die Linien der Adern nach, die zu den Brüsten führen. Dennoch kann ich es nicht recht glauben und weiß im Moment nicht, ob es mir mit dem geplanten Shop auch passen würde. Abgesehen davon wünsche ich mir natürlich von meinem Mann Kinder, vor allem eine Tochter. Mama ist überzeugt, daß ihre Prognose stimmt und mahnt Lketinga, er müsse mich nun in Ruhe lassen. Überrascht frage ich: »Why?« Mühsam erklärt er mir, wenn eine schwangere Frau mit einem Mann Verkehr habe, würden die Kinder später eine verstopfte Nase bekommen. Obwohl er es offensichtlich ernst meint, muß ich lachen. Solange ich selbst nicht sicher bin, möchte ich nicht ohne Sex leben.
Zwei Tage später, als wir vom Fluß kommen, sitzen mehrere Personen unter Mamas Baum und palavern. Wir bleiben in Mamas Hütte. Unsere ist in drei Tagen bezugsfertig, was bedeutet, daß ich selbst Feuer machen muß und für das Brennholz verantwortlich bin. Wasser kann ich mit dem Wagen vom Fluß holen, sofern niemand für etwas Kleingeld dies erledigen will. Da ich jedoch mit fünf Litern schlecht auskomme, möchte ich einen Zwanzig-Liter-Kanister im Haus haben.
Mama kommt in die Manyatta und spricht mit Lketinga. Er wirkt aufgewühlt, und ich frage: »What's the problem?« »Corinne, we have to make the ceremony in five days, because the moon is good.« In fünf Tagen soll also bereits die

Hochzeit sein? Da müssen wir sofort nach Maralal, um Reis, Tabak, Tee, Süßigkeiten, Getränke und andere Waren zu besorgen!
Lketinga ist unglücklich, weil er seine Haare nicht mehr neu flechten lassen kann. Dies dauert Tage von früh bis spät. Selbst Mama ist hektisch, weil sie Unmengen Maisbier brauen muß, was auch knapp eine Woche dauert. Eigentlich will sie uns nicht mehr weglassen, doch im Dorf gibt es keinen Zucker und keinen Reis, nur Maismehl. Ich gebe ihr Geld, damit sie mit dem Bierbrauen beginnen kann, Lketinga und ich fahren los.
In Maralal kaufen wir fünf Kilo Kautabak, der für die Alten unbedingt vorhanden sein muß, hundert Kilo Zucker, ohne den der Tee unvorstellbar wäre, sowie zwanzig Liter H-Milch, weil ich nicht weiß, wie viele Frauen Milch mitbringen werden, was eigentlich üblich ist. Ich will kein Risiko eingehen, es soll ein schönes Fest werden, auch wenn vielleicht nur wenige Leute erscheinen. Dann brauchen wir noch Reis, doch den gibt es im Moment nicht. Ich fasse Mut, bei der Maralal-Mission darum zu bitten. Zum Glück verkauft uns der Missionar seinen letzten Zwanzig-Kilo-Sack. Schließlich müssen wir zur Schule, um James zu informieren. Der Headmaster erklärt uns, die Schüler hätten ab dem 15. Dezember Ferien, und da wir unser Fest am 17. Dezember veranstalten, sei es für ihn kein Problem, dabei zu sein. Ich freue mich auf ihn. Zuletzt beschließe ich, ein altes Benzinfaß zu kaufen, damit wir es gereinigt als Wassertank benutzen können. Als wir außerdem Süßigkeiten für die Kinder im Wagen verstaut haben, ist es bereits nach fünf Uhr.
Dennoch entscheiden wir, sofort wieder zurückzufahren, so können wir das gefährliche Waldstück gerade noch vor

Lketinga

Meine wichtigsten Aufenthaltsorte in Kenia

Lketinga mit Kopfschmuck und frisch gefärbten roten Haaren

Am Fluß beim Wasserholen

In diesem ersten Zuhause lebte ich gemeinsam mit Lketinga und seiner Mutter mehr als ein Jahr lang

Vor seiner neuen Manyatta

Meine Samburu-Hochzeit in Weiß

Unsere Tochter Napirai mit ihren stolzen Eltern

Bei der Herde

Beim Schlachten einer Kuh im Busch, in der Bildmitte Lketingas Schwester

Mama Masulani, Lketingas Mutter, mit Saguna und drei weiteren Enkelkindern

dem Dunkelwerden passieren. Mama ist über unsere Rückkehr erleichtert. Die Nachbarn kommen gleich, um Zucker zu erbetteln, aber Lketinga ist diesmal hart. Er schläft im Auto, damit nichts wegkommt.
Am nächsten Tag zieht er los, um einige Ziegen zu kaufen, die wir schlachten müssen. Unsere will ich nicht töten, da ich inzwischen jede kenne. Ein Ochse muß auch her. Am Fluß versuche ich, das alte Benzinfaß vom Geruch zu befreien, was nicht so einfach ist. Den ganzen Morgen rolle ich das mit Omo und Sand gefüllte Faß hin und her, bis es einigermaßen sauber ist. Drei Kinder helfen mir, mit Büchsen das Faß mit Wasser zu füllen. Mama steckt den ganzen Tag im Busch und braut Bier, weil das im Dorf verboten ist. Gegen Abend suche ich die Mission auf, verkünde die Nachricht von unserem Fest und frage um einige Kirchenbänke und Eßgeschirr nach. Pater Giuliano zeigt sich nicht überrascht, weil er es von seiner Angestellten schon vernommen hat, und sichert mir zu, daß ich am Tage unserer Hochzeit die gewünschten Sachen abholen darf. Da ich vor einiger Zeit, als ich meine Benzinfässer einstellen durfte, auch mein Brautkleid bei der Mission deponierte, damit es in der Manyatta nicht schwarz wird, bitte ich ihn, mich in der Mission umziehen zu dürfen. Er ist überrascht über meine Absicht, hier in Weiß zu heiraten, doch er ist einverstanden.
Nur noch zwei Tage, und Lketinga ist immer noch nicht zurück von seiner »Ziegensafari«. Langsam werde ich nervös, mit niemandem kann ich richtig reden, und alle laufen geschäftig hin und her. Gegen Abend erscheinen wenigstens die Schüler, worüber ich mich sehr freue. James ist wegen der bevorstehenden Hochzeit sehr aufgeregt, und ich lasse mir von ihm eine Samburu-Hochzeit erklären.

Normalerweise startet das Fest morgens und zwar damit, daß die Braut in der Hütte beschnitten wird. Ich falle aus allen Wolken. »Why?« will ich wissen. Weil sie sonst keine richtige Frau ist und keine gesunden Kinder bekommt, antwortet der sonst so aufgeklärte James mit großem Ernst. Bevor ich mich recht erholen kann, betritt Lketinga die Hütte. Er strahlt mich an, und ich freue mich, daß er wieder da ist. Vier große Ziegen hat er mitgebracht, was nicht einfach war, weil sie immer wieder zu ihrer Ursprungsherde zurück wollten.
Nach dem üblichen Chai verlassen uns die Burschen, und ich kann Lketinga endlich fragen, was es mit der Beschneidung auf sich hat, und sage mit Bestimmtheit, daß ich alles mitmache, aber das auf keinen Fall. Er schaut mich ruhig an. »Why not, Corinne? All ladies here make this.« Nun werde ich starr wie eine Salzsäule und will ihm gerade klarmachen, daß ich unter diesen Umständen bei aller Liebe auf eine Heirat verzichten werde, als er mich in seine Arme nimmt und mich beruhigt: »No problem, my wife, I have told to everybody, white people have this«, dabei zeigt er zwischen meine Beine, »cut, when they are babies.« Zweifelnd schaue ich ihn an, doch als er mir liebevoll auf den Bauch klopft und fragt: »How is my baby?« falle ich ihm erleichtert um den Hals. Später erfahre ich, daß er dieses Märchen sogar seiner Mutter erzählt hat. Daß er mich vor diesem Brauch gerettet hat, rechne ich ihm hoch an.
Einen Tag vor unserer Hochzeit kommen die ersten Gäste von weit her und verteilen sich in den umliegenden Manyattas. Mein Darling holt bei seinem Halbbruder den Ochsen ab, was den ganzen Tag beanspruchen wird. Ich fahre mit den Boys in den Busch, um genügend Feuerholz zu schlagen. Bis wir den Wagen voll Brennholz haben, müssen

wir viel herumfahren. Die Burschen sind sehr tüchtig. Gegen Abend fahren wir zum Fluß und füllen das Faß sowie alle verfügbaren Kanister mit Wasser. Auf dem Heimweg bitte ich James, er möge im Chai-Restaurant Mandazi, die kleinen Brotfladen, für morgen bestellen. Während ich im Wagen warte, kommt der jüngste Ladenbesitzer, ein sympathischer Somali, zu mir und gratuliert zur morgigen Hochzeit.
In der Nacht vor unserer Hochzeit schlafen wir das letzte Mal in Mamas Behausung. Zwar ist unsere Manyatta schon fertig, aber ich wollte erst am Hochzeitstag umziehen, weil Lketinga die vergangenen Tage viel unterwegs war und ich nicht allein in der neuen Hütte schlafen mochte.
Wir wachen früh auf, ich bin sehr nervös. Ich gehe zum Fluß hinunter, um mich und meine Haare zu waschen. Lketinga fährt mit den Burschen zur Mission und holt Bänke und Geschirr ab. Als ich zurückkomme, herrscht schon lebhaftes Treiben. Die Bänke stehen unter dem schattigen Baum. Lketingas älterer Bruder kocht Tee in einem riesigen Topf. Nun fährt Lketinga auch zum River, um sich zu schmücken. Wir verabreden uns eine Stunde später bei der Mission. In der Mission ziehe ich mein Hochzeitskleid mit dem passenden Schmuck an. Giulianos Angestellte hilft mir dabei. Das enge Kleid paßt mir gerade noch, und nun glaube ich selber, daß ich vielleicht doch schwanger bin. Über den Brüsten und dem Bauch spannt es leicht. Als ich fertig geschminkt bin, steht Pater Giuliano sprachlos im Türrahmen. Seit langem ernte ich wieder einmal ein Kompliment. Lachend bemerkt er, dieses weiße, bodenlange Kleid sei nicht sehr geeignet für die Manyattas und vor allem nicht für die Dornenbüsche. Dann steht auch schon mein Darling wundervoll bemalt da, um mich abzuholen.

Etwas irritiert fragt er mich, warum ich ein solches Kleid trage. Leicht verlegen lache ich: »Um schön zu sein.« Gott sei Dank trage ich normale weiße Plastiksandalen und keine europäischen Schuhe mit Absatz. Giuliano nimmt unsere Einladung an.
Als ich aus dem Wagen steige, staunen Kinder und Erwachsene, denn so ein Kleid haben sie noch nie gesehen. Ich fühle mich unsicher und weiß nicht, was ich nun tun soll. Überall wird gekocht, Ziegen werden ausgenommen und zerlegt. Es ist erst kurz nach zehn Uhr, doch es sind schon mehr als fünfzig Leute da. Die alten Männer sitzen auf den Bänken und trinken Tee, während die Frauen unter einem anderen Baum abseits sitzen. Kinder springen um mich herum. Ich verteile Kaugummis, während die Alten bei James anstehen, der Tabak ausgibt. Aus allen Richtungen strömen Menschen herbei. Frauen geben ihre Milchkalebassen bei Mama ab, andere binden Ziegen an den Bäumen fest. Auf einem riesigen Feuer wird in einem großen Topf Reis mit Fleisch gegart. Das Wasser schwindet bedenklich schnell, da laufend Tee gekocht wird. Gegen Mittag ist das erste Essen fertig, und ich beginne, es zu verteilen, während der inzwischen eingetroffene Pater Giuliano das Geschehen filmt.
Allmählich verliere ich die Übersicht. Mittlerweile sind fast 250 Personen, die Kinder nicht eingerechnet, anwesend. Immer wieder höre ich, daß dies die größte Zeremonie ist, die es bisher in Barsaloi gab. Vor allem für meinen Darling bin ich sehr stolz, der das Risiko einging, eine Weiße zu heiraten, obwohl bei weitem nicht jeder das befürwortet hat. James kommt mit der Nachricht, der Reis sei alle, und viele Frauen und vor allem die Kinder hatten noch nichts. Ich berichte Giuliano von diesem »Unglück«. Er fährt so-

fort los und kommt mit einem Zwanzig-Kilo-Sack zurück, den er uns zur Hochzeit schenkt. Während die Krieger abseits von allen anderen zu tanzen beginnen, wird für die übrigen weitergekocht. Lketinga ist die meiste Zeit bei seinen Kriegern, die erst in der Nacht zu ihrem Essen kommen werden. Mit der Zeit fühle ich mich schon etwas verlassen. Schließlich ist es meine Hochzeit, aber niemand von meinen eigenen Verwandten ist hier, und mein Mann verbringt mehr Zeit mit seinen Kriegern als mit mir.
Die Gäste tanzen. Jede Gruppe tanzt für sich, die Frauen unter ihrem Baum, die Boys separat und die Krieger weit entfernt. Einige Turkana-Frauen tanzen für mich. Ich soll bei den Frauen mitmachen, doch nach den ersten Tänzen nimmt mich Mama zur Seite und gibt zu bedenken, ich dürfe nicht so springen wegen des Babys. Abseits des Festplatzes wurde inzwischen der Ochse zerlegt und stückweise verteilt. Zufrieden stelle ich fest, daß wir für alle genug zu essen und zu trinken haben.
Bevor es dunkel wird, werden uns die Geschenke überreicht oder versprochen. Jeder, der etwas schenken will, sei es meinem Mann oder mir, steht auf und verkündet dies. Die Person muß speziell betonen, für wen das Geschenk ist, denn bei den Samburus besitzen Frauen und Männer die Güter, das heißt die Tiere, getrennt. Ich bin überwältigt, wieviel mir die Leute schenken. Vierzehn Ziegen, zwei Schafe, einen Hahn, ein Huhn, zwei junge Kälber und ein kleines Kamel, alles nur für mich. Mein Mann bekommt in etwa das gleiche. Nicht alle haben ihre Geschenke mitgebracht, so daß Lketinga sie später abholen muß.
Das Fest geht zu Ende, und ich ziehe mich zum ersten Mal in meine neue Manyatta zurück. Mama hat alles für mich gerichtet, endlich kann ich mich aus meinem engen Kleid

schälen. Ich sitze vor dem Feuer und warte auf meinen Ehemann, der noch im Busch weilt. Es ist eine wunderschöne Nacht, und ich bin das erste Mal allein in unserer großen Manyatta. Für mich beginnt ein neues Leben als selbständige Hausfrau.

Der Shop

Eine Woche nach der Hochzeit fahren wir nach Maralal, um uns nach einer Shop Lizenz für Lketinga zu erkundigen. Diesmal könnte es schnell klappen, meint ein freundlicher Beamter. Wir füllen Formulare aus und sollen in drei Tagen wieder vorbeikommen. Da wir für den Laden dringend eine Waage benötigen, machen wir uns auf den Weg nach Nyahururu. Außerdem möchte ich Maschendraht kaufen, um im Verkaufsregal die Ware besser ausstellen zu können, denn ich will den Leuten Kartoffeln, Karotten, Orangen, Kabis, Bananen und anderes anbieten.
In Nyahururu finden wir keine Waage. Die seien sehr teuer und daher nur in Nairobi erhältlich, erklärt uns der einzige Eisenwarenhändler. Lketinga ist nicht erfreut, aber wir brauchen die Waage unbedingt, und so fahren wir mit dem Bus in das verhaßte Nairobi. Dort werden sie überall angeboten, wobei die Preise extrem schwanken. Schließlich erstehen wir beim billigsten Anbieter für 350 Franken eine schwere Waage mit den dazugehörenden Gewichten und fahren nach Maralal zurück. Hier klappern wir alle Großhändler und Märkte ab, um die jeweils günstigsten Preise für die einzelnen Waren zu erfragen. Mein Mann findet alles zu teuer, doch ich bin überzeugt, mit geschicktem Verhandeln die gleichen Preise wie die Somalis zu bekommen. Der größte Händler bietet mir an, einen Lastwagen zu organisieren, der die Ware nach Barsaloi bringt.
Guten Mutes gehen wir am dritten Tag ins Office. Der freundliche Officer erklärt uns, es sei nur ein kleines Pro-

blem aufgetaucht. Wir müßten ein Schreiben vom Veterinär in Barsaloi bringen, daß der Shop sauber sei, und sofern wir auch das Portrait vom Staatspräsidenten vorlegen, das in jedem Geschäft hängen muß, wird er uns die Lizenz geben. Lketinga will schimpfen, doch ich halte ihn zurück. Ohnehin will ich erst nach Hause, um den Shopvertrag schriftlich zu machen und den Laden so herzurichten, daß die Ware sinnvoll aufgebaut werden kann. Außerdem muß eine Verkaufshilfe gefunden werden, weil ich die Sprache zu wenig beherrsche und mein Mann nicht rechnen kann.
Abends besuchen wir Sophia und ihren Freund. Sie ist aus Italien zurück, und wir haben uns viel zu erzählen. Nebenbei vertraut sie mir an, daß sie im dritten Monat schwanger ist. Über diese Nachricht freue ich mich sehr, weil ich mittlerweile glaube, in der gleichen Situation zu sein. Nur habe ich nicht die hundertprozentige Gewißheit wie sie. Im Gegensatz zu mir muß sich Sophia jeden Morgen übergeben. Über mein geschäftliches Vorhaben staunt sie sehr. Aber mit dem Wagen muß ich endlich Geld verdienen, weil ich nicht immer nur Tausende von Franken ausgeben kann.
In Barsaloi wird der Vertrag gemacht, wir sind glückliche Ladenbesitzer. Tagelang putze ich die verstaubten Gestelle und nagle den Maschendraht an den Tresen. Im hinteren Teil räume ich alte Bretter heraus. Plötzlich höre ich ein Zischen und sehe gerade noch einen grünen Schlangenkörper unter dem restlichen Holz verschwinden. Voller Panik renne ich hinaus und schreie: »Snake, snake!« Einige Männer schlendern herbei, doch als sie merken, um was es geht, traut sich keiner in den Raum.
Nach kurzer Zeit stehen etwa sechs Personen herum, aber keiner tut etwas, bis ein großer Turkana-Mann mit einem langen Stock kommt. Vorsichtig geht er hinein und sto-

chert in dem Holzhaufen herum. Holz für Holz stößt er weg, bis die etwa einen Meter lange Schlange hervorschnellt. Wie wild versucht der Turkana, sie zu erschlagen, doch trotz der Schläge kriecht sie schnell durch den Ausgang auf uns zu. Blitzschnell stößt ein Samburu-Boy seinen Speer in das gefährliche Tier. Erst als ich erfahre, wie gefährlich die Situation war, zittern meine Knie.

Mein Mann kommt etwa eine Stunde später. Er war beim Veterinär, der ihm das Schreiben gab, aber mit der Auflage, innerhalb eines Monats ein Plumpsklo außerhalb des Shops zu errichten. Auch das noch! Es melden sich ein paar Freiwillige, vor allem Turkana-Leute, die bereit sind, das drei Meter tiefe Loch zu graben und den Rest zu erstellen. Inklusive Material kostet dies fast 600 Franken. Das Zahlen nimmt kein Ende, und ich hoffe, daß bald Geld verdient wird.

Pater Giuliano und Roberto berichte ich von meinem Vorhaben, ein Geschäft zu eröffnen. Sie sind begeistert, weil hier das halbe Jahr kein Mais erhältlich ist. Meine Schwangerschaft erwähne ich nicht, auch in keinem Brief in die Schweiz. Obwohl ich mich sehr freue, weiß ich, wie schnell man hier krank werden kann, und ich möchte niemanden beunruhigen.

Endlich kommt unser großer Tag. Wir fahren los, um mit einem vollen Lastwagen zurückzukommen. Eine angenehme Verkaufshilfe haben wir ebenfalls gefunden, Anna, die Frau des Dorfpolizisten. Sie ist robust und hat schon in Maralal gearbeitet. Mit gutem Willen versteht sie sogar etwas Englisch.

In Maralal gehen wir zur Commercial Bank, um nachzufragen, ob mein bestelltes Geld aus der Schweiz eingetrof fen ist. Wir haben Glück, und so hebe ich umgerechnet fast

5 000 Franken ab, um die Ware einkaufen zu können. Wir bekommen bündelweise Kenia-Schillinge. Lketinga hat in seinem Leben noch nie soviel Geld gesehen. Beim Somali-Großhändler fragen wir nach, wann ein Laster für eine Fahrt nach Barsaloi zur Verfügung steht. Im Moment sind alle Flüsse ohne Wasser, und deshalb ist der Weg für die schweren Loris kein Problem, in zwei Tagen sei einer frei. Jetzt kaufen wir ein. Der Laster kostet 300 Franken, deshalb müssen wir sein Ladegewicht von zehn Tonnen voll ausnützen. Ich bestelle 80 mal 100 kg Maismehl sowie 15 mal 100 kg Zucker, ein Vermögen für hier. Als ich gegen Quittung bezahle, nimmt Lketinga die Geldbündel wieder an sich und behauptet, ich gebe diesen Somalis viel zu viel Geld. Er möchte alles kontrollieren. Mir ist es fast peinlich, da er diese Leute beleidigt und gar nicht so weit rechnen kann. Er bildet Häufchen um Häufchen, und kein Mensch versteht, wozu er mit dem Geld herumspielt. Mit Engelszungen rede ich auf meinen Mann ein, bis er bereit ist, mir das Geld wiederzugeben. Vor seinen Augen zähle ich noch einmal ab. Als dann 3 000 Schillinge übrig sind, meint er böse: »Siehst du, das ist viel zu viel!« Ich beruhige ihn und erkläre, dies sei die Miete für den Laster. Etwas irritiert schauen sich die drei Somalis an. Schließlich ist die Ware bestellt und wird für uns reserviert, bis der Lastwagen kommt. Nun fahre ich durch das Dorf und kaufe hier 100 kg Reis, dort 100 kg Kartoffeln und woanders Kohl und Zwiebeln.

Am späten Nachmittag ist der Laster endlich beladen. Es wird wohl elf Uhr nachts werden, bis er Barsaloi erreicht. Die zerbrechlichen Sachen wie Mineralwasser, Cola und Fanta lade ich in meinen Landrover, darüber hinaus Tomaten, Bananen, Brot, Omo, Margarine, Tee und andere Artikel. Das Auto ist voll bis unters Dach. Ich will nicht den weiten Weg nehmen, sondern durch den Wald fahren, da ich dann in zwei Stunden in Barsaloi sein kann. Lketinga fährt im Lastwagen mit, er hat berechtigte Bedenken, daß unterwegs Ware verschwindet.

Der Wildhüter und zwei Frauen fahren mit mir. Beladen wie der Wagen ist, muß ich schon bald in den Vierrad schalten, damit er die Steigung in den Wald schaffen kann. An das Fahren mit soviel Gewicht muß ich mich erst gewöhnen, immerhin sind es etwa 700 kg. Ab und zu durchqueren wir Wasserlöcher, die hier im Dickicht selten ganz austrocknen.

Die Wiese, wo ich die Büffel sah, liegt heute verlassen da. Mit meinem Beifahrer unterhalte ich mich mühsam in Suaheli über unser Geschäft. Kurz vor dem schrägen »Todeshang« kommt eine steile S-Kurve. Als ich in den Hohlweg einbiege, steht eine große graue Mauer vor uns. Wie verrückt bremse ich, doch der Wagen rutscht durch das Ladegewicht langsam auf den Elefantenbullen zu. »Stop, stop the car!« schreit der Wildhüter. Ich versuche alles, einschließlich Handbremse, die aber nicht mehr gut funktioniert. Etwa drei Meter vor dem riesigen Hinterteil bleiben wir endlich stehen. Das Tier versucht, sich langsam auf dem schmalen Weg zu drehen. Schnell lege ich den Rückwärtsgang ein. Die Frauen kreischen im hinteren Teil des Wagens und wollen raus. Der Elefant hat sich nun gedreht und starrt uns aus seinen Knopfaugen an. Er schwingt den Rüssel in die Höhe und trompetet. Durch seine gewaltigen Stoßzähne wirkt er noch bedrohlicher. Unser Wagen schleicht langsam rückwärts, und der Abstand beträgt inzwischen sechs Meter. Der Wildhüter aber mahnt, wir seien erst außer Lebensgefahr, wenn wir uns unsichtbar machen, das heißt, hinter der Kurve verschwinden. Weil der Wagen vollgestopft ist und keinen Rückspiegel besitzt, kann ich nicht nach hinten schauen. So muß mich der Wildhüter dirigieren, und ich hoffe nur, daß ich alles richtig interpretiere.

Endlich ist der Abstand so groß, daß wir den Elefanten nur noch hören, aber nicht mehr sehen. Erst jetzt spüre ich, wie meine Knie zittern. Ich darf nicht daran denken, was passiert wäre, wenn der Wagen in den Koloß gefahren oder mir beim Zurücksetzen der Motor abgestorben wäre.

Der Wildhüter riecht den Elefanten noch. Wie zum Hohn hat er heute sein Gewehr nicht dabei. Wir sind jetzt sicher achtzig Meter entfernt, doch hören wir ihn immer noch Bäume umknicken. Nachdem wir eine Weile nichts mehr vernehmen, schleicht sich der Wildhüter langsam zur Kurve vor. Er kommt zurück und berichtet, daß der Elefant sein Revier verteidigt und genüßlich auf dem Weg weidet. Links und rechts der Straße lägen kleinere Bäume.

Allmählich wird es finster. Bremsen kleben an uns und stechen übel zu. Außer dem Wildhüter steigt niemand aus. Eine Stunde später ist der Bulle nach wie vor auf dem Weg. Es nervt mich, da wir noch eine weite Strecke vor uns haben und ich die Geröllhalde schwer beladen im Dunkeln überwinden muß. Als sich an unserer Lage nichts ändert, sammelt der Mann große Steine und schleicht wieder zur Kurve. Von dort aus wirft er sie in den dichten Wald, was ein lautes Rascheln und Poltern verursacht. Tatsächlich dauert es nicht lange, und der Elefant verläßt den Weg.

In Barsaloi fahre ich direkt zum Shop und lade im Licht der Scheinwerfer aus. Gott sei Dank helfen mir einige Leute. Anschließend gehe ich zu unserer Manyatta. Einige Zeit später kommt der Nachbarsbursche und berichtet, er habe

in der Ferne zwei Lichter gesehen. Auch der ältere Bruder hält Ausschau. Jetzt sind alle sehr gespannt. Unser Lastwagen kommt, ein Samburu-Laster!
Mit dem Bruder gehe ich in den Shop, um dort zu warten. Der Veterinär erscheint ebenfalls und bringt aus seiner Blockhütte eine Petroleumlampe mit. Wir stellen sie auf die Theke, und sofort ist der Shop heimelig erhellt. Ich überlege, wo wir was abladen und aufstellen. Immer mehr Menschen schleichen um den Shop herum und warten auf den Lori.
Endlich fährt er mit dröhnendem Lärm vor. Es ist für mich ein überwältigender Augenblick und gleichzeitig überkommt mich ein Glücksgefühl bei dem Gedanken, daß nun in Barsaloi ein Shop steht, der immer Eßbares anbieten kann. Nun muß niemand mehr hungern, weil es genug zu kaufen gibt. Lketinga steigt stolz aus dem Laster und begrüßt einige, darunter auch den Wildhüter. Entsetzt hört er sich dessen Erzählung an, kommt dann aber lachend auf mich zu und fragt: »Hello, wife, really you have seen an elefant?« »Yes, sure!« Er faßt sich an den Kopf: »Crazy, this is very dangerous, really Corinne, very dangerous!« »Yes, I know, but now we are okay«, erwidere ich und schaue, wer abladen kann.
Es wird verhandelt, und wir bestimmen drei Männer, die auch bei den Somalis damit gelegentlich Geld verdienen. Zuerst werden die Kartoffel- und Reissäcke verstaut, und der hintere Raum, der als Lager dienen soll, mit Mais- und Zuckersäcken gefüllt. Die restlichen Waren werden im Laden gestapelt.
Es herrscht rege Betriebsamkeit. Nach einer halben Stunde ist der Lastwagen leer und tritt in der stockfinsteren Nacht den Heimweg nach Maralal an. Zwischen Omo und Tee-

schachteln stehen wir in einem totalen Chaos. Die ersten Kunden erscheinen und wollen Zucker kaufen. Doch ich verweigere den Verkauf, weil es viel zu spät ist und wir erst einräumen müssen. Wir schließen den Laden ab und gehen zu unserer Manyatta.

Wie gewohnt stehen wir am Morgen auf und sitzen mit den Tieren in der Sonne, als einige Frauen auf unsere Manyatta zukommen. Lketinga fragt sie, was los sei. Wann wir denn den Shop öffnen, wollen sie wissen. Lketinga will gleich los, doch ich sage ihm, er solle ausrichten, vor Mittag verkaufe ich nichts, weil zuerst ausgepackt werden muß und Anna noch nicht da ist.

Anna hat ein Auge dafür, wie die Waren sinnvoll aufgestellt werden. Nach zwei Stunden sieht der Shop fast perfekt aus. Vor dem Geschäft hocken sicher fünfzig Frauen und Männer und warten auf die Eröffnung. Der Maschendraht macht sich gut. Unter der Theke habe ich Kartoffeln, Kohl, Karotten, Zwiebeln, Orangen und Mangos ausgestellt. An einer Schnur von der Decke hängen Bananenstauden. Hinten in den Gestellen reihen sich die verschiedenen Größen von Omo, Kimbo-Fettbüchsen, Teepulver, Toilettenpapier, das später erstaunlichen Absatz findet, diverse Seifen, Süßigkeiten jeder Art sowie Streichhölzer. Neben die Waage stellen wir je einen Sack mit Zucker, Maismehl und Reis. Wir putzen noch mal den Boden und öffnen das Ladentor.

Für einen kurzen Moment blendet uns hereinflutendes Sonnenlicht, dann stürmen die Frauen herein. Wie eine Woge kommen mir die farbenprächtig geschmückten Menschen entgegen. Der Laden ist zum Bersten voll. Alle strekken uns ihren Kanga oder von Hand genähte Stoffsäcke entgegen. Anna beginnt mit dem Abfüllen von Maismehl. Damit nicht zuviel daneben fällt, haben wir aus Karton eine

Art Schaufel gefertigt. Nun fülle ich auch Zucker oder Maismehl ab. Die meisten legen einfach Geld auf die Theke und wollen dafür verschiedene Artikel. Das erfordert schnelles Rechnen.
Der erste große Maissack ist in einer knappen Stunde verkauft, der Zucker zur Hälfte. Ich bin froh, daß ich vorher alle Preise an die Artikel geschrieben habe. Dennoch herrscht ein heilloses Durcheinander. Die Schachtel, die als Kasse dient, quillt über, als wir am Abend fast 600 kg Maismehl, 200 kg Zucker und diverse andere Artikel verkauft haben. Als es zu dämmern beginnt, möchten wir schließen, doch es kommt noch das eine oder andere Kind und will Zucker oder Mais für das Abendessen. Um sieben Uhr machen wir endlich zu. Ich kann mich fast nicht mehr auf den Beinen halten und meine Arme kaum bewegen. Anna geht ebenfalls müde und erschöpft nach Hause.
Auf der einen Seite war es heute ein Riesenerfolg, andererseits gibt mir dieser Ansturm zu denken. Morgen wird das von früh bis spät so weitergehen. Waschen muß ich mich auch wieder einmal am River. Doch wann?
Um acht sind wir wieder im Laden, und Anna wartet bereits. Das Geschäft läuft langsam an, doch nach neun ist der Laden bis zum Nachmittag gerammelt voll. Die Kästen mit Mineralwasser, Cola, Fanta und Sprite leeren sich schnell. Zu lange mußte man hier darauf verzichten.
Viele der Krieger oder Boys stehen stundenlang einfach im oder vor dem Laden, um sich mit jemandem zu unterhalten. Die Frauen und Mädchen sitzen im Schatten des Shops. Auch die Frau des Veterinärs, der Arzt und der Buschlehrer kommen und kaufen kiloweise Kartoffeln und Früchte. Alle freuen sich über den tollen Laden. Natürlich stelle ich schon jetzt fest, daß vieles fehlt.

Lketinga ist die meiste Zeit bei uns und unterhält sich mit Leuten oder verkauft die einfachen Sachen, wie Seifen oder Omo. Er hilft, so gut es geht. Mama kommt heute zum erstenmal seit langem ins Dorf, um unseren Shop zu besichtigen.

Am Ende des zweiten Tages beherrsche ich schon alle Zahlen in der Maa-Sprache. Ich habe eine Tabelle erstellt, von der wir den Preis für die verschiedenen Mengen von Mais oder Zucker direkt ablesen können, was das Ausrechnen wesentlich erleichtert. Auch an diesem Tag arbeiten wir durch und schleppen uns müde nach Hause. Natürlich konnten wir wieder keine warme Mahlzeit zu uns nehmen, was in meinem Zustand nicht sinnvoll ist. Mein Rücken schmerzt vom ständigen Bücken. Allein heute haben wir acht Sack Mais und fast 300 kg Zucker abgewogen und verkauft.

Mama kocht für mich Maismehl mit etwas Fleisch, und ich bespreche mit Lketinga die unhaltbare Situation. Anna und ich brauchen einfach eine Ruhepause, um zu essen und um uns zu waschen. Wir entscheiden, ab morgen den Laden von 12 bis 14 Uhr zu schließen. Auch Anna ist froh über die neue Regelung. Wir bringen vierzig Liter Wasser in den Shop, damit ich mich im hinteren Teil wenigstens waschen kann.

Allmählich schwinden die Früchte und das Gemüse. Sogar vom teuren Reis ist nichts mehr da. Für uns habe ich lediglich drei Kilogramm nach Hause gebracht. Giuliano und Roberto schauen an diesem Tag das erste Mal vorbei und sprechen ihre Bewunderung aus, was mir gut tut. Ich erkundige mich, ob ich das eingenommene Geld bei ihnen deponieren kann, weil mir nichts einfällt, wo ich soviel Geld aufbewahren könnte. Giuliano ist einverstanden, und

so gehe ich jeden Abend bei der Mission vorbei und gebe ein mit Geld gefülltes Kuvert ab.
Mit den neuen Öffnungszeiten kommen die Leute nicht klar, weil die meisten keine Uhr besitzen. Entweder müssen wir fast gewaltsam schließen, oder es sind so viele Menschen da, daß wir doch durcharbeiten. Nach neun Tagen ist unser Shop fast leer, fünf Maissäcke sind noch da, Zucker gibt es seit zwei Tagen keinen mehr. Also müssen wir wieder nach Maralal fahren. Mit etwas Glück sind wir am dritten Tag mit einem Laster zurück. Anna bleibt im Laden, da ohne Zucker wesentlich weniger Betrieb ist.
In Maralal herrscht ebenfalls Zuckerknappheit. Es werden keine Hundertkilosäcke verkauft, der Nachschub ist noch nicht eingetroffen. Ohne Zucker lohnt es sich nicht, nach Barsaloi zurückzufahren. Als nach drei Tagen endlich Zucker eintrifft, werden die Säcke rationiert vergeben. Statt zwanzig Säcken bekommen wir nur acht. Am fünften Tag können wir wieder mit einem Lastwagen abfahren.
In den Tagen in Maralal habe ich einige neue Sachen besorgt, die begehrten Kangas, Kautabak für die Alten und sogar zwanzig Paar Reifen-Sandalen in jeder Größe. Leider reicht das verdiente Geld nicht aus für die Neuanschaffungen. Ich brauche Geld von der Bank und nehme mir vor, den Kilopreis für Mais und Zucker etwas zu erhöhen, obwohl er staatlich vorgeschrieben ist. Aber bei den hohen Transportkosten ist es unmöglich, denselben Preis wie in Maralal zu verlangen. Zusätzlich müssen wir das 200-Liter-Faß mit Benzin auffüllen.
Diesmal läßt mich Lketinga nicht allein mit dem Landrover fahren, weil er befürchtet, erneut auf Elefanten oder Büffel zu stoßen. Doch wer soll den Lori begleiten? Lketinga schickt einen Bekannten mit, dem er glaubt vertrauen zu

können. Gegen Mittag fahren wir los und erreichen Barsaloi ohne Schwierigkeiten. Es ist wirklich merkwürdig: Wenn mein Mann dabei ist, läuft alles problemlos.
Im Shop herrscht absolute Ruhe. Anna kommt uns gelangweilt entgegen. In den fünf Tagen ist auch der Rest Maismehl verkauft worden. Nur ab und zu erscheint jemand, um Teepulver oder Omo zu erwerben. Die Kasse ist halb voll mit Scheinen, doch kontrollieren kann ich es kaum, da ja noch einiges im Lager ist. Ich vertraue Anna.
Wir kehren in unsere Manyatta zurück, in der zwei Krieger friedlich schlafen. Ich bin nicht besonders erbaut, meine Manyatta besetzt vorzufinden, doch weiß ich, daß dies das Gastrecht gebietet. Alle Männer, die zur Altersgruppe von Lketinga gehören, haben das Recht, in unserer Hütte auszuruhen oder zu übernachten. Auch Chai muß ich ihnen anbieten. Während ich das Feuer entfache, unterhalten sich die drei Männer. Lketinga übersetzt mir, daß in Sitedi einem Krieger der Oberschenkel von einem Büffel aufgeschlitzt wurde. Er muß sofort mit dem Auto hin und ihn zum Arzt bringen. Ich bleibe da, weil der Lori in den nächsten zwei Stunden eintreffen muß. Mit ungutem Gefühl gebe ich meinem Mann den Autoschlüssel. Es ist die gleiche Strecke, auf der er vor einem Jahr den Wagen demolierte.
Ich gehe hinunter zu Anna, und wir bringen den Shop in Ordnung, damit alles bereit ist zum Abladen. Gegen Abend zünden wir die zwei neuen Petroleumlampen an. Zudem habe ich einen einfachen Holzkohle-Kocher besorgt, damit ich gelegentlich im hinteren Teil des Shops Tee oder Essen kochen kann.
Endlich kommt der Lori. Bald stehen wieder eine Menge Leute um den Shop. Das Abladen ist schnell erledigt. Dies-

mal zähle ich die Säcke mit, um sicher zu sein, ob alles dabei ist, doch wie sich herausstellt, ist mein Mißtrauen nicht angebracht. Als die Ware abgeladen ist, herrscht Chaos. Überall türmen sich Kartons, die wir noch ausräumen müssen.
Plötzlich steht mein Mann im Shop. Ich möchte wissen, ob alles in Ordnung ist. »No problem, Corinne, but this man has a big problem«, ist seine Antwort. Er hat den Verwundeten zum Buscharzt gebracht, der das Bein gesäubert und die 20 cm lange Wunde ohne Narkose genäht hat. Jetzt sei er bei uns in der Manyatta, weil er jeden Tag zur Kontrolle muß.
Lketinga hat in Maralal kiloweise Miraa eingekauft, das er zu guten Preisen weiterverkauft. Die ganzen Townpeople kommen wegen des Krautes, sogar zwei Somalis betreten zum ersten Mal unseren Shop. Auch sie sind scharf auf Miraa. Mein Mann schaut sie böse an und fragt herablassend, was sie hier wollen. Mir ist sein Verhalten peinlich, weil die beiden freundlich sind und sie durch unser Business schon genug Schaden haben. Sie bekommen ihr Miraa und gehen.
Gegen 21 Uhr ist der Shop soweit, daß wir morgen den Verkauf weiterführen können.
Als ich in meine Hütte krieche, liegt dort ein stämmiger Krieger mit einem dick verbundenen Bein. Er stöhnt leise vor sich hin. Ich frage, wie es ihm geht. Okay, ist seine Antwort. Doch das heißt hier noch lange nichts. Kein Samburu würde jemals das Gegenteil behaupten, auch wenn er kurz vor dem letzten Atemzug steht. Er schwitzt sehr, und es riecht stark nach einem Gemisch aus Schweiß und Jod. Als kurze Zeit später Lketinga in die Hütte kommt, hat er zwei Bündel Miraa dabei. Er spricht den Verletzten an, doch die Antwort kommt nur stockend. Vermutlich hat der Mann

hohes Fieber. Nach einigem Hin und Her darf ich seine Temperatur messen. Das Fieberthermometer zeigt 40,5°C. Ich gebe dem Krieger fiebersenkende Medikamente, und kurze Zeit später schläft er ein. In dieser Nacht schlafe ich schlecht. Mein Mann kaut die ganze Nacht Miraa, und der verletzte Krieger stöhnt und schreit manchmal.
Während Lketinga bei seinem Gefährten bleibt, gehe ich am nächsten Morgen zum Laden. Das Geschäft läuft wie verrückt, da sich die Nachricht vom Zucker- und Maismehlnachschub wie ein Lauffeuer verbreitet hat. An diesem Tag macht Anna einen schlappen Eindruck. Immer wieder setzt sie sich. Zwischendurch rennt sie nach draußen und übergibt sich. Beunruhigt frage ich, was los ist. Doch Anna meint, es geht schon, vielleicht habe sie leichte Malaria. Ich schicke sie nach Hause, und der Mann, der unseren Lori begleitet hat, bietet sich an, mir zu helfen. Ich bin froh über diese Unterstützung, da er wirklich zupacken kann. Nach mehreren Stunden schmerzt mein Kreuz wieder fürchterlich. Ob es an der Schwangerschaft oder am ewigen Bücken liegt, weiß ich nicht. Nun bin ich Ende des dritten Monats, vermute ich. Außer einer kleinen Wölbung sieht man noch nichts. Mein Mann zweifelt inzwischen meine Mutterschaft an und meint statt dessen, ich hätte vielleicht ein Geschwür im Bauch.
Nach geraumer Zeit betritt Lketinga den Laden. Im ersten Moment stutzt er und herrscht den Mann an, was er hinter der Theke mache. Ich bediene weiter. Der Mann erzählt von Annas schlechtem Befinden und daß sie deswegen nach Hause ging. Wir arbeiten weiter, und mein Mann sitzt da und kaut immer noch Miraa, was mich ungehalten werden läßt. Ich schicke ihn zum Veterinär, um nachzuschauen, ob heute eine Ziege getötet worden ist, denn ich

will ein gutes Essen mit Fleisch und Kartoffeln machen. Mittags will ich schließen, damit ich im hinteren Teil kochen und mich waschen kann. Doch Lketinga und der Helfer wollen durcharbeiten. Auf meinem neuen Holzkohleofen koche ich ein schmackhaftes Eintopfgericht. Endlich kann ich wieder einmal in Ruhe essen. Die Hälfte hebe ich für Lketinga auf. Mit vollem Magen kann ich besser arbeiten.
Nach 19 Uhr sind wir zu Hause. Der Verwundete hockt in unserer Hütte. Es scheint ihm besser zu gehen. Doch welch ein Chaos herrscht hier! Überall liegen abgefressene Miraa-Stengel und zerkaute Kaugummi-Klumpen herum. Der Kochtopf steht mit angeklebtem Maisessen neben der Feuerstelle, und rundherum liegen Essensbrocken, auf denen sich Ameisen tummeln. Dazu kommt der üble Geruch in der Hütte. Mir verschlägt es fast den Atem. Ich komme müde von der Arbeit und muß nun erst die Hütte säubern, ganz zu schweigen vom Topf für den Chai, den ich mit den Fingernägeln sauber kratzen muß.
Als ich meinen Unmut meinem Mann gegenüber äußere, stoße ich auf Unverständnis. In seinem Miraarausch fühlt er sich angegriffen und meint, ich wolle seinem Freund, der gerade mit dem Leben davongekommen ist, nicht helfen. Dabei verlange ich nur etwas Ordnung. Humpelnd verläßt der Krieger mit meinem Mann die Hütte, und sie gehen zu Mama. Ich höre eine heftige Diskussion und fühle mich ausgestoßen und einsam. Um meine Fassung nicht zu verlieren, krame ich meinen Kassettenrecorder hervor und höre deutsche Musik. Nach einiger Zeit streckt Lketinga seinen Kopf in die Hütte und schaut mich mißmutig an. »Corinne, what's the problem? Why you hear this music? What's the meaning?« O Gott, wie soll ich ihm er-

klären, daß ich mich mißverstanden und ausgenützt fühle und Trost in der Musik suche? Er kann das nicht verstehen.
Ich nehme seine Hand und bitte ihn, sich neben mich zu setzen. Wir hören gemeinsam Musik und starren ins Feuer. Dabei spüre ich, wie langsam eine erotische Spannung entsteht, und kann sie genießen. Im Feuerschein sieht Lketinga phantastisch aus. Ich lege meine Hand auf seinen dunklen nackten Oberschenkel und fühle auch seine Erregung. Er schaut mich wild an, und plötzlich liegen wir uns in den Armen. Wir küssen uns. Zum ersten Mal habe ich den Eindruck, daß auch er Gefallen daran findet. Obwohl ich es immer wieder probiert habe, hatte Lketinga bis jetzt nie richtig Spaß daran, und deshalb scheiterten meine Versuche meistens sehr rasch. Doch nun küßt er mich und wird immer ungestümer. Endlich schlafen wir wieder miteinander. Es ist wunderschön. Als sich seine Anspannung löst, streicht er mir liebevoll über meinen kleinen Bauch und fragt: »Corinne, you are sure, you have now a baby?« Glücklich lache ich: »Yes!« »Corinne, if you have a baby, why you want love? Now it's okay, I have given you a baby, now I wait for it.« Natürlich bin ich etwas ernüchtert über diese Einstellung, doch nehme ich sie nicht mehr ganz so ernst. Wir schlafen zufrieden ein.
Der nächste Tag ist ein Sonntag. Unser Shop ist geschlossen, und wir beschließen, eine Messe von Giuliano anzuhören. Die kleine Kirche ist brechend voll. Es sind fast nur Frauen und Kinder da. Einige Männer, wie der Veterinär mit Familie, der Arzt und der Buschlehrer sitzen auf einer Seite. Giuliano liest die Messe in Suaheli, und der Lehrer übersetzt in Samburu. Zwischendurch singen und trommeln die Frauen und Kinder. Im großen und ganzen läuft

alles fröhlich ab. Lketinga ist der einzige Krieger, und dieser Kirchenbesuch ist sein erster und letzter zugleich.
Den Nachmittag verbringen wir gemeinsam am River. Ich wasche Kleider, und er putzt unser Auto. Endlich haben wir genügend Zeit für das Ritual des gegenseitigen Waschens. Es ist wie früher, und mit Wehmut denke ich an die Zeit zurück. Natürlich gefällt mir der Shop, unser Essen ist abwechslungsreicher geworden. Doch wir haben nicht mehr soviel Zeit für uns. Alles ist hektischer geworden. Trotzdem freue ich mich nach jedem Sonntag auf den Shop. Ich habe mich mit den Town-Frauen und einem Teil ihrer Männer angefreundet, die etwas Englisch sprechen. Langsam weiß ich, wer zu wem gehört.
Anna ist mir inzwischen ans Herz gewachsen. Seit ein paar Tagen hockt ihr Mann im Shop, da er Urlaub hat. Mich stört es nicht, im Gegensatz zu Lketinga. Bei jedem Soda, das Annas Mann trinkt, fragt er auf peinliche Weise nach, ob Anna dies verrechnet.
Es ist Zeit, erneut Zucker zu organisieren. Die Säcke sind seit ein paar Tagen leer, und deshalb kommen weniger Leute. Auch stehen die Schulferien an. So kann ich in Maralal Zucker besorgen und James nach Hause holen. Lketinga bleibt im Shop und will Anna helfen, denn vom Maismehl haben wir noch etwa zwanzig Säcke, die wir verkaufen müssen, damit das Geld für eine Lastwagenfahrt reicht.
Ich nehme den bewährten Helfer mit. Er arbeitet gut und kann mir die schweren Säcke in den Landrover wuchten. Wie üblich wollen zwanzig andere Leute mit. Weil es jedesmal Ärger gibt, beschließe ich, etwas zu verlangen, damit ich die Benzinkosten nicht allein tragen muß. Sicher kommen dann nur diejenigen mit, die wirklich einen Grund haben. Die Menschentraube löst sich bei meiner Mitteilung

rasch auf, übrig bleiben fünf Personen, die den geforderten Betrag bezahlen. Deshalb ist der Landrover nicht überfüllt. Wir fahren früh los, weil ich abends zurück sein will. Mit von der Partie ist der Wildhüter, der diesmal ebenfalls zahlen muß.

In Maralal steigen alle aus, und ich fahre zur Schule hinunter. Der Headmaster erklärt mir, die Schüler hätten erst ab 16 Uhr frei. Ich vereinbare mit ihm, drei bis vier Schüler nach Barsaloi mitzunehmen. Mein Helfer und ich besorgen in der Zwischenzeit drei Säcke Zucker, etwas Früchte und Gemüse. Mehr kann ich nicht laden, wenn ich die Burschen abholen will. Es bleiben mir zwei Stunden, und ich nutze die Zeit, um Sophia zu besuchen.

Sophia ist überglücklich, mich zu sehen. Im Gegensatz zu mir hat sie einige Kilo zugenommen, und ihr geht es gut. Sie kocht mir Spaghetti, ein Festessen nach so langer Zeit ohne Teigwaren. Kein Wunder, daß sie so rapide zunimmt! Ihr Rasta-Freund taucht kurz auf und verschwindet mit ein paar Freunden. Sophia beschwert sich, daß er sie seit der Schwangerschaft fast nicht mehr anschaut. Arbeiten will er auch nicht und verbraucht statt dessen ihr Geld für Bier und Freunde. Trotz der Bequemlichkeiten, die sie sich zugelegt hat, beneide ich sie nicht. Im Gegenteil: An Sophias Beispiel wird mir bewußt, wieviel Lketinga leistet.

Ich verabschiede mich mit dem Versprechen, jedesmal wenn ich in Maralal bin, kurz vorbeizukommen. Meinen Helfer und den Wildhüter hole ich beim vereinbarten Treffpunkt ab. Wir fahren zur Schule, und drei Burschen stehen bereit. James freut sich sehr, daß er abgeholt wird. Wir brechen sofort auf, weil wir vor der Dunkelheit zu Hause sein wollen.

Dschungelpfade

Der Wagen schlängelt sich die rote, staubige Straße hoch. Kurz vor der S-Kurve müssen der Wildhüter und ich lachen, denn wir denken beide an unser Elefantenerlebnis. Hinten im Wagen quatschen und lachen die Burschen. Kurz vor dem steilen Schräghang will ich den Vierrad einschalten. Ich bremse und bremse noch mal, doch der Wagen fährt einfach weiter auf den Todeshang zu. Entsetzt schreie ich: »No brakes!« Gleichzeitig sehe ich, rechts geht nichts, da unmittelbar neben dem Weg die Schlucht beginnt, die von den Bäumen verdeckt ist. Also reiße ich, ohne weiter zu überlegen, das Steuer nach links, während der Wildhüter an der Tür manipuliert.
Wie durch ein Wunder kracht der Wagen über den Beginn der immer höher werdenden Felsmauer. Wo ich auffahre, beträgt die Höhe etwa 30 cm. Wären wir nur ein kleines Stück weiter gewesen, wäre mir nichts anderes übrig geblieben, als frontal auf die Felswand zu fahren. Ich bete, der Wagen möge in den Büschen hängen bleiben, die Plattform beträgt höchstens fünf bis sechs Meter, dann geht es steil in den Dschungel hinunter.
Die Burschen sind in heller Aufregung, und der Wildhüter ist grau im Gesicht. Endlich bleibt der Wagen hängen, etwa einen Meter vor dem Ende des Plateaus. Ich zittere so sehr am ganzen Körper, daß ich unfähig bin auszusteigen.
Die Schüler klettern aus den Fenstern, da wir vorne bewegungslos hocken und dadurch die hintere Wagentüre verschlossen bleibt. Mit weichen Knien steige ich nun doch

aus, um den Schaden zu begutachten. In diesem Moment beginnt der Wagen, sich langsam zu bewegen. Geistesgegenwärtig schnappe ich den erstbesten Stein und lege ihn unter ein Rad. Die Burschen finden heraus, daß das Bremskabel herausgerissen ist. Ratlos und geschockt stehen wir um das Fahrzeug, keine drei Meter vom Todeshang entfernt.

Wir können unmöglich hier im Busch bleiben, meint der Wildhüter, obwohl er diesmal bewaffnet ist. Es wird außerdem verdammt kalt, sobald es dunkel ist. Nach Barsaloi ohne Bremse weiterzufahren, ist genauso unmöglich. So bleibt nur der Rückweg nach Maralal, den ich, schlimmstenfalls im Vierrad, auch ohne Bremse schaffe. Zuerst muß der lange Wagen auf diesem schmalen Plateau gewendet werden. Wir suchen große Steine, und ich fahre vorsichtig an. Mehr als einen halben Meter nach vorne kann ich nicht, deshalb müssen mich die Burschen mit Steinen unter jedem Rad stoppen. Dann folgt dasselbe Manöver rückwärts, wobei ich nahezu nichts sehen kann. Mir läuft der Schweiß über das Gesicht, und ich bete zu Gott, daß er uns helfen möge. Nach diesem Erlebnis, bei dem wir knapp dem Tod entronnen sind, bin ich absolut überzeugt, daß es ihn gibt. Nach mehr als einer Stunde ist das zweite Wunder vollbracht, der Wagen ist gewendet.

Es ist bereits dunkel im Dschungel, als wir losfahren können, alles im ersten Gang und mit Vierrad. Wenn es bergab geht, wird der Wagen viel zu schnell, geradeaus heult dafür der Motor gräßlich auf, doch zu schalten traue ich mich nicht. Automatisch trete ich in kritischen Momenten auf die nicht funktionierende Bremse. Nach mehr als einer Stunde erreichen wir erleichtert Maralal. Hier überqueren die Leute friedlich die Straße in der Annahme, die wenigen

Autos bremsen ab. Ich kann nur hupen, und die Leute springen schimpfend zur Seite. Kurz vor der Garage drehe ich den Zündschlüssel ab und lasse den Wagen ausrollen. Der Chef-Somali will gerade schließen. Ich erkläre ihm mein Problem und daß der Wagen voller Ware ist, die ich nicht ohne Aufsicht lassen kann. Er öffnet das Eisentor, und einige Männer schieben das Gefährt hinein.
Gemeinsam gehen wir Chai trinken und beraten, immer noch völlig geschockt, unsere Lage. Nun müssen wir ein Lodging suchen. Der Wildhüter schaut für sich, während ich natürlich die Burschen und meinen Helfer einlade. Wir nehmen zwei Zimmer. Die Burschen bemerken, sie könnten sich gut zu zweit ein Bett teilen. Ich will allein sein. Nach dem Essen verziehe ich mich. Bei dem Gedanken an meinen Mann wird mir ganz elend. Er weiß ja nicht, was geschehen ist, und wird sich große Sorgen machen.
Früh suche ich die Garage auf. Die Arbeiter sind dabei, unseren Wagen zu reparieren. Auch für den Chef-Somali ist es ein Rätsel, wie das passieren konnte. Um elf Uhr können wir aufbrechen, doch diesmal wage ich nicht, die Urwaldstraße zu benützen. Mir sitzt die Angst zu tief in den Knochen, und schließlich bin ich im vierten Monat schwanger. Wir fahren den Umweg über Baragoi, der etwa viereinhalb Stunden dauert. Während der Fahrt denke ich an die Sorge, die mein Mann mittlerweile haben muß.
Wir kommen gut voran. Diese Straße, deren einzige Tücke die vielen Schottersteine sind, ist viel anspruchsloser. Wir haben gut die Hälfte hinter uns, als nach dem Überqueren eines ausgetrockneten Flußbetts sich ein mir bereits vertrautes Zischen bemerkbar macht. Zu allem Unglück haben wir auch noch einen Platten! Alle steigen aus, und die Burschen hieven das Reserverad unter den Zuckersäcken

hervor. Mein Helfer plaziert den Wagenheber, und nach einer halben Stunde ist der Schaden behoben. Ausnahmsweise habe ich nichts zu tun, sitze in der prallen Sonne und rauche eine Zigarette. Wir setzen unsere Fahrt fort und erreichen Barsaloi im Laufe des Nachmittags.
Wir parken neben dem Laden, und ich will gerade aussteigen, als mein Mann mit bösem Blick auf mich zukommt. Er steht vor der Wagentür und schüttelt den Kopf: »Corinne, what is wrong with you? Why you come late?« Ich berichte, doch er wehrt, ohne zuzuhören, verächtlich ab und fragt statt dessen, mit wem ich die Nacht in Maralal verbracht habe. Jetzt packt mich die Wut. Wir sind knapp mit dem Leben davongekommen, und mein Mann glaubt, ich hätte ihn betrogen! Daß er so reagieren würde, hätte ich mir niemals vorstellen können.
Die Burschen kommen mir zu Hilfe und schildern die Fahrt. Er kriecht unter den Wagen und begutachtet das Kabel. Als er verschmiertes Bremsöl entdeckt, gibt er sich zufrieden. Doch meine Enttäuschung sitzt tief, und ich beschließe, in meine Hütte zu gehen. Die sollen selber sehen, wie sie zurechtkommen, schließlich ist James jetzt auch da. Mama und Saguna begrüße ich flüchtig, dann ziehe ich mich zurück und weine vor Erschöpfung und Enttäuschung.
Gegen Abend beginne ich zu frieren. Ich messe dem keine große Bedeutung bei und koche Chai. Lketinga kommt und nimmt sich Tee. Wir reden nicht viel. Spät abends bricht er auf, um einen weit entfernten Kral zu besuchen und die restlichen Ziegen von der Hochzeit abzuholen. In etwa zwei Tagen sei er zurück. Er wickelt seine rote Decke um die Schultern, schnappt seine beiden Speere und verläßt ohne große Worte die Manyatta. Ich höre ihn kurz mit

Mama sprechen, dann ist alles ruhig bis auf Babygeschrei in einer benachbarten Hütte.
Mein Zustand verschlechtert sich. In der Nacht packt mich die Angst. Ist das vielleicht wieder eine Malaria-Attacke? Ich krame meine Fansidar-Tabletten hervor und lese alles genau durch. Drei Tabletten auf einmal bei Verdacht, doch bei Schwangerschaft einen Arzt aufsuchen. O Gott, auf keinen Fall will ich mein Baby verlieren, was bei Malaria bis zum sechsten Monat allerdings leicht passieren kann. Ich entschließe mich, die drei Tabletten zu nehmen, und lege Holz ins Feuer, damit mir etwas wärmer wird.
Am Morgen erwache ich erst, als ich draußen Stimmen höre. Ich krieche aus der Hütte, und das volle Sonnenlicht blendet mich. Es ist fast halb neun. Mama sitzt vor ihrer Hütte und schaut mich lachend an. »Supa Corinne«, ertönt es aus ihrer Richtung. »Supa Mama«, gebe ich zurück und marschiere in den Busch, um meine Notdurft zu verrichten.
Ich fühle mich schlapp und ausgelaugt. Als ich zurück zur Manyatta komme, stehen schon vier Frauen da und fragen nach dem Shop. »Corinne, tuka«, höre ich Mama rufen, ich soll den Laden öffnen. »Ndjo, ja, later!« gebe ich zur Antwort. Verständlicherweise wollen alle den Zucker haben, den ich gestern gebracht habe. Eine halbe Stunde später schleppe ich mich zum Shop.
Es warten sicher zwanzig Personen, doch Anna ist nicht dabei. Ich öffne, und sofort geht das Geschnatter los. Jede will die erste sein. Ich bediene mechanisch. Wo bleibt Anna? Mein Helfer läßt sich ebenfalls nicht blicken, und wo die Burschen sind, weiß ich auch nicht. Während des Bedienens spüre ich einen heftigen Drang zur Toilette. Ich greife zum Toilettenpapier und stürme zum WC-

Häuschen. Ich habe bereits Durchfall. Nun bin ich total im Streß. Der Laden ist voller Menschen. Die Kasse ist eine offene Schachtel und für jeden, der hinter die Theke kommt, zugänglich. Kraftlos kehre ich zu den schwatzenden Frauen zurück. Der Durchfall zwingt mich mehrmals auf die Toilette.

Anna hat mich im Stich gelassen, sie ist nicht gekommen. Bisher ist nicht ein bekanntes Gesicht aufgetaucht, dem ich nur halbwegs meine Situation auf Englisch erklären und um Hilfe bitten kann. Nach dem Mittag kann ich mich kaum mehr auf den Beinen halten.

Endlich erscheint die Frau des Lehrers. Ich schicke sie zu Mama, um nachzuschauen, ob die Burschen zu Hause sind. Zum Glück erscheint James mit jenem Burschen, der damals in meinem Lodging übernachtet hatte. Sie sind sofort bereit, den Laden zu führen, damit ich nach Hause kann. Mama schaut mich überrascht an und fragt, was los sei. Doch wie soll ich ihr antworten? Ich zucke mit den Schultern und sage: »Maybe Malaria.« Sie schaut mich erschrokken an und faßt sich an den Bauch. Ich verstehe die Bedeutung, bin aber selbst ratlos und traurig. Sie kommt in meine Manyatta und kocht für mich schwarzen Tee, denn Milch sei nicht gut. Während sie auf das kochende Wasser wartet, spricht sie unaufhörlich zu Enkai. Mama betet für mich auf ihre Weise. Ich habe sie wirklich sehr gern, wie sie so dasitzt, mit ihren langen Brüsten und dem schmutzigen Rock. In diesem Moment bin ich froh, daß mein Mann eine so liebe, fürsorgliche Mutter hat, und möchte sie nicht enttäuschen.

Als unsere Ziegen nach Hause kommen, schaut der ältere Bruder besorgt zu mir herein und versucht, auf Suaheli eine Unterhaltung zu beginnen. Doch ich bin zu müde und schlafe dauernd ein. Mitten in der Nacht erwache ich schweißgebadet, als ich Schritte und das Einstecken von Speeren neben unserer Hütte vernehme. Mein Herz klopft wild, als das bekannte Grunzgeräusch ertönt und kurz darauf eine Gestalt in der Hütte erscheint. Es ist so dunkel, daß ich nichts erkenne. »Darling?« frage ich hoffnungsvoll in die Dunkelheit. »Yes, Corinne, no problem«, ertönt die vertraute Stimme meines Mannes. Ein Stein fällt mir vom Herzen.

Ich erkläre meinen Zustand, und er ist sehr besorgt. Da ich bis jetzt keinen Schüttelfrost hatte, habe ich immer noch die Hoffnung, daß sich durch die sofortige Einnahme von Fansidar mein Zustand normalisiert.

Die folgenden Tage bleibe ich zu Hause, und Lketinga und die Boys betreiben den Laden. Langsam erhole ich mich, da auch der Durchfall nach drei Tagen ein Ende hat. Nach einer Woche Herumliegen habe ich es satt und gehe nachmittags arbeiten. Doch der Laden sieht schlimm aus. Es wurde kaum geputzt, und alles ist voller Maismehlstaub. Die Regale sind fast leer. Die vier Zuckersäcke sind längst verkauft, und Mais gibt es gerade noch anderthalb Säcke. Das heißt, wir müssen wieder eine Fahrt nach Maralal starten. Wir planen sie in der folgenden Woche, da für die Jungen die kurzen Ferien ohnehin dann zu Ende sind und ich einige von ihnen gut nach Maralal mitnehmen kann.

Im Shop ist es ruhig. Sobald die Grundnahrungsmittel fehlen, bleiben die Kunden von weit her aus. Ich gehe Anna besuchen. Als ich zu ihrem Häuschen komme, liegt sie auf ihrem Bett. Auf die Frage, was mit ihr los sei, will sie zuerst keine Antwort geben. Mit der Zeit kriege ich heraus, daß auch sie schwanger ist. Sie sei erst im dritten Monat, hatte aber vor kurzem Blutungen und ist deswegen von der Ar-

beit ferngeblieben. Wir vereinbaren, daß sie wiederkommt, wenn die Burschen weg sind.
Der Schulbeginn rückt näher, und wir brechen auf. Diesmal bleibt der Laden geschlossen. Nach drei Tagen können wir den vollen Lastwagen nach Barsaloi losschicken, unser Helfer begleitet ihn. Lketinga fährt mit mir durch den Dschungel. Glücklicherweise verläuft die Fahrt problemlos. Wir erwarten den Laster kurz vor Dunkelheit. Doch statt des Lasters kommen zwei Krieger und erzählen uns, der Lori stecke im letzten Flußbett fest. Wir fahren mit unserem Wagen die kurze Strecke und sehen uns die Bescherung an. In dem ausgetrockneten, breiten Fluß ist er kurz vor dem Ufer mit dem linken Rad im Sand abgesackt. Durch das lange Spulen hat es sich in den lockeren Sand gegraben.
Es stehen schon einige Leute am Ort der Misere, und zum Teil wurden bereits Steine und Äste untergelegt. Der Laster neigt sich durch das hohe Gewicht immer schräger, und der Fahrer erklärt, es nütze alles nichts mehr, es müsse hier abgeladen werden. Ich bin nicht sehr erfreut über diesen Vorschlag und möchte Pater Giuliano um Rat fragen. Giuliano ist nicht gerade begeistert bei meinem Auftauchen, da er bereits weiß, was geschehen ist. Dennoch steigt er in seinen Wagen und kommt mit.
Er probiert es mit einer Seilwinde, aber unsere Vierrad-Wagen schaffen es nicht, den Laster herauszumanövrieren. Nun müssen die hundert Doppelzentner-Säcke in unsere Wagen umgeladen werden. Wir können jeweils acht Säcke laden. Fünfmal fährt Giuliano, dann kehrt er genervt in die Mission zurück. Ich fahre noch siebenmal, bis wir alles im Shop haben. Indessen ist es Nacht geworden, und ich bin am Ende meiner Kräfte. Im Shop herrscht ein unvorstellba-

res Durcheinander, doch wir machen Feierabend und räumen erst am nächsten Morgen die Waren ein.
Häufig werden uns Ziegen- oder Kuhfelle zum Ankauf angeboten. Bis jetzt habe ich stets abgelehnt, aber die Frauen sind nicht zufrieden damit und verlassen zum Teil schimpfend den Laden, um die Felle bei den Somalis loszuwerden. Allerdings kaufen die Somalis seit kurzem die Felle nur von denen, die Mais oder Zucker bei ihnen beziehen. So entstehen täglich neue Diskussionen. Deshalb beschließe ich, ebenfalls Häute anzukaufen und lagere sie im hinteren Teil unseres Shops.
Keine zwei Tage vergehen, bis uns der schlaue Mini-Chief besucht und nach der Lizenz für den Handel mit Tierhäuten fragt. Natürlich haben wir keine, weil ich von deren Notwendigkeit nichts wußte. Und außerdem, meint er, könne er mir den Shop schließen, weil es nicht erlaubt sei, die Häute im selben Gebäude zu lagern wie die Lebensmittel. Es müßten mindestens fünfzig Meter Abstand dazwischen sein. Mir verschlägt es bei dieser Neuigkeit die Sprache, da die Somalis bisher ihre Häute ebenfalls im selben Raum hatten, was der Chief einfach bestreitet. Jetzt weiß ich auch, wer ihn auf uns gehetzt hat. Da ich mittlerweile fast achtzig Häute habe, die ich beim nächsten Mal in Maralal weiterverkaufen will, muß ich Zeit gewinnen, um einen neuen abschließbaren Ort zu finden. Ich biete dem Chief zwei Sodas an und bitte ihn, mir bis morgen Zeit zu geben.
Nach längerem Hin und Her mit meinem Mann einigen sie sich, daß wir die Häute bis zum nächsten Tag aus dem Shop gebracht haben. Doch wohin damit? Immerhin sind die Felle Bargeld. Ich gehe zur Mission, um Rat zu holen. Nur Roberto ist da und meint, er habe auch keinen Platz. Wir

müssen auf Giuliano warten. Am Abend kommt er mit dem Motorrad vorbei. Zu meiner Freude bietet er mir sein altes Wasserpumpenhäuschen in der Nähe an, wo alte Maschinen gelagert sind. Es sei nicht viel Platz, aber besser als nichts, denn man könne es mit einem Schloß abschließen. Wieder habe ich ein Problem gelöst, und langsam wird mir klar, welch große Hilfe Pater Giuliano für uns ist.

Der Laden läuft gut, und Anna erscheint pünktlich. Es geht ihr wieder besser. An einem normalen Nachmittag herrscht plötzlich eine Riesenaufregung. Der Nachbarsjunge stürmt in den Shop und diskutiert aufgeregt mit Lketinga. »Darling, what happened?« frage ich. Er antwortet, daß zwei Ziegen unserer Herde verlorengegangen sind und er sofort aufbrechen muß, um sie zu suchen, bevor es dunkel wird und die wilden Tiere sie erwischen. Gerade will er mit seinen beiden langen Speeren bewaffnet los, als das Hausmädchen des Buschlehrers mit bleichem Gesicht im Laden erscheint. Auch sie spricht mit Lketinga, und ich verstehe nur, daß es um unseren Wagen und Maralal geht. Beunruhigt frage ich Anna: »Anna, what's the problem?« Zögernd erzählt sie, daß die Frau des Lehrers zu Hause ein Kind erwartet, sie müsse sofort ins Spital, aber bei der Mission sei niemand da.

Die Frau des Lehrers

Darling, we have to go with her to Maralal«, sage ich aufgeregt zu meinem Mann. Er meint jedoch, das sei nicht seine Aufgabe, er müsse seine Ziegen suchen. In diesem Moment verstehe ich ihn überhaupt nicht und frage wütend, ob ihm ein Menschenleben nicht mehr wert sei als das eines Tieres. Er sieht das nicht ein, es sei schließlich nicht seine Frau, aber seine Ziegen wären spätestens in zwei Stunden aufgefressen, und damit verläßt er den Shop. Ich bin sprachlos und verzweifelt, daß ausgerechnet mein gutmütiger Mann so kaltherzig sein kann.

Anna teile ich mit, daß ich mir die Frau ansehen und dann entscheiden werde. Ihre Blockhütte liegt zwei Minuten vom Shop entfernt. Beim Betreten der Hütte trifft mich fast der Schlag. Überall liegen blutdurchtränkte Tücher. Die junge Frau liegt zusammengekauert auf dem nackten Fußboden und stöhnt laut. Ich spreche sie an, da ich vom Laden her weiß, daß sie Englisch spricht. Stockend erzählt sie mir, die Blutungen hätten schon vor zwei Tagen begonnen, aber wegen ihres Mannes durfte sie nicht zum Arzt gehen. Er sei sehr eifersüchtig und deswegen gegen eine Untersuchung. Jetzt, nachdem er weggegangen sei, will sie fort.

Sie schaut mich zum erstenmal an, und ich sehe blanke Angst in ihren Augen. »Please, Corinne, help me, I am dying!« Dabei hebt sie ihr Kleid hoch, und ich sehe ein kleines, blaues Ärmchen aus der Scheide hervorhängen. Mit aller Kraft reiße ich mich zusammen und verspreche, sofort den Landrover von zu Hause zu holen. Ich stürze aus dem

Haus zum Shop und sage Anna, daß ich sofort nach Maralal fahre, sie soll den Shop schließen, falls mein Mann bis 19 Uhr nicht zurück ist.

Den Weg zur Manyatta renne ich und spüre kaum, wie mir die Dornenbüsche die Beine zerkratzen. Tränen des Entsetzens und auch der Wut auf meinen Mann laufen mir über das Gesicht. Wenn wir nur Maralal noch rechtzeitig erreichen! Zu Hause steht Mama da und versteht nicht, warum ich alle Wolldecken und sogar unser Fell aus der Manyatta reiße und im Landrover hinten ausbreite. Ich habe keine Zeit, ihr die Geschichte zu erklären. Hier geht es um Minuten. Ich kann kaum klar denken, als ich mit dem Wagen losbrause. Ein Blick auf die Mission bestätigt mir, daß niemand da ist, weil beide Fahrzeuge fehlen. Bei der Blockhütte halte ich an, um zusammen mit dem Mädchen der Frau in den Wagen zu helfen.

Es ist schwer, da sie nicht mehr stehen kann. Wir legen sie vorsichtig auf die beiden Decken, die nur gegen das kalte Blech Schutz geben und keinesfalls genügen werden, um die großen Schläge zu dämpfen. Das Mädchen steigt ebenfalls ein, und wir fahren los. Beim »Arzthäuschen« halte ich an, um zu schauen, ob der Doktor vielleicht mitkommt. Aber auch er ist nicht da! Wo sind nur alle, wenn man sie einmal braucht? Statt dessen ist ein Fremder aus Maralal dort und will mitfahren. Er ist kein Samburu.

Es geht um Leben und Tod, und trotzdem kann ich nicht so schnell fahren, da die Frau sonst hinten im Wagen herumrollt. Bei jedem Schlag schreit sie laut auf. Das Mädchen spricht leise auf sie ein, während sie den Kopf auf ihrem Schoß festhält. Schweißgebadet muß ich mir die Tränen aus den Augen wischen. Aus Eifersucht läßt dieser Lehrer seine Frau verrecken! Er, der jeden Sonntag in der Kirche die

Messe übersetzt, er, der schreiben und lesen kann. Ich könnte es kaum glauben, hätte ich nicht selbst die Reaktion meines Mannes erlebt. Bei ihm zählt offensichtlich ein Frauenleben weniger als das einer Ziege. Wäre ein Krieger in Not, wie der, den wir einen Monat in unserer Hütte hatten, Lketinga würde wahrscheinlich anders reagieren. Jetzt geht es jedoch nur um eine Frau, die nicht mal seine ist. Was geschieht, wenn bei mir Komplikationen auftreten?
All diese Überlegungen schießen mir durch den Kopf, während der Wagen langsam vorwärtskommt. Die Frau verliert immer wieder für kurze Momente das Bewußtsein, und das Stöhnen hört auf. Wir sind nun bei den Felsen angelangt, und mir wird übel, wenn ich daran denke, wie es nun den Wagen hin- und herschütteln wird. Hier nützt alles langsame Fahren nichts mehr. Zum Hausmädchen sage ich, es soll die Frau halten, so gut es geht. Der Mann neben mir hat noch kein Wort von sich gegeben. Der Wagen klettert im Vierrad über die großen Felsbrocken. Die Frau schreit entsetzlich. Als wir es geschafft haben, wird sie augenblicklich wieder ruhig. Ich fahre so schnell wie möglich durch den Dschungel. Kurz vor dem Todeshang muß ich bergauf den Vierrad einschalten. Der Wagen schleicht den Berg hinauf. In der Mitte des Hangs stottert plötzlich der Motor. Ich schaue sofort auf die Benzinuhr und bin beruhigt. Er kriecht normal weiter, doch dann stottert er wieder. Der Wagen ruckt und rumpelt gerade noch auf die Anhöhe, um dann völlig still zu stehen, direkt neben dem Plateau, auf dem ich schon einmal festsaß.
Verzweifelt versuche ich, den Motor erneut zu starten. Doch es rührt sich nichts. Nun wird der Mann neben mir munter. Wir steigen aus und begutachten den Motor. Alle Zündkerzen nehme ich heraus, doch sie sind in Ordnung.

Die Batterie ist aufgefüllt. Wo ist das Problem von diesem verdammten Wagen? Ich schüttle alle Kabel, schaue unter den Wagen, doch ich kann die Ursache nicht finden. Wieder und wieder probiere ich es, doch nichts geht mehr. Nicht einmal das Licht funktioniert.
Mittlerweile wird es dunkel, und die Riesenbremsen fressen uns fast auf. Ich bekomme nun wirklich Angst. Hinten im Wagen stöhnt die Frau. Die Wolldecken sind voller Blut. Ich erkläre dem Fremden, daß wir hier verloren sind, weil diese Straße fast nicht benützt wird. Es bleibt nur die Möglichkeit, daß er in Maralal Hilfe holt. Zu Fuß schafft er es in anderthalb Stunden. Er weigert sich, ohne Waffe allein loszugehen. Nun drehe ich völlig durch und beschimpfe ihn wütend, weil er nicht begreift, daß es so oder so sehr gefährlich ist, und je länger er wartet, desto dunkler und kälter wird es. Wir haben nur eine Chance, wenn er jetzt aufbricht. Endlich macht er sich auf den Weg. Frühestens in zwei Stunden werden wir Hilfe haben. Ich öffne den Wagen hinten und versuche, mit der Frau zu sprechen. Aber sie ist wieder für kurze Zeit bewußtlos. Es wird kalt, und ich ziehe meine Jacke an. Nun erwacht sie und verlangt nach Wasser. Sie hat großen Durst, ihre Lippen sind völlig aufgesprungen. Mein Gott! In der Hetze habe ich wieder einmal einen Riesenfehler gemacht. Wir sind ohne Trinkwasser! Ich durchsuche den ganzen Wagen, finde eine leere Colaflasche und mache mich auf den Weg, Wasser zu suchen. Es muß doch hier Wasser geben, so grün wie alles ist! Nach hundert Metern höre ich das Plätschern von Wasser, doch sehen kann ich im Dickicht nichts. Vorsichtig wage ich mich Schritt für Schritt ins Gebüsch. Nach zwei Metern fällt der Hang steil ab. Unten ist ein kleines Bächlein, das ich jedoch nicht erreichen kann, denn die glit-

schige Felswand käme ich nicht mehr hoch. Ich renne zum Wagen zurück und nehme das Seil von den Benzinfässern mit. Die Frau heult wie verrückt vor Schmerzen. Ich schneide ein Ende des Seils ein und binde die Flasche daran, um sie zum Wasser herunterzulassen. Unendlich langsam füllt sie sich. Als ich kurz darauf der Frau die Flasche an den Mund halte, merke ich, daß sie vor Hitze glüht. Gleichzeitig friert sie so, daß ihre Zähne klappern. Sie trinkt die ganze Flasche leer. Noch mal hole ich Wasser. Zurück beim Wagen höre ich ein Schreien, wie ich es noch nie vernommen habe. Das Mädchen hält die Frau fest und weint. Sie ist ja noch so jung, vielleicht 13 oder 14 Jahre alt. Ich schaue in das Gesicht der Frau, und ihr Blick verrät Todesangst. »Ich sterbe, ich sterbe, Enkai!« stammelt sie. »Please Corinne, help me!« fleht sie wieder. Was soll ich nur machen? Ich war noch nie bei einer Geburt dabei, sondern bin selbst das erste Mal schwanger. »Please, take out this child, please, Corinne!« Ich halte das Kleid hoch und sehe wieder das gleiche Bild. Das blau-violette Ärmchen hängt nun bis zur Schulter heraus.

Dieses Kind ist tot, geht es mir durch den Kopf. Es hat Seitenlage und kann ohne Kaiserschnitt gar nicht auf die Welt kommen. Unter Tränen erkläre ich ihr, daß ich nicht helfen kann, aber mit etwas Glück kommt in etwa einer Stunde Hilfe. Ich ziehe meine Jacke aus und lege sie über die zitternde Gestalt. Mein Gott, warum läßt du uns so allein? Was habe ich falsch gemacht, daß dieser Wagen uns ausgerechnet heute wieder im Stich läßt, ich verstehe die Welt nicht mehr. Ich kann die gellenden Schreie kaum aushalten und laufe kopflos und verzweifelt in den dunklen Busch, kehre aber sofort wieder zum Auto zurück.

Die Frau verlangt in ihrer Todesangst mein Messer. Fieberhaft überlege ich, was ich machen soll, dann entscheide ich mich, es ihr nicht auszuhändigen. Plötzlich erhebt sie sich von der Decke und geht in die Hocke. Das Mädchen und ich starren entsetzt auf die mit dem Tod kämpfende Frau. Sie faßt mit beiden Händen in ihre Scheide und würgt und dreht an dem Arm, bis nach einiger Zeit ein blauviolettes, unterentwickeltes Kind auf der Wolldecke liegt. Gleichzeitig fällt sie erschöpft zurück und bleibt völlig starr liegen. Ich fasse mich als erste und wickle das blutige, tote, etwa siebenmonatige Kind in einen Kanga. Dann flöße ich der Frau wieder Wasser ein. Sie zittert am ganzen Leib, doch strahlt sie nun völlige Ruhe aus. Ich versuche, ihr die Hände zu reinigen und spreche beruhigend auf sie ein. Dabei lausche ich angestrengt in den Busch. Nach einer Weile höre ich ein leises Motorengeräusch.

Ein Stein der Erleichterung fällt mir vom Herzen, als ich kurz darauf Scheinwerferlicht durch das Gebüsch erblicke. Ich halte meine Taschenlampe in die Höhe, damit sie uns rechtzeitig sehen. Es ist der Sanitäts-Rover vom Spital. Drei Männer steigen aus. Ich erkläre ihnen, was geschehen ist, und sie laden die Frau auf einer Bahre in ihr Auto, ebenso das Bündel mit dem toten Baby. Auch das Mädchen fährt mit. Der Fahrer des Rover schaut sich meinen Wagen an. Er dreht den Zündschlüssel und weiß sofort, was fehlt. Er zeigt mir ein Kabel, das hinter dem Steuerrad heraushängt. Das Zündkabel ist herausgerissen. In nur einer Minute hat er es wieder befestigt, und der Wagen springt an. Während die anderen nach Maralal zurückfahren, begebe ich mich in die andere Richtung nach Hause. Völlig erschöpft und verstört erreiche ich unsere Manyatta. Mein Mann will wissen, warum ich erst so spät zurückgekommen bin. Ich versuche zu erzählen und merke, daß er mir nicht glaubt. Verzweifelt über seine Reaktion begreife ich nicht, warum er mir so wenig Vertrauen entgegenbringt. Schließlich kann ich nichts dafür, daß der Wagen immer schlapp macht, wenn er nicht dabei ist. Ich lege mich schlafen und lasse mich auf keine weitere Diskussion ein.

Am nächsten Tag gehe ich lustlos arbeiten. Kaum habe ich geöffnet, erscheint der Lehrer und bedankt sich überschwenglich für meine Hilfe, fragt dabei aber nicht einmal, wie es seiner Frau ergangen ist. So ein Heuchler!

Etwas später kommt Pater Giuliano und läßt sich von mir berichten. Ihm tut es leid, was wir durchmachen mußten, und es ist für mich kein Trost, daß er mir die Fahrt großzügig entschädigt. Der Frau gehe es der Situation entsprechend gut, was er über Radiocall erfahren habe.

Der Streß im Laden nimmt mich mehr mit, als ich wahrhaben will. Seit diesem Erlebnis schlafe ich schlecht und träume in Hinblick auf meine Schwangerschaft nur schreckliche Dinge. Am dritten Morgen nach dem Ereignis bin ich so zerschlagen, daß ich Lketinga allein in den Shop schicke. Er soll mit Anna arbeiten. Ich sitze zu Hause mit Mama unter dem großen Baum. Nachmittags kommt der Arzt vorbei und erzählt mir, die Lehrersfrau sei über dem Berg, müsse aber noch ein paar Wochen in Maralal bleiben.

Wir unterhalten uns über das Geschehen, und er versucht, mein Gewissen zu beruhigen, indem er sagt, es sei nur so gekommen, weil sie dieses Kind gar nicht haben wollte. Sie hätte mit ihrer mentalen Kraft den Wagen zum Stillstand gebracht. Zum Abschied fragt er mich, was mit mir los sei. Ich erwähne meinen schlappen Zustand, den ich den letzten Aufregungen zuschreibe. Besorgt warnt er mich vor einer eventuellen Malaria, weil meine Augen einen gelben Stich haben.

Angst um mein Kind

Abends wird bei uns ein Schaf geschlachtet. Noch nie hatte ich hier Schaffleisch, deshalb bin ich richtig neugierig. Mama bereitet unseren Anteil zu. Sie kocht mehrere Stücke einfach in Wasser. Tassenweise trinken wir den fetten, aber faden Sud. Mama meint, das sei gut, wenn man schwanger ist und kräftiger werden muß. Offensichtlich vertrage ich es nicht, denn in der Nacht bekomme ich Durchfall. Gerade noch kann ich meinen Mann wecken, der mir hilft, das Tor vom Dornengestrüpp zu öffnen, dann schaffe ich keine zwanzig Meter mehr. Der Durchfall nimmt kein Ende. Ich schleppe mich zurück zu unserer Manyatta, und Lketinga ist ernsthaft besorgt um mich und unser Kind.
Am frühen Morgen erlebe ich das gleiche und muß anschließend erbrechen. Mich fröstelt trotz der enormen Hitze. Nun bemerke ich auch meine gelben Augen und schicke Lketinga zur Mission. Ich habe Angst wegen des Kindes, denn ich bin sicher, daß das der Anfang der nächsten Malaria ist. Es dauert keine zehn Minuten, bis ich den Missionswagen höre und Pater Giuliano unsere Hütte betritt. Als er mich sieht, fragt er, was passiert ist. Zum ersten Mal erzähle ich ihm, daß ich im fünften Monat schwanger bin. Er ist überrascht, weil er nichts davon bemerkt hatte. Sofort schlägt er vor, mich nach Wamba ins Missionsspital zu bringen, da ich sonst vielleicht das Kind durch eine Frühgeburt verlieren könnte. Ich packe gerade noch ein paar Sachen, dann fahren wir. Lketinga bleibt zurück, weil wir ja den Shop geöffnet haben.

Pater Giuliano besitzt einen Wagen, der komfortabler als meiner ist. Er fährt halsbrecherisch, doch er kennt die Straße sehr gut. Trotzdem habe ich Mühe, mich festzuhalten, weil ich mit einer Hand meinen Bauch stütze. Gesprochen wird nicht viel auf der knapp dreistündigen Fahrt zum Missionsspital. Wir werden von zwei weißen Schwestern erwartet. Von ihnen gestützt werde ich in ein Untersuchungszimmer geführt, wo ich mich auf ein Bett legen kann. Ich staune über die Sauberkeit und Ordnung. Dennoch erfaßt mich, so hilflos auf dem Bett liegend, eine tiefe Traurigkeit. Als Giuliano hereinkommt, um sich zu verabschieden, schießen mir die Tränen aus den Augen. Erschrocken fragt er, was los ist. Ich weiß es ja selbst nicht! Ich habe Angst um mein Kind. Außerdem habe ich meinen Mann mit dem Shop allein gelassen. Er versucht, mich zu beruhigen und verspricht, jeden Tag nach dem Rechten zu sehen und über Radiocall der Schwester die Neuigkeiten durchzugeben. Bei all dem Verständnis, das er mir entgegenbringt, heule ich wieder los.
Er holt eine Schwester, und ich bekomme eine Spritze. Dann erscheint der Arzt, der mich untersucht. Als er hört, in welchem Monat ich schwanger bin, äußert er besorgt, ich sei viel zu dünn und habe zu wenig Blut. Das Kind sei deshalb viel zu klein. Dann folgt die Diagnose: Malaria im Anfangsstadium.
Ängstlich frage ich, welche Folgen das für mein Kind hat. Er winkt ab und meint, erst müsse ich mich erholen, dann passiert auch dem Kind nichts mehr. Wäre ich später gekommen, hätte der Körper infolge Blutarmut die frühzeitige Geburt selber eingeleitet. Aber es besteht gute Hoffnung, auf jeden Fall lebt das Kind. Bei diesen Worten bin ich so glücklich, daß ich alles daran setzen will, so schnell

wie möglich gesund zu werden. Ich werde in der Geburten-Abteilung in einem Vierbett-Zimmer einquartiert. Draußen blühen rote Blumenbüsche, alles ist anders als in Maralal. Ich bin froh, so schnell gehandelt zu haben. Die Schwester kommt und erklärt mir, ich werde täglich zwei Spritzen bekommen und gleichzeitig eine Infusion mit Kochsalzlösung. Dies sei dringend nötig, sonst trockne der Körper aus. So ist also Malaria zu behandeln, und ich begreife, wie knapp ich in Maralal mit dem Leben davongekommen bin. Die Schwestern kümmern sich rührend um mich. Am dritten Tag bin ich endlich von der Infusion befreit. Die Spritzen muß ich allerdings zwei weitere Tage über mich ergehen lassen.

Im Geschäft sei alles bestens, höre ich von den Schwestern. Ich fühle mich wie neu geboren und kann es nicht erwarten, endlich nach Hause zu meinem Mann zu kommen. Am siebten Tag erscheint er mit zwei Kriegern. Ich freue mich sehr, wundere mich aber trotzdem, wieso er das Geschäft verlassen hat. »No problem, Corinne, my brother is there!« antwortet er lachend. Dann erzählt er, Anna habe er rausgeworfen, da sie uns bestohlen und zum Teil Lebensmittel verschenkt habe. Das kann ich nicht glauben und frage ängstlich, wer mir in Zukunft helfen soll. Er habe einen Burschen eingestellt, der von seinem älteren Bruder und von ihm kontrolliert werde. Nun muß ich fast lachen, denn wie zwei Analphabeten einen ehemaligen Schüler kontrollieren wollen, ist mir ein Rätsel. Außerdem sei der Shop fast leer. Deshalb sei er mit dem Landrover hier und wolle weiter nach Maralal, um mit den beiden Kriegern einen Laster zu organisieren. Entsetzt frage ich: »Mit welchem Geld?« Er zeigt mir seine Tasche voller Geldscheine. Er habe alles bei Pater Giuliano geholt. Ich überlege fieber-

haft, was zu tun ist. Wenn er mit diesen beiden Kriegern nach Maralal fährt, wird er ausgenommen wie eine Weihnachtsgans. Das Geld liegt ungebündelt in seiner Plastiktasche, und er weiß nicht mal, wieviel es ist.
Noch während ich nachdenke, kommt die Arztvisite, und die Krieger müssen hinaus. Der Arzt meint, die Malaria sei für diesmal besiegt. Ich bitte um meine Entlassung, die er mir für morgen verspricht. Nur arbeiten soll ich nicht viel, mahnt er. Spätestens drei Wochen vor dem Geburtstermin solle ich mich im Spital einfinden. Ich bin erleichtert über meine Entlassung und teile es Lketinga mit. Auch er freut sich und verspricht, mich morgen abzuholen. Sie selber werden in Wamba ein Lodging nehmen.
Für die Fahrt nach Maralal übernehme ich das Steuer, und wie immer, wenn mein Mann dabei ist, gibt es keine Schwierigkeiten. Wir können bereits für den nächsten Tag einen Lastwagen buchen. Im Lodging zähle ich das Geld, das Lketinga dabei hat. Zu meinem Entsetzen stelle ich fest, daß einige tausend Kenia-Schillinge fehlen, um die Ladung zu bezahlen. Ich befrage Lketinga, und er meint ausweichend, es gebe noch einiges im Lager. So bleibt mir nichts anderes übrig, als wieder Geld abzuholen, statt Gewinn auf die Bank zu bringen. Aber ich freue mich, daß wir so schnell nach Barsaloi zurückkehren können. Schließlich war ich mehr als zehn Tage nicht mehr zu Hause.
Der Laster nimmt in Begleitung eines Kriegers den Umweg, wir fahren durch den Urwald. Ich bin glücklich, bei meinem Mann zu sein, und körperlich fühle ich mich wohl, da mir das regelmäßige Essen im Spital gut getan hat.

Am Todeshang

Unterwegs stellen wir fest, daß der Weg vor uns befahren worden ist. Es sind frische Fahrspuren, und Lketinga erkennt am Profil, daß es fremde Fahrzeuge gewesen sein müssen. Wir passieren den »Todeshang« ohne Probleme, und ich versuche, meine Gedanken an das grauenvolle Erlebnis mit der Totgeburt zu verdrängen.

Wir biegen um die letzte Kurve vor den Felsen, und ich bremse augenblicklich ab. Zwei alte Militär-Landrover stehen mitten im Weg. Zwischen den Fahrzeugen bewegen sich aufgeregt mehrere Weiße. Wir können unmöglich vorbeifahren und steigen aus, um nachzusehen, was los ist. Wie ich höre, ist es eine Gruppe von jungen Italienern in Begleitung eines Schwarzen.

Einer der jungen Männer sitzt laut schluchzend in der glühenden Hitze, während zwei junge Frauen auf ihn einreden. Auch ihnen laufen Tränen über das Gesicht. Lketinga spricht mit dem Schwarzen, und ich krame ein paar italienische Brocken aus meinem Gedächtnis hervor.

Was ich zu hören bekomme, ruft trotz der etwa 40 Grad Gänsehaut hervor. Die Freundin des weinenden Mannes sei vor fast zwei Stunden neben den Felsen in den dichten Busch gegangen, um ihre Notdurft zu verrichten. Sie hatten angehalten, weil sie glaubten, die Straße sei hier zu Ende. Die Frau sei keine zwei Meter weit gekommen und vor ihren Augen in die Tiefe gestürzt. Sie alle hörten einen langen Schrei und danach den Aufprall. Seitdem ist kein Lebenszeichen zu hören, trotz Rufen und ver-

geblicher Mühe, in die steil überhängende Schlucht zu steigen.
Mich friert, denn ich weiß, hier ist jede Hoffnung vergeblich. Wieder ruft der Mann laut den Namen seiner Freundin. Erschüttert gehe ich zu meinem Mann. Auch er ist durcheinander und erklärt mir, daß diese Frau tot ist, denn hier geht die Wand etwa hundert Meter in die Tiefe, und unten ist ein ausgetrocknetes, steiniges Flußbett. Kein Mensch ist bis jetzt von hier oben hinuntergekommen. Die Italiener scheinen es probiert zu haben, denn verschiedene Seile liegen zusammengeknüpft am Boden. Die beiden Mädchen halten den völlig aufgelösten Mann fest, der schweißnaß und zitternd mit hochrotem Kopf in der sengenden Hitze hockt. Ich gehe zu ihnen und schlage vor, sich unter die Bäume zu setzen. Aber der Mann schreit mit aufgerissenem Mund weiter.
Als ich zu Lketinga schaue, merke ich, daß er überlegt. Ich stürze zu ihm und frage, was er im Sinn habe. Er will mit seinem Freund irgendwie hinunter und die Frau heraufbringen.
Voller Panik halte ich ihn fest und schreie: »No, Darling, that's crazy, don't go, it is very dangerous!« Lketinga stößt meine Hand weg.
Der heulende Mann steht auf einmal neben mir und beschimpft mich, weil ich die Hilfe unterbinden will. Wütend sage ich ihm, daß ich hier lebe und dies mein Mann sei. Er wird in drei Monaten Vater, und ich gedenke nicht, mein Kind ohne Vater großzuziehen.
Doch schon beginnen Lketinga und der andere Krieger etwa fünfzig Meter weiter oben mit dem gefährlichen Abstieg. Das letzte, was ich sehe, sind ihre völlig versteinerten Gesichter. Samburus meiden Tote, es wird nicht einmal

über Tote gesprochen. Ich setze mich in den Schatten und weine still vor mich hin.
Eine halbe Stunde ist vergangen, und wir haben noch nichts gehört. Meine Angst steigt ins Unerträgliche. Ein Italiener schaut an der Stelle nach, wo sie den Abstieg begonnen haben. Aufgeregt kommt er zurück und erklärt, die beiden auf der anderen Seite der Schlucht gesichtet zu haben, sie hätten eine Art Bahre bei sich.
Hysterische Aufregung entsteht. Es vergehen weitere zwanzig Minuten, ehe die zwei völlig erschöpft aus dem Busch treten. Sofort springen einige hinzu, um die Bahre, die aus einem Kanga von Lketinga und zwei langen Ästen gebastelt wurde, abzunehmen.
An den Gesichtern der Massai erkenne ich, daß die Frau tot ist. Auch ich werfe einen Blick auf die Gestalt und bin überrascht, wie jung sie ist und wie friedlich sie daliegt. Wäre nicht der süßliche Geruch, den der Körper bei diesen Temperaturen bereits nach drei Stunden verströmt, könnte man an eine Schlafende denken.
Mein Mann spricht kurz mit dem schwarzen Begleiter der Gruppe, dann werden ihre Landrover etwas zur Seite gefahren. Lketinga nimmt den Zündschlüssel, denn er will selbst fahren. Jeder Protest meinerseits wäre in seinem starren Zustand zwecklos. Mit dem Versprechen, die Mission zu benachrichtigen, fahren wir über die Felsen weiter. Im Wagen herrscht absolutes Schweigen. Beim ersten River steigen die beiden aus und waschen sich fast eine Stunde. Es ist wie eine Art Ritual.
Endlich fahren wir weiter, und die Männer unterhalten sich zaghaft. Es ist kurz vor sechs Uhr, als wir in Barsaloi eintreffen. Vor dem Shop ist bereits mehr als die Hälfte der Waren abgeladen. Der mitgefahrene Krieger und Lketingas

Bruder überwachen die Helfer. Ich öffne den Shop und stehe in einem schmutzigen Laden. Überall liegen Maismehl und leere Kartons herum. Während Lketinga einräumt, gehe ich zum Missionar. Er ist erstaunt über den Vorfall, obwohl er über Funk schon etwas Unklares abgehört hat. Er setzt sich sofort in seinen Land-Cruiser und braust davon.
Ich gehe nach Hause. Nach dieser Aufregung kann ich keine zusätzliche Hektik im Shop ertragen. Mama will natürlich wissen, warum der Laster vor uns hier war, aber ich kann nur notdürftig Auskunft geben. Ich koche Chai und lege mich hin. Meine Gedanken kreisen ständig um den Unfall. Ich nehme mir vor, diese Straße nicht mehr zu benützen. In meinem Zustand wird es langsam gefährlich. Gegen 22 Uhr kommt Lketinga mit den zwei Kriegern nach Hause. Sie kochen gemeinsam einen Topf Maisbrei, und ihr Gespräch dreht sich nur um das schreckliche Unglück. Irgendwann schlafe ich ein.
Morgens holen uns die ersten Kunden zum Shop. Weil ich gespannt bin auf unseren neuen Mitarbeiter, der Anna ersetzt, gehe ich früh hinunter. Mein Mann macht mich mit dem Boy bekannt. Vom ersten Augenblick an ist er mir äußerst unangenehm, nicht nur, weil er unmöglich aussieht, sondern auch arbeitsscheu wirkt. Doch ich bemühe mich, mir das Vorurteil nicht anmerken zu lassen, denn ich darf nun wirklich nicht mehr so viel arbeiten, wenn ich mein Kind nicht verlieren will. Er arbeitet halb so schnell wie Anna, und jeder zweite fragt nach ihr.
Nun möchte ich von Lketinga doch wissen, wieso wir nicht mehr Geld in Maralal hatten. Mit einem Blick habe ich gesehen, daß das Lager unmöglich die fehlende Differenz aufwiegt. Er holt ein Heftchen hervor und zeigt mir

stolz das Kreditbüchlein von verschiedenen Personen. Die einen kenne ich, von anderen kann ich nicht einmal den Namen entziffern. Ich werde sauer, denn vor Beginn des Shops habe ich erklärt: »No credit!«

Der Boy mischt sich ein und beteuert, er kenne diese Leute, und es sei bestimmt kein Problem. Trotzdem bin ich nicht einverstanden. Gelangweilt, fast abschätzig hört er sich meine Argumente an, was mich noch wütender macht. Mein Mann meint zu guter Letzt, daß dies ein Samburu-Shop sei und er seinen Leuten helfen müsse. Wieder stehe ich als böse, habgierige Weiße da, dabei kämpfe ich nur ums Überleben. Mein Geld in der Schweiz reicht keine zwei Jahre mehr und was dann? Lketinga verläßt das Geschäft, weil er es nicht ertragen kann, wenn ich etwas energischer werde. Natürlich schauen alle Anwesenden auf uns, sobald ich als Frau ein paar laute Töne von mir gebe.

An diesem Tag gibt es endlose Debatten mit den Kunden, die mit Kredit gerechnet haben. Einige Hartnäckige warten einfach stur auf meinen Mann. Mit dem Boy macht mir das Arbeiten nicht so viel Spaß wie mit Anna. Ich wage kaum, auf die Toilette zu gehen, weil ich vermute, betrogen zu werden. Da mein Mann erst gegen Abend auftaucht, habe ich schon am ersten Tag mehr gearbeitet, als mir bekommt. Die Beine schmerzen. Gegessen habe ich bis zum Abend wieder nichts. Zu Hause fehlen Wasser und Brennholz. Ein wenig wehmütig denke ich an den Service im Hospital: Dreimal täglich essen, ohne selbst kochen zu müssen.

Da mir nun die Beine schneller ermüden, muß etwas geschehen. Ein Chai am Morgen und ein Essen am Abend reichen nicht aus, um mehr an Kraft aufzubauen. Mama ist ebenfalls der Meinung, ich müsse viel mehr essen, sonst wird es kein gesundes Kind. Wir beschließen, sobald als

möglich in den hinteren Teil des Shops umzuziehen. So müssen wir leider unsere schöne Manyatta nach vier Monaten wieder verlassen, doch Mama wird sie bekommen, und das beglückt sie sehr.
Wenn wir den nächsten Laster mieten, werden wir ein Bett, einen Tisch und Stühle mitbringen lassen, damit wir umziehen können. Beim Gedanken an ein Bett freue ich mich sehr, das Schlafen auf dem Boden bereitet mir allmählich Rückenschmerzen. Mehr als ein Jahr hat es mich nicht gestört.
Seit ein paar Tagen sind Wolken am sonst immer blauen Himmel aufgezogen. Alle Menschen warten auf Regen. Das Land ist völlig ausgetrocknet. Die Erde ist schon lange rissig und steinhart. Immer wieder hört man von Löwen, die die Herden am hellichten Tag überfallen. Die Kinder, die die Herden bewachen, geraten meistens in Panik, wenn sie ohne die Ziegen nach Hause eilen müssen, um Hilfe zu holen. Nun geht auch mein Mann wieder öfters mit unserer Herde den ganzen Tag auf Wanderschaft, und mir bleibt nichts anderes übrig, als ständig im Laden den Burschen selber zu kontrollieren und mitzuarbeiten.

Der große Regen

Am fünften Wolkentag fallen die ersten Regentropfen. Es ist Sonntag, unser freier Tag. In aller Eile versuchen wir, Plastikbahnen über die Manyatta zu binden, was aber durch den jäh aufkommenden Wind sehr schwierig ist. Mama kämpft bei ihrer Hütte, wir bei unserer. Nun prasselt der Regen los. Einen solchen Schauer habe ich in meinem Leben noch nicht erlebt. Innerhalb kurzer Zeit steht das ganze Land unter Wasser. Der Wind bläst die feuchte Luft in alle Ritzen. Das Feuer müssen wir auch löschen, da überall Funken herumfliegen. Ich ziehe alles an, was irgendwie wärmt. Nach einer Stunde tropft trotz der Plastikhülle an einigen Stellen das Wasser in unsere Hütte. Wie naß wird es erst bei Mama und Saguna sein!
Stetig kriecht das Wasser vom Eingang in Richtung Schlafplatz. Mit einer Tasse grabe ich die Erde ab, damit das Wasser nicht weiter ansteigt. Der Wind zerrt an den Plastikbahnen, und ich rechne jeden Moment damit, daß sie weggerissen werden. Draußen rauscht es, als wären wir auf einem reißenden Fluß. Das Wasser dringt nun auch seitlich in unsere Hütte. Ich schaffe alles in die Höhe, so gut es geht. Die Decken stopfe ich in die Reisetasche, damit wenigstens sie trocken bleiben.
Nach etwa zwei Stunden hört der Spuk plötzlich auf. Wir kriechen aus der Hütte, und ich erkenne das Land nicht wieder. Einige Hütten hat es fast abgedeckt, Ziegen rennen verstört umher. Mama steht patschnaß vor ihrer Hütte, die im Wasser schwimmt. Saguna sitzt zitternd und weinend in

einer Ecke. Ich nehme sie zu uns und ziehe ihr einen trokkenen Sweater von mir über. So kann sie sich wenigstens darin einwickeln. Überall kommen die Leute aus ihren Behausungen. Das Wasser hat richtige Bäche gegraben und braust zum Fluß hinunter. Plötzlich vernehmen wir einen Knall. Erschrocken schaue ich Lketinga an und frage, was das war. Eingehüllt in seine rote Decke lacht er und meint, nun sei am River die Flutwelle vom Berg heruntergekommen. Tosen wie von einem Wasserfall ist zu hören.

Lketinga möchte mit mir zum großen River hinunter, doch Mama ist nicht einverstanden. Es ist viel zu gefährlich, sagt sie sehr bestimmt. Also gehen wir auf die andere Seite, wo der Lori im Sand steckengeblieben war. Dieser Fluß ist nun etwa 25 Meter breit. Der andere mißt sicher das Dreifache. Lketinga hat seine Wolldecke bis über den Kopf gezogen, während ich zum ersten Mal hier oben meine Jeans mit Pullover und Jacke trage. Die wenigen Menschen, denen wir begegnen, staunen bei meinem Anblick. Natürlich haben sie noch nie eine Frau in Hosen gesehen. Ich habe Mühe, daß sie mir nicht herunterrutschen, da ich sie wegen meines Bäuchleins nicht schließen kann.

Das Rauschen wird immer lauter, so daß wir kaum unsere Worte verstehen können. Und dann sehe ich den reißenden Fluß vor mir. Kaum zu glauben, wie er sich verwandelt hat! Die braune Masse reißt alles mit. Büsche und Steine rollen davon. Die Gewalt der Natur verschlägt mir die Sprache. Plötzlich glaube ich, einen Schrei gehört zu haben. Ich frage Lketinga, ob er es ebenfalls gehört hat. Doch er verneint. Dann vernehme ich es ganz deutlich, hier schreit jemand. Nun bestätigt es auch mein Mann. Woher kommt das Geräusch? Wir rennen am oberen Uferrand entlang, bedacht, ja nicht auszurutschen.

Nach einigen Metern sehen wir das Entsetzliche. Mitten im Fluß, auf einer Felsgruppe, hängen zwei Kinder bis zum Hals im reißenden Wasser. Lketinga zögert keinen Augenblick und schreit ihnen etwas zu, während er die Böschung hinunterklettert. Es sieht schrecklich aus. Immer wieder werden die Köpfe vom ansteigenden Wasser überspült. Die Händchen klammern sich am Felsen fest. Ich weiß, mein Mann hat Angst vor tiefem Wasser und schwimmen kann er auch nicht. Wenn er hinfällt, ist er im reißenden Fluß hoffnungslos verloren. Und doch kann ich es gut verstehen und bin stolz darauf, daß er es wagt, diese Kinder zu retten. Er nimmt einen langen Stock und kämpft sich gegen die Fluten zum Felsen, während er ständig etwas zu den Kindern hinüberruft. Ich stehe da und bete um gute Schutzengel. Er hat den Felsen erreicht, packt das Mädchen auf seinen Rücken und kämpft sich zurück. Gebannt schaue ich auf den Knaben, der noch drüben hängt. Sein Kopf ist bald nicht mehr zu sehen. Nun gehe ich meinem Mann entgegen und nehme ihm das Mädchen ab, damit er sofort zurückgehen kann. Das Kind ist schwer, und es kostet mich große Anstrengung, die zwei Meter ans Ufer zu kommen. Ich setze sie ab und ziehe ihr sofort meine Jacke über. Sie ist eiskalt. Mein Darling rettet auch den kleinen Jungen, der einiges an Wasser ausspuckt. Lketinga beginnt sofort, den Burschen zu massieren, und ich mache dasselbe mit dem Mädchen. Ihre steifen Glieder werden langsam weicher. Doch der Knabe ist apathisch und kann nicht gehen. Lketinga trägt ihn nach Hause, ich stütze das Mädchen. Bei dem Gedanken, wie knapp die beiden Kinder dem Tod entgangen sind, bin ich erschüttert.

Mama macht ein böses Gesicht, als sie die Geschichte hört und schimpft mit den Kindern. Wie sich herausstellt, waren

sie mit der Herde unterwegs und wollten den Fluß passieren, als die Flutwelle kam. Viele Ziegen wurden vom Wasser mitgerissen, einige konnten sich ans Ufer retten. Mein Mann erklärt mir, daß die Welle größer als er selbst sei und so schnell von den Bergen herunterkäme, daß jeder, der gerade am River ist, keine Chance hat. Jedes Jahr ertrinken mehrere Menschen und Tiere. Die Kinder bleiben bei uns, doch Tee gibt es nicht, das ganze Brennholz ist naß.
Nun schauen wir im Shop nach. Die Veranda ist mit dikkem Schlamm überschwemmt, doch im Inneren ist es bis auf zwei kleine Pfützen trocken. Wir gehen zum Chai-Haus, aber auch hier gibt es keinen Tee. Das Tosen des großen Flusses hört man sehr stark, und so gehen wir doch noch hinunter. Er sieht beängstigend aus. Roberto und Giuliano sind ebenfalls da und schauen der Gewalt des Wassers zu. Ich erwähne kurz das Ereignis vom anderen Fluß, und Giuliano geht zum ersten Mal auf meinen Mann zu und dankt ihm mit einem Händedruck.
Auf dem Rückweg nehmen wir aus dem Laden das Öfchen und die Holzkohle mit nach Hause. So sind wir in der Lage, wenigstens heißen Tee für alle zu kochen. Die Nacht ist ungemütlich, weil alles feucht ist. Am Morgen jedoch scheint schon wieder die Sonne. Wir legen Kleider und Decken über die Dornenbüsche in die Wärme.
Einen Tag später verwandelt sich das Land erneut, diesmal sanft und leise. Überall sprießt Gras, und einzelne Blumen wachsen so schnell aus dem Boden, daß man fast zusehen kann. Tausende von kleinen weißen Faltern schweben wie Schneeflocken über das Land. Es ist herrlich, in dieser dürren Landschaft miterleben zu können, wie das Leben erwacht. Nach einer Woche ist ganz Barsaloi ein einziges violettes Blumenmeer.

Aber es gibt auch Nachteile. Abends schwirren schrecklich viele Moskitos herum, und natürlich schlafen wir unter dem Moskitonetz. Es wird so schlimm, daß ich abends sogar noch eine Moskitokeule in der Manyatta abbrenne.
Nun sind zehn Tage seit dem großen Regen vergangen, und wir sind weiterhin durch die beiden mit Wasser gefüllten Flüsse von der Außenwelt getrennt. Obwohl man sie zu Fuß bereits überqueren kann, darf man mit dem Wagen nichts riskieren. Giuliano hat mich eindringlich gewarnt. Es seien bereits einige Fahrzeuge im Fluß steckengeblieben, und man konnte zusehen, wie der Treibsand sie langsam verschlang.
Tage später wagen wir eine Fahrt nach Maralal. Wir nehmen den Umweg, weil im Wald die Straße glitschig und naß ist. Diesmal bekommen wir nicht gleich einen Lastwagen, sondern müssen vier Tage in Maralal herumhängen. Wir besuchen Sophia. Ihr geht es gut. Sie ist schon so dick geworden, daß sie sich kaum bücken kann. Von Jutta hat sie nichts mehr gehört.
Mein Mann und ich verbringen viel Zeit in der Touristen-Lodge. Jetzt ist es besonders faszinierend, das Wasserloch für die wilden Tiere zu beobachten. Wir haben ja Zeit. Am letzten Tag kaufen wir uns ein Bett mit Matratze, einen Tisch mit vier Stühlen und einen kleinen Schrank. Die Möbel sind nicht so schön wie die in Mombasa, dafür teurer. Der Chauffeur zeigt keine große Freude, als er diese Sachen auch noch abholen muß, aber schließlich bezahle ich ja den Laster. Wir fahren ihm hinterher und erreichen diesmal Barsaloi nach fast sechs Stunden problemlos, nicht einmal ein Reifenwechsel war nötig. Zuerst werden die Möbel im hinteren Teil aufgestellt, dann geht die übliche Abladerei los.

Auszug aus der Manyatta

Am nächsten Tag ziehen wir in den Shop. Es ist drückend heiß, die Blumen sind wieder verschwunden, die Ziegen haben ganze Arbeit geleistet. Ich rücke die Möbel hin und her, aber eine gemütliche Atmosphäre wie in der Manyatta will sich nicht einstellen. Aber ich verspreche mir wesentlich weniger Umstände und geregelte Mahlzeiten, was nun dringend nötig ist. Als der Shop geschlossen ist, geht mein Mann schnell nach Hause, um seine Tiere zu begrüßen. Ich koche einen guten Eintopf mit frischen Kartoffeln, Rüben und Kohl.

Die erste Nacht schlafen wir beide schlecht, obwohl wir bequem im Bett liegen. Das Blechdach knackt dauernd, so daß wir keinen Schlaf finden. Um sieben Uhr morgens klopft jemand an die Tür. Lketinga geht nachschauen und findet einen Jungen vor, der Zucker haben will. Gutmütig gibt er ihm das halbe Kilo und schließt wieder zu. Für mich ist es nun einfach, meine Morgentoilette zu erledigen, da ich mich in einem Becken gut waschen kann. Das WC-Häuschen ist nur 50 Meter entfernt. Das Leben erscheint mir angenehmer, dafür weniger romantisch.

Zwischendurch, wenn Lketinga ebenfalls im Shop ist, kann ich mich kurz hinlegen. Während des Kochens bin ich immer wieder vorne im Laden. Eine Woche lang geht alles wunderbar. Ich habe ein Mädchen, das für mich das Wasser bei der Mission abholt. Es kostet etwas, doch dafür brauche ich nicht mehr an den Fluß zu gehen. Außerdem ist es klar und sauber. Bald hat es sich herumgesprochen, daß wir

im Shop leben. Nun kommen pausenlos Kunden und betteln um Trinkwasser. In den Manyattas ist es Sitte, diesen Wunsch zu erfüllen. Doch mittags habe ich von meinen 20 Litern schon fast nichts mehr. Ständig hocken Krieger auf unserem Bett und warten auf Lketinga und somit auf Tee und Essen. Solange der Laden mit Lebensmitteln voll ist, kann er ja nicht sagen, wir hätten nichts.
Nach solchen Besuchen finde ich die Wohnung chaotisch vor. Verschmierte Töpfe oder abgenagte Knochen liegen überall verstreut herum. An den Wänden klebt brauner Schleim. Meine Wolldecke und die Matratze sind voll roter Ockerfarbe von der Bemalung der Krieger. Ich habe mehrere Auseinandersetzungen mit meinem Mann, da ich mir ausgenutzt vorkomme. Manchmal versteht er mich und schickt sie zu Mama nach Hause, ein andermal stellt er sich gegen mich und verschwindet mit ihnen. Auch für ihn ist diese Situation neu und schwer zu handhaben. Wir müssen einen Weg finden, das Gastrecht zu erfüllen, ohne ausgenützt zu werden.
Mit der Frau des Veterinärs habe ich mich angefreundet und werde ab und zu bei ihnen zum Tee eingeladen. Ich versuche, ihr mein Problem zu schildern, und zu meinem Erstaunen versteht sie mich sofort. Sie sagt, das sei die Art der Manyatta-Leute, doch in der »town« habe man dieses Gastrecht sehr eingeschränkt. Es gelte nur noch für Familienmitglieder und sehr gute Freunde, aber keinesfalls mehr für jeden, der des Weges kommt. Am Abend teile ich Lketinga mein Wissen mit, und er verspricht, es in Zukunft ebenfalls so zu handhaben.
In der näheren Umgebung finden in den kommenden Wochen mehrere Hochzeiten statt. Meistens sind es ältere Männer, die die dritte oder vierte Frau heiraten wollen. Es

sind immer junge Mädchen, denen man ihr Elend später oft an den Gesichtern ablesen kann. Es kommt nicht selten vor, daß der Altersunterschied dreißig oder mehr Jahre beträgt. Am glücklichsten sind jene Mädchen, die als erste Frau eines Kriegers geheiratet werden.

Unser Zucker nimmt rapide ab, da als Brautpreis unter anderem häufig 100 kg Zucker benötigt werden und für das Fest selbst zusätzlich mehrere Kilo. So kommt der Tag, an dem wir den Shop zwar voll Maismehl haben, aber keinen Zucker mehr. Zwei Krieger, die in vier Tagen heiraten wollen, stehen ratlos im Laden. Auch bei den Somalis ist der Zucker längst ausgegangen. Schweren Herzens mache ich mich auf den Weg nach Maralal. Der Veterinär begleitet mich, was mir sehr angenehm ist. Wir fahren wieder den Umweg. Er will seinen Lohn abholen und mit mir wieder zurückfahren. Den Zucker habe ich schnell gekauft. Für Lketinga bringe ich das versprochene Miraa mit.

Der Veterinär läßt auf sich warten. Es ist fast vier Uhr, als er endlich erscheint. Er schlägt vor, den Urwaldweg zu fahren. Mir ist nicht wohl bei diesem Gedanken, denn ich habe die Straße seit dem großen Regen nicht mehr benutzt. Doch er meint, jetzt sei es auch dort trocken. Also fahren wir los. Häufig müssen wir größere Schlammpfützen durchqueren, doch im Vierrad ist das kein Problem. Am Todeshang sieht der Weg nun ganz anders aus. Das Wasser hat große Gräben herausgewaschen. Wir steigen oben aus und laufen die Strecke zu Fuß ab, um zu sehen, wo wir am besten durchkommen. Außer bei einem Riß, der quer durch die Straße geht und sicher 30 Zentimeter breit ist, sehe ich überall die Möglichkeit, mit etwas Glück auch diesen Abschnitt zu schaffen.

Wir wagen es. Ich fahre auf den erhöhten Ebenen und hoffe

sehr, nicht in den Graben zu rutschen, denn dann würden wir im Schlamm stecken. Wir schaffen es und sind erleichtert. Bei den Felsen ist es wenigstens nicht rutschig. Der Wagen holpert ächzend über die Brocken. Das Gröbste liegt hinter uns, jetzt kommen noch zwanzig Meter Schotter.

Plötzlich scheppert etwas unter dem Wagen. Ich fahre weiter, doch dann halte ich an, weil das Geräusch lauter wird. Wir steigen aus. Von außen sieht man nichts. Ich schaue unter den Wagen und entdecke das Übel. Auf der einen Seite sind die Federn bis auf zwei Stück gebrochen, wir haben praktisch keine Federung mehr. Die einzelnen Teile schleifen am Boden und verursachen das Geräusch.

Schon wieder hänge ich mit diesem Vehikel fest! Ich bin wütend auf mich, daß ich mich zu dieser Straße habe überreden lassen. Der Veterinär schlägt vor, einfach weiterzufahren. Das kommt für mich nicht in Frage. Ich überlege, was zu tun ist. Aus dem Auto hole ich die Seile und suche passende Holzstücke. Dann binden wir alles zusammen fest nach oben. Zuletzt schieben wir die Holzstücke dazwischen, damit die Seile nicht durchgeschabt werden. Langsam fahre ich weiter bis zu den ersten Manyattas. Dort laden wir vier der fünf Säcke aus und lagern sie in der erstbesten Hütte. Der Veterinär schärft den Leuten ein, die Säcke nicht zu öffnen. Vorsichtig fahren wir weiter nach Barsaloi. Ich rege mich so sehr über dieses verfluchte Fahrzeug auf, daß ich Magenschmerzen bekomme.

Zum Glück erreichen wir unseren Shop ohne weiteren Zwischenfall. Lketinga kriecht sofort unter den Wagen, um sich zu vergewissern, ob es so ist, wie wir es ihm schildern. Er versteht nicht, warum ich den Zucker abgeladen habe und garantiert mir schon jetzt, daß er später nicht mehr

vorhanden sein wird. Ich gehe in meinen Wohnraum und lege mich hin, da ich schrecklich müde bin.
Am nächsten Morgen suche ich Pater Giuliano auf, um ihm meinen Wagen zu zeigen. Etwas ärgerlich meint er, daß er keine Reparaturwerkstatt sei. Er müsse den Wagen halb auseinandernehmen, um die Teile zusammenzuschweißen. Dafur habe er jetzt wirklich keine Zeit. Bevor er noch etwas hinzufügen kann, gehe ich enttäuscht nach Hause. Von allen fühle ich mich allein gelassen. Ohne Giulianos Hilfe erreiche ich Maralal nie mehr mit diesem Wagen. Lketinga fragt mich, was Giuliano gesagt habe. Als ich ihm erzähle, daß er uns nicht helfen kann, meint er nur, er habe immer gewußt, daß dieser Mann nicht gut ist. So hart sehe ich es nicht, schließlich hat er uns schon häufig aus dem Schlamassel geholt.
Lketinga und der Bursche bedienen im Shop, und ich schlafe den ganzen Morgen. Mir ist einfach nicht gut. Der Zucker ist schon mittags ausverkauft, und ich habe große Mühe, meinen Mann zurückzuhalten, damit er nicht mit dem defekten Wagen zurückfährt, um den Rest zu holen.
Gegen Abend sendet Giuliano seinen Watchman, der uns mitteilt, daß wir den Wagen vorbeibringen sollen. Erleichtert, daß er es sich anders überlegt hat, schicke ich Lketinga mit dem Wagen hoch, denn ich bin gerade dabei, etwas zu kochen. Um sieben Uhr schließen wir den Shop, und Lketinga ist noch nicht zurück. Dafür warten zwei mir fremde Krieger vor der Haustür. Ich habe bereits gegessen, als er endlich kommt. Er war zu Hause bei Mama, um nach den Tieren zu schauen. Freudig lachend bringt er mir meine ersten zwei Eier mit. Seit gestern legt mein Huhn Eier. Nun kann ich meinen Speisezettel erweitern. Ich koche für den

Besuch Chai und krieche erschöpft unter das Moskitonetz ins Bett.
Die drei essen, trinken und quatschen. Ich schlafe immer wieder ein. In der Nacht erwache ich schweißgebadet und durstig. Mein Mann liegt nicht neben mir. Ich weiß nicht, wo sich die Taschenlampe befindet. So krieche ich unter der Decke und dem Netz hervor, um mich zum Wasserkanister vorzutasten und stoße mit dem Fuß auf etwas am Boden Liegendes. Bevor ich überlegen kann, was es ist, vernehme ich ein Grunzgeräusch. Starr vor Schreck frage ich: »Darling?« Im Lichtstrahl der Taschenlampe, die ich endlich gefunden habe, erkenne ich drei Gestalten, die am Boden liegen und schlafen. Einer davon ist Lketinga. Vorsichtig steige ich über die Gestalten zum Wasserkanister. Wieder im Bett klopft mein Herz immer noch wie verrückt. Mit diesen Fremden im Raum finde ich fast keinen Schlaf mehr. Am Morgen friere ich dermaßen, daß ich nicht unter der Decke hervorkomme. Lketinga kocht für alle Chai, und ich bin froh, etwas Heißes zu bekommen. Die drei lachen herzhaft über das nächtliche Erlebnis.
Der Bursche verkauft heute alleine, da Lketinga mit den beiden Kriegern zu einer Zeremonie gegangen ist. Ich bleibe im Bett. Mittags kommt Pater Roberto vorbei und bringt uns die restlichen vier Säcke Zucker. Ich gehe in den Laden, um mich zu bedanken. Dabei merke ich, daß mir schwindlig wird. Sofort lege ich mich wieder hin. Mir paßt es nicht, daß der Bursche allein ist, doch ich fühle mich zu elend, um ihn zu kontrollieren. Eine halbe Stunde nach Ankunft des Zuckers herrscht das übliche Durcheinander. Ich liege im Bett, an Schlafen ist bei diesem Lärm und Geschnatter nicht zu denken. Abends schließen wir den Shop, und ich bin allein.

Eigentlich hätte ich Lust zu Mama zu gehen, doch mir ist schon wieder kalt. Für mich allein will ich nicht kochen und lege mich unter das Moskitonetz. Die Viecher sind noch sehr zahlreich und aggressiv. In dieser Nacht bekomme ich Schüttelfrostanfälle. Meine Zähne klappern so laut, daß ich vermute, man hört es bis zur nächsten Hütte. Warum kommt Lketinga nicht nach Hause? Die Nacht will nicht vorbeigehen. Einmal friere ich furchtbar, um kurz darauf wieder zu schwitzen. Ich müßte auf die Toilette, doch wage ich nicht, allein nach draußen zu gehen. In meiner Not benutze ich eine leere Büchse, um Wasser zu lassen.
Am frühen Morgen klopft es an die Tür. Ich frage erst, wer da ist, denn verkaufen mag ich nichts. Dann vernehme ich endlich die vertraute Stimme meines Darlings. Er sieht sofort, daß etwas nicht stimmt, doch ich beruhige ihn, weil ich nicht schon wieder die Mission belästigen will.
Aufgekratzt erzählt er mir von der Hochzeitszeremonie des einen Kriegers und berichtet, daß in etwa zwei Tagen hier eine Safari-Rallye vorbeikommen wird. Er habe schon einige Wagen gesehen. Wahrscheinlich kommen heute ein paar Fahrer hier vorbei, um die Strecke nach Wamba zu erkunden. Irgendwie glaube ich nicht daran, lasse mich aber trotz meines Elends gerne von der Aufregung anstecken. Später geht er, um nach unserem Wagen zu schauen, aber der ist noch nicht fertig.
Gegen zwei Uhr höre ich einen Höllenlärm. Bis ich beim Shop-Eingang stehe, sehe ich gerade noch, wie eine Staubwolke langsam verfliegt. Der erste Probefahrer ist vorbeigeflitzt. Nach kurzer Zeit steht halb Barsaloi an der Straße. Etwa eine halbe Stunde später brausen ein zweiter und kurz darauf ein dritter Wagen vorbei. Es ist ein merkwürdi-

ges Gefühl, hier am Ende der Welt, in einer völlig anderen Zeit, von der Zivilisation in dieser Weise eingeholt zu werden. Wir warten noch lange, doch der Spuk ist für heute vorüber. Dies waren die Testfahrzeuge. In zwei Tagen sollen hier dreißig oder mehr Wagen vorbeisausen. Ich freue mich auf diese Abwechslung, obwohl ich hoch fiebrig im Bett liege. Lketinga kocht für mich, aber schon beim Anblick des Essens wird mir übel.
Am Tag vor der Rallye geht es mir extrem schlecht. Immer wieder verliere ich für kurze Zeit das Bewußtsein. Seit mehreren Stunden habe ich das Kind in meinem Bauch nicht mehr gespürt. Panik erfaßt mich, und ich weine, als ich es meinem Mann mitteile. Erschrocken verläßt er das Haus und kommt mit Mama zurück. Sie spricht fortwährend mit mir, während sie meinen Bauch abtastet. Ihr Gesicht ist finster. Weinend frage ich Lketinga, was mit dem Kind los sei. Doch er sitzt hilflos da und redet nur mit der Mama. Schließlich erklärt er mir, seine Mutter glaube, ich sei von einem bösen Fluch befallen, der mich krank macht. Irgend jemand wolle mich und unser Baby töten.
Sie möchten wissen, mit welchen alten Leuten ich in letzter Zeit im Shop gesprochen habe, ob die alten Somalis hier waren, ob mich ein Alter angefaßt oder angespuckt habe oder ob mir jemand eine schwarze Zunge gezeigt habe. Die Fragen prasseln nur so nieder, und ich werde vor Angst fast hysterisch. In meinem Kopf hämmert es ununterbrochen: Mein Baby ist tot!
Mama verläßt uns und verspricht, mit guter Medizin zurückzukommen. Ich weiß nicht, wie lange ich dagelegen und geschluchzt habe. Als ich die Augen öffne, sehe ich sechs bis acht alte Männer und Frauen, die sich um mich versammelt haben. Unablässig höre ich: »Enkai, Enkai!«

Jeder der Alten reibt an meinem Bauch und murmelt etwas. Mir ist alles egal. Mama hält mir einen Becher an die Lippen mit einer Flüssigkeit, die ich in einem Zug leeren muß. Das Zeug ist brennend scharf, daß es mich schüttelt. Im selben Moment spüre ich zwei-, dreimal ein Zucken und Stampfen im Bauch und fasse erschrocken nach ihm. Mir dreht sich alles. Ich sehe nur noch alte Gesichter über mir und möchte am liebsten sterben. Mein Kind hat noch gelebt, nun aber ist es sicher tot, ist mein letzter Gedanke, bevor ich schreie: »Ihr habt mein Kind getötet, Darling, they have now killed our baby!« Ich spüre, wie mir die letzte Kraft und mein Lebenswille schwinden.

Wieder legen sich zehn oder mehr Hände auf meinen Bauch und reiben und drücken. Dabei wird laut gebetet oder gesungen. Plötzlich hebt sich der Bauch ein wenig, und ich spüre von innen ein leichtes Zucken. Zuerst wage ich kaum, es zu glauben, doch es wiederholt sich noch ein paarmal. Die Alten scheinen es ebenfalls gespürt zu haben, und die Gebete werden leiser. Als mir klar wird, daß mein kleines Baby lebt, durchströmt mich ein starker Lebenswille, den ich schon verloren glaubte. »Darling, please, go to Pater Giuliano and tell him about me. I want to go to the hospital!«

Flying doctor

*K*urze Zeit später erscheint Giuliano. In seinem Gesicht sehe ich blankes Entsetzen. Er spricht kurz mit den Alten und fragt mich, in welchem Monat ich nun sei. »Anfang achter Monat«, erwidere ich matt. Er will versuchen, einen flying doctor über Funk zu erreichen. Dann verläßt er uns, und auch die Alten außer Mama gehen wieder. Schweißnaß liege ich im Bett und bete für das Kind und mich. Um alles in der Welt will ich dieses Kind nicht verlieren. Mein Glück hängt vom Leben dieses kleinen Wesens ab.

Plötzlich vernehme ich Motorengeräusch, nicht von einem Wagen, sondern von einem Flugzeug. Mitten in der Nacht taucht hier im Busch ein Flugzeug auf! Draußen höre ich Stimmen. Auch Lketinga geht hinaus und kommt aufgeregt zurück. Ein Flugzeug! Giuliano erscheint und sagt, ich solle nur wenige Sachen mitnehmen und einsteigen, denn die Piste sei nicht lange erleuchtet. Sie helfen mir aus dem Bett. Lketinga packt das Nötigste ein, um mich dann zum Flugzeug zu schleppen.

Ich bin sprachlos, wie hell alles ist. Giuliano hat mit seinem Aggregat einen riesigen Scheinwerfer in Betrieb gesetzt. Fackeln und Petroleumlampen säumen links und rechts den flachen Teil der Straße. Große weiße Steine zeichnen die Spur weiter. Der Pilot, ein Weißer, hilft mir ins Flugzeug. Er winkt meinem Mann zu, einzusteigen. Hilflos steht Lketinga da. Er möchte mit und kann doch seine Angst nicht überwinden.

Mein armer Darling! Ich rufe ihm zu, er solle hier bleiben

und auf den Shop aufpassen, als die Tür geschlossen wird. Wir starten durch. Zum ersten Mal in so einem kleinen Flieger fühle ich mich dennoch sicher. Nach etwa zwanzig Minuten sind wir über dem Wamba-Hospital. Auch hier ist alles beleuchtet, allerdings gibt es eine richtige Flugpiste. Nach der Landung erblicke ich zwei Schwestern, die mich mit einem Rollstuhl erwarten. Mühsam klettere ich aus dem Flugzeug und stütze dabei mit einer Hand meinen Bauch, der weit nach unten gerutscht ist. Als ich im Rollstuhl zum Spital geschoben werde, überfällt mich erneut das heulende Elend, und die tröstenden Worte der Schwestern nützen nichts, im Gegenteil, ich schluchze noch mehr. Beim Spital erwartet mich die Schweizer Ärztin. Auch aus ihrem Gesicht lese ich Besorgnis, doch sie tröstet mich, jetzt werde alles gut.

Im Untersuchungszimmer liege ich im Gynäkologenstuhl und warte auf den Chefarzt. Mir wird bewußt, wie schmutzig ich bin, und ich schäme mich zutiefst. Als ich mich deswegen beim Arzt entschuldigen will, winkt er ab und meint, im Moment gebe es Wichtigeres zu überlegen. Er untersucht mich vorsichtig ohne Instrumente, nur mit den Händen, während ich gebannt an seinen Lippen hänge, um zu hören, wie es meinem Kind geht.

Endlich erlöst er mich, indem er bestätigt, daß das Kind lebt. Doch für den achten Monat ist es viel zu klein und schwach, und wir müssen alles versuchen, um eine Frühgeburt zu verhindern, da es bereits sehr tief liegt. Dann kommt die Schweizer Ärztin zurück und gibt den niederschmetternden Befund bekannt: Ich habe eine schwere Anämie und benötige sofort Blutkonserven wegen einer schweren Malaria. Der Arzt erklärt mir, wie schwierig es sei, Blut zu bekommen. Hier besitzen sie nur einige wenige

Konserven, und diese müssen von mir über einen Spender ersetzt werden.
Mir wird elend bei dem Gedanken an fremdes Blut hier in Afrika in den Zeiten von Aids. Ängstlich frage ich ihn, ob das Blut denn auch kontrolliert sei. Er antwortet ehrlich, nur zum Teil, da im Normalfall die Patienten mit Anämie erst einen Spender aus der Familie bringen müssen, bevor sie eine Bluttransfusion erhalten. Hier sterben die meisten Menschen an Malaria oder deren Folge, Anämie. Nur wenige Blutkonserven kommen aus dem Ausland als Spende in die Mission.
Ich liege auf dem Stuhl und versuche, meine Gedanken unter Kontrolle zu bringen. Blut bedeutet Aids, hämmert es in meinem Kopf. Diese tödliche Krankheit will ich nicht, wage ich zu protestieren. Der Arzt wird sehr ernst und deutlich, als er mir sagt, daß ich mich zwischen diesem Blut und dem sicheren Tod entscheiden kann. Eine afrikanische Schwester erscheint, setzt mich wieder in den Rollstuhl, und ich werde in ein Zimmer zu drei anderen Frauen gebracht. Sie hilft mir aus den Kleidern, und ich bekomme eine Spital-Uniform wie alle anderen.
Als erstes wird mir wieder eine Spritze verabreicht, dann hängt sie die Infusion an meinen linken Arm. Die Schweizer Ärztin kommt mit einem Beutel Blut herein. Mit einem beruhigenden Lächeln teilt sie mir mit, daß sie die letzte Schweizer Konserve mit meiner Blutgruppe aufgetrieben habe. Bis morgen reicht es, und die meisten weißen Missionsschwestern seien bereit, falls ihre Blutgruppe für mich in Frage kommt, zu spenden.
Bei soviel Fürsorge bin ich gerührt, doch ich versuche meine Tränen zu unterdrücken und bedanke mich. Als sie mir die Bluttransfusion am rechten Arm anhängt, sticht es ge-

waltig, weil die Nadel sehr dick ist und sie mehrmals anstechen muß, bevor das lebensrettende Blut in meine Ader fließt. Beide Arme werden mir am Bett festgebunden, damit ich im Schlaf die Nadeln nicht herausreiße. Mein Anblick muß traurig sein, und ich bin froh, daß meine Mutter nicht weiß, wie elend mir ist. Auch wenn alles gut gehen sollte, werde ich es ihr nie schreiben. Mit diesen Gedanken schlafe ich ein.
Um sechs Uhr werden die Patienten geweckt, um Fieber zu messen. Ich bin noch ganz erschlagen, weil ich höchstens vier Stunden geschlafen habe. Um acht Uhr bekomme ich wieder eine Spritze und gegen Mittag neue Transfusionen. Ich habe Glück und erhalte die nächsten Konserven von den hiesigen Schwestern. Wenigstens brauche ich mir keine Gedanken mehr wegen Aids zu machen.
Die normale Schwangerschaftsuntersuchung findet am Nachmittag statt. Der Bauch wird abgetastet, die Herztöne des Babys abgehört, und der Blutdruck gemessen. Mehr kann man hier nicht machen. Essen kann ich noch nichts, da mir auch hier der Geruch von Kohl Übelkeit verursacht. Dennoch geht es mir am Ende des zweiten Tages viel besser. Durch die Zufuhr einer dritten Blutkonserve fühle ich mich wie eine Blume, die nach langer Zeit endlich Wasser bekommt, das Leben kehrt von Tag zu Tag mehr in meinen Körper zurück. Nachdem die letzte Bluttransfusion beendet ist, schaue ich seit langem wieder einmal in den Handspiegel. Ich erkenne mich fast nicht mehr. Die Augen wirken groß und eingefallen, die Backenknochen stehen hervor, und die Nase ist lang und spitz. Meine Haare kleben verschwitzt, matt und dünn am Kopf. Dabei fühle ich mich doch schon viel besser, denke ich erschrocken. Aber bis jetzt bin ich ja nur gelegen und habe in den drei Tagen noch

kein einziges Mal das Bett verlassen, denn ich hänge nach wie vor an einer Infusion gegen die Malaria.
Die Schwestern sind sehr nett und kommen vorbei, sooft sie können. Aber sie machen sich Sorgen, weil ich immer noch nichts esse. Eine ist besonders nett, sie strahlt Güte und Wärme aus, die mich rührt. Eines Tages erscheint sie mit einem Käse-Sandwich aus der Mission. Ich habe schon so lange keinen Käse mehr gesehen, daß es mich keine Überwindung kostet, das Brot langsam zu essen. Von diesem Tage an kann ich wieder feste Nahrung zu mir nehmen. Jetzt geht es aufwärts, freue ich mich. Mein Mann wird über Radio-Funk informiert, daß das Baby und ich über den Berg sind.
Ich bin nun schon eine Woche hier, als mir die Schweizer Ärztin bei einer Untersuchung rät, die Geburt in der Schweiz zu erwarten. Erschrocken schaue ich sie an und frage, wieso. Ich sei zu schwach und viel zu dünn für den achten Monat. Wenn ich mich hier nicht richtig ernähren kann, sei die Gefahr, durch den erneuten Blutverlust und die Anstrengung bei der Geburt zu sterben, sehr groß. Sie haben keine Sauerstoff-Geräte, und für die schwachen Babys gibt es keinen Brutkasten. Auch verabreicht man hier keine schmerzstillenden Mittel bei der Geburt, weil sie einfach keine haben.
Furcht ergreift mich bei dem Gedanken, in meinem Zustand in die Schweiz zu fliegen. Ich weiß, das würde ich nicht schaffen, teile ich der Ärztin mit. Wir suchen nach anderen Möglichkeiten, denn ich muß in den verbleibenden Wochen mindestens auf siebzig Kilo kommen. Nach Hause darf ich nicht, da es wegen der Malaria zu gefährlich ist. Da fällt mir Sophia in Maralal ein. Sie hat eine schöne Wohnung und kann gut kochen. Mit dieser Möglichkeit ist auch

die Ärztin einverstanden. Doch frühestens in zwei Wochen kann ich das Hospital verlassen.
Weil ich tagsüber nicht mehr so viel schlafe, vergeht die Zeit schleppend. Mit meinen Zimmergenossinnen kann ich mich nur spärlich unterhalten. Es sind Samburu-Frauen, die schon mehrere Kinder haben. Zum Teil sind sie bekehrt durch die Mission, oder es waren Komplikationen aufgetreten, so daß sie hierher gebracht wurden. Einmal täglich am Nachmittag ist Besuchszeit. Doch in die Geburten-Abteilung kommen nicht viele Besucher, denn Kinderkriegen ist Frauensache. Inzwischen vergnügen sich wahrscheinlich ihre Männer mit den anderen Ehefrauen.
Langsam mache ich mir auch Gedanken, wo mein Darling bleibt. Unser Wagen wird sicher repariert sein und wenn nicht, könnte er zu Fuß in etwa sieben Stunden hier sein, was für einen Massai kein großes Problem ist. Natürlich bekomme ich fast täglich Grüße von den Schwestern ausgerichtet, die er persönlich bei Pater Giuliano aufgibt. Er ist ständig im Shop und hilft dem Burschen. Mir ist der Laden im Moment egal, ich mag mir keine zusätzlichen Gedanken aufladen. Aber wie soll ich Lketinga erklären, daß ich bis nach der Geburt unseres Kindes nicht mehr nach Hause kommen kann? Sein mißtrauisches Gesicht sehe ich bereits vor mir.
Am achten Tag steht er plötzlich im Türrahmen. Etwas unsicher, doch strahlend setzt er sich auf die Bettkante. »Hello, Corinne, how are you and my baby? Are you okay?« Dann packt er gebratenes Fleisch aus. Ich bin wirklich gerührt. Pater Giuliano ist auch hier in der Mission, und deshalb konnte er mitfahren. Viel an Zärtlichkeiten können wir nicht austauschen, da die anwesenden Frauen uns beobachten oder ihn ausfragen. Dennoch bin ich glücklich,

ihn zu sehen, und erwähne deshalb nichts von meiner Absicht, die nächste Zeit in Maralal zu verbringen. Er verspricht, sobald der Wagen repariert ist, wiederzukommen. Giuliano schaut ebenfalls schnell vorbei, und dann sind beide wieder verschwunden.

Nun kommen mir die bevorstehenden Tage noch länger vor. Die einzigen Abwechslungen sind die Besuche der Schwestern sowie die Arztvisiten. Ab und zu bekomme ich eine Zeitung zugesteckt. In der zweiten Woche spaziere ich täglich etwas im Spital umher. Der Anblick der meist schwerkranken Menschen belastet mich sehr. Am liebsten stehe ich an den Bettchen der Neugeborenen und freue mich dabei sehr auf mein Kind. Ich wünsche mir von Herzen, daß es ein gesundes Mädchen wird. Sicher wird es wunderschön bei diesem Vater. Aber es gibt auch Tage, an denen ich Angst habe, mein Kind gerate nicht normal bei all den Medikamenten.

Lketinga besucht mich Ende der zweiten Woche nochmals. Als er mich besorgt fragt, wann ich denn endlich nach Hause komme, bleibt mir nichts anderes übrig, als ihn mit meinem Vorhaben zu konfrontieren. Sein Gesicht verfinstert sich augenblicklich, und eindringlich fragt er: »Corinne, why do you not come home? Why you will stay in Maralal and not with Mama? You are okay now and you get your baby in the house of Mama!« Alle Erklärungen meinerseits will er nicht glauben. Zu guter Letzt behauptet er: »Now I know, maybe you have a boyfriend in Maralal!«

Dieser eine Satz ist schlimmer als ein Schlag ins Gesicht. Ich habe das Gefühl, in ein tiefes Loch zu fallen und kann nur noch losheulen. Dies ist für ihn der Beweis, daß er mit seiner Vermutung richtig liegt. Aufgebracht geht er im

Zimmer auf und ab, während er dauernd sagt: »I'm not crazy, Corinne, I'm really not crazy, I know the ladies!«
Plötzlich steht eine weiße Schwester im Raum. Erschrokken schaut sie mich und dann meinen Mann an. Sie will sofort wissen, was passiert ist. Weinend versuche ich zu erzahlen. Sie spricht mit Lketinga, doch es nützt erst einigermaßen, als der Arzt geholt wird, der sehr energisch mit ihm umgeht. Widerwillig gibt er seine Zustimmung, aber Freude verspüre ich im Moment keine mehr. Zu sehr hat er mich verletzt. Er verläßt das Spital, und ich weiß nicht einmal, ob ich ihn hier oder erst in Maralal wiedersehe.
Die Schwester kommt noch mal zu mir, und wir unterhalten uns. Sie ist sehr besorgt wegen der Einstellung meines Mannes und rät mir ebenfalls, mein Kind in der Schweiz zu gebären, da es dann meine Nationalität besitzt. Hier ist es Eigentum der Familie meines Mannes, und ich könne nichts ohne Einwilligung des Vaters unternehmen. Müde winke ich ab, ich fühle mich nicht in der Lage, diese Reise anzutreten. Mein Mann würde mir sowieso keine schriftliche Erlaubnis geben, daß ich als seine Ehefrau Kenia verlassen kann, jetzt, fünf Wochen vor der Geburt. Zudem bin ich tief im Innern überzeugt, daß er wieder ruhiger und fröhlicher wird, wenn erst das Baby geboren ist.
In der dritten Woche höre ich nichts mehr von ihm. Etwas enttäuscht verlasse ich das Spital, als sich eine Gelegenheit bietet, mit einem Missionar nach Maralal zu fahren. Die Schwestern verabschieden mich herzlich und versprechen, über Pater Giuliano meinem Mann mitzuteilen, ich sei nun in Maralal.

Sophia

Sophia ist zu Hause und freut sich riesig über meinen Besuch. Als ich jedoch meine Situation erkläre, sagt sie, das mit dem Essen sei okay, doch schlafen könne ich nicht bei ihnen, der hintere Teil der Wohnung sei als Fitnessraum für ihren Freund eingerichtet. Etwas ratlos sitze ich da, und wir überlegen, wo ich hingehen könnte. Ihr Freund macht sich immerhin auf die Suche nach einem Schlafplatz für mich. Nach Stunden kommt er wieder und erklärt, er habe ein Zimmer gefunden. Es befindet sich in der Nähe und ist ein Raum wie bei den Lodgings, nur das Bett ist größer und schöner. Sonst ist er leer. Sofort stehen einige Frauen und Kinder um uns herum, als wir das Zimmer begutachten. Ich nehme es.

Die Tage verstreichen langsam. Nur das Essen ist ein wahre Freude. Sophia kocht fantastisch. Täglich nehme ich zu. Die Nächte jedoch sind schrecklich. Bis tief in die Nacht ertönt Musik oder Geschwätz aus allen Ecken. Der Raum ist so hellhörig, daß man meinen könnte, man lebe mit seinen Nachbarn in einem Zimmer. Jeden Abend quäle ich mich in den Schlaf.

Manchmal könnte ich selber laut schreien über diesen Krach, aber ich will das Zimmer nicht verlieren. Morgens wasche ich mich im Zimmer. Die Kleider wasche ich auch jeden zweiten Tag, damit ich etwas Abwechslung habe. Sophia streitet viel mit ihrem Freund, so daß ich mich nach dem Essen häufig zurückziehe. Mein Bauch wächst stetig, und ich bin richtig stolz.

Nun lebe ich schon eine Woche hier, und mein Mann ist kein einziges Mal gekommen, was mich traurig stimmt. Dafür habe ich James mit anderen Burschen im Dorf getroffen. Ab und zu bringt Sali, der Freund von Sophia, Kollegen mit zum Essen, und dann spielen wir Karten. Dies ist immer sehr vergnüglich.
Wieder einmal sitzen wir zu viert in der Wohnung und spielen. Die Tür ist meistens offen, damit wir mehr Licht haben. Plötzlich steht mein Mann mit seinen Speeren im Türrahmen. Noch bevor ich ihn begrüßen kann, fragt er, wer der andere Mann sei. Alle lachen, nur ich nicht. Sophia winkt ihn herein, doch er bleibt am Türrahmen stehen und fragt mich scharf: »Corinne, is this your boyfriend?« Ich schäme mich fast zu Tode für sein Benehmen. Sophia versucht die Situation zu lockern, doch mein Mann dreht sich um und verläßt das Haus. Langsam erwache ich aus meiner Starrheit und werde richtig wütend. Ich sitze hier im neunten Monat, sehe meinen Mann nach zweieinhalb Wochen endlich wieder, und er unterstellt mir einen Liebhaber!
Sali geht los, um ihn zu suchen, während Sophia mich beruhigt. Der Freund hat sich verzogen. Als lange nichts geschieht, gehe ich in mein Zimmer und warte. Etwas später taucht Lketinga auf. Er hat getrunken und kaut Miraa. Steif liege ich im Bett und mache mir über die Zukunft Gedanken. Dann, nach mehr als einer Stunde, entschuldigt er sich tatsächlich: »Corinne, my wife, no problem. Long time I have not seen you and the baby, so I become crazy. Please, Corinne, now I am okay, no problem!« Ich versuche, zu lächeln und zu verzeihen. In der Nacht des folgenden Tages geht er wieder nach Hause. In den kommenden zwei Wochen sehe ich meinen Mann nicht mehr, lediglich Grüße werden mir ausgerichtet.

Endlich ist der Tag gekommen, an dem Sophia und ich ins Spital aufbrechen. Sophia ist etwa eine Woche, ich zwei Wochen vor der Niederkunft. Wegen der schlechten Straßen wurde uns empfohlen, rechtzeitig loszufahren. Aufgeregt steigen wir in den Bus. Sophias Freund begleitet uns. Im Spital bekommen wir ein Zimmer für uns. Es ist herrlich. Die Schwestern sind erleichtert, als sie mich wiegen und ich tatsächlich genau siebzig Kilo auf die Waage bringe. Nun heißt es für uns warten. Fast täglich stricke ich etwas für mein Kind, während Sophia den ganzen Tag Bücher über Schwangerschaft und Geburt liest. Ich will gar nichts darüber wissen, sondern mich überraschen lassen. Mit gutem Essen versorgt uns Sali aus dem Dörfchen.
Die Zeit schleicht dahin. Täglich kommen Kinder zur Welt. Wir hören die Frauen meistens bis in unser Zimmer. Sophia wird immer nervöser. Bei ihr müßte es schon bald losgehen. Bei den täglichen Untersuchungen stellt man fest, daß sich mein Uterus bereits etwas geöffnet hat. Deshalb bekomme ich Bettruhe verordnet. Doch dazu kommt es nicht mehr, denn kaum hat die Ärztin unser Zimmer verlassen, verliere ich mein Fruchtwasser. Überrascht und glücklich schaue ich zu Sophia und sage: »I think my baby is coming!« Erst will sie es gar nicht glauben, da ich noch gut eine Woche Zeit habe. Sie holt die Ärztin zurück, und als sie sieht, was los ist, bestätigt sie mir mit ernster Miene, heute nacht werde mein Kind kommen.

Napirai

Sophia ist verzweifelt, weil bei ihr nichts passiert. Um acht Uhr habe ich die ersten leichten Wehen. Zwei Stunden später sind sie schon sehr vehement. Von nun an werde ich jede halbe Stunde untersucht. Gegen Mitternacht ist es kaum noch zu ertragen. Ständig muß ich mich übergeben vor Schmerz. Endlich werde ich in den Gebärsaal geführt. Es ist derselbe Raum, in dem ich schon einmal auf dem Gynäkologenstuhl saß und untersucht wurde. Die Ärztin und zwei schwarze Schwestern reden auf mich ein. Seltsamerweise verstehe ich kein Englisch mehr. Zwischen den Wehen starre ich die Frauen an und sehe nur, wie ihre Münder auf- und zugehen. Panik ergreift mich, weil ich nicht weiß, ob ich alles richtig mache. Atmen, gut atmen, hämmert es in meinem Kopf. Dann werden meine Beine an den Stuhl gebunden. Ich fühle mich hilflos und entkräftet. Gerade als ich schreien will, ich könne nicht mehr, drückt mir eine Schwester den Mund zu. Voller Angst schaue ich zu der Ärztin. In diesem Moment höre ich, daß sie bereits das Köpfchen des Kindes sieht. Bei der nächsten Wehe muß es kommen. Mit letzter Kraft presse ich und spüre eine Art Explosion im Unterleib. Mein Mädchen ist geboren. Es ist 1.15 Uhr. Ein gesundes, 2 960 Gramm schweres Mädchen ist auf die Welt gekommen. Ich bin überglücklich. Sie ist so schön wie ihr Vater, und wir werden sie Napirai nennen.

Noch während die Ärztin mit der Nachgeburt und dem Nähen beschäftigt ist, geht die Tür auf, und Sophia fällt mir freudig um den Hals. Sie hat die Geburt durch das Fenster miterlebt. Mein Kindchen wird mir noch einmal gezeigt und anschließend zu den anderen Neugeborenen gebracht. Ich bin froh, denn im Moment bin ich viel zu schwach, es zu heben. Nicht einmal die angebotene Teetasse kann ich halten. Ich will nur schlafen. Im Rollstuhl werde ich ins Zimmer zurückgebracht und bekomme eine Schlaftablette. Um fünf erwache ich mit höllischen Schmerzen zwischen den Beinen und wecke Sophia, die sofort aufsteht, um eine Nachtschwester zu suchen. Mit schmerzstillenden Tabletten werde ich beruhigt. Um acht schleppe ich mich mühsam zum Babyraum, um mein Kind zu sehen. Als ich es endlich entdecke, bin ich erleichtert, aber es schreit vor Hunger. Ich muß es stillen, doch das bereitet große Schwierigkeiten. Aus meinen mittlerweile riesigen Brüsten kommt kein Tropfen. Mit Absaugen geht auch nichts. Gegen Abend halte ich es kaum noch aus. Meine Brüste sind hart wie Stein und schmerzen, während Napirai ununterbrochen schreit. Eine schwarze Schwester schimpft, ich solle mir mehr Mühe geben, damit sich die Milchdrüsen öffnen, bevor ich eine Entzündung bekomme. Unter grauenhaften Schmerzen probiere ich alles. Zwei Samburu-Frauen kommen und »melken« meine Brüste fast eine halbe Stunde, bevor endlich die erste Milch fließt. Dafür hört es jetzt nicht mehr auf. Es kommt so viel, daß mein Baby wieder nicht trinken kann. Erst im Laufe des Nachmittags gelingt es das erste Mal.

Sophia liegt seit Stunden in den Wehen, doch das Kind will nicht kommen. Sie heult und schreit und verlangt einen Kaiserschnitt, was der Arzt ablehnt, da dafür kein Grund besteht. Noch nie habe ich Sophia so erlebt. Dem Arzt wird es langsam zu bunt, und er droht ihr, sie nicht zu entbinden, falls sie sich nicht beherrscht. Die Unterhaltung

findet auf Italienisch statt, da auch er Italiener ist. Nach schrecklichen 36 Stunden ist auch ihr Mädchen durch Glockengeburt auf der Welt.
An diesem Abend, die Besuchszeit ist gerade vorbei, erscheint mein Darling. Am Morgen hat er über Radiocall von der Geburt unserer Tochter erfahren und sich sofort zu Fuß auf den Weg nach Wamba gemacht. Er hat sich besonders schön bemalt und frisiert und begrüßt mich freudig. Er hat Fleisch und ein wunderschönes Kleid für mich dabei. Sofort möchte er Napirai sehen, doch die Schwestern wehren ab und vertrösten ihn auf morgen. Obwohl er enttäuscht ist, strahlt er mich stolz und glücklich an, was mich wieder hoffen läßt. Als er das Spital verlassen muß, beschließt er, in Wamba zu übernachten, um zur ersten Besuchszeit hier zu sein. Mit kleinen Geschenken beladen kommt er ins Zimmer, als ich gerade Napirai stille. Selig nimmt er seine Tochter in die Arme und trägt sie in die Sonne. Sie schaut ihn neugierig an, und er kann gar nicht mehr von ihr lassen. Schon lange habe ich ihn nicht mehr so fröhlich erlebt. Ich bin gerührt und weiß, jetzt wird alles wieder gut.
Die ersten Tage mit dem Baby sind anstrengend. Ich bin immer noch recht schwach, habe zu wenig Gewicht, und die genähte Scheide schmerzt sehr beim Sitzen. Nachts weckt mich mein Mädchen zwei- bis dreimal, entweder um an die Brust zu kommen oder um gewickelt zu werden. Schläft sie endlich einmal, schreit sicher das Kind von Sophia. Hier benützt man Stoffwindeln, und gewaschen werden die Babys in kleinen Waschbecken. Mit dem Wickeln bin ich noch nicht so vertraut. Meine gestrickten Sachen ziehe ich ihr nicht an, aus lauter Angst, ich könnte ihr dabei die Ärmchen oder Beinchen verletzen. So liegt sie bis auf

die Windeln nackt in einer Babydecke. Während mein Mann uns betrachtet, stellt er zufrieden fest: »She is looking like me!«
Er besucht uns täglich, doch wird er allmählich ungeduldig und möchte mit seiner Familie nach Hause gehen. Aber ich bin noch zu schwach und habe ein wenig Sorge, mit dem Baby auf mich allein gestellt zu sein. Windeln waschen, kochen, Holz suchen und vielleicht wieder im Shop mithelfen, erscheint mir fast unmöglich. Der Shop ist seit drei Wochen geschlossen, da nur noch Maismehl übrig ist und der Boy nicht mehr zuverlässig zu sein schien, wie mir Lketinga mitteilt. Außerdem besteht keine Fahrmöglichkeit, da er zu Fuß hier ist, denn mit unserem Wagen gab es wieder einmal Probleme. Diesmal sei es die Gangschaltung, hat Giuliano festgestellt. Also muß er zuerst nach Hause, um uns mit dem Landrover abzuholen, falls er repariert ist.
Das gibt mir die Möglichkeit, sicherer zu werden. Auch die Ärztin ist froh, daß ich noch ein paar Tage bleibe. Sophia hingegen verläßt am fünften Tag nach der Niederkunft das Spital und kehrt nach Maralal zurück. Drei Tage später kommt mein Mann mit dem reparierten Wagen. Ohne Pater Giuliano wären wir wirklich hilflos. Ich will nun auch fort von Wamba, denn seit Sophia gegangen ist, habe ich schon die zweite Samburu-Mutter im Zimmer. Die erste, eine alt aussehende, ausgemergelte Frau, die ihr zehntes Kind als Frühgeburt hier bekommen hat, ist in derselben Nacht an Schwäche und Anämie gestorben. Es war einfach nicht möglich, in so kurzer Zeit die Familie der Frau zu benachrichtigen, damit ein geeigneter Blutspender gefunden werden konnte. Die Aufregung dieser Nacht hat mich Kraft gekostet, so daß ich nur noch weg will.

Stolz steht der frische Papa mit seiner Tochter auf dem Arm bei der Rezeption, während ich die Rechnung bezahle. Die 22 Tage inklusive Geburt kosten lediglich 80 Franken, ich kann es kaum glauben. Für den flying doctor hingegen muß ich tiefer in die Tasche greifen und 800 Franken bezahlen. Doch was ist das schon gegen unser beider Leben! Seit langem sitze ich wieder einmal am Steuer, und mein Mann hält Napirai. Aber schon nach den ersten hundert Metern schreit das Baby wegen des gräßlichen Lärms, den der Wagen macht. Lketinga versucht, es mit Singen zu beruhigen, doch es nützt nichts. Nun fährt mein Mann, und ich halte Napirai an die Brust, so gut es geht. Jedenfalls erreichen wir Maralal, bevor es Abend ist. Ich muß noch Windeln, einige Kleidchen und Babydecken besorgen. Auch Lebensmittel wollen wir einkaufen, da es in Barsaloi seit Wochen nichts gibt. Es bleibt uns nichts anderes übrig, als ins Lodging zu gehen. Um nur ein Dutzend Windeln zu finden, laufe ich durch ganz Maralal. Lketinga hütet unsere Tochter.

Die erste Nacht außerhalb des Spitals ist nicht sehr gemütlich. Weil es in Maralal nachts sehr kalt wird, habe ich Probleme, Napirai die Windeln zu wechseln. Ich friere und sie ebenfalls. Stillen im Dunkeln beherrsche ich auch noch nicht so gut. Am Morgen bin ich müde und habe bereits Schnupfen. Die Hälfte der Windeln ist verbraucht. So wasche ich sie noch hier. Gegen Mittag ist der Wagen mit Lebensmitteln gefüllt, und wir brechen auf. Für uns ist klar, den Umweg zu fahren. Aber mein Mann stellt fest, daß es in den Bergen in Richtung Baragoi regnet. Es besteht die Gefahr, daß die Flüsse sich mit Wasser füllen, und wir diese nicht mehr passieren können. Deshalb entscheiden wir uns, den Weg zurück nach Wamba zu benützen, um von der anderen Seite her nach Barsaloi zu kommen. Wir wechseln uns im Fahren ab, da Lketinga den Wagen nun schon gut beherrscht. Nur ab und zu fährt er zu schnell in große Löcher. Napirai gefällt das Autofahren gar nicht. Ständig schreit sie, und sobald der Wagen stillsteht, ist auch sie ruhig. So legen wir mehrere Pausen ein.

Heimkehr zu dritt

Unterwegs lädt Lketinga zwei Krieger ein, und nach über fünf Stunden Fahrt erreichen wir den riesigen Wamba-River. Er ist berüchtigt wegen des Treibsandes, der beim geringsten Wasservorkommen aktiv wird. Die Mission hat hier vor Jahren einen Wagen verloren. Erschrocken halte ich vor dem steil abfallenden Hang zum River. Wir sehen Wasser. Beunruhigt steigen die Massai aus und gehen zum Fluß hinunter. Er führt nicht viel Wasser, vielleicht zwei bis drei Zentimeter, und ab und zu lugen einzelne trockene Sandbänke hervor. Doch Pater Giuliano hat mich ausdrücklich gewarnt, beim geringsten Naß sei der River zu meiden. Immerhin mißt er eine Breite von zirka 150 Metern. Ich sitze am Steuer des Wagens und überlege enttäuscht, daß wir wohl zurück nach Wamba müssen. Einer der Krieger ist schon bis zu den Knien eingesunken. Der andere, nur einen Meter neben ihm, geht ohne Probleme weiter. Auch Lketinga versucht es. Immer wieder sinkt er ein. Mir ist das Ganze unheimlich, und ich will nichts riskieren. Ich steige aus, um dies meinem Mann mitzuteilen. Doch er kommt wild entschlossen zurück, nimmt mir Napirai ab und fordert mich auf, mit Vollgas zwischen den beiden Kriegern hindurchzufahren. Verzweifelt versuche ich, ihm dies auszureden, doch er sieht es nicht ein. Er will nach Hause, wenn nicht mit dem Wagen, dann zu Fuß. Aber allein kann ich mit dem Kind nicht zurückfahren.

Ganz langsam steigt der Fluß an. Ich weigere mich, zu fahren. Nun wird er wütend, drückt mir Napirai in die Arme,

setzt sich selber ans Steuer und will losfahren. Er verlangt von mir den Zündschlüssel. Ich habe ihn nicht und bin der Meinung, er steckt, da der Motor läuft. »No, Corinne, please give me the key, you have driven the car, now you have taken it that we go back to Wamba!« sagt er ärgerlich, dabei funkeln seine Augen böse. Ich gehe zum Wagen, um nachzusehen. Welch ein Hohn, der Wagen läuft ohne Zündschlüssel! Fieberhaft suche ich am Boden und auf den Sitzen, doch der Schlüssel, unser einziger, ist verschwunden.
Lketinga gibt mir die Schuld. Wütend setzt er sich in den Wagen und braust im Vierrad in den River hinein. Bei so viel Unvernunft kann ich mich nicht mehr beherrschen und heule los. Auch Napirai schreit lauthals. Der Wagen sticht in den Fluß. Die ersten Meter geht es gut, die Räder versinken nur ein wenig, doch je weiter er fährt, desto langsamer wird er, und die hinteren Räder sinken durch das schwere Gewicht langsam ab. Er ist nur noch wenige Meter von einer trockenen Sandbank entfernt, als der Wagen droht, zum Stillstand zu kommen, weil die Räder durchdrehen. Ich bete und heule und verfluche alles. Die beiden Krieger stapfen zum Wagen, heben ihn an und schieben. Tatsächlich schafft er die letzten zwei Meter, und die Reifen greifen wieder. Mit Schwung überquert er die zweite Hälfte des Rivers. Mein Mann hat das Kunststück geschafft. Doch stolz bin ich nicht. Zu leichtsinnig hat er alles aufs Spiel gesetzt. Außerdem fehlt der Schlüssel immer noch.
Ein Krieger kommt zurück und hilft mir durch den Fluß. Auch ich sinke oft bis zu den Knien ein. Lketinga steht stolz und wild neben dem Wagen und meint, ich solle jetzt den Schlüssel hergeben. »I don't have it!« schreie ich entrüstet. Ich gehe zum Wagen und suche erneut alles ab, nichts. Ungläubig schüttelt Lketinga den Kopf und sucht selbst.

Es dauert nur ein paar Sekunden, und dann hält er den Schlüssel in der Hand. Er sei zwischen dem Sitz und der Rückenlehne eingeklemmt gewesen. Wie dies passieren konnte, ist für mich ein Rätsel. Für ihn dagegen ist klar, daß ich ihn versteckt habe, weil ich nicht durch den River wollte. Schweigend fahren wir nach Hause.
Als wir Barsaloi endlich erreichen, ist es bereits Nacht. Natürlich gehen wir zuerst zu Mama in die Manyatta. Mein Gott, freut sie sich! Sofort nimmt sie Napirai an sich und segnet sie, indem sie die Fußsohlen, Handflächen und die Stirne bespuckt und dabei zu Enkai betet. Auch zu mir sagt sie einiges, was ich nicht verstehe. Der Qualm bereitet mir Schwierigkeiten, und auch Napirai hustet. Doch die erste Nacht bleiben wir bei ihr.
Am Morgen wollen einige Leute mein Baby sehen, doch Mama erklärt, ich dürfe die ersten Wochen das Kind niemandem zeigen, außer denen, die sie mir erlaubt. Ich verstehe das nicht und frage: »Warum, sie ist doch so schön!« Lketinga schimpft, ich dürfe nicht sagen, sie sei schön, das bringe nur Unglück. Fremde dürfen sie nicht anschauen, weil sie ihr Böses anwünschen könnten. In der Schweiz zeigt man stolz seine Kinder, hier muß ich meine Tochter verstecken oder wenn ich hinausgehe, ihr den Kopf mit einem Kanga zudecken. Es fällt mir sehr schwer.
Seit drei Tagen sitze ich fast den ganzen Tag mit meinem Baby in der dunklen Manyatta, während Mama den Eingang bewacht. Mein Mann bereitet ein Fest zur Geburt seiner Tochter vor. Dafür muß ein großer Ochse geschlachtet werden. Mehrere Alte sind anwesend, verzehren das Fleisch und segnen dafür unsere Tochter. Ich bekomme die besten Stücke, um mich zu stärken.
Nachts tanzen einige Krieger ihm zu Ehren mit meinem

Mann. Natürlich müssen auch sie später verpflegt werden. Mama hat mir eine übel riechende Flüssigkeit gebraut, die mich vor weiteren Krankheiten schützen soll. Während ich sie austrinken muß, schauen alle zu und sprechen den »Enkai« für mich. Schon nach einem Schluck wird mir schlecht von diesem Gebräu. Unauffällig verschütte ich so viel wie möglich.

Zum Fest kommen auch der Veterinär und seine Frau, worüber ich sehr froh bin. Zu meiner Überraschung vernehme ich, daß das Blockhaus neben dem ihren frei geworden ist. Jetzt freue ich mich riesig auf ein neues Haus mit zwei Wohnräumen und einem WC direkt im Haus. Am nächsten Tag ziehen wir aus dem zugigen Shop in das etwa 150 Meter entfernte Blockhaus. Zuerst muß ich gründlich putzen. Mama hütet inzwischen unsere Tochter vor dem Haus. Sie hält das Kind so geschickt unter ihren Kangas versteckt, daß es gar nicht auffällt.

Immer wieder kommen Leute zum Shop und wollen etwas kaufen. Er sieht leer und verkommen aus. Das Kreditbüchlein ist fast voll. Das eingenommene Geld reicht wieder nicht für einen Laster, aber im Moment will und kann ich nicht arbeiten. So bleibt der Laden geschlossen.

Täglich bin ich bis mittags damit beschäftigt, die verschmutzten Windeln vom Vortag zu waschen. Meine Knöchel sind in kurzer Zeit völlig wund. So kann es nicht weitergehen. Ich suche ein Mädchen, das mir im Haushalt helfen kann und vor allem die Wäsche erledigt, damit mir mehr Zeit für Napirai und das Kochen bleibt. Lketinga organisiert eine ehemalige Schülerin. Für etwa 30 Franken im Monat plus Essen ist sie bereit, Wasser zu holen und zu waschen. Nun kann ich endlich mein Töchterchen genießen. Sie ist so hübsch und fröhlich und weint fast nie. Auch

mein Mann liegt viele Stunden mit ihr unter dem Baum vor der Blockhütte.
Allmählich habe ich den Tagesablauf im Griff. Das Mädchen arbeitet sehr langsam, und ich finde keinen rechten Zugang zu ihr. Mir fällt auf, daß das Waschmittel rasch schwindet. Unser Reis- und Zuckervorrat nimmt ebenfalls rapide ab. Nachdem Napirai bei jeder nassen Windel sofort schreit und ich feststelle, daß sie zwischen den Beinen feuerrot und wund ist, wird es mir zuviel. Ich spreche das Mädchen auf diese Dinge an und erkläre ihr, daß sie die Windeln so lange spülen muß, bis keine Omo-Reste mehr vorhanden sind. Sie zeigt sich eher desinteressiert und meint, mehr als einmal Wasserholen am River sei zuviel für das gebotene Geld. Verärgert schicke ich sie wieder nach Hause. Lieber wasche ich selber.

Hunger

Die Menschen werden ungeduldig, weil sie hungern. Schon mehr als einen Monat sind die Shops leer, und jeden Tag kommen Leute zu unserem Haus, um zu fragen, wann wir wieder öffnen. Im Moment jedoch sehe ich keine Möglichkeit, wieder zu arbeiten. Ich müßte dazu nach Maralal und einen Laster organisieren. Mit unserem Wagen aber habe ich zu große Angst, mit dem Baby irgendwo steckenzubleiben. Die Gangschaltung ist nur notdürftig gerichtet, das Zündschloß völlig verwürgt und manches andere reparaturbedürftig.

Eines Tages kommt der Mini-Chief zu uns und beklagt sich über den Hunger der Leute. Er weiß, daß noch einige Maismehlsäcke im Shop sind und bittet uns, wenigstens diese zu verkaufen. Widerwillig gehe ich in den Shop, um die Säcke zu zählen. Mein Mann kommt mit. Als wir jedoch den ersten Sack öffnen, wird mir fast übel. Obenauf kriechen fette, weiße Maden, dazwischen tummeln sich kleine, schwarze Käfer. Wir öffnen die anderen Säcke, und überall bietet sich das gleiche Bild. Der Chief stochert im Sack herum und meint, nach der oberen Schicht würde es besser. Doch ich weigere mich, dieses Zeug unter die Leute zu bringen. Inzwischen scheint es sich in Windeseile herumgesprochen zu haben, daß wir noch Maismehl besitzen. Immer mehr Frauen stehen im Shop und sind bereit, auch dieses zu kaufen. Wir besprechen die Lage, und ich biete an, alles zu verschenken. Das lehnt der Mini-Chief ab und sagt, das würde in kurzer Zeit zu Mord und Totschlag führen, wir sollen zu

einem billigeren Preis verkaufen. Mittlerweile stehen fünfzig oder mehr Personen im und vor dem Shop und halten ihre Säcke und Tüten auf. Ich aber kann nicht in diese Säcke greifen, da es mich vor dem Gekrabbel der Maden graust. Schließlich habe ich auch noch Napirai auf dem Arm. Ich gehe los, um zu Hause bei Mama nach dem älteren Bruder zu suchen. Er ist da und kommt mit zum Shop. Napirai gebe ich Mama. Wir kommen gerade noch rechtzeitig. Der Chief hindert die Leute daran, den Laden zu stürmen, während Lketinga verkauft. Jede Person darf nur maximal drei Kilogramm kaufen. Ich lege die Kilosteine auf die Waage und kassiere. Die beiden Männer füllen das unappetitliche Maismehl ab. Wir arbeiten wie verrückt und sind froh, daß der Chief einigermaßen Ordnung hält. Gegen 20 Uhr sind alle Säcke verkauft, und wir sind völlig erledigt. Aber endlich ist wieder etwas Geld in der Kasse.
Der Verkauf und die Einsicht in die Notwendigkeit unseres Shops beschäftigen mich am Ende dieses Tages sehr. Doch viel Zeit bleibt mir nicht, ich muß zu meinem Baby nach Hause. Voller Sorge eile ich im Dunkeln zu den Manyattas. Mein Kind hat schon mehr als sechs Stunden keine Brust mehr gehabt, und ich erwarte, eine völlig aufgelöste Tochter vorzufinden. Als ich mich der Manyatta nähere, vernehme ich keinen Laut von ihr, dafür singt Mama. Ich krieche hinein und sehe verblüfft, wie mein Mädchen an der großen, langen, schwarzen Brust der Mama saugt. Bei diesem Anblick kann ich nur staunen. Mama lacht, während sie mir mein nacktes Baby entgegenstreckt. Als Napirai meine Stimme hört, schreit sie gleich los, um sich aber sofort wieder an meiner Brust festzusaugen. Ich bin immer noch sprachlos, daß Mama sie mit ihrer leeren Brust so lange beruhigen konnte.

Kurze Zeit später erscheint mein Mann, und ich erzähle ihm davon. Er lacht und meint, das sei normal hier. Auch Saguna sei zu ihr gekommen, schon als kleines Baby, weil das hier so üblich sei. Das erste Mädchen der Söhne bekommt die Mama als spätere Haushaltshilfe. Sie zieht es praktisch von Geburt an mit ihrer Brust und Kuhmilch auf. Ich betrachte mein Mädchen. Obwohl es vor Dreck steht und nach Rauch riecht, bin ich sehr zufrieden und mir dennoch gewiß, mein Kind niemals irgend jemandem zu überlassen.

Wir trinken Chai bei Mama und gehen dann zurück in unser Haus. Stolz trägt Lketinga Napirai. Vor der Tür wartet der Chief. Natürlich muß ich ihm nochmals Chai kochen, obwohl ich keine Lust dazu habe. Plötzlich steht Lketinga auf, holt aus der Geldschachtel 200 Schillinge und gibt das Geld dem Chief. Ich weiß nicht wofür, doch halte ich den Mund. Nachdem er gegangen ist, erfahre ich, daß er das Geld für seine Sicherheitshilfe im Shop verlangt hat. Mich ärgert das, da er uns wieder hereingelegt hat. Er wollte ja unbedingt, daß wir verkaufen, und es war seine Pflicht, als Chief für Ordnung zu sorgen, dafür wird er vom Staat bezahlt. All dies versuche ich Lketinga schonend beizubringen und stelle erfreut fest, daß er sich diesmal selber ärgert und mir zustimmt.

Der Shop bleibt weiterhin geschlossen. Der Bursche, der mit Lketinga im Laden stand, kommt häufig vorbei. Mit mir gibt er sich nicht ab, was mich nicht weiter stört. An den Gesprächen merke ich, daß er etwas will. Doch mein Mann winkt ab, er wolle nur den letzten Lohn, den er ihm aber schon ausbezahlt habe. Ich halte mich heraus, denn ich war in Maralal und im Spital und weiß von nichts.

Unser Leben verläuft ruhig, und Napirai entwickelt sich zu

einem richtigen Pummelchen. Fremden darf ich sie nach wie vor nicht zeigen. Jedesmal, wenn jemand in die Nähe kommt, versteckt Lketinga sie unter der Babydecke, was sie gar nicht mag.
Eines Tages kommen wir vom River und wollen ins Chai-Haus, als ein Alter auf Lketinga zukommt. Wieder wird geredet. Mein Mann sagt mir, ich solle hier warten und marschiert zum »Polizeihäuschen«. Dort erkenne ich den richtigen Chief, den Wildhüter und den Boy vom Shop. Aus einiger Entfernung beobachte ich beunruhigt die Diskussion. Napirai hängt an meiner Seite in einem Kanga und schläft. Als Lketinga nach mehr als einer Viertelstunde nicht zurückkommt, schlendere ich zu den Männern.
Irgend etwas geht vor, ich sehe es am Gesichtsausdruck meines Mannes. Er ist wütend, und es wird heftig debattiert, während der Boy etwas abseits lässig zuschaut. Immer wieder höre ich »Duka«, »Shop«. Da ich weiß, daß der Chief Englisch spricht, will ich von ihm wissen, um was es geht. Ich bekomme keine Antwort, statt dessen geben sich alle die Hand, und Lketinga schleicht verstört davon. Mit drei Schritten bin ich neben ihm, packe ihn bei der Schulter und will wissen, was hier abgelaufen ist. Müde dreht er sich zu mir um und erzählt, er müsse dem Boy noch fünf Ziegen abgeben für seine Arbeit im Shop, ansonsten droht ihm der Vater des Boys mit einer Anzeige bei der Polizei. Er will aber nicht ins Gefängnis. Ich verstehe überhaupt nicht, was los ist.
Eindringlich frage ich meinen Mann, ob der Boy seinen Lohn jeden Monat bekommen hat. »Yes, Corinne, I don't know, why they want five goats, but I don't want to go again in prison, I'm a good man. The father of this boy is a big man!« Ich kann Lketinga glauben, daß er das Geld be-

zahlt hat. Ihm mit Gefängnis zu drohen für nichts und wieder nichts ist wirklich das letzte, das ich ertragen kann, zumal dieser Boy schuld daran ist. Wutentbrannt stürze ich auf ihn los und schreie ihn an: »What do you want from me?« »From you nothing, only from your husband«, lächelt er mich blöde an. Nun kann ich nicht mehr an mich halten und schlage und trete blindlings auf ihn ein. Er will ausweichen, doch ich erwische sein Hemd und zerre ihn heran, während ich ihn lauthals mit deutschen Flüchen eindecke und anspucke.
Die umstehenden Männer halten mich fest, und Napirai schreit wie am Spieß. Inzwischen ist Lketinga da und sagt ärgerlich: »Corinne, you are crazy, go home!« »I'm not crazy, really not crazy, but if you give goats to this boy, I don't open again this shop!« Der Boy wird von seinem Vater festgehalten, sonst würde er mich sicher anfallen. Wütend reiße ich mich los und laufe mit der schreienden Napirai nach Hause. Ich verstehe meinen Mann nicht, warum er sich so einschüchtern läßt und kann auch den Chief nicht begreifen. Ab jetzt werde ich mir jeden Handgriff bezahlen lassen. Niemand kommt mehr in unseren Wagen, ohne vorher bezahlt zu haben! Viele starren mich an, als ich an ihnen vorbeirase, doch mir ist es egal. Mir ist klar, daß ich den Burschen und seinen Vater schwer beleidigt habe, denn hier schlagen die Frauen keine Männer, eher umgekehrt.
Es dauert nicht lange, und Lketinga kommt mit dem Chief nach Hause. Sofort wollen sie wissen, warum ich das gemacht habe. Mein Mann ist verstört und entsetzt, was mich gleich wieder aufbrausen läßt. Dem Chief lege ich unser Kreditbuch auf den Tisch, damit er sieht, wie viele tausend Schillinge wir wegen des Burschen ausstehen, wenn nicht verloren haben. Außerdem steht er selbst mit über 300

Schillingen bei uns in der Kreide. Und so einer will fünf Ziegen, was einen halben Jahreslohn bedeutet! Nun dämmert es auch dem Chief, und er entschuldigt sich für seinen Entscheid. Wir müssen aber einen Weg finden, uns mit dem Alten zu einigen, da Lketinga bereits mit Handschlag das Urteil akzeptiert hat.
Höflichkeitshalber muß ich für den Chief Tee kochen. Ich entzünde die Holzkohle in unserem Öfchen und stelle es ins Freie, damit der Luftzug die Kohle schneller zum Glühen bringt. Es ist eine sternenklare Nacht. Gerade will ich zurück ins Haus, als ich nur ein paar Meter von mir entfernt eine Gestalt mit einem blitzenden Gegenstand bemerke. Augenblicklich verspüre ich Gefahr und trete sofort ins Haus, um meinen Mann zu informieren. Er geht hinaus, und ich folge dicht hinter ihm. Der Chief bleibt in der Hütte. Ich höre Lketinga fragen, wer hier sei. Kurz darauf erkenne ich die Stimme und die Gestalt des Boys, der eine Machete in der Hand hält. Böse frage ich, was er hier zu suchen habe. Er antwortet kurz, er sei hier, um mit der »Mzungu« abzurechnen. Sofort stürze ich ins Haus zurück und frage den Chief, ob er alles gehört habe. Er nickt und kommt nun ebenfalls heraus.
Erschrocken will der Bursche wegrennen, doch Lketinga hält ihn fest und nimmt ihm die gefährliche Machete aus der Hand. Triumphierend schaue ich den Chief an, nun sei er Zeuge eines Mordversuchs geworden. Er soll ihn festnehmen, und morgen fahren wir alle zusammen nach Maralal. Diesen gemeingefährlichen Idioten will ich nicht mehr in unserer Nähe sehen. Der Bursche versucht, alles abzuwiegeln, doch ich bestehe auf einer Festnahme. Der Chief geht mit dem Burschen weg. Mein Mann verschwindet auch, und ich verriegle zum ersten Mal die Haustür.

Kurze Zeit später klopft es. Nach vorsichtigem Nachfragen öffne ich dem Veterinär. Er hat den Lärm gehört und will wissen, was passiert ist. Ich biete ihm Tee an und erzähle den Vorfall. Er bestätigt mich in meinem Vorhaben und bietet mir seine Hilfe an. Ohnehin hat er nie verstanden, warum wir diesen verrückten Burschen bei uns arbeiten ließen, denn er hat schon manches angerichtet, das sein Vater ausbügeln mußte. Während wir uns unterhalten, kommt mein Mann nach Hause. Verdutzt schaut er zum Veterinär und dann zu mir. Der Veterinär beginnt ein Gespräch mit ihm. Ich verabschiede mich und krieche unter das Moskitonetz zu meiner Napirai.
Der Vorfall geht mir nicht aus dem Kopf, und ich habe Mühe einzuschlafen. Später kommt Lketinga ebenfalls ins Bett. Er versucht, mit mir zu schlafen. Ich habe überhaupt kein Verlangen, außerdem liegt Napirai bei uns. Aber er will einfach wieder einmal Sex. Wir probieren es, doch es tut mir wahnsinnig weh. Wütend vor Schmerz stoße ich ihn weg und verlange Geduld von ihm, schließlich ist Napirai erst fünf Wochen alt. Lketinga versteht meine Abweisung nicht und behauptet ärgerlich, ich hätte es wohl schon mit dem Veterinär getrieben. Als er mir das an den Kopf wirft, habe ich endgültig genug für heute. Ich breche in Tränen aus, doch sprechen kann und will ich nicht mehr. Das einzige, was ich ihm erwidere, ist, daß er heute nicht hier im Bett schlafen kann. Seine Nähe könnte ich im Moment, nach diesem Vorwurf und nach allem, was ich heute erlebt habe, nicht mehr ertragen. So richtet er sich ein Nachtlager im vorderen Raum ein. Napirai kommt in der Nacht zwei- bis dreimal an die Brust, anschließend müssen die Windeln gewechselt werden.
Um etwa sechs Uhr morgens, als sie sich gerade wieder

meldet, klopft es an unsere Tür. Es wird wohl der Chief sein, doch bin ich nach unserer Auseinandersetzung nicht mehr in der Stimmung, nach Maralal zu fahren. Lketinga öffnet, und vor der Tür steht der Vater des Boys mit dem Chief. Während ich in meinen Rock steige, wird draußen heftig debattiert. Nach einer halben Stunde kommt mein Mann mit dem Chief in unser Haus. Es fällt mir schwer, die Männer anzusehen. Der Chief gibt mir eine Entschuldigung des Boys und dessen Vater weiter und erklärt, wenn wir nicht nach Maralal fahren würden, sei der Vater bereit, uns fünf Ziegen zu geben. Ich entgegne ihm, daß damit mein Leben nicht außer Gefahr sei, vielleicht versuche er es morgen oder übermorgen wieder, in Maralal hingegen verschwinde er für zwei bis drei Jahre im Gefängnis.
Der Chief teilt dem alten Mann meine Bedenken mit. Er verspricht mir, den Burschen für eine Weile zu Verwandten zu bringen. Auf meinen Wunsch hin bürgt er dafür, daß sein Sohn nie wieder näher als 150 Meter an unser Haus herankommt. Nachdem mir der Chief diese Vereinbarung schriftlich bestätigt hat, bin ich einverstanden. Lketinga geht mit dem Alten die Ziegen abholen, bevor sie den Kral verlassen.
Ich bin froh, daß er fort ist, und gehe gegen Mittag zur Mission, um meine Tochter zu zeigen. Pater Giuliano hat sie seit Wamba nicht mehr gesehen, und Pater Roberto kennt sie überhaupt noch nicht. Beide freuen sich sehr über meinen Besuch. Aufrichtig bewundert Pater Giuliano mein schönes Mädchen, das ihm neugierig ins weiße Gesicht schaut. Als er hört, daß mein Mann unterwegs ist, lädt er mich zum Mittagessen ein. Ich bekomme hausgemachte Teigwaren und Salat. Wie lange habe ich keinen Salat mehr gegessen! Ich komme mir vor wie im Schlaraffenland.

Während des Essens erzählt mir Giuliano, daß er demnächst für mindestens drei Monate Ferien in Italien macht. Ich freue mich für ihn, doch ist mir nicht wohl, ohne ihn hier zu sein. Wie oft war er doch ein rettender Engel in der Not!

Wir sind gerade fertig mit dem Essen, als plötzlich mein Mann auftaucht. Die Situation ist sofort gespannt: »Corinne, why do you eat here and not wait for me at home?« Er nimmt Napirai an sich und verläßt uns. Schnell bedanke ich mich bei den Missionaren und eile Lketinga und dem Baby nach. Napirai schreit. Als wir zu Hause sind, gibt er mir das Kind und fragt: »What do you have made with my baby, now she cries only, when she comes to me!« Statt zu antworten, frage ich ihn, weshalb er schon zurück ist. Er lacht höhnisch: »Because I know you go to other men, if I'm not here!« Wütend über die ewigen Vorwürfe beschimpfe ich ihn, er sei crazy. »What do you tell me? I'm crazy? You tell your husband, he is crazy? I don't want see you again!« Dabei packt er seine Speere und verläßt das Haus. Wie versteinert sitze ich da und verstehe es nicht, warum er mir dauernd andere Männer unterstellt. Nur weil wir längere Zeit keinen Sex mehr hatten? Ich kann doch nichts dafür, daß ich erst krank und dann so lange in Maralal war! Zudem haben Samburus sowieso keinen Sex während der Schwangerschaft.

Unsere Liebe hat bereits einige Schläge einstecken müssen, so kann es nicht weitergehen. In meiner Verzweiflung nehme ich Napirai und gehe zu Mama. So gut wie möglich versuche ich ihr die Situation zu schildern. Dabei laufen mir Tränen über das Gesicht. Sie sagt nicht viel dazu, und meint lediglich, es sei normal, daß die Männer eifersüchtig sind, ich solle einfach nicht hinhören. Dieser Rat tröstet mich

wenig, und ich schluchze noch heftiger. Jetzt schimpft sie mit mir und sagt, ich hätte keinen Grund zu weinen, da er mich nicht geschlagen habe. Hier finde ich also auch keinen Trost und gehe traurig nach Hause.
Gegen Abend schaut meine Nachbarin, die Frau des Veterinärs, vorbei. Anscheinend hat sie etwas mitbekommen von unserem Krach. Wir machen Chai und unterhalten uns zögernd. Die Krieger sind sehr eifersüchtig, meint sie, doch dürfe ich deshalb meinen Mann niemals crazy schimpfen. Das sei gefährlich.
Als sie geht, fühle ich mich mit Napirai sehr verlassen. Ich habe nichts gegessen seit gestern Mittag, aber wenigstens habe ich Milch im Überfluß für mein Baby. Diese Nacht kommt mein Mann nicht nach Hause. Langsam mache ich mir große Sorgen, ob er mich wirklich verlassen hat. Am nächsten Morgen fühle ich mich elend und komme kaum aus dem Bett. Meine Nachbarin schaut mittags wieder vorbei. Als sie sieht, daß es mir schlecht geht, hütet sie Napirai und wäscht alle Windeln. Dann holt sie Fleisch und kocht mit meinem letzten Reis ein Essen für mich. Ich bin gerührt über ihren Einsatz. Hier entwickelt sich das erste Mal eine Freundschaft, in der nicht ich, die Mzungu, gebe, sondern mir eine Freundin ohne Aufforderung hilft. Tapfer esse ich den gefüllten Teller leer. Sie will nichts, da sie schon gegessen hat. Nachdem sie alle Arbeiten erledigt hat, geht sie nach Hause, um bei sich Ordnung zu machen.
Grußlos inspiziert Lketinga, als er am Abend endlich zurückkommt, alle Räume. Ich versuche, möglichst normal zu sein und biete ihm Essen an, das er sogar annimmt. Das ist ein Zeichen, daß er zu Hause bleiben wird. Ich bin froh und schöpfe Hoffnung. Doch es kommt anders.

Quarantäne

Gegen neun Uhr bekomme ich schreckliche Magenkrämpfe. Ich liege im Bett und ziehe meine Beine bis zum Kinn hoch, damit es einigermaßen erträglich ist. Napirai kann ich so nicht stillen. Sie ist beim Papa und schreit. Diesmal zeigt er sich geduldig und läuft stundenlang singend in der Wohnung umher. Sie beruhigt sich nur kurz und schreit dann weiter. Gegen Mitternacht ist mir so schlecht, daß ich erbrechen muß. Das ganze Essen kommt unverdaut hoch. Ich breche und breche und kann nicht mehr aufhören. Es kommt nur noch gelbe Flüssigkeit. Der Boden ist verschmutzt, doch ich fühle mich zu elend, um alles aufzuwischen. Mir ist kalt, und ich bin sicher, hohes Fieber zu haben.
Lketinga macht sich Sorgen und geht zur Nachbarin, obwohl es schon sehr spät ist. Es dauert nicht lange, und sie ist bei mir. Wie selbstverständlich putzt sie die ganze Misere auf. Besorgt fragt sie mich, ob ich vielleicht wieder Malaria habe. Ich weiß es nicht und hoffe, nicht schon wieder ins Spital zu müssen. Die Magenschmerzen lassen nach, und ich kann die Beine wieder strecken. Nun bin ich auch in der Lage, Napirai die Brust zu geben.
Die Nachbarin geht nach Hause, und mein Mann schläft neben meinem Bett auf einer zweiten Matratze. Morgens geht es mir einigermaßen, und ich trinke Chai, den Lketinga gekocht hat. Doch es dauert keine halbe Stunde, und der Tee schießt wie eine Fontäne unkontrolliert aus meinem Mund hervor. Gleichzeitig setzen wieder heftige Magen-

schmerzen ein. Sie werden so stark, daß ich in der Hocke am Boden sitze und die Beine anziehe. Nach einiger Zeit beruhigt sich der Magen wieder, und ich beginne mit dem Waschen des Babys und der Windeln. Sehr schnell bin ich völlig ermattet, obwohl ich im Moment weder Schmerzen noch Fieber habe. Auch der typische Schüttelfrost bleibt aus. Ich bezweifle, daß es Malaria ist und denke eher an eine Magenverstimmung.
Jeder Versuch, etwas zu essen oder zu trinken, scheitert während der nächsten zwei Tage. Die Schmerzen halten länger und heftiger an. Meine Brüste schwinden, weil ich keine Nahrung behalten kann. Am vierten Tag bin ich total ausgelaugt und kann nicht mehr aufstehen. Meine Freundin kommt zwar jeden Tag und hilft, wo es nur geht, doch stillen muß ich schon selber.
Heute kommt Mama zu uns, weil Lketinga sie geholt hat. Sie schaut mich an und drückt auf meinem Magen herum, was höllische Schmerzen verursacht. Dann deutet sie auf meine Augen, sie seien gelb, und auch mein Gesicht habe eine komische Farbe. Sie will wissen, was ich gegessen habe. Aber außer Wasser habe ich ja schon lange nichts mehr bei mir behalten. Napirai schreit und will gestillt werden, doch ich kann sie nicht mehr halten, da ich mich allein nicht mehr aufrichten kann. Mama hält sie an meine schlaffe Brust. Ich bezweifle, daß ich noch genug Milch habe und mache mir Sorgen, was mein Mädchen denn sonst zu sich nehmen kann. Da auch Mama zu dieser Krankheit keinen Rat weiß, beschließen wir, ins Spital nach Wamba zu fahren.
Lketinga fährt, während meine Freundin Napirai hält. Ich selbst bin zu schwach. Natürlich ziehen wir uns unterwegs wieder einen Platten zu. Es ist zum Verzweifeln, ich hasse

diesen Wagen. Mühsam setze ich mich in den Schatten und stille Napirai, während die beiden den Radwechsel vornehmen. Am späten Nachmittag erreichen wir Wamba. Ich schleppe mich zur Rezeption und frage nach der Schweizer Ärztin. Mehr als eine Stunde vergeht, bis der italienische Arzt erscheint. Er fragt nach meinen Beschwerden und nimmt mir Blut ab. Nach einiger Zeit erfahren wir, daß es keine Malaria ist. Mehr weiß er erst morgen. Napirai bleibt bei mir, während mein Mann und meine Freundin erleichtert nach Barsaloi zurückfahren.

Wir kommen wieder in die Schwangerenabteilung, damit Napirai neben mir im Kinderbett schlafen kann. Da sie es nicht gewohnt ist, ohne mich einzuschlafen, schreit sie die ganze Zeit, bis eine Schwester sie zu mir ins Bett legt. Sofort saugt sie sich in den Schlaf. Am frühen Morgen erscheint endlich die Schweizer Ärztin. Sie ist nicht erfreut, als sie mich samt Kind in diesem Zustand wiedersieht.

Nach einigen Untersuchungen folgt ihre Diagnose: Hepatitis! Im ersten Moment verstehe ich nicht, was das ist. Besorgt erklärt sie mir, daß dies eine Gelbsucht, genauer gesagt eine Leberentzündung sei, die zudem noch anstekkend sei. Meine Leber verarbeitet keine Speisen mehr. Die Schmerzen werden durch die geringste Einnahme von Fett hervorgerufen. Ab sofort muß ich strengste Diät halten, absolute Ruhe haben und in Quarantäne gehen. Mit den Tränen kämpfend frage ich, wie lange es dauern wird. Mitleidig schaut sie Napirai und mich an und sagt: »Sicher sechs Wochen! Dann ist die Krankheit nicht mehr ansteckend, aber noch lange nicht ausgeheilt.« Auch muß geprüft werden, wie es um Napirai steht. Sicher habe ich sie schon angesteckt! Jetzt kann ich die Tränen nicht mehr zurückhalten. Die gute Ärztin versucht, mich zu trösten, es sei ja noch nicht sicher, ob Napirai auch betroffen ist. Mein Mann müsse sich ebenfalls schnellstens untersuchen lassen. Nach diesen niederschmetternden Informationen schwirrt mein Kopf. Zwei schwarze Schwestern kommen mit dem Rollstuhl, und ich werde mit all meinen Sachen in einen neuen Trakt des Spitals verlegt. Ich bekomme ein Zimmer mit WC, das vorne eine Glasfront, aber keine Tür hat. Von innen kann man den Raum nicht öffnen. In der Tür gibt es eine Luke, die für die Essensausgabe geöffnet wird. Der Trakt ist neu, und das Zimmer sieht freundlich aus, doch ich fühle mich schon jetzt als Gefangene.

Unsere Sachen werden zum Desinfizieren mitgenommen, und ich bekomme wieder die Spital-Uniform. Jetzt wird auch Napirai untersucht. Als man ihr Blut abzapft, schreit sie natürlich wie am Spieß. Mir tut sie unendlich leid, sie ist noch so klein, gerade sechs Wochen alt, und muß schon so viel leiden. Ich werde an eine Infusion gehängt und bekomme einen Krug mit Wasser, das mit einem halben Kilo Zucker gesüßt ist. Ich muß viel Zuckerwasser trinken, denn damit kann sich die Leber am schnellsten erholen. Dann brauche ich Ruhe, absolute Ruhe. Das ist alles, was man für mich tun kann. Mein Baby nehmen sie mit. Verzweifelt weine ich mich in den Schlaf.

Bei hellem Sonnenschein werde ich wach und weiß nicht, wie spät es ist. Die Totenstille versetzt mich in Panik. Man hört absolut nichts, und wenn ich Kontakt nach draußen will, muß ich klingeln. Daraufhin erscheint eine schwarze Schwester hinter der Glasscheibe, die mich durch die gelöcherte Luke anspricht. Ich will wissen, wie es Napirai geht. Sie wird die Ärztin holen. Es vergehen Minuten, die mir in dieser Stille wie eine Ewigkeit vorkommen. Dann betritt die Ärztin mein Zimmer. Ich frage erschrocken, ob sie sich

denn nicht anstecken würde. Lächelnd beruhigt sie mich: »Einmal Hepatitis, nie mehr Hepatitis!« Sie hatte die Krankheit selbst schon vor Jahren.
Dann erhalte ich endlich eine gute Nachricht. Napirai ist völlig gesund, nur will sie absolut keine Kuhmilch oder Pulvermilch trinken. Mit zittriger Stimme frage ich, ob ich sie nun die ganzen sechs Wochen nicht mehr halten darf. Wenn sie die andere Nahrung bis morgen nicht akzeptiert, muß ich sie wohl oder übel stillen, obwohl die Ansteckungsgefahr enorm groß ist, erklärt die Ärztin. Ohnehin sei es ein Wunder, daß sie noch nicht infiziert ist.
Gegen fünf Uhr bekomme ich mein erstes Essen, Reis mit Kohl aus dem Wasser gezogen, dazu eine Tomate. Ich esse langsam. Diesmal behalte ich die kleine Portion bei mir, aber die Schmerzen kommen wieder, wenn auch nicht so stark. Napirai wird mir zweimal an der Scheibe gezeigt. Mein Mädchen schreit, und ihr Bäuchlein ist richtig hohl.
Am nächsten Mittag bringen mir die entnervten Schwestern mein kleines, braunes Bündelchen. Mich durchströmt ein tiefes Glücksgefühl, wie ich es schon lange nicht mehr empfunden habe. Gierig sucht sie nach meiner Brust und beruhigt sich beim Saugen. Beim Betrachten meiner Napirai wird mir klar, daß ich sie brauche, wenn ich die notwendige Ruhe und den Willen finden soll, diese Isolation zu überstehen. Während des Trinkens schaut sie mich mit ihren großen dunklen Augen unverwandt an und ich muß mich zusammenreißen, damit ich sie nicht zu fest an mich drücke. Als die Ärztin später vorbeischaut, sagt sie: »Ich sehe, ihr beiden braucht einander, um gesund zu werden oder es zu bleiben!« Endlich kann ich wieder lächeln und verspreche ihr, mir Mühe zu geben.
Täglich würge ich bis zu drei Liter extrem süßes Wasser

hinunter, wobei ich mich fast übergeben muß. Da ich nun auch Salz bekomme, schmeckt das Essen etwas besser. Zum Frühstück gibt es Tee und eine Art Knäckebrot mit einer Tomate oder einer Frucht, zum Mittag- und Abendessen immer dasselbe: Reis mit oder ohne Kohl direkt aus dem Wasser gezogen. Alle drei Tage werden mir zur Untersuchung Blut und Urin abgenommen. Nach einer Woche fühle ich mich bereits besser, wenngleich noch sehr schwach.

Zwei Wochen später kommt der nächste Schlag. Am Urin haben sie festgestellt, daß meine Nieren nicht mehr richtig arbeiten. Ich hatte zwar Schmerzen im Kreuz, die ich aber auf das ewige Liegen zurückgeführt habe. Nun bekomme ich auch kein Salz mehr in das ohnehin fade Essen. Dafür wird mir ein Beutel für den Urin angeschlossen, was sehr schmerzhaft ist. Nun muß ich täglich aufschreiben, wieviel ich trinke, und die Schwester mißt anhand des Beutels, was wieder herauskommt. Da hatte ich endlich wieder Kraft für ein paar Schritte und bin nun von neuem ans Bett gefesselt! Wenigstens ist Napirai bei mir. Ohne sie hätte ich sicher keine Freude mehr am Leben. Sie muß spüren, daß es mir nicht gut geht, denn seit sie bei mir ist, weint sie nicht mehr. Mein Mann ist zwei Tage nach meiner Einlieferung zur Untersuchung ins Spital gekommen. Er ist gesund und hat sich die letzten zehn Tage nicht mehr gezeigt. Mein Anblick damals war sicher nicht sehr erfreulich, und sprechen konnten wir nicht miteinander. Er stand traurig vor dem Glasfenster und ging dann eine halbe Stunde später wieder. Ab und zu bekomme ich Grüße von ihm. Wir fehlen ihm sehr, und um die Zeit herumzukriegen, ist er dauernd mit unserer Herde unterwegs, wird mir mitgeteilt. Seit in Wamba bekannt ist, daß eine Mzungu im Spital liegt, stehen regelmäßig fremde Besucher vor der Scheibe und starren das Baby und mich an. Manchmal sind es bis zu zehn Personen. Mir ist es jedesmal peinlich, und ich ziehe das Bettlaken über den Kopf.

Die Tage schleppen sich dahin. Entweder spiele ich mit Napirai oder lese Zeitung. Nun bin ich schon zweieinhalb Wochen hier und habe während dieser Zeit weder einen Sonnenstrahl noch frische Luft gespürt. Auch das Gezirpe der Grillen und das Zwitschern der Vögel vermisse ich sehr. Langsam überkommt mich eine Depression. Ich denke viel über mein Leben nach und fühle deutlich, daß mein Heimweh Barsaloi und dessen Bewohnern gehört.

Wieder naht die Besuchszeit, und ich verkrieche mich unter die Decke, als eine Schwester mir mitteilt, Besuch sei für mich da. Ich luge hervor und sehe meinen Mann mit einem anderen Krieger an der Scheibe. Glücklich strahlt er Napirai und mich an. Sein fröhlicher, schöner Anblick versetzt mich augenblicklich in eine seit langem nicht mehr verspürte Hochstimmung. So gerne würde ich jetzt auf ihn zugehen, ihn berühren und sagen: »Darling, no problem, everything becomes okay.« Statt dessen halte ich Napirai so, daß er seine Tochter von vorne sieht und zeige auf ihren Papa. Sie strampelt und fuchtelt lustig mit ihren fetten Beinchen und Ärmchen. Als Fremde wieder versuchen, durch die Scheibe zu spähen, sehe ich, wie mein Mann die Leute einschüchtert, und sie schleichen davon. Ich muß lachen, und auch er unterhält sich lachend mit seinem Freund. Sein geschmücktes Gesicht glänzt im Sonnenschein. Ach, ich liebe ihn trotz allem noch immer! Die Besuchszeit ist zu Ende, und wir winken uns zu. Der Besuch meines Mannes gibt mir die nötige Kraft, mich psychisch zu fangen.

Nach der dritten Woche wird mir der Urinbeutel entfernt, da die Werte nun bedeutend besser sind. Endlich kann ich mich richtig waschen, sogar duschen. Bei der Visite staunt die Ärztin, wie hübsch ich mich gemacht habe. Meine Haare sind durch ein rotes Band zu einem Pferdeschwanz hochgebunden, und ich habe Lippenstift aufgetragen. Ich fühle mich wie ein neuer Mensch. Als sie mir eröffnet, daß ich in einer Woche für eine Viertelstunde nach draußen gehen darf, bin ich glücklich. Ich zähle die Tage, bis es soweit ist.
Die vierte Woche ist vorbei, und ich darf meinen Käfig mit meiner Tochter auf dem Rücken verlassen. Mir verschlägt es fast den Atem bei der tropischen Luft, die ich gierig einsauge. Wie wunderbar die Vögel singen und wie gut diese roten Büsche riechen, nehme ich jetzt überdeutlich wahr, nachdem mir dies alles für einen Monat verwehrt war. Am liebsten möchte ich jauchzen vor Freude.
Da ich mich nicht vom Trakt entfernen soll, laufe ich ein paar Meter an den anderen Scheiben entlang. Was sich hinter ihnen auftut, ist schrecklich. Fast alle Kinder haben Mißbildungen. Manchmal stehen bis zu vier Bettchen in einem Raum. Ich sehe deformierte Köpfe oder Körper, Kinder mit offenem Rücken, mit fehlenden Beinen oder Armen oder mit Klumpfüßchen. Am dritten Fenster verschlägt es mir fast den Atem. Ein kleiner Babykörper mit einem Riesenkopf, der zu platzen droht, liegt ganz still da. Nur die Lippen bewegen sich, wahrscheinlich weint es. Diesen Anblick kann ich nicht mehr ertragen und gehe in mein Zimmer zurück. Ich bin völlig verstört, denn solche Mißbildungen habe ich noch nie gesehen. Mir wird bewußt, wieviel Glück ich mit meinem Kind habe.
Als die Ärztin zu mir kommt, frage ich, warum diese Kin-

der überhaupt noch leben. Sie erklärt mir, daß dies ein Missionsspital sei und hier keine Sterbehilfe geleistet würde. Die Kinder sind meistens vor den Toren des Spitals ausgesetzt worden und warten hier auf ihren Tod. Mir ist noch ganz elend, und ich habe Bedenken, ob ich jemals wieder ruhig und traumlos schlafen kann. Die Ärztin schlägt mir vor, morgen hinter dem Trakt spazierenzugehen, so bleibe mir dieser Anblick erspart. Tatsächlich befindet sich dort eine Wiese mit schönen Bäumen, und wir dürfen täglich bis zu einer halben Stunde draußen bleiben. Ich laufe mit Napirai im Grünen umher und singe laut. Es gefällt ihr, denn ab und zu gibt auch sie einen Laut dazu.

Doch bald treibt mich die Neugier wieder zu den entstellten Kindern. Da ich nun darauf gefaßt bin, erschreckt mich der Anblick weniger. Einige von ihnen nehmen wahr, daß jemand zu ihnen hinunterschaut. Als ich in mein Zimmer zurückgehen will, ist gerade die Türe zu dem Vierbett-Zimmer offen. Die schwarze Schwester, die die Kinder wickelt, winkt mich lachend heran, und ich gehe zögernd bis zum Türrahmen. Sie demonstriert mir die verschiedenen Reaktionen der Kinder, wenn sie mit ihnen spricht oder lacht. Ich bin erstaunt, wie freudig diese Kinder reagieren können. Es berührt und beschämt mich zugleich, daß ich jemals an der Lebensberechtigung dieser Wesen gezweifelt habe. Sie empfinden Schmerz und Freude, Hunger und Durst.

Von diesem Tag an gehe ich immer an die verschiedenen Türen und singe meine drei Lieder, die ich noch aus der Schulzeit kenne. Ich bin überwältigt, wieviel Freude sie schon nach einigen Tagen empfinden, wenn sie mich erkennen oder hören. Sogar das Wasserkopf-Baby hört auf zu wimmern, wenn ich ihm meine Lieder vorsinge. Endlich

habe ich eine Aufgabe gefunden, bei der ich meine wiedergewonnene Lebensfreude weitergeben kann.
Eines Tages schiebe ich Napirai in einem Kindersitz mit Rädern im Sonnenschein hin und her. Sie lacht fröhlich auf, wenn die Räder knirschen und der Wagen holpert. Mittlerweile ist sie die Attraktion bei den Schwestern. Jede kommt und will das hellbraune Kind herumtragen. Geduldig läßt sie alles über sich ergehen und zeigt sogar Vergnügen. Auf einmal steht mein Mann mit seinem Bruder James vor mir. Lketinga stürzt sich sofort auf Napirai und hebt sie aus dem Wagen. Dann begrüßt er auch mich. Ich freue mich mächtig über ihren unverhofften Besuch.
Napirai jedoch scheint mit dem bemalten Gesicht und den langen, roten Haaren ihres Vaters Schwierigkeiten zu haben, denn schon nach kurzer Zeit fängt sie an zu heulen. James geht sofort zu ihr und spricht leise mit ihr. Auch er ist hingerissen von unserem Kind. Lketinga versucht es noch mit Singen, doch es nützt nichts, sie will zu mir. James nimmt sie ihm ab, und sofort wird sie wieder ruhig. Tröstend lege ich meinen Arm um Lketinga und versuche ihm zu erklären, daß sich Napirai erst wieder an ihn gewöhnen muß, da wir nun schon mehr als fünf Wochen hier sind. Verzweifelt will er wissen, wann wir endlich nach Hause kommen. Ich verspreche ihm, am Abend die Ärztin zu fragen, er solle dann noch einmal während der Besuchszeit kommen.
Bei der Nachmittagsvisite frage ich den Arzt, der mir versichert, daß ich das Spital in einer Woche verlassen kann, wenn ich nicht arbeite und Diät halte. In drei bis vier Monaten dürfe ich langsam wieder ein wenig Fett probieren. Ich glaube, mich verhört zu haben. Noch drei bis vier Monate soll ich dieses nur in Wasser gekochte Reis- oder

Kartoffelmenu essen! Mein Verlangen nach Fleisch und Milch ist enorm. Am Abend erscheinen Lketinga und James wieder. Sie bringen mir mageres, gekochtes Fleisch mit. Ich kann nicht widerstehen und esse ganz langsam und ausgiebig kauend ein paar Brocken, den Rest gebe ich ihnen schweren Herzens mit. Wir vereinbaren, daß sie mich in einer Woche abholen kommen.

Nachts bekomme ich heftige Magenschmerzen. Mein Inneres brennt, als ob Feuer die Magenwand verzehren würde. Nach einer halben Stunde halte ich es nicht mehr aus und läute nach der Schwester. Als diese sieht, wie ich mich zusammengerollt im Bett winde, holt sie den Arzt. Er schaut mich streng an und fragt, was ich gegessen habe. Ich schäme mich sehr, als ich zugeben muß, etwa fünf Stückchen fettloses Fleisch zu mir genommen zu haben. Nun wird er sehr ärgerlich und schimpft mich eine dumme Kuh. Wozu ich eigentlich hergekommen sei, wenn ich mich nicht ihrer Weisung fügen wolle. Er habe nun genug Lebensretter gespielt, schließlich sei er nicht nur für mich zuständig!

Wenn nicht gerade die Ärztin ins Zimmer käme, müßte ich mir sicher noch mehr anhören. Jedenfalls bin ich geschockt über seinen Ausbruch, da er bisher sehr nett war. Napirai schreit, und ich heule ebenfalls. Er verläßt das Zimmer, und die Schweizer Ärztin beruhigt mich, während sie sich für den Doktor entschuldigt, der völlig überlastet sei. Seit Jahren hat er keine Ferien mehr gehabt und täglich kämpft er, zum größten Teil vergeblich, um Menschenleben. Gekrümmt vor Schmerzen entschuldige ich mich und fühle mich dabei wie eine Schwerverbrecherin. Die Ärztin geht, und ich quäle mich durch die Nacht.

Sehnsüchtig warte ich auf meine Entlassung. Endlich ist es

soweit. Wir haben uns schon bei den meisten Schwestern verabschiedet und warten auf Lketinga. Erst kurz nach Mittag erscheint er in Begleitung von James, aber er strahlt nicht so, wie ich es eigentlich erwartet habe. Unterwegs gab es Ärger mit dem Wagen. Die Gangschaltung hat wieder nicht richtig funktioniert. Mehrmals konnte er nicht weiterschalten, und jetzt steht der Wagen in Wamba in der Missionswerkstatt.

Nairobi

James trägt Napirai und Lketinga meine Tasche. Endlich wieder in Freiheit! An der Rezeption bezahle ich meinen Aufenthalt, und wir gehen hinüber zur Mission. Ein Mechaniker liegt unter dem Landrover und hantiert an verschiedenen Teilen. Ölverschmiert kriecht er hervor und meint, lange halte die Gangschaltung nicht mehr. Den zweiten Gang können wir nicht mehr benutzen.
Jetzt ist es genug, sage ich mir in diesem Augenblick. Mit meiner wiedergewonnenen Gesundheit und meinem Baby will ich nichts mehr riskieren. Deshalb schlage ich meinem Mann vor, zuerst nach Maralal und morgen weiter nach Nairobi zu fahren, um einen neuen Wagen zu kaufen. James ist sofort begeistert, nach Nairobi zu kommen. Vor Anbruch der Dunkelheit erreichen wir Maralal. Im Getriebe hat es zwar dauernd gekracht, doch sind wir gut bis zum Lodging gekommen. Hier lassen wir den Wagen stehen und brechen zu fünft nach Nairobi auf.
James hat darauf bestanden, einen Freund mitzunehmen, da er in Nairobi nicht alleine in einem Zimmer übernachten will. In unserem Gepäck befinden sich 12 000 Franken, alles, was wir vom Shop und bei meiner Bank im Moment auftreiben konnten. Wie wir zu einem neuen Wagen kommen, ist mir noch nicht klar, denn es gibt in Kenia keine Gebrauchtwagen-Händler, bei denen man sich einfach einen aussuchen kann. Autos sind Mangelware.
Wir erreichen die Stadt gegen 16 Uhr und sind an diesem Tag nur damit beschäftigt, für uns alle ein Lodging zu fin-

den. Das Igbol ist voll besetzt. Also versuchen wir es wieder in der billigen Absteige, da ich annehme, es ist höchstens für eine oder zwei Übernachtungen. Wir haben Glück und bekommen noch zwei Zimmer. Zuerst muß ich Napirai waschen und wickeln. In einem Waschbecken kann ich mein Mädchen von Staub und Dreck befreien. Natürlich ist die Hälfte der Windeln schon wieder verbraucht, doch eine Waschmöglichkeit gibt es nicht. Nachdem wir noch etwas gegessen haben, gehen wir frühzeitig zu Bett.

Wo fangen wir an, lautet am Morgen die Frage. In einem Telefonbuch suche ich nach eventuellen Gebrauchtwagen-Händlern, doch es ist vergeblich. Ich halte einen Taxifahrer an und frage ihn. Er erkundigt sich sofort, ob wir denn auch Geld dabei haben, was ich wohlweislich verneine, da ich erst einen geeigneten Wagen finden will. Er verspricht uns, sich umzuhören. Morgen zur selben Zeit sollen wir wieder hier sein. Wir sind einverstanden, aber ich will nicht untätig herumsitzen. Deshalb frage ich drei weitere Taxichauffeure, die uns nur komisch anschauen. So bleibt uns nichts anderes übrig, als am nächsten Tag zu dem vereinbarten Taxistand zu gehen.

Der Fahrer erwartet uns und sagt, er kenne einen Mann, der vielleicht einen Landrover hat. Wir fahren durch halb Nairobi und halten vor einem kleinen Laden. Ich spreche mit dem Afrikaner. Er hat tatsächlich drei Autos anzubieten, doch leider keinen Vierrad-Wagen. Sehen könnten wir die Fahrzeuge sowieso nicht, da er bei Interesse den jetzigen Besitzer anrufen müsse, daß er uns den Wagen vorbeibringt. Wir würden nirgends einen Gebrauchtwagen finden, der nicht noch im Verkehr wäre. Enttäuscht lehne ich ab, da wir unbedingt einen Vierrad brauchen. Verzweifelt

frage ich ihn, ob er wirklich niemand anderen kennt. Er telefoniert noch ein paarmal und gibt dem Taxi-Chauffeur eine Adresse.
Wir fahren in eine andere Gegend und halten mitten in der Stadt vor einem Laden. Ein Inder mit Turban begrüßt uns erstaunt und erkundigt sich, ob wir die Leute seien, die einen Wagen suchen. »Yes«, ist meine kurze Antwort. Er bittet uns in sein Büro. Wir bekommen Tee vorgesetzt, und er erklärt, daß es zwei Occasionen gebe.
Die erste, ein Landrover, ist viel zu teuer, und ich verliere wieder jede Hoffnung. Dann erzählt er von einem fünf Jahre alten Datsun mit Doppelkabine, der für etwa 14 000 Franken zu haben wäre. Auch das übersteigt bei weitem meine Möglichkeit. Zudem weiß ich nicht einmal, wie dieses Fahrzeug aussieht. Immer wieder erklärt er mir, wie schwierig es sei, einen Wagen zu finden. Dennoch verlassen wir ihn wieder.
Als wir auf der Straße sind, kommt er uns nach, wir sollten doch morgen noch einmal vorbeischauen, er werde uns diesen Wagen unverbindlich zeigen. Wir verabreden uns, obwohl ich nicht bereit bin, so viel Geld auszugeben.
Wieder müssen wir den Rest des Tages mit Abwarten verbringen. Ich kaufe weitere Windeln, da schon alle gebraucht sind. Mittlerweile stapeln sich die schmutzigen Stoffwindeln im Hotelzimmer, was nicht gerade zur Luftverbesserung beiträgt.
Noch einmal gehen wir zum Inder, obwohl ich keine Kaufabsichten habe. Freudig begrüßt er uns und zeigt uns den Datsun. Auf Anhieb bin ich bereit, ihn, wenn es irgendwie geht, zu kaufen. Er sieht gepflegt und komfortabel aus. Der Inder bietet mir eine Probefahrt an, die ich aber entsetzt ablehne, da ich bei dreispurigem Linksverkehr sicher

die Übersicht verliere. So starten wir lediglich den Motor. Alle sind begeistert von dem Fahrzeug, nur habe ich noch Bedenken wegen des Preises. Wir begeben uns in sein Büro.
Als ich ihm von meinem Landrover in Maralal erzähle, ist er bereit, mir diesen für 2 000 Franken abzukaufen, was ein gutes Geschäft ist. Ich zögere trotzdem, 12 000 Franken herzugeben, denn das ist unser ganzes Geld, und wir müssen ja wieder nach Hause. Das Ganze will noch mal überlegt sein, als er anbietet, mir einen Chauffeur mitzugeben, der uns nach Maralal fährt und unseren Landrover von dort mitnimmt. Ich müsse ihm jetzt 10 000 Franken bezahlen, das restliche Geld solle ich dem Chauffeur als Scheck mitgeben. Nun bin ich wirklich überrascht über sein Vertrauen und das großzügige Angebot, denn Maralal ist immerhin etwa 450 Kilometer entfernt.
Kurz entschlossen nehme ich das Angebot an, da damit auch die Fahrt durch Nairobi geklärt ist. Mein Mann und die Burschen strahlen, als sie hören, daß ich den Wagen kaufen will. Ich bezahle, und wir machen einen richtigen Vertrag. Der Inder bemerkt, daß wir sehr mutig seien, mit so viel Bargeld durch Nairobi zu fahren. Morgen abend habe er den Wagen samt Logbuch bereit, denn er muß noch auf meinen Namen umgeschrieben werden. Das bedeutet zwei weitere Nächte in Nairobi! Aber der Gedanke an den schönen Wagen läßt mich nicht verzweifeln. Wir haben es geschafft und werden mit einem fabelhaften Auto heimkehren.
Wie abgemacht erscheint der Chauffeur mit dem Wagen am zweiten Tag in der Früh bei unserem Lodging. Ich lasse mir die Papiere zeigen, in denen nun tatsächlich mein Name steht. Wir laden unser Gepäck ein, darunter etliche

Kilo ungewaschener Windeln. Wie Könige fühlen wir uns in dem ruhigen, schönen Wagen mit Chauffeur. Sogar Napirai scheint nun am Autofahren Gefallen zu finden. Gegen Abend sind wir in Maralal. Der Chauffeur staunt nicht schlecht, wo er sich befindet. Auch fällt es natürlich in Maralal sofort auf, daß ein neues Fahrzeug angekommen ist. Wir parken im Lodging direkt hinter dem Landrover. Dem Chauffeur, der auch Mechaniker ist, erkläre ich die Probleme des Wagens. »It's okay«, antwortet er und geht schlafen. Am nächsten Tag gebe ich ihm den Scheck, und er verläßt uns.

Noch einmal übernachten wir in Maralal und schauen bei Sophia vorbei. Ihr und ihrer Tochter Anika geht es gut. Sie hat sich gewundert, daß sie mich nie mehr gesehen hat. Als ich ihr von meiner Hepatitis erzähle, ist sie geschockt. Wir tauschen noch kurz die letzten Ereignisse aus. Dann brechen wir auf, während ich, mit einem Blick auf ihre Katze mit drei Jungen, erwähne, eines solle sie für mich reservieren.

Wir fahren über Baragoi und erreichen Barsaloi fast eine Stunde früher als mit dem alten Landrover. Mama strahlt, als sie uns wiedersieht, denn sie hatte sich schon große Sorgen gemacht. Sie wußte ja nicht, daß wir in Nairobi waren. Kaum angekommen, stehen schon die ersten Bewunderer um unseren Wagen herum. An meine Mutter habe ich in Maralal geschrieben und sie gebeten, mir von meinem Schweizer Konto Geld zu überweisen.

Nach dem Chai gehen wir in unser Haus hinunter. Am Nachmittag besuche ich Pater Giuliano und erzähle stolz von meinem neuen Wagen. Er gratuliert mir zu dem Kauf und bietet an, falls ich die Schüler nach Maralal oder hin und wieder Kranke transportiere, die Fahrten groß-

zügig zu entschädigen. So habe ich wenigstens ein paar Einnahmen.
Wir genießen das Leben, es geht uns gut. Immer noch muß ich Diät halten, was hier oben schwierig ist. Die Schüler bleiben noch einige Tage, und dann sind die Ferien vorbei. Während Napirai bei der »Gogo«, ihrer Großmutter, bleibt, fahre ich sie nach Maralal. Auf dem Weg besprechen James und ich, den Shop erst in drei Monaten, wenn er die Schule beendet hat, wieder zu eröffnen. Er will dann gerne mitarbeiten.
Im Ort besuche ich kurz Sophia, die mir erzählt, daß sie in zwei Wochen nach Italien fährt, um die Tochter ihren Eltern zu zeigen. Ich freue mich für sie und empfinde gleichzeitig etwas Heimweh nach der Schweiz. Wie gerne würde auch ich meine Tochter zeigen! Nicht einmal die ersten Fotos sind etwas geworden, weil jemand den Film belichtet hat. Ich suche mir eine kleine rotweiß getigerte Katze aus, die ich in einer Schachtel mitnehme. Die Fahrt nach Hause verläuft wunderbar, und ich bin trotz Umweg vor Einbruch der Dunkelheit wieder zu Hause. Napirai bekam den ganzen Tag Kuhmilch mit einem Teelöffelchen eingeflößt. Als sie mich hört, ist sie jedoch nicht mehr zu beruhigen, bis sie ihre heißgeliebte Brust hat.
Mein Mann war den ganzen Tag bei seinen Kühen. In Sitedi geht eine Kuhpest um, und täglich sterben wertvolle Tiere. Spät in der Nacht kommt er und ist niedergeschlagen. Zwei unserer Kühe sind tot, drei weitere stehen nicht mehr auf. Ich frage, ob es denn keine Medizin gibt. Er bejaht, aber nur für die noch gesunden Tiere, die infizierten werden alle sterben. Die Medizin ist teuer und nur mit viel Glück in Maralal erhältlich. Er geht zum Veterinär und berät sich mit ihm. Am folgenden Tag fahren wir schon wieder nach

Maralal. Wir nehmen den Veterinär und auch Napirai mit. Für teures Geld bekommen wir die Medizin sowie eine Spritze, um die noch gesunden Tiere zu impfen, was wir in fünf aufeinanderfolgenden Tagen machen müssen. Lketinga beschließt, diese Zeit ganz in Sitedi zu verbringen.

Erholung in der Schweiz

Nach drei Tagen fühle ich mich einsam, obwohl wir abwechselnd Mama oder meine neue Freundin besuchen. Aber es ist doch sehr eintönig. Allein zu essen macht mir auch keinen Spaß. Ich sehne mich nach meiner Familie und nehme mir vor, demnächst für einen Monat in die Schweiz zu reisen. Dort wäre es auch mit der Diätkost wesentlich leichter. Aber es wird nicht einfach sein, Lketinga zu überzeugen, auch wenn die Ärzte mir diese Ferien sehr ans Herz gelegt haben, als ich das Spital verließ. Der Gedanke an Erholung in der Schweiz beflügelt mich von Stunde zu Stunde mehr, und ich warte ungeduldig auf meinen Mann.

Gerade bin ich in der Küche und koche am Boden unter dem geöffneten Fenster, als die Haustür aufgeht und Lketinga hereinkommt. Er begrüßt uns nicht, sondern schaut sofort aus dem Fenster und fragt argwöhnisch, wer gerade hinausgestiegen sei. Nach fünf Tagen Warten und Einsamkeit trifft mich diese Verdächtigung wieder wie ein Fausthieb, doch ich versuche mich zu beherrschen, weil ich eigentlich meine Reiseabsichten mit ihm besprechen will. So erwidere ich gelassen: »Nobody, why do you ask me this?« Statt eine Antwort zu geben, geht er ins Schlafzimmer und untersucht die Decke und die Matratze. Ich schäme mich für sein Mißtrauen, und meine Wiedersehensfreude ist dahin. Fortwährend fragt er, wer mich besucht habe. Natürlich waren zweimal Krieger hier, doch ich habe sie nicht einmal ins Haus gelassen.

Endlich richtet er ein paar Worte an seine Tochter und nimmt sie aus ihrem Korbbettchen, das ich beim letzten Besuch in Maralal gekauft habe. Tagsüber liegt sie in diesem Tragebettchen draußen unter dem Baum, während ich die Kleider und Windeln wasche. Er nimmt sie auf den Arm und geht in Richtung Manyattas davon. Ich nehme an, er geht zu Mama. Mein Essen ist fertig, und ich stochere lustlos darin herum. Wieder und wieder frage ich mich, warum er dieses Mißtrauen hat.

Als er nach zwei Stunden noch nicht zurück ist, gehe ich ebenfalls zur Mama. Sie sitzt mit anderen Frauen unter ihrem Baum, und Napirai schläft neben ihr auf dem Kuhfell. Lketinga liegt in der Manyatta. Ich setze mich zu Mama, und sie fragt mich etwas, wovon ich nur die Hälfte verstehe. Anscheinend glaubt auch sie, daß ich einen Freund habe. Offensichtlich hat Lketinga ihr Schauermärchen erzählt. Sie lacht verschwörerisch, meint aber, es sei gefährlich. Enttäuscht von ihr sage ich, daß ich nur Lketinga habe, nehme meine Tochter und gehe nach Hause.

In dieser Situation fällt es mir schwer, mein Vorhaben, in die Schweiz zu fahren, vorzubringen. Dabei wird jetzt immer klarer, daß ich Ferien brauche. Doch im Moment behalte ich es für mich und will warten, bis wieder Ruhe eingekehrt ist.

Ab und zu versuche ich, wenigstens etwas Fleisch zu essen, büße dies aber sofort mit Magenschmerzen. Lieber bleibe ich bei Mais, Reis oder Kartoffeln. Da ich fettlos esse und täglich stille, nehme ich immer mehr ab. Meine Röcke muß ich mit Gürteln festhalten, um sie nicht zu verlieren. Napirai ist jetzt gut drei Monate alt, und wir müssen zum Impfen und zur allgemeinen Kontrolle ins Spital in Wamba. Mit dem neuen Wagen ist dies eine willkommene Ab-

wechslung. Lketinga kommt mit, möchte aber endlich auch einmal den neuen Wagen steuern.
Von seiner Idee bin ich nicht begeistert. Da ich jedoch mit Napirai nicht allein fahren kann und deshalb auf ihn angewiesen bin, gebe ich ihm zögernd den Schlüssel. Bei jeder Fehlschaltung gibt es mir einen Stich. Er fährt langsam, fast zu langsam, wie mir scheint. Als ich einen komischen Geruch wahrnehme, stelle ich fest, daß er mit angezogener Handbremse fährt. Ihm ist es furchtbar peinlich, weil sie jetzt nicht mehr richtig funktioniert, und mich ärgert es sehr, weil uns die unbrauchbare Handbremse beim Landrover schon viel zu schaffen gemacht hat. Nun will er nicht mehr fahren, sitzt deprimiert neben mir und hält Napirai. Er tut mir leid, und ich beruhige ihn, wir könnten die Bremse ja reparieren lassen.
Im Spital müssen wir fast zwei Stunden warten, bis wir aufgerufen werden. Die Schweizer Ärztin untersucht mich und meint, ich sei viel zu dünn und habe zu wenig Reserven. Falls ich nicht bald wieder als Patientin hierher kommen wolle, müsse ich für mindestens zwei Monate in die Schweiz. Ich erzähle ihr, daß ich mir dies schon vorgenommen hätte, nur wüßte ich nicht, wie ich es meinem Mann beibringen kann. Sie holt den Arzt, der mich ebenfalls auffordert, sofort nach Europa zu reisen. Ich sei völlig unterernährt, und Napirai koste mich meine letzte Energie. Sie selber strotzt vor Gesundheit.
Ich bitte den Arzt, mit Lketinga zu sprechen. Mein Mann fällt aus allen Wolken, als er hört, daß ich für so lange Zeit weggehen soll. Nach längerem Hin und Her willigt er resigniert für fünf Wochen ein. Der Arzt gibt mir ein Zeugnis, damit ich schneller zu den nötigen Reisedokumenten für Napirai komme. Sie bekommt ihre Impfungen, und wir

fahren zurück nach Barsaloi. Lketinga ist traurig und fragt immerzu: »Corinne, why you are always sick? Why you go with my baby so far? I don't know, where is Switzerland. What shall I make without you such a long time?« Mir bricht fast das Herz, als ich wahrnehme, wie schwer es für ihn ist. Auch Mama ist traurig, als ihr berichtet wird, daß ich in die Schweiz fliege. Doch ich verspreche, gesund und kräftig wiederzukommen, damit wir den Shop wieder öffnen können.

Schon zwei Tage später brechen wir auf. Pater Giuliano nimmt uns mit nach Maralal. Meinen Wagen stelle ich bei ihm ein. Lketinga begleitet Napirai und mich nach Nairobi. Es ist wieder eine lange Reise, und das Baby muß während der Fahrt mehrmals gewickelt werden. Viel Gepäck habe ich nicht.

In Nairobi nehmen wir ein Lodging und gehen als erstes zur deutschen Botschaft, um einen Kinderausweis zu bekommen. Die Probleme beginnen bereits am Eingang. Sie wollen Lketinga in seiner Samburu-Kleidung nicht in die Botschaft lassen. Erst als ich ausweisen kann, daß er mein Mann ist, darf er mitkommen. Sofort wird er wieder nervös und mißtrauisch.

In der Botschaft warten viele Leute. Ich beginne, den Antrag auszufüllen, und schon beim Namen weiß ich, daß es Probleme geben wird. Ich schreibe Leparmorijo-Hofmann, Napirai, doch mein Mann will Hofmann nicht akzeptieren, seine Tochter sei eine Leparmorijo. So gelassen wie möglich versuche ich, ihm zu erklären, daß wir nur so einen Reisepaß bekommen, ohne den Napirai nicht mitreisen kann. Ein endloses Hin und Her entsteht, und die wartenden Leute schauen neugierig auf uns. Trotzdem bringe ich ihn dazu, den Antrag zu unterschreiben.

Wir müssen warten. Dann werde ich aufgerufen und nach hinten gebeten. Mein Mann will ebenfalls mit, doch er wird zurückgehalten. Mir klopft das Herz bis zum Hals, weil ich auf den nächsten Ausbruch gefaßt bin, der auch sofort erfolgt. Ich sehe noch, wie Lketinga sich zum Schalter vordrängt und mit dem Mann heftig zu streiten beginnt.
Ich werde vom deutschen Botschafter erwartet, der mir freundlich mitteilt, sie könnten einen Kinderausweis ausstellen, aber nur auf Hofmann, Napirai, da unsere Heiratsurkunde noch nicht legalisiert sei und ich nach deutschem Recht nicht verheiratet sei, sondern lediglich nach kenianischem. Als er mir eröffnet, mein Mann müsse nochmals einen Antrag unterzeichnen, sage ich, daß er dies nicht einsehen wird und zeige ihm meine ärztlichen Zeugnisse. Doch er kann nichts machen.
Als ich zurückkomme, sitzt Lketinga böse auf seinem Stuhl und hält die weinende Napirai: »What is wrong with you? Why you go there without me? I'm your husband!« Mir ist alles peinlich, während ich die Anträge noch einmal ausfülle ohne Leparmorijo. Nun steht er auf und sagt, er unterschreibe gar nichts mehr.
Böse schaue ich meinen Mann an und zische ihm zu, wenn er jetzt nicht unterschreibe, würde ich eines Tages so oder so mit Napirai in die Schweiz gehen und nie mehr wiederkommen. Er solle endlich begreifen, daß es schließlich um meine Gesundheit geht! Als ihm der Mann am Schalter wiederholt versichert, daß Napirai trotzdem seine Tochter bleibt, unterschreibt er. Wieder gehe ich zum Botschafter. Mißtrauisch fragt er mich, ob alles in Ordnung ist, und ich erkläre ihm, daß es für einen Krieger schwer sei, diese Bürokratie zu verstehen.
Er händigt mir den Kinderausweis aus und wünscht alles

Gute. Auf meine Frage, ob ich nun ausreisen könne, weist er darauf hin, daß jetzt noch die kenianische Behörde einen Aus- und Einreisestempel geben müsse, und dafür brauche ich ebenfalls die Genehmigung des Vaters. Mir schwant schon die nächste Aufregung. Mürrisch verlassen wir die Botschaft und gehen ins Nyayo-Gebäude. Wieder müssen wir Formulare ausfüllen und warten.

Napirai schreit und läßt sich auch durch die Brust nicht beruhigen. Wieder sind wir Zielscheibe vieler Blicke, wieder tuscheln einige über die Aufmachung meines Mannes. Endlich werden wir aufgerufen. Abschätzig fragt die Frau hinter der Glasscheibe meinen Mann, warum Napirai einen deutschen Ausweis habe, wenn sie doch in Kenia geboren wurde. Alles beginnt von neuem, und ich unterdrücke wütend meine Tränen. Der arroganten Dame erkläre ich, daß mein Mann keinen Paß besitzt, obwohl er ihn bereits vor zwei Jahren beantragt hat. Deshalb kann unsere Tochter dort auch nicht eingetragen werden. Wegen meiner schlechten Gesundheit aber müsse ich zur Erholung in die Schweiz. Die nächste Frage haut mich fast um: Warum ich denn das Baby nicht beim Vater lassen will? Empört erkläre ich, daß es doch normal sei, ein dreimonatiges Kind mitzunehmen. Außerdem hätte meine Mutter wohl das Recht, ihr Enkelkind zu sehen! Endlich drückt sie den Stempel auf das Ausweispapier. Auch mein Paß wird abgestempelt. Erschöpft und erleichtert raffe ich die Pässe zusammen und stürze aus dem Office.

Nun muß ich ein Ticket buchen. Diesmal habe ich den Nachweis, woher das Geld stammt, dabei. Ich lege die Pässe vor, und wir buchen einen Flug, der in zwei Tagen startet. Es dauert nicht lange, bis die Angestellte mit den ausgestellten Tickets zurückkommt. Sie zeigt mir die Flugschei-

ne und liest laut »Hofmann, Napirai« und »Hofmann, Corinne«. Aufgebracht fragt Lketinga erneut, warum wir überhaupt geheiratet haben, wenn ich gar nicht seine Frau sei! Auch sein Kind gehöre wahrscheinlich gar nicht ihm. Nun bin ich mit meinen Nerven am Ende. Ich heule vor Scham, stecke die Tickets ein, und wir verlassen das Office, um ins Lodging zurückzukehren.
Mein Mann beruhigt sich allmählich. Verstört und traurig sitzt er auf dem Bett, und irgendwie verstehe ich ihn. Für ihn ist der Familienname das höchste Geschenk, was man seiner Frau und seinen Kindern geben kann, und ich nehme es nicht an. Das bedeutet für ihn, daß ich nicht zu ihm gehören will. Ich fasse ihn bei der Hand und rede ihm gut zu, daß er sich wirklich keine Sorgen machen muß, wir werden wiederkommen. Ich werde ein Telegramm an die Mission senden, damit er weiß, an welchem Tag. Er erklärt mir, er fühle sich einsam ohne uns, aber er will auch endlich wieder eine gesunde Frau haben. Wenn wir wiederkommen, will er uns am Flughafen abholen. Diese Abmachung erfüllt mich mit Freude, denn mir ist klar, welch eine Überwindung ihn diese Reise kosten wird. Zum Schluß teilt er mir mit, daß er nun Nairobi verlassen will, um nach Hause zu fahren. Die Warterei hier mache ihn nur unglücklich. Ich verstehe das, und wir begleiten ihn zur Busstation. Wir stehen da und warten auf die Abfahrt. Noch einmal fragt er besorgt: »Corinne, my wife, you are sure, you and Napirai come back to Kenya?« Lachend erwidere ich: »Yes, darling, I'm sure.« Dann fährt sein Bus ab.
Erst vorgestern habe ich meiner Mutter telefonisch unseren Besuch ankündigen können. Sie war natürlich überrascht, freut sich aber sehr, endlich ihr Enkelkind zu sehen. Deshalb will ich mein Baby und mich selber hübsch ma-

chen. Doch es ist schwer, mit so einem kleinen ungestümen Kind das Zimmer zu verlassen. Die Toiletten und Duschen liegen hinten im Gang. Wenn ich die Toilette benutze, muß ich sie wohl oder übel mitnehmen, falls sie nicht gerade schläft. Beim Duschen jedoch geht das schlecht. Ich gehe zur Rezeption und frage die Frau, ob sie eine Viertelstunde auf mein Baby achtet, damit ich duschen kann. Sie würde das gerne tun, doch im Moment habe halb Nairobi kein Wasser wegen eines Rohrbruchs, aber vielleicht funktioniere die Leitung am Abend wieder.
Bis sechs Uhr warte ich, aber es geschieht nichts. Im Gegenteil, überall stinkt es bereits. Ich will nicht länger warten, weil ich um zehn Uhr am Flughafen sein muß, gehe in einen Shop und schleppe einige Liter Mineralwasser in mein Zimmer. Erst wasche ich Napirai, dann meine Haare und notdürftig den Körper.
Ein Taxi bringt uns zum Flughafen. Unser Reisegepäck ist spärlich, obwohl Ende November die Temperaturen in Europa eher winterlich sein werden. Die Stewardessen geben sich viel Mühe mit uns, und immer wieder bleiben sie bei meinem kleinen Mädchen stehen und schwatzen ein paar Worte. Nach dem Essen bekomme ich ein Babybett für sie, und kurz darauf schläft sie. Auch mich übermannt die Müdigkeit. Als ich wieder geweckt werde, gibt es bereits Frühstück. Bei dem Gedanken, bald auf Schweizer Boden zu stehen, werde ich unruhig.

Weiße Gesichter

Mein Baby binde ich im Tragetuch auf den Rücken, und wir passieren problemlos die Paßkontrolle. Da entdecke ich meine Mutter und Hanspeter, ihren Mann. Die Freude ist groß. Napirai schaut interessiert in die weißen Gesichter.

Auf der Fahrt ins Berner Oberland sehe ich meiner Mutter an, daß ihr mein Anblick Sorgen macht. Zu Hause nehmen wir als erstes ein Bad, endlich ein heißes Bad! Meine Mutter hat eine kleine Badewanne für Napirai besorgt und übernimmt diese Arbeit. Als ich ungefähr zehn Minuten im heißen Wasser sitze, juckt es mich am ganzen Körper. Meine wunden Stellen an den Beinen und den Armen sind offen und eitern. Diese Verletzungen sind durch meinen Massai-Schmuck entstanden und heilen in dem feuchten Klima schlecht. Ich steige aus der Badewanne und sehe meinen Körper übersät mit roten Flecken. Napirai schreit bei der verzweifelten Großmutter. Sie ist ebenfalls voller roter Pusteln. Es juckt fürchterlich. Da meine Mutter etwas Ansteckendes befürchtet, melden wir uns für den nächsten Tag bei einem Hautarzt an.

Er ist erstaunt, als er unsere Krankheit erkennt: Krätze. Das ist in der Schweiz eine seltene Krankheit. Es sind Milben unter der Haut, die sich bei großer Hitze weiterbewegen, was den extremen Juckreiz verursacht. Natürlich wundert sich der Arzt, woher wir diese Krankheit haben. Ich erzähle von Afrika. Als er auch noch meine Wunden entdeckt, die sich schon bis zu einem Zentimeter ins

Fleisch gefressen haben, schlägt er mir vor, einen Aids-Test zu machen. Mir bleibt im ersten Moment die Luft weg, aber ich bin bereit. Er gibt mir mehrere Flaschen mit einer Flüssigkeit mit, die wir täglich dreimal gegen die Krätze auftragen müssen und sagt, ich solle mich wegen der Testergebnisse in drei Tagen melden. Diese Tage des Wartens sind schlimmer als alles Bisherige.

Den ersten Tag schlafe ich viel und gehe früh mit Napirai zu Bett. Am zweiten Tag klingelt abends das Telefon, und ich werde vom Arzt persönlich verlangt. Mir dröhnt der Puls, als ich den Hörer, aus dem die Antwort über mein weiteres Schicksal kommen wird, entgegennehme. Der Arzt entschuldigt sich für den späten Anruf, möchte mir aber das Warten erleichtern und teilt mit, der Test sei negativ ausgefallen. Ich bin unfähig, mehr als danke! zu sagen, fühle mich aber wie neu geboren, und eine große Kraft durchströmt meinen Körper. Jetzt weiß ich, daß ich auch die Folgen der Hepatitis besiegen werde. Täglich steigere ich meinen Fettkonsum ein wenig und esse alles, was meine Mutter mir zuliebe kocht.

Die Zeit vergeht langsam, da ich mich hier doch nicht zu Hause fühle. Wir unternehmen viele Spaziergänge, besuchen meine Schwägerin Jelly und wandern mit Napirai in den ersten Schnee. Ihr gefällt das Leben hier sehr gut, nur das ständige An- und Ausziehen der vielen Kleider mag sie nicht.

Nach zweieinhalb Wochen ist mir klar, daß ich nicht länger als bis Weihnachten bleiben will. Doch der erste Flug, den ich bekommen kann, geht erst am fünften Januar 1990. So bin ich doch fast sechs Wochen weg von daheim. Der Abschied fällt mir schwer, weil ich nun wieder auf mich allein gestellt sein werde. Mit fast vierzig Kilo Gepäck reise ich zurück. Für alle habe ich etwas gekauft oder genäht. Meine Familie hat vieles mitgegeben, und Napirais Weihnachtsgeschenke mußte ich auch noch einpacken. Mein Bruder hat ein Huckepack-Gestell für sie gekauft.

Wird alles gut?

Als wir in Nairobi landen, sind meine Nerven äußerst angespannt, weil ich nicht weiß, ob Lketinga am Flughafen sein wird. Wenn nicht, bin ich mit dem Gepäck und Napirai aufgeschmissen, die Lodgingsuche mitten in der Nacht wird schwierig werden. Wir verabschieden uns von den Stewardessen und begeben uns zur Paßkontrolle. Kaum bin ich durch, entdecke ich meinen Darling, James und dessen Freund. Meine Freude ist übergroß. Mein Mann hat sich wunderbar bemalt und seine langen Haare schön frisiert. Eingehüllt in die rote Decke steht er da. Voller Freude nimmt er uns in die Arme. Sofort fahren wir ins Lodging, das sie schon gebucht haben. Napirai hat mit den nun wieder schwarzen Gesichtern Schwierigkeiten, sie heult, und Lketinga ist besorgt, ob sie ihn überhaupt wiedererkennt.
Im Lodging wollen sie gleich die Geschenke sehen, doch ich packe nur die Uhren aus, da wir morgen weiter wollen und ich die Sachen geschickt verstaut habe. Die Burschen ziehen sich in ihr Zimmer zurück, und wir gehen ebenfalls ins Bett. In dieser Nacht schlafen wir miteinander, und es schmerzt nicht mehr. Glücklich hoffe ich, daß alles gut wird.
Auf dem Heimweg wird viel erzählt, und ich erfahre, daß in Barsaloi schon bald eine richtige, große Schule gebaut werden soll. Es kam ein Flugzeug von Nairobi mit Indern, die ein paar Tage in der Mission wohnten. Auf der anderen Seite des großen Rivers soll die Schule entstehen. Es werden viele Arbeiter von Nairobi kommen, alles Kikuyus.

Aber noch weiß niemand, wann es losgeht. Ich erzähle von der Schweiz und natürlich von der Krätze, da sich mein Mann ebenfalls behandeln lassen muß, sonst steckt er uns wieder an.
Lketinga ist mit dem Wagen bis nach Nyahururu gekommen und hat ihn bei der Mission abgestellt. Ich staune über seinen Mut. So erreichen wir Maralal problemlos, obwohl mir die Entfernungen wieder unendlich groß vorkommen. In Barsaloi treffen wir am nächsten Tag ein. Mama begrüßt uns glücklich und dankt Enkai, daß wir gesund vom »Eisenvogel«, wie sie das Flugzeug nennt, zurück sind. Es ist schön, zu Hause zu sein.
Auch in der Mission werde ich freudig begrüßt. Auf die Frage, was es mit dieser Schule auf sich hat, bestätigt Pater Giuliano, was mir die Burschen berichteten. In der Tat beginnt in den nächsten Tagen der Bau. Es sind schon einige Leute hier, die Baracken als Unterkunft für die Arbeiter bauen. Lastwagenweise kommt das Material über Nanyuki-Wamba hierher. Ich bin sprachlos, daß hier ein solches Projekt verwirklicht wird. Pater Giuliano erklärt mir, die Regierung wolle die Massai seßhaft machen. Die Lage ist nicht schlecht, weil der Fluß immer Wasser führt und genügend Sand vorhanden ist, um verbunden mit Zement Steine zu machen. Wegen der modernen Mission hat sich die Regierung für diesen Standort entschieden. Wir erleben herrliche Tage und spazieren immer wieder auf die andere Seite des Flusses, um das Geschehen zu verfolgen.
Meine Katze ist schon viel größer geworden. Offensichtlich hat Lketinga sein Versprechen gehalten und sie gefüttert, anscheinend nur mit Fleisch, denn sie ist wild wie ein Tiger. Nur wenn sie sich zu Napirai ins Bettchen legt, schnurrt sie wie eine zahme Hauskatze.

Nach gut zwei Wochen kommen die fremden Arbeiter. Am ersten Sonntag sind die meisten von ihnen in der Kirche anzutreffen, denn die Messe ist die einzige Abwechslung für die Städter. Die Somalis haben ihre Preise für Zucker und Mais drastisch erhöht, was zu großen Debatten und einer Dorfversammlung mit den Alten und dem Mini-Chief führt. Auch wir sind dabei, und ich werde oft gefragt, wann endlich der Samburu-Shop wieder geöffnet wird. Einige der Arbeiter sind anwesend und fragen, ob ich nicht bereit wäre, mit meinem Wagen Bier und Sodas zu organisieren. Sie würden mich gut bezahlen, da sie viel Geld verdienen, aber nichts ausgeben können. Die Somalis verkaufen als Moslems kein Bier.

Als auch abends ständig Arbeiter bei uns aufkreuzen, überlege ich tatsächlich, etwas zu unternehmen, damit wieder Geld verdient wird. Mir kommt die Idee, eine Art Disco mit Kikuyu-Musik zu organisieren. Dazu könnten wir Fleisch grillen sowie Bier und Soda verkaufen. Ich bespreche alles mit Lketinga und dem Veterinär, bei dem sich mein Mann öfter aufhält. Beide sind von der Idee begeistert, und der Veterinär meint, es sollte auch Miraa angeboten werden, da die Leute ständig nach dem Kraut fragen. Schon ist es beschlossene Sache, daß wir den Versuch Ende des Monats starten. Ich reinige den Shop und schreibe Flugblätter, die wir an verschiedenen Orten aufhängen und bei den Arbeitern abgeben.

Das Echo ist gewaltig. Bereits am ersten Tag kommen einige Leute und fragen, warum wir nicht schon am Wochenende starten. Doch das ist zu kurzfristig, da es obendrein manchmal kein Bier in Maralal gibt.

Wir machen unsere übliche Tour und kaufen zwölf Kästen Bier und Sodawasser. Mein Mann organisiert Miraa. Der

Wagen ist randvoll, und die Rückfahrt dauert entsprechend länger.
Daheim stapeln wir die Waren vorne im Shop, da in unserer ehemaligen Wohnung die Tanzfläche sein wird. Nach kurzer Zeit stehen die ersten da und wollen Bier kaufen. Ich bleibe eisern, da wir sonst morgen nichts mehr haben. Dann kommt der Mini Chief und verlangt von mir die Lizenz für eine Disco. Natürlich habe ich keine und frage ihn, ob das wirklich nötig sei. Lketinga bespricht sich mit ihm. Er will morgen, gegen Entschädigung natürlich, für Ordnung sorgen. Für etwas Geld und Gratisbier erläßt er die Lizenz.
Heute soll die Disco stattfinden, und wir sind sehr gespannt. Der Shop-Helfer versteht etwas von Technik. Er nimmt die Batterie aus dem Wagen, um sie am Kassettenrecorder anzuschließen. Der Sound ist da. Inzwischen wurde eine Ziege geschlachtet. Zwei Boys sind mit dem Ausnehmen und Zerlegen beschäftigt. Viele Freiwillige helfen mit, nur Lketinga ist mehr mit Delegieren als mit persönlichem Einsatz beschäftigt, und um halb acht ist alles bereit. Die Musik läuft, das Fleisch brutzelt, und die Leute warten am Hintereingang. Lketinga kassiert den Eintritt von den Männern, die Frauen haben freien Zugang. Doch sie bleiben draußen und schauen nur ab und zu kichernd durch den Eingang. Innerhalb einer halben Stunde ist der Shop voll. Immer wieder stellen sich Arbeiter vor und gratulieren mir zu dieser Idee. Sogar der Bauführer kommt und dankt für meine Bemühungen. Die Leute haben eine Abwechslung verdient, denn für viele ist es die erste weit abgelegene Baustelle.
Mir gefällt es gut, mitten unter so vielen fröhlichen Menschen zu sein, und die meisten sprechen Englisch. Es kom-

men auch Samburus aus dem Dorf und sogar ein paar Alte, die sich auf umgekippte Kästen setzen und, in ihre Wolldecken gehüllt, den tanzenden Kikuyus zusehen. Ihr Staunen ist grenzenlos. Ich selbst tanze nicht, obwohl ich Napirai bei der Mama gut untergebracht habe. Einige wollen mich zum Tanzen auffordern, aber ein Blick zu Lketinga rät mir, dies zu unterlassen. Er trinkt hinten heimlich sein Bier und kaut Miraa. Dieses ist als erstes ausverkauft.
Um 23 Uhr wird die Musik leise, und einige Männer halten eine Dankesrede auf uns, insbesondere auf mich, die Mzungu. Eine Stunde später geht das letzte Bier weg. Auch die Ziege wurde kiloweise verkauft. Die Gäste sind in guter Stimmung, die bis vier Uhr nachts anhält. Dann endlich gehen wir nach Hause. Ich hole Napirai bei der Mama ab und stapfe erschöpft zu unserer Hütte hinunter.
Beim Zählen unserer Einnahmen stelle ich am nächsten Tag erfreut fest, daß die Gewinne wesentlich höher sind als mit dem Shop. Die Freude ist allerdings schnell getrübt, als Pater Giuliano auf seinem Motorrad heranbraust und ärgerlich fragt, was das für ein »Saulärm« letzte Nacht in unserem Shop gewesen sei. Kleinlaut erzähle ich von der Disco. Grundsätzlich stört es ihn nicht, wenn es bei zweimal im Monat bleibt, doch nach Mitternacht will er seine Nachtruhe. Da ich ihn nicht verärgern will, muß ich mich bei einer Wiederholung daran halten.

Mißtrauen

Die ersten Männer kommen vom Fluß herüber und fragen, ob nicht irgendwo ein Bier zu kaufen sei. Ich verneine. Mein Mann erscheint und fragt die drei, was sie wollen. Ich erkläre es ihm, und Lketinga geht auf die Männer zu und sagt, wenn sie in Zukunft etwas wollten, sollten sie nicht mich, sondern ihn fragen, er sei der Mann und bestimme, was zu tun ist. Völlig platt über seinen gereizten Tonfall ziehen sie verwirrt ab. Warum er so redet, frage ich, aber er lacht böse und meint: »I know why these people come here, not for beer, I know! If they want beer, why they don't ask me?« Dachte ich es mir doch, daß irgendwann eine Eifersuchtsszene kommt, obwohl ich nie länger als fünf Minuten mit jemandem gesprochen habe! Den aufsteigenden Ärger schlucke ich hinunter, es reicht mir schon, was die drei Männer von diesem Auftritt weitererzählen werden, da ganz Barsaloi von unserer Disco spricht.

Permanent beobachtet mich Lketinga nun argwöhnisch. Ab und zu nimmt er den Datsun und fährt seinen Halbbruder in Sitedi oder andere Verwandte besuchen. Natürlich könnte ich mitgehen, aber mit Napirai mag ich nicht in den von Fliegen übersäten Manyattas bei den Kühen hocken. So vergeht die Zeit, und ich warte auf den Tag, an dem James endlich mit der Schule fertig ist. Wir brauchen dringend Geld, um Lebensmittel und Benzin zu kaufen. Mit all den Fremden hier könnten wir jetzt viel Geld verdienen.

Lketinga ist ständig unterwegs, da im Moment etliche aus seiner Altersgruppe heiraten. Täglich erscheinen Krieger,

die von irgendeiner Hochzeit erzählen. Er schließt sich ihnen meistens an, und in aller Regel weiß ich nicht, ob er in zwei, drei oder erst in fünf Tagen wiederkommt.
Als Pater Giuliano anfragt, ob ich wieder die Schüler abholen wolle, denn heute sei Ende der Schulsaison, bin ich selbstverständlich bereit. Obwohl mein Mann nicht da ist, fahre ich los und lasse Napirai bei der Mama. James begrüßt mich freudig und erkundigt sich nach unserer Disco. Also hat es sich sogar bis hierher herumgesprochen. Ich muß fünf Burschen nach Hause bringen. Wir kaufen noch ein, und ich schaue schnell bei Sophia vorbei. Sie ist zurück aus Italien, will aber so bald wie möglich wieder an die Küste ziehen. Mit Anika ist es ihr hier zu anstrengend, und eine sinnvolle Zukunft sieht sie auch nicht. Mir tut diese Mitteilung weh, denn nun habe ich niemanden mehr in Maralal, auf den ich mich freuen kann. Immerhin haben wir viele harte Momente gemeinsam durchgestanden. Aber ich verstehe und beneide sie auch ein wenig. Wie gerne würde ich wieder einmal ans Meer! Da der Umzug in Kürze stattfindet, verabschieden wir uns bereits jetzt. Sie will mir ihre neue Adresse später mitteilen.
Wir sind kurz nach acht Uhr zu Hause. Mein Mann ist nicht da, und so koche ich für die Burschen, nachdem sie erst mal bei Mama Chai getrunken haben. Es wird ein lustiger Abend, und wir erzählen uns viel. Napirai liebt ihren Onkel James sehr. Immer wieder muß ich von der Disco berichten. Mit glänzenden Augen sitzen sie da und hören zu. So etwas möchten sie auch erleben. Eigentlich sollte es in zwei Tagen wieder soweit sein, doch Lketinga ist nicht da, und so wird eben nichts daraus. An diesem Wochenende haben die Leute Zahltag, und ständig werde ich gebeten, eine Disco zu organisieren. Mir bleibt nur ein Tag. Ohne

Lketinga traue ich mich nicht, doch die Boys überreden mich und versprechen, alles zu organisieren, wenn ich nur Bier und Sodas kaufe.
Nach Maralal mag ich nicht und fahre deshalb mit James nach Baragoi. Ich bin das erste Mal in diesem Turkana-Dorf. Es ist fast so groß wie Wamba und hat tatsächlich einen Bier- und Soda-Großhändler, allerdings etwas teurer als in Maralal. Die ganze Aktion dauert nur dreieinhalb Stunden. Ein Boy schreibt Anschlagzettel, die sie anschließend gemeinsam verteilen, und alle fiebern der Disco entgegen. Für Fleisch hat es heute nicht mehr gereicht, weil keine Ziege zum Verkauf angeboten wurde. Von zu Hause eine zu holen habe ich nicht gewagt, auch wenn es zum Teil meine sind. Als ich Napirai wieder zur Mama bringe, merke ich, daß sie nicht so erfreut ist wie sonst, wohl, weil Lketinga nicht da ist. Aber ich muß für Geld sorgen, schließlich leben alle davon.
Die Disco ist wieder ein großer Erfolg. Heute kommen noch mehr, weil auch die Schulboys da sind. Sogar drei Mädchen trauen sich herein. Mit den Boys und ohne meinen Mann ist die Atmosphäre viel lockerer. Selbst ein junger Somali kommt vorbei und trinkt Fanta. Es freut mich, da Lketinga manchmal sehr häßlich über die Somalis spricht. Ich spüre, daß ich dazugehöre und kann mich diesmal mit vielen unterhalten. Abwechselnd verkaufen die Boys die Getränke. Es ist herrlich, und alle tanzen zu der fröhlichen Kikuyu-Musik. Viele haben eigene Kassetten mitgebracht. Auch ich tanze seit mehr als zwei Jahren wieder einmal und fühle mich entspannt.
Leider müssen wir nach Mitternacht die Musik leiser machen, aber die Stimmung bleibt gut. Gegen zwei Uhr wird geschlossen, und ich eile mit der Taschenlampe zur Many-

atta, um Napirai abzuholen. Es fällt mir schwer, den Eingang in der Dornenhecke zu finden. Im Kral trifft mich fast der Schlag. Lketingas Speere stecken vor der Manyatta! Mein Puls rast, als ich in die Hütte krieche. An seinem Grunzen erkenne ich sofort seine Gereiztheit. Napirai schläft nackt neben der Mama. Ich begrüße ihn und frage, warum er nicht in den Shop gekommen ist. Zuerst erhalte ich keine Antwort. Plötzlich donnert er los. Er beschimpft mich gräßlich und sieht wild aus. Ich kann sagen, was ich will, er glaubt mir nichts. Mama versucht ihn zu beruhigen und meint, sein Geschrei höre ganz Barsaloi. Auch Napirai schreit. Als er mich eine Hure nennt, die es mit Kikuyus und sogar mit den Boys treibe, packe ich die nackte Napirai in eine Decke und renne verzweifelt nach Hause. Langsam bekomme ich Angst vor meinem eigenen Mann.
Es dauert nicht lange, und er reißt die Türe auf, zerrt mich aus dem Bett und verlangt die Namen derer, mit denen ich es getrieben habe. Jetzt sei er sicher: Napirai sei gar nicht seine Tochter. Ich hätte ihm nur erzählt, sie sei wegen der Krankheit früher zur Welt gekommen, dabei sei ich von einem anderen schwanger geworden. Bei jedem Satz schwindet meine angeschlagene Liebe. Ich verstehe ihn nicht mehr. Schließlich verläßt er das Haus und schreit, er käme nicht wieder und suche sich statt dessen eine bessere Frau. Mir ist es im Moment völlig egal, wenn nur endlich Ruhe einkehrt.
Mit meinen verweinten Augen wage ich mich am Morgen kaum aus dem Haus. Viele haben unseren Streit gehört. Mama erscheint gegen zehn Uhr mit Saguna und will wissen, wo Lketinga ist. Ich weiß es nicht. Statt dessen kommt James mit seinem Freund. Auch er begreift das Ganze nicht, sein Bruder sei eben nie zur Schule gegangen, und

diese Krieger verstehen nichts vom Business. Von James erfahre ich, wie Mama darüber denkt. Sie will mit Lketinga sprechen, daß er nicht mehr so böse sein darf, denn er kommt bestimmt wieder. Ich solle nicht weinen und auch nicht hinhören, was er erzählt, denn alle Männer sind so, darum ist es besser, wenn sie mehrere Frauen haben. James widerspricht dem, doch letztlich hilft mir das nichts. Sogar der Wachmann von der Mission wird von Pater Giuliano zu mir geschickt, um zu hören, was los war. Mir ist das furchtbar unangenehm. Lketinga erscheint erst gegen Abend, und wir sprechen kaum miteinander. Der Alltag geht seinen Gang, niemand erwähnt den Vorfall. Nach einer Woche verschwindet er bereits wieder zu einer Zeremonie.

Mein »Wassermädchen« läßt mich immer häufiger im Stich, so daß ich gezwungen bin, mit dem Wagen zwei Kanister Wasser vom River zu holen, während die Burschen Napirai hüten. Als ich vom Fluß losfahren will, kann ich nicht mehr schalten, die Kupplung greift nicht. Deprimiert über die erste Panne nach gerade mal zwei Monaten, marschiere ich zur Mission, weil ich den Wagen nicht am Fluß stehen lassen kann. Giuliano ist nicht begeistert, kommt aber trotzdem und schaut sich den Wagen an. Dabei stellt er fest, daß in der Tat die Kupplung nicht mehr funktioniert. Er bedauert, da könne er wirklich nicht mehr helfen. Ersatzteile bekäme ich allenfalls in Nairobi, und er fahre den nächsten Monat sicher nicht dorthin. Ich heule los, denn ich sehe keine Möglichkeit mehr, wie ich zu Lebensmitteln für Napirai und mich kommen kann. Langsam habe ich genug von den ewigen Problemen.

Er schleppt den Wagen zu unserem Haus und will versuchen die Ersatzteile in Nairobi telefonisch zu bestellen.

Wenn die Inder in den nächsten Tagen mit dem Flugzeug kommen, könnten sie eventuell diese Teile mitbringen. Versprechen kann er im Moment nichts.
Doch vier Tage später kommt er auf dem Motorrad dahergebraust und meldet, heute um elf Uhr würde das Flugzeug landen. Die Inder kämen, um den Bau der Schule zu kontrollieren. Ob es mit den Ersatzteilen geklappt habe, wisse er nicht.
Tatsächlich landet mittags das Flugzeug. Pater Giuliano fährt mit seinem Land-Cruiser zur provisorischen Piste, lädt die beiden Inder ein und fährt zum River. Ich schaue dem Wagen nach und sehe, daß Giuliano gleich weiterfährt, wahrscheinlich nach Wamba. Da ich nicht weiß, was los ist, entschließe ich mich, zur Schule hinüberzulaufen. Napirai bringe ich zur Mama.
Die beiden Inder mit Turban sehen mich überrascht an. Höflich werde ich mit Händedruck begrüßt, und mir wird eine Cola angeboten. Dann wollen sie wissen, ob ich zur Mission gehöre. Ich verneine und erkläre, daß ich hier lebe, denn ich sei die Frau eines Samburus. Jetzt schauen sie noch neugieriger, wie mir scheint, und wollen wissen, wie eine Weiße im Busch leben kann. Sie haben gehört, daß ihre Arbeiter große Verpflegungsschwierigkeiten haben. Ich erzähle von meinem Wagen, der leider defekt ist. Mitfühlend fragen sie, ob denn diese Kupplung für mich gewesen sei und nicht für die Mission. Ich bestätige ihre Vermutung und frage besorgt, ob es nicht geklappt habe. Nein, ist die niederschmetternde Antwort, da es verschiedene Modelle gibt und nur anhand der ausgebauten Teile ersichtlich ist, welche benötigt werden. Meine Enttäuschung ist groß, was den beiden nicht entgeht. Der eine will wissen, wo mein Wagen steht. Dann beauftragt er den mitgebrachten Me-

chaniker, sich den Wagen anzuschauen und die Teile auszubauen. In einer Stunde fliegen sie zurück.
Der Mechaniker arbeitet schnell, und nach nur zwanzig Minuten weiß ich, daß die Kupplungsscheiben sowie die Gangschaltung völlig unbrauchbar sind. Er packt die schweren Teile zusammen, und wir fahren zurück. Der eine Inder schaut sich die ausgebauten Teile an und meint, in Nairobi sollte es möglich sein, Ersatz zu finden, doch es werde teuer. Die beiden beraten kurz und fragen unvermittelt, ob ich mitfliegen will. Ich bin völlig überrumpelt und stammle, mein Mann sei nicht hier und außerdem hätte ich ein sechs Monate altes Kind zu Hause. Kein Problem, meinen sie, das Kind könne ich mitnehmen, sie hätten Platz für uns beide.
Im ersten Moment bin ich hin- und hergerissen und erwähne, daß ich mich in Nairobi absolut nicht auskenne. »No problem«, sagt nun der andere Inder. Der Mechaniker kennt alle Ersatzteilhändler und werde mich morgen früh vom Hotel abholen und mit mir versuchen, gebrauchte Ersatzteile zu finden. Für mich als Weiße sei alles sowieso viel zu teuer.
Die uberwältigende Hilfsbereitschaft dieser fremden Männer macht mich sprachlos. Noch bevor ich weiter nachdenken kann, eröffnen sie mir, ich solle in einer Viertelstunde beim Flugzeug sein. »Yes, thank you very much«, stammle ich aufgeregt. Der Mechaniker fährt mich nach Hause. Schnell eile ich zur Mama und erkläre ihr, daß ich nach Nairobi fliege. Ich nehme Napirai und lasse die völlig verstörte Mama zurück. Im Haus packe ich die nötigsten Sachen für mein Baby und mich zusammen. Der Frau des Veterinärs erkläre ich meine Absicht und daß ich so schnell wie möglich mit den Ersatzteilen zurückkommen werde. Sie soll

meinen Mann grüßen und erklären, warum ich nicht warten kann, um seine Erlaubnis einzuholen.
Dann eile ich zum Flugzeug. Napirai hängt im Kanga, und in einer Hand habe ich meine Reisetasche. Um das Flugzeug haben sich bereits viele neugierige Menschen versammelt, die bei meinem Anblick einen Moment verstummen. Die Mzungu fliegt weg, das ist eine Sensation, weil mein Mann nicht anwesend ist. Ich bin mir bewußt, daß es Probleme geben kann. Andererseits denke ich, er wird froh sein, wenn sein heißgeliebtes Auto wieder fährt und er nicht nach Nairobi muß.
Die Inder kommen in einem Arbeiterwagen, gerade als Mama mit wogenden Schritten und finsterem Gesicht erscheint. Sie gibt mir zu verstehen, ich solle Napirai hier lassen, doch das kommt für mich nicht in Frage. Ich beruhige sie und verspreche wiederzukommen. Dann gibt sie mir und dem Kind doch noch den »Enkai« mit auf den Weg. Wir steigen ein, und der Motor heult auf. Erschrocken springen die umstehenden Menschen auf die Seite. Ich winke allen zu, und schon rumpeln wir über die Piste.
Die Inder wollen vieles wissen. Wie ich zu meinem Mann kam, wieso wir hier in dieser Einöde leben. Ihr Staunen ruft bei mir ab und zu Heiterkeit hervor, und ich fühle mich froh und frei wie schon lange nicht mehr. Nach etwa eineinhalb Stunden erreichen wir Nairobi. Es ist wie ein Wunder für mich, in so kurzer Zeit die weite Strecke zurückgelegt zu haben. Nun fragen sie, wohin sie mich bringen sollen. Bei meiner Antwort, zum Igbol-Hotel in der Nähe des Odeon-Cinema, sind sie entsetzt und meinen, eine Lady wie ich gehöre nicht in diese Gegend, sie sei zu gefährlich. Doch ich kenne nur dieses Quartier und bestehe darauf, dort abgeladen zu werden. Der eine der Inder, offensicht-

lich der wichtigere von ihnen, steckt mir seine Visitenkarte zu, ich solle morgen um neun Uhr anrufen, sein Chauffeur werde mich abholen. Ich weiß gar nicht, wie mir geschieht und bedanke mich überschwenglich.
Im Igbol kommen mir allmählich Zweifel, ob ich das alles bezahlen kann, denn ich habe gerade etwa 1 000 Franken bei mir. Mehr Geld hatte ich nicht zu Hause und dieses auch nur, weil wir die Disco veranstaltet hatten. Ich wickle Napirai, und wir gehen hinunter ins Restaurant. Es ist schwierig, mit ihr am Tisch zu essen. Entweder reißt sie alles herunter oder will am Boden krabbeln. Seit sie das Krabbeln entdeckt hat, fegt sie in Windeseile über den Boden. Hier ist alles so schmutzig, daß ich sie nicht herunterlassen will. Aber sie zappelt und schreit so lange, bis sie ihren Willen durchsetzt. In kurzer Zeit steht sie vor Dreck, und die Einheimischen begreifen nicht, warum ich das zulasse. Dafür haben einige weiße Reisende ihre helle Freude, wenn sie sich unter den Tischen durchzwängt. Sie ist jedenfalls zufrieden und ich auch. Zurück auf dem Zimmer säubere ich sie gründlich im Waschbecken. Um selbst duschen zu können, muß ich warten, bis sie endlich eingeschlafen ist.
Am nächsten Tag regnet es in Strömen. Um halb neun stelle ich mich in die wartende Schlange vor den Telefonzellen. Wir sind naß bis auf die Knochen, als uns eine Frau vorläßt. Ich erreiche den Inder auf Anhieb und gebe ihm den Standort durch, Odeon Cinema. In zwanzig Minuten sei sein Chauffeur mit einem Wagen bei uns. Schnell renne ich ins Igbol zurück, um die Kleider zu wechseln. Mein Mädchen ist sehr tapfer. Sie weint nicht, obwohl sie völlig durchnäßt ist. Beim Odeon Cinema erwartet uns der Chauffeur, und wir fahren in ein Industriegebiet, wo wir in ein feudales

Büro geführt werden. Hinter dem Schreibtisch lächelt uns der nette Inder entgegen und fragt sofort, ob alles ohne Probleme verlaufen sei. Er telefoniert, und schon steht der afrikanische Mechaniker von gestern da. Er gibt ihm einige Adressen, die er mit uns abfahren soll, um die benötigten Ersatzteile zu suchen. Auf seine Frage, ob ich genügend Geld dabei habe, antworte ich: »I hope so!«
Wir fahren kreuz und quer durch Nairobi. Bis zum Mittag finden wir die Kupplungsteile für nur 150 Franken. Napirai und ich sitzen hinten im Wagen. Da der Regen aufgehört hat und die Sonne wieder scheint, wird es schnell heiß im Wagen. Aber ich darf die Fenster nicht öffnen, da wir zum Teil in den übelsten Gegenden von Nairobi umherkurven. Der Fahrer versucht immer wieder sein Glück, doch er wird nicht fündig. Napirai schwitzt und heult. Sie hat genug vom Autofahren, und wir sind nun schon sechs Stunden ununterbrochen im Wagen, als der Mechaniker erklärt, es sei hoffnungslos, dieses Teil noch zu finden. Um fünf schließen heute alle Geschäfte, da morgen Karfreitag ist. Ostern habe ich völlig vergessen! Ahnungslos frage ich ihn, wann denn wieder geöffnet wird. Die Werkstätten seien bis Dienstag zu, ist die Antwort. Nun ergreift mich blankes Entsetzen, so lange allein mit Napirai in dieser Stadt bleiben zu müssen. Lketinga wird durchdrehen, wenn ich eine Woche fort bin. Wir beschließen, zum Büro des Inders zu fahren.
Der freundliche Inder ist sehr betrübt über meine Schwierigkeiten. Er schaut sich den ausgeleierten Kugelkopf der Schaltung an und fragt den Mechaniker, ob man ihn nicht reparieren könne. Dieser verneint, wohl auch, weil er Feierabend haben will. Wieder telefoniert der Inder. Ein anderer Mann mit Schürze und Schutzbrille erscheint im Tür-

rahmen. Der Inder gibt Anweisung, die ausgeleierten Stellen zu schleifen und zu schweißen. Energisch teilt er dem verblüfften Mann mit, daß er alles in einer halben Stunde fertig zurückhaben wolle, da er verreisen muß und auch ich nicht länger warten kann. Mir gibt er lächelnd zu verstehen, in einer halben Stunde könne ich nach Hause reisen.

Ich bedanke mich sehr und frage nach den Unkosten. Höflich winkt er ab. Ich könne ihn immer anrufen, wenn ich Probleme habe. Es sei ihm eine Freude, mir behilflich zu sein. Wenn ich wieder in Barsaloi bin, soll ich zum Bauführer gehen. Er wird sich darum kümmern, daß alles eingebaut wird, er ist informiert. Ich kann kaum glauben, daß mir auf einmal kostenlos geholfen wird, und das in solch einem Ausmaß! Kurze Zeit später verlasse ich sein Büro. Die Teile sind sehr schwer, doch ich bin stolz auf den Erfolg. Noch am Abend reise ich bis Nyahururu, damit ich am nächsten Morgen den Bus nach Maralal erreiche. Das Schleppen der zwei Taschen mit Napirai auf dem Rücken fällt mir schwer.

In Maralal weiß ich nicht, wie ich nach Barsaloi komme. Erschöpft gehe ich ins Lodging, um nach der anstrengenden, staubigen Reise etwas zu trinken und zu essen. Dann muß ich wieder einige Dutzend Windeln sowie Napirai und mich selbst waschen. Todmüde falle ich ins Bett. Morgens frage ich überall nach, ob jemand nach Barsaloi fährt. Bei meinem Großhändler erfahre ich, daß ein Lastwagen zu den Somalis fährt. Doch einen Laster will ich Napirai und mir nach diesen Strapazen nicht zumuten. Ich warte, da ich einen Boy treffe, der gerade zu Fuß von Barsaloi gekommen ist und mir mitteilt, daß Pater Roberto morgen in Maralal die Post abholt. Erwartungsvoll packe ich am nächsten Tag im Lodging meine Sachen zusammen, um neben der Post Stellung zu beziehen. Geschlagene vier Stunden harre ich am Straßenrand aus, bis ich endlich den weißen Missionswagen erblicke. Freudig gehe ich auf Roberto zu, um mit ihm nach Hause zu fahren. Dies sei kein Problem, meint er, er fahre in etwa zwei Stunden zurück.

Zuspitzung

*I*n Barsaloi klettere ich aus dem Wagen und sehe meinen Mann mit Riesenschritten auf mich zukommen. Er begrüßt mich kühl und fragt, warum ich erst jetzt zurückkomme. Was heißt erst jetzt? Ich bin auf dem schnellsten Weg hierher gekommen, gebe ich ihm gereizt und enttäuscht zurück. Kein Wort, ob alles geklappt hat. Warum ich nochmals in Maralal übernachten mußte? Wen ich wieder getroffen habe? Fragen über Fragen, nur kein Lob ernte ich. Mir ist es peinlich, in Gegenwart von Pater Roberto so mißtrauische Fragen zu beantworten. Ich laufe mit Napirai nach Hause. Zumindest schleppt er die Tasche, die selbst ihn fast zu Boden drückt. Sein Blick ist lauernd, als er mit Fragen weiterbohrt. Kurz bevor ich vor Wut und Enttäuschung explodiere, tritt James mit seinem Freund fröhlich ins Haus. Wenigstens er will wissen, wie alles gelaufen ist. Er fand es mutig, daß ich so spontan mit dem Flugzeug weggeflogen bin. Leider war er am Fluß, um seine Kleider zu waschen, als er von der Safari hörte. Er wäre so gerne mitgeflogen, sein größter Wunsch sei, einmal zu fliegen.
Seine Worte tun mir gut, und ich beruhige mich. Die Burschen kochen Chai für mich. Sie erzählen und erzählen, während Lketinga das Haus verläßt, obwohl es dunkel ist. Ich frage James, was denn mein Mann gesagt hat, als er wiederkam und feststellte, daß ich weg war. Lächelnd versucht er mir zu erklären, ich müsse verstehen, daß diese Generation kein Verständnis für selbständige Frauen habe und kein Vertrauen kenne. Lketinga dachte, ich sei mit Napirai

abgehauen und komme nicht wieder. Ich verstehe es nicht, obwohl ich langsam Grund hätte davonzulaufen. Doch wohin? Napirai braucht doch auch ihren Vater!

James reißt mich aus meinen düsteren Gedanken, indem er fragt, wann wir endlich mit dem Shop starten. Er würde so gerne arbeiten und auch etwas Geld verdienen. Ja, wir müssen nun wirklich zu Geld kommen, sonst frißt uns der Wagen auf. Sobald der Datsun repariert ist, starten wir nochmals mit dem Shop, diesmal sehr feudal mit Kleidern und Schuhen sowie Soda und Bier. Jetzt ist sicher gut Geld zu machen, solange die Arbeiter von Nairobi hier sind. Später werden es fremde Lehrer mit ihren Familien sein. Mit James als Verkäufer sehe ich eine gute Chance. Allerdings erkläre ich ihm deutlich, daß es mein letzter Versuch und mein letztes Geld ist, das ich investieren werde. Die Euphorie der Boys steckt mich an, und ich vergesse den Kummer, den ich in letzter Zeit wegen Lketinga einstecken mußte. Als er heimkommt, ziehen die Boys ab.

Freiwillig geht Lketinga am nächsten Morgen zu den Arbeitern hinüber und berichtet, daß die Ersatzteile zum Einbauen bereit sind. Nach der Arbeit erscheint ein Mechaniker und hantiert an unserem Wagen. Allerdings gelingt es ihm nicht, am selben Tag alles einzubauen. Erst nach drei Tagen fährt unser Luxuswagen wieder. Nun können wir mit dem Laden erneut starten. Wir brechen zu viert auf. Voller Freude hält James Napirai. Er wird einfach niemals müde, mit ihr zu spielen.

In Maralal schaue ich zuerst bei der Bank nach, ob meine letzten 4 000 Franken auf dem Konto eingetroffen sind. Der Banker bedauert, das Geld sei noch nicht da, doch am nächsten Tag trifft es ein, und wir beginnen mit dem Einkauf: Natürlich zuerst wieder eine Tonne Mais und Zucker,

dann Gemüse und Früchte, soviel ich auftreiben kann. Den Rest investiere ich in Kleider, Schuhe, Tabak, Plastikbecken, Wasserkanister, einfach alles, was sich mit gutem Profit verkaufen läßt. Ja, sogar zwanzig Laib Brot nehme ich mit. Den letzten Schilling gebe ich aus, um ihn eventuell zu verdoppeln.
Die Eröffnung wird zum Ereignis. Von nah und fern kommen die Leute. Die Kangas und Kleider sowie die Wasserkanister sind nach zwei Tagen ausverkauft. Gemüse, Reis und Kartoffeln kaufen die Arbeiter von der Schule zehn- oder zwanzigkiloweise. Es geht fast wie in einem kleinen Busch-Supermarkt zu. In diesen ersten Tagen sind wir glücklich, stolz und zufrieden, wenn auch immer sehr müde. James ist so eifrig, daß er mich bittet, in den Shop einziehen zu dürfen, damit er morgens früher anfangen kann.
Bier bieten wir nicht öffentlich an, sondern nur versteckt, ich will keinen Ärger haben. Die paar Kästen sind meistens nach zwei Tagen ausverkauft. Da ich nicht möchte, daß wir länger als ein oder zwei Tage ohne Waren sind, fühle ich mich für den Nachschub verantwortlich. Mit den Einnahmen besorge ich gleich die nächsten Kleider, da die Leute von der Schule viele Hemden und Hosen benötigen. Alle drei Wochen fahre ich speziell für diesen Zweck bis nach Nanyuki, wo ein großer Kleidermarkt stattfindet. Die Frauen- und Kinderkleider lassen sich wie warme Semmeln verkaufen. Ich nehme diesbezüglich auch Bestellungen entgegen. Es ist verwunderlich, wie die Leute plötzlich zu Geld gekommen sind. Zum Teil sicher durch die Schule, wo viele einen Job gefunden haben.
Das Geschäft blüht, und für viele Arbeiter ist der Laden zum Treffpunkt geworden. Am Anfang läuft es gut, bis

Lketinga wieder seine Eifersuchtsanfälle bekommt. Morgens bin ich nie im Laden, weil ich zuerst den Haushalt erledigen muß. Erst nachmittags spaziere ich mit Napirai zum Shop. Mit den Boys ist es meistens lustig. Auch Napirai genießt es, im Mittelpunkt zu stehen, denn es sind immer Kinder hier, die sie umhertragen oder mit ihr spielen. Nur mein Mann sieht es nicht gerne, wenn ich fröhlich bin, da er meint, mit ihm lache ich nie. Das liegt an seinem Mißtrauen, das er jedem entgegenbringt, der sich nur fünf Minuten mit mir unterhält. Zuerst richtet er es gegen die Arbeiter, die sich täglich bei uns treffen. Es kommt vor, daß er den einen oder anderen nicht mehr in den Shop läßt oder vor mir behauptet, dieser komme nur wegen mir, seiner Frau. Das bringt mich in Verlegenheit, und ich verlasse jedesmal den Shop. Auch James ist machtlos gegenüber seinem älteren Bruder und den unbegründeten Szenen.
Wir streiten immer öfter, und ich ertappe mich bei dem Gedanken, daß ich so nicht bis an mein Lebensende weitermachen will. Wir arbeiten, und er steht da und motzt die Leute oder mich an, wenn er nicht gerade zu Hause mit einigen Kriegern eine Ziege schlachtet und ich später den Boden voll Blut und Knochen vorfinde.
Ein- bis zweimal wöchentlich fahre ich nach Baragoi, das wesentlich näher liegt als Maralal, um die fehlenden Lebensmittel zu ersetzen. Wieder einmal fehlt Zucker, da ein großes Hochzeitsfest eines Kriegers bevorsteht. Er allein will dreihundert Kilo kaufen und möchte ihn gegen Aufpreis in einen entlegenen Kral gebracht haben. Es ist kurz nach Mittag, und ich hetze los. Ein Weg dauert nur etwa eineinhalb Stunden. Ohne Probleme erreiche ich Baragoi. Ich kaufe nur sechshundert Kilo Zucker, da ich immerhin

zwei Flüsse überqueren muß und meinen Wagen nicht unnötig strapazieren will.
Das Auto ist beladen, und ich will starten. Doch der Motor springt nicht an, und nach einigen Versuchen funktioniert gar nichts mehr. Innerhalb kurzer Zeit bin ich von Turkana-Leuten umgeben, die alle neugierig in den Wagen schauen. Der Besitzer des Shops kommt heraus und fragt nach meinem Problem. Einige versuchen, den Wagen anzuschieben, doch auch dieser Versuch scheitert. Der Ladenbesitzer schlägt vor, ich solle etwa dreihundert Meter weiter unten nach einem Zelt Ausschau halten, denn da seien andere Mzungus, die ein Fahrzeug haben.
Tatsächlich treffe ich auf ein junges englisches Paar, dem ich mein Problem schildere. Der Mann packt einen Werkzeugkasten und untersucht mein Auto. Schnell stellt er fest, daß die Batterie völlig leer ist. Er probiert einiges, doch ohne Erfolg. Als ich erkläre, daß ich heute noch nach Barsaloi muß, da ich ein Baby zu Hause habe, bietet er mir an, mir die Batterie aus seinem Wagen zu leihen. Da sie aber in zwei Tagen nach Nairobi aufbrechen wollen, muß ich versprechen, sie bis dahin zurückzubringen. Beeindruckt von diesem Vertrauen versichere ich, rechtzeitig zurückzukommen. Meine defekte Batterie lasse ich da.
Zu Hause erzähle ich meinem Mann, was vorgefallen ist, da er wieder mißtrauisch nachfragt, warum ich so lange weg war. Natürlich bin ich auch sehr betrübt, weil schon wieder eine Ausgabe fällig ist und unser erwirtschaftetes Geld ständig im Auto verschwindet. Als nächstes brauche ich dringend vier neue Reifen. Es ist zum Verzweifeln, wir kommen so auf keinen grünen Zweig, und mir graut davor, morgen schon wieder nach Maralal zu fahren.
Da kommt mir ein glücklicher Zufall zu Hilfe, denn ein

Wagen der Bauarbeiter fährt hinunter, um Lebensmittel und Bier zu holen. Ich bitte Lketinga, mitzufahren und die Batterie mitzunehmen. In Maralal soll er eine neue besorgen und mit dem öffentlichen Matatu nach Baragoi zu den Engländern fahren. Sie werden ihn sicherlich bis Barsaloi zurückbringen.

Eindringlich erkläre ich ihm, wie wichtig es ist, daß diese Leute morgen ihre Batterie zurückbekommen. Er versichert mir, daß das kein Problem sei, und fährt im Landrover der Arbeiter durch den Urwald nach Maralal mit. Ich bin beunruhigt, ob alles klappt, aber er hat es mir fest versprochen und war auch richtig stolz, daß er etwas Wichtiges allein erledigen soll. Er muß einmal übernachten und frühmorgens das einzige Matatu nach Baragoi nehmen.

Ich bin zu Hause und später im Shop, um James beim Verkauf des Zuckers zu helfen. Jeden Moment erwarten wir Lketinga zurück. Doch es wird neun Uhr abends, ehe wir in der Ferne endlich Licht entdecken. Beruhigt koche ich Chai, damit er gleich etwas zu trinken bekommt. Nach einer weiteren halben Stunde hält der Landrover der Engländer unten bei unserem Shop. Ich eile zu ihnen und frage erstaunt, wo mein Mann sei. Der junge Mann sieht mich verärgert an und meint, er wisse nicht, wer mein Mann sei, doch er wolle seine Batterie haben, denn sie müssen heute noch auf den Weg nach Nairobi, morgen abend geht ihr Flug nach England. Mir wird ganz elend, und ich schäme mich, daß mein Versprechen nicht eingehalten wurde.

Es ist mir sehr unangenehm, ihnen mitteilen zu müssen, daß die Batterie mit meinem Mann unterwegs sei und er heute eigentlich in Baragoi bei ihnen vorbeikommen sollte. Der Engländer regt sich natürlich auf. Jetzt hat er unsere alte Batterie eingesetzt, doch diese funktioniert nur solan-

ge, bis sie erneut leer ist, denn sie lädt sich nicht mehr auf. Ich bin verzweifelt und wütend auf Lketinga. Das Matatu sei wohl gekommen, aber kein Krieger sei dabei gewesen. Es ist mittlerweile halb zehn, und ich biete ihnen Tee an, um gemeinsam zu überlegen, was zu tun ist.
Während wir den Tee trinken, höre ich das Motorengeräusch eines Lasters. Er hält auf der Höhe unseres Hauses. Gleich darauf kommt Lketinga daher. Keuchend stellt er die beiden schweren Stromspeicher auf den Boden. Ich fahre ihn an, wo er so lange war, diese Leute wollten schon längst weiterfahren. Mißmutig wechselt der Engländer die Batterien, und kurz darauf sind sie weg. Ich bin zornig, weil ich mich von Lketinga im Stich gelassen fühle. Er behauptet, das Matatu verpaßt zu haben, doch ich rieche eine Alkoholfahne. Geld hat er auch keines mehr, im Gegenteil, er braucht noch 150 Franken, um den Fahrer des Lastwagens zu bezahlen. Mir verschlägt es fast die Sprache über soviel Rücksichtslosigkeit. Die Batterie hat bereits 350 Franken gekostet, und jetzt das noch dazu, nur weil er in den Bars Bier getrunken hat und deswegen den billigen, öffentlichen Bus verpaßte. Das bedeutet, der gesamte Gewinn dieses und des nächsten Monats ist schon wieder weg. Grimmig gehe ich ins Bett. Zu allem Ärger und Frust ist mein Mann entschlossen, mit mir zu schlafen. Als ich ihm klarmache, daß ich heute nicht einmal den Versuch gestatte, regt er sich wieder furchtbar auf. Es ist mittlerweile fast Mitternacht, und außer unserem lauten Wortgefecht ist es überall totenstill. Wieder unterstellt er mir einen Liebhaber, den ich letzte Nacht sicher getroffen hätte. Dies sei wohl auch der Grund, weshalb er nach Maralal geschickt wurde. Ich kann es nicht mehr hören und versuche, die inzwischen aufgewachte Napirai zu trösten.

Verzweifelte Lage

Mein Entschluß steht fest. Ich will hier weg. So oder so haben wir keine Überlebenschance. Meine Finanzen schwinden. Mein Mann macht mich nur noch lächerlich, und die Leute ziehen sich von uns zurück, da er hinter jedem Mann einen Liebhaber vermutet. Andererseits ist mir klar, wenn ich ihn verlasse, wird er mir unsere Tochter wegnehmen. Er liebt sie auch, und rechtmäßig gehört sie ihm beziehungsweise seiner Mutter. Mit ihr wegzukommen ist aussichtslos. Verzweifelt überlege ich, wie unsere Ehe zu retten ist, denn ohne Napirai gehe ich nicht weg.

Ständig ist er jetzt um uns, als spüre er etwas. Denke ich an mein Zuhause in der Schweiz, so merkt er es sofort. Es ist, als könnte er meine Gedanken lesen. Er gibt sich große Mühe mit Napirai und spielt den ganzen Tag mit ihr. Hin- und hergerissen von meinen Gefühlen wünsche ich mir nichts sehnlicher, als mit der größten Liebe meines Lebens eine intakte Familie zu bilden, andererseits stirbt in mir diese Liebe langsam ab, weil er kein Vertrauen hat. Ich bin es müde, dieses Vertrauen immer wieder aufzubauen und gleichzeitig allein die Verantwortung für unser Überleben zu tragen. Er sitzt nur da und ist mit sich selbst oder seinen Freunden beschäftigt.

Es bringt mich zur Weißglut, wenn Männer zu Besuch kommen, meine kleine, acht Monate alte Tochter betrachten und mit Lketinga über spätere eventuelle Heiratspläne sprechen. Wohlwollend nimmt er die Angebote entgegen. Im Guten oder auch im Zorn versuche ich, dies zu unter-

binden. Unsere Tochter wird sich ihren Ehemann selbst aussuchen und zwar den, den sie einmal liebt! Ich bin nicht bereit, sie einem alten Mann als zweite oder dritte Frau zu verkaufen. Auch die Beschneidung des Mädchens führt oft zum Streit. In diesem Punkt stoße ich bei meinem Mann auf Unverständnis, obwohl es noch in weiter Ferne liegt.
Währenddessen ist James bemüht, das Beste aus dem Shop zu machen, und es wäre wieder an der Zeit, einen Lastwagen zu organisieren. Doch mein Geld reicht nicht. Trotzdem beschließen wir, nach Maralal zu fahren, um auch das Konto auf der Bank zu leeren.
Die Batterie stand die ganze Zeit bei uns im Haus, und ich will gerade los, um den Missionar zu bitten, sie einzubauen, als Lketinga erklärt, er könne das auch. Alles gute Zureden nützt nichts. Da ich keinen neuen Krach will, lasse ich ihn gewähren. Und in der Tat springt der Wagen ohne Probleme an. Nach etwa eineinhalb Stunden jedoch stehen wir mitten im Busch, und der Wagen gibt keinen Ton mehr von sich. Zuerst nehme ich es nicht so tragisch und denke, daß vielleicht ein Kabel nicht gut angeschlossen ist. Als ich jedoch die Haube öffne, trifft mich der Schlag. Lketinga hat die Batterie nicht ausreichend festgeschraubt, und durch die Rumpelei auf der Straße hat sie einen Sprung bekommen. Die Batterieflüssigkeit läuft auf der einen Seite aus. Jetzt bin ich der Hysterie wirklich nahe. Eine neue, teure Batterie ist schon wieder kaputt, nur weil sie nicht sachgemäß eingebaut wurde! Mit Kaugummi versuche ich zu retten, was noch an Flüssigkeit vorhanden ist. Es nützt nichts, in kurzer Zeit frißt die Batteriesäure alles auf. Ich heule und bin wütend auf meinen Mann. In brütender Hitze hängen wir hier draußen mit einem Baby. Es bleibt uns nichts anderes übrig, als daß er zu Fuß zur Mission zurückgeht, um

Hilfe zu holen, während ich hier mit Napirai warte. Es wird Stunden dauern.
Gott sei Dank kann ich Napirai immer noch mit der Brust ernähren, sonst wäre das Chaos perfekt. Wenigstens habe ich Trinkwasser dabei. Die Zeit schleicht dahin, und die einzige Abwechslung sind eine Straußenfamilie und ein paar Zebras, die ich beobachten kann. Meine Gedanken überschlagen sich, und ich bin entschlossen, nun kein Geld mehr in den Shop zu stecken. Ich will abreisen, und zwar nach Mombasa wie Sophia. Dort könnten wir einen Souvenir-Shop betreiben, der mehr Gewinn bringt und weniger anstrengend ist als das Geschäft hier oben. Aber wie soll ich das meinem Mann beibringen? Ich muß ihn soweit überzeugen, daß er einverstanden ist, denn sonst komme ich mit Napirai nie mehr weg von hier. Allein werde ich es ohnehin nicht schaffen, wer sollte sie während der langen Fahrt halten?
Nach guten drei Stunden sehe ich von weitem eine Staubwolke und vermute, daß es Pater Giuliano ist. Kurz darauf hält er neben uns. Er schaut in den Wagen und schüttelt den Kopf. Warum ich nicht von ihm die Batterie einbauen ließ, will er wissen, nun sei sie unbrauchbar. Wieder rollen die Tränen, als ich berichte, sie sei gerade mal eine Woche alt. Er wird versuchen, sie zu reparieren, doch versprechen kann er es nicht, und in zwei Tagen reist er nach Italien ab. Dann gibt er mir eine Ersatzbatterie, und wir fahren zurück nach Barsaloi. Dort repariert er das Gehäuse mit heißem Teer. Lange wird das nicht halten. Der Abschied von Pater Giuliano löst in mir Beklemmung aus. Nun habe ich für die nächsten drei Monate wohl keinen Schutzengel mehr, da Pater Roberto eher hilflos ist.
Wie immer kommen am Abend die Boys vorbei und liefern

das Shopgeld ab. Meistens koche ich noch Chai, und wenn Lketinga nicht da ist, sogar Essen. Die Burschen richten mich jedesmal etwas auf, weil ich mich mit ihnen verständigen kann. James ist enttäuscht, daß ich keinen Laster mehr organisieren will.

Zum ersten Mal formuliere ich vorsichtig den Vorschlag, hier wegzuziehen, da wir sonst bald kein Geld mehr haben. Es ist totenstill im Raum, und ich erkläre, daß ich kein Geld mehr besitze, um hier weiterzumachen. Der Wagen ruiniert uns. Lketinga fährt sofort dazwischen und meint, jetzt seien wir so gut gestartet mit der Wiedereröffnung des Geschäftes und er wolle so weitermachen. Dies sei seine Heimat, und er gehe nicht weg von seiner Familie. Ich frage, mit wessen Geld er denn einkaufen will. Locker meint er, ich könne ja meiner Mutter schreiben, sie solle uns wie immer Geld schicken. Er begreift nicht, daß dieses Geld mein eigenes war. Die Boys verstehen mich, aber sie können nicht viel dazu beitragen, da mein Mann ihren Vorschlägen sofort widerspricht. Mit Engelszungen rede ich und stelle Mombasa als Businessplatz so attraktiv wie möglich dar. James wäre sofort bereit, nach Mombasa zu fahren, weil er auch mal das Meer sehen möchte. Aber mein Mann will nicht, daß wir hier wegziehen.

Für heute beenden wir das Gespräch, und wir spielen noch eine Runde Karten. Es wird viel gelacht, und Lketinga, der das Spiel nicht lernen will, verfolgt das Ganze mißmutig. Ihm gefallen die Besuche der Burschen nach wie vor nicht. Meistens sitzt er demonstrativ abseits, kaut Miraa oder ärgert die Burschen, bis sie genervt abziehen. Ohnehin sind sie die einzigen, die uns noch besuchen. Täglich schneide ich vorsichtig das Thema Mombasa an, da ohne Grundnahrungsmittel im Shop wirklich nicht mehr viel zu verdienen

ist. Das beunruhigt Lketinga allmählich auch. Aber noch gibt er nicht nach.
Wieder einmal spielen wir zu dritt Karten. Nur eine Petroleumlampe erhellt den Tisch. Lketinga tigert ständig in der Wohnung herum. Draußen ist es hell, weil bald Vollmond ist. Zwischendurch will ich mir die Beine vertreten und stehe auf, um hinauszugehen. Barfuß trete ich auf etwas Glitschiges und schreie angeekelt auf.
Alle lachen, nur Lketinga nicht. Er holt die Lampe vom Tisch und betrachtet das komische Etwas am Boden. Es sieht aus wie ein zerquetschtes Tier, vermutlich ist es der Embryo einer Ziege. Auch die Boys sind dieser Meinung. Es ist kaum größer als zehn Zentimeter und deshalb noch undefinierbar. Lketinga schaut mich an und behauptet, dieses Etwas hätte ich verloren. Zuerst begreife ich nicht, was er damit meint.
Aufgebracht will er nun wissen, von wem ich schwanger war. Jetzt sei ihm auch klar, warum die Boys täglich kommen. Ich hätte mit einem von ihnen ein Verhältnis. James versucht ihn zu beruhigen, da ich völlig erstarrt bin. Er schlägt seine Arme fort und will sich auf den Freund von James stürzen. Doch die beiden Burschen sind schneller und rennen aus dem Haus. Lketinga kommt auf mich zu, schüttelt mich und will endlich den Namen meines Liebhabers. Wutentbrannt reiße ich mich los und schreie ihn an: »You are completely crazy! Go out of my house, you are crazy!« Ich bin gefaßt darauf, daß er mich nun zum ersten Mal schlagen wird. Aber er sagt nur, diese Schande werde er rächen. Er werde diesen Boy finden und ihn umbringen. Mit diesen Worten verläßt er das Haus.
Überall stehen die Menschen vor ihren Hütten und starren zu uns herüber. Als mein Mann außer Sichtweite ist, packe

ich ein Bündel Geld, unsere Pässe und Napirai und renne zur Mission. Wie verrückt klopfe ich an die Tür und bete, daß Roberto öffnen wird. Nach kurzer Zeit steht er da und starrt uns entsetzt an. In knappen Sätzen erkläre ich den Vorfall und bitte ihn, mich sofort nach Maralal zu bringen. Es gehe um Leben und Tod. Roberto ringt seine Hände und beteuert, dies dürfe er nicht. Er muß noch mehr als zwei Monate hier allein auf Pater Giuliano warten und will sich die Sympathie der Leute nicht verscherzen. Ich solle nach Hause, es sei sicher nicht so schlimm. Offensichtlich hat er Angst. Wenigstens gebe ich ihm das Geld und unsere Pässe, damit mein Mann sie nicht eines Tages zerstören kann.

Als ich zurückkomme, ist er bereits mit der Mama zu Hause. Er will wissen, was ich in der Mission wollte, doch ich antworte nicht. Nun fragt er aufgebracht, wo der Embryo sei. Wahrheitsgetreu sage ich, unsere Katze habe ihn nach draußen geschleift. Natürlich glaubt er mir nicht und behauptet, ich habe ihn sicher in der Toilette verschwinden lassen. Er erklärt der Mama, er wisse nun, daß ich mit einem Boy ein Verhältnis habe. Wahrscheinlich sei auch Napirai nicht von ihm, sondern von diesem Boy, da ich mit ihm in Maralal in einem Lodging war, bevor ich das erste Mal in die Schweiz reiste. Woher er das wohl erfahren hat? Jetzt holt mich die Hilfeleistung von damals ein und wird mir zum Verhängnis. Die Mama fragt mich, ob diese Tatsache stimmt. Selbstverständlich kann ich es nicht abstreiten, und sie glauben mir einfach nicht, daß alles harmlos war. Ich sitze da und heule, was mich noch verdächtiger macht.

Von beiden tief enttäuscht will ich nur noch weg, so schnell wie möglich. Nach längerem Hin und Her bestimmt Mama, daß Lketinga in der Manyatta schlafen soll und wir

morgen weitersehen. Mein Mann geht aber nicht ohne Napirai. Ich schreie ihn an, er solle mein Kind, das er ja sowieso nicht als seines betrachtet, in Ruhe lassen. Doch er verschwindet mit ihr in der Dunkelheit.
Allein sitze ich auf dem Bett und verfalle in einen schlimmen Weinkrampf. Natürlich könnte ich den Wagen nehmen und das Dorf verlassen, aber ohne mein Kind kommt diese Möglichkeit nicht in Frage. Draußen höre ich Stimmen und Gelächter. Einige Leute scheinen sich über den Vorfall zu freuen. Nach einer Weile erscheint der Veterinär mit seiner Frau, um nach mir zu sehen. Sie haben alles mitangehört und versuchen, mich zu beruhigen. In dieser Nacht schließe ich kein Auge, sondern bete, daß wir eines Tages von hier wegkommen. Von meiner Liebe ist im Moment nur blanker Haß geblieben. Wie sich alles in der kurzen Zeit so wandeln konnte, kann ich nicht begreifen.
Am frühen Morgen gehe ich schnell in den hinteren Teil des Shops, um den Boys mitzuteilen, daß Lketinga Rachepläne gegen den einen von ihnen hegt. Dann eile ich zur Mama, da ich Napirai immer noch stillen muß. Mama sitzt mit ihr vor der Hütte. Mein Mann schläft noch. Ich nehme mein Kind, stille es, und Mama fragt mich doch tatsächlich, ob Lketinga der Vater sei. Mit Tränen in den Augen antworte ich nur: »Yes.«

Ohnmacht und Wut

Mein Mann kriecht aus der Manyatta und befiehlt mir, in unsere Blockhütte zu kommen. Auch die Boys holt er zu uns. Wie so häufig stehen einige Neugierige herum. Mir klopft das Herz bis zum Hals, ich weiß nicht, was passieren wird. Erregt redet er auf mich ein und fragt vor allen Anwesenden, ob ich mit diesem Boy geschlafen habe. Er will es jetzt wissen. Ich schäme mich sehr, und gleichzeitig überkommt mich eine Riesenwut. Wie ein Richter führt er sich auf und merkt gar nicht, wie lächerlich er uns macht. »No«, schreie ich ihn an, »you are crazy!« Noch bevor ich mehr sagen kann, bekomme ich die erste Ohrfeige. Wütend schleudere ich ihm mein Zigarettenpaket an den Kopf. Da dreht er sich um und richtet seinen Rungu gegen mich. Doch bevor er ihn benutzen kann, reagieren die Boys und der Veterinär. Sie halten ihn fest, reden empört auf ihn ein und meinen, es wäre besser, wenn er für einige Zeit in den Busch ginge, bis er wieder einen klaren Kopf hat. Daraufhin nimmt er seine Speere und zieht ab. Ich stürze in mein Haus und will niemand mehr sehen.

Zwei Tage bleibt er weg, während ich das Haus nicht verlasse. Wegfahren könnte ich nicht, da mir auch gegen Bezahlung niemand helfen würde. Den ganzen Tag höre ich deutsche Musik oder lese Gedichte, die mir helfen, meine Gedanken zu sammeln. Gerade bin ich dabei, einen Brief nach Hause zu schreiben, als unvermutet mein Mann erscheint. Er stellt die Musik ab und fragt, warum bei uns gesungen werde und woher ich diese Kassette habe. Natürlich hatte ich sie schon immer, was ich möglichst ruhig vorbringe. Er glaubt es nicht. Dann entdeckt er den Brief an meine Mutter. Ich muß ihn vorlesen, aber er bezweifelt, daß ich den Inhalt richtig wiedergebe. Also zerreiße ich den Brief und verbrenne ihn. Zu Napirai sagt er kein Wort, als wäre sie gar nicht hier. Er ist relativ ruhig, und so versuche ich, ihn nicht zu reizen. Letztlich muß ich mich mit ihm versöhnen, wenn ich hier eines Tages wegkommen will.

Die Tage verstreichen ruhig, da auch der Boy nicht mehr in Barsaloi wohnt. Von James erfahre ich, daß er zu Verwandten gezogen ist. Der Shop bleibt geschlossen, und nach vierzehn Tagen haben wir kein Essen mehr. Ich will nach Maralal, aber mein Mann verbietet es. Er erklärt, andere Frauen leben auch nur von Milch und Fleisch.

Immer wieder spreche ich von Mombasa. Falls wir dorthin ziehen, würde mich meine Familie sicher unterstützen. Für hier oben gibt es kein Geld mehr. Wir könnten auch jederzeit hierher zurückkommen, wenn es mit dem Geschäft nicht klappen sollte. Als eines Tages auch James sagt, er müsse Barsaloi verlassen, um einen Job zu finden, fragt Lketinga zum ersten Mal, was wir denn in Mombasa machen würden. Sein Widerstand läßt offensichtlich nach. Ich habe mir auch viel Mühe gegeben. Meine Musik und die Bücher habe ich vernichtet. Briefe schreibe ich keine mehr. Sogar im Intimen lasse ich ihn gewähren, wenn auch widerwillig. Ich habe nur ein Ziel: Weg von hier, und zwar mit Napirai!

Ich schwärme von einem schönen Massai-Shop mit vielen Souvenirs. Für die Reise nach Mombasa könnten wir alles im Shop an die Somalis verkaufen. Selbst die Wohnungseinrichtung bringt noch Geld, da hier sonst keine Möglichkeit besteht, zu Bett, Stuhl oder Tisch zu kommen. Wir

könnten auch eine Abschiedsdisco veranstalten, um Geld zu verdienen und uns gleichzeitig von den Menschen zu verabschieden. James könnte uns begleiten und beim Aufbau des Geschäftes helfen. Ich rede und rede und versuche, meine Nervosität zu verbergen. Er darf nicht merken, wie wichtig sein Einverständnis für mich ist.
Schließlich meint er gelassen: »Corinne, may be we go to Mombasa in two or three months.« Erschrocken frage ich, warum er noch so lange warten will. Dann sei Napirai ein Jahr alt und brauche mich nicht mehr, sie könne bei seiner Mama bleiben. Diese Aussage erschreckt mich zutiefst. Für mich ist klar, nur mit Napirai wegzugehen, was ich ihm auch ruhig mitteile. Ich brauche meine Tochter, sonst habe ich keine Freude am Arbeiten. Jetzt hilft mir auch James. Er will auf Napirai aufpassen. Und falls wir gehen wollen, müsse es jetzt sein, fügt James hinzu, da er in drei Monaten sein Beschneidungsfest hat. Dann gehört er zu den Kriegern und mein Mann zu den Alten. Das Fest dauert ein paar Tage, und danach darf er lange Zeit nur mit den gerade beschnittenen Männern zusammen sein. Wir beraten hin und her und einigen uns, in knapp drei Wochen aufzubrechen. Am 4. Juni ist mein 30. Geburtstag, und den will ich in Mombasa feiern. Voller Ungeduld lebe ich nur noch auf den Tag hin, an dem wir Barsaloi verlassen werden.
Da es Monatsbeginn ist, wollen wir die Disco so rasch wie möglich durchführen. Wir fahren das letzte Mal nach Maralal, um Bier und andere Getränke zu organisieren. In Maralal will mein Mann, daß ich in die Schweiz telefoniere, um abzuklären, ob wir für Mombasa Geld bekommen. Ich täusche das Gespräch vor und teile ihm anschließend mit, es sei alles in Ordnung. Sobald wir in Mombasa sind, solle ich mich wieder melden.

Die Disco ist wieder ein großer Erfolg. Mit Lketinga habe ich abgemacht, daß wir um Mitternacht zusammen eine Abschiedsrede halten werden, da die Leute von unserem Weggehen nichts ahnen. Nach einiger Zeit schleicht sich mein Mann jedoch davon. Um Mitternacht stehe ich also alleine da, und ich bitte den Veterinär, meine Rede, die ich in Englisch vorbereitet habe, in Suaheli für die Arbeiter und in Massai für die Einheimischen zu übersetzen.
James stellt die Musik aus, und alle halten verblüfft inne. Nervös stehe ich in der Mitte des Raumes und bitte um Aufmerksamkeit. Zuerst entschuldige ich die Abwesenheit meines Mannes. Dann eröffne ich mit Bedauern, daß dies unsere letzte Disco sei und wir in gut zwei Wochen Barsaloi verlassen, um ein neues Business in Mombasa zu starten. Es sei uns einfach nicht möglich, mit einem teuren Wagen hier oben zu existieren. Auch sei meine Gesundheit sowie die meiner Tochter dauernd gefährdet. Ich bedanke mich bei allen für ihre Treue zum Shop und wünsche ihnen viel Glück mit der neuen Schule.
Kaum habe ich meine Rede beendet, entsteht große Aufregung, und alle reden durcheinander. Sogar der Mini-Chief ist bedrückt und sagt, jetzt, nachdem mich alle akzeptiert haben, könne ich doch nicht einfach weggehen. Zwei andere sprechen lobende Worte über uns und bedauern den Verlust, den sie mit unserem Wegzug erleiden werden. Allen hätten wir etwas Leben und Abwechslung geboten, ganz zu schweigen von den vielen Hilfeleistungen mit meinem Wagen. Die Leute klatschen. Ich bin sehr bewegt und bitte sofort wieder um Musik, damit die Freude zurückkehrt.
Mitten im Getümmel steht der junge Somali neben mir und bedauert ebenfalls unseren Entschluß. Er habe immer be-

wundert, was ich gemacht habe. Gerührt lade ich ihn auf ein Soda ein und biete ihm bei dieser Gelegenheit den Rest aus unserem Shop zum Kauf an. Er willigt sofort ein. Wenn ich die Inventur erstellt habe, will er mir den vollen Einkaufspreis bezahlen, ja sogar die teure Waage will er mir abnehmen. Lange unterhalte ich mich noch mit dem Veterinär. Für ihn ist unser Wegzug auch eine Neuigkeit. Nach dem, was vorgefallen ist, kann er mich gut verstehen. Er hofft, daß mein Mann in Mombasa wieder vernünftiger wird. Wahrscheinlich ist er der einzige, der den wahren Grund unseres Fortgehens ahnt.
Um zwei schließen wir, ohne daß Lketinga wiedergekommen ist. Ich eile zur Manyatta, um Napirai abzuholen. Mein Mann sitzt in der Hütte und unterhält sich mit der Mama. Auf die Frage, warum er nicht da war, gibt er zur Antwort, daß es mein Fest war, denn ich wolle ja weg von hier. Diesmal lasse ich mich auf keine Diskussion ein, sondern bleibe in der Manyatta. Vielleicht ist es das letzte Mal, daß ich in einer solchen übernachte, geht es mir durch den Kopf.
Bei nächster Gelegenheit berichte ich Lketinga von der Vereinbarung mit dem Somali. Zuerst reagiert er sauer und will nicht darauf eingehen. Er verhandle nicht mit ihnen, verkündet er hochmütig. Also mache ich die Inventur mit James. Der Somali bittet, ihm die Ware in zwei Tagen zu bringen, dann werde er das Geld beisammen haben. Allein die Waage macht schon ein Drittel der Summe aus.
An der Blockhütte erscheinen immer wieder Leute, die etwas abkaufen wollen. Bis zur letzten Tasse ist alles reserviert. Am 20. will ich das Geld, am 21. morgens kann jeder seine Ware abholen, lautet die Abmachung. Als wir unsere Verkaufsgüter zum Somali bringen wollen, kommt mein

Mann doch mit. Jeden Preis hat er zu beanstanden. Als ich die Waage bringe, packt er sie gleich wieder weg. Diese will er nach Mombasa mitnehmen. Er will einfach nicht einsehen, daß wir sie nicht mehr brauchen und hier wesentlich mehr dafür bekommen. Nein, sie muß mit, und es ärgert mich maßlos, dem Somali so viel Geld zurückgeben zu müssen, doch ich schweige. Nur keinen Streit mehr vor der Abreise! Es dauert noch gut eine Woche bis zum 21. Mai.
Mit vorsichtigem Abwarten schleichen die Tage dahin, und meine innere Spannung wächst, je näher die Abreise rückt. Ich werde keine Stunde länger als nötig bleiben. Die letzte Nacht steht bevor. Fast alle haben ihr Geld gebracht, und was wir nicht mehr brauchen, haben wir weggegeben. Der Wagen ist voll bepackt, und im Haus stehen nur noch das Bett mit Moskitonetz, Tisch und Stühle. Die Mama war den ganzen Tag bei uns und hat Napirai gehütet. Sie ist betrübt über unsere Abreise.
Gegen Abend hält ein Wagen im Dorf beim Somali, und mein Mann geht sofort hinunter, da es eventuell Miraa zu kaufen gibt. Inzwischen stellen James und ich die Tagesrouten zusammen. Wir sind beide sehr aufgeregt wegen der langen Reise. Es sind fast 1 460 km bis zur Südküste.
Weil mein Mann nach einer Stunde noch nicht zurück ist, werde ich unruhig. Endlich erscheint er, und ich sehe ihm gleich an, daß etwas nicht stimmt. »We cannot go tomorrow«, verkündet er. Natürlich kaut er wieder Miraa, dennoch ist es sein voller Ernst. Mir wird siedend heiß, und ich frage, wo er so lange war und warum wir morgen nicht abreisen können. Mit wirren Augen schaut er uns an und erklärt, die Alten seien unzufrieden, da wir losfahren wollen ohne ihren Segen. Unmöglich könne er so aufbrechen.

Erregt frage ich, warum dieses Schutzgebet nicht morgen früh abgehalten werden kann, worauf mir James erklärt, wir müßten vorher mindestens ein bis zwei Ziegen schlachten und Bier brauen. Erst wenn sie in guter Stimmung sind, sind sie bereit, uns den »Enkai« zu sprechen. Er verstehe Lketinga, wenn er ohne dieses Gebet nicht fahren will.
Jetzt verliere ich die Nerven und schreie Lketinga an, warum diese Alten nicht vorher mit dieser Idee gekommen seien. Seit drei Wochen wissen sie, wann wir aufbrechen wollen, wir haben ein Fest gemacht, haben alles verkauft und den Rest eingepackt. Ich bleibe keinen Tag länger, ich fahre, und wenn ich mit Napirai allein fahren muß! Ich tobe und heule, weil mir schlagartig bewußt ist, daß diese »Überraschung« uns mindestens eine Woche länger zurückhält, da das Bier vorher nicht gebraut sein kann.
Lketinga bekundet lediglich, daß er nicht fährt, und kaut sein Kraut, während James das Haus verläßt, um Rat bei der Mama zu suchen. Ich liege auf dem Bett und möchte am liebsten sterben. In meinem Kopf hämmert es fortwährend: Ich fahre morgen, ich fahre morgen. Weil ich kaum schlafe, bin ich völlig erschlagen, als frühmorgens James mit der Mama erscheint. Wieder wird palavert, doch ich interessiere mich nicht dafür und packe stur weiter unsere Sachen. Durch meine verquollenen Augen nehme ich alles nur schemenhaft wahr. James redet mit der Mama, während viele Menschen herumstehen, um ihre Sachen abzuholen oder Abschied zu nehmen. Ich schaue niemanden an.
James kommt zu mir und fragt im Auftrag von Mama, ob ich wirklich fahren will. »Yes«, ist meine Antwort, und dabei binde ich Napirai seitlich an mich. Mama schaut ihr Enkelkind und mich lange stumm an. Dann sagt sie etwas zu

James, das sein Gesicht erhellt. Freudig teilt er mir mit, Mama gehe los und bringe vier Alte aus Barsaloi, um uns den Segen auch so zu sprechen. Sie will nicht, daß wir ohne ihn losfahren, denn sie ist sich sicher, uns das letzte Mal zu sehen. Dankbar bitte ich James, ihr zu übersetzen, wo immer ich auch sein werde, werde ich für sie sorgen.

Die gute Spucke

Wir warten eine knappe Stunde, und es kommen immer mehr Menschen. Ich verkrieche mich im Haus. Tatsächlich erscheint Mama mit drei alten Männern. Wir drei stehen neben dem Wagen, und Mama spricht vor, worauf alle im Chor »Enkai« wiederholen. Es dauert etwa zehn Minuten, ehe wir im Guten ihre Spucke auf die Stirn gedrückt bekommen. Die Zeremonie ist beendet, und ich bin erleichtert. Jedem der Alten drücke ich noch irgendeinen brauchbaren Gegenstand in die Hand, während Mama auf Napirai zeigt und scherzhaft meint, sie wolle nur unser Baby.
Dank ihrer Hilfe habe ich gewonnen. Sie ist die einzige, die ich noch einmal in die Arme schließe, bevor ich mich hinter das Steuer setze. Napirai gebe ich nach hinten zu James. Lketinga zögert noch einzusteigen. Als ich den Motor anlasse, setzt auch er sich mürrisch in den Wagen. Ohne Blick zurück brausc ich davon. Ich weiß, es wird ein langer Weg, doch er führt in die Freiheit.
Mit jedem Kilometer, den ich zurücklege, kehrt Kraft in mich zurück. Ich werde durchfahren bis Nyahururu, dann erst kann ich wieder ruhig atmen. Etwa eine Stunde vor Maralal wird unsere Fahrt durch einen Platten gestoppt. Wir sind bis unter das Dach beladen, und das Reserverad liegt ganz unten! Aber ich nehme es gelassen, denn es wird sicher der letzte Radwechsel auf Samburu-Boden sein.
Der nächste Stop ist bei Rumurutti, kurz vor Nyahururu, wo die geteerte Straße beginnt. Eine Polizeikontrolle hält uns an. Sie wollen mein Logbuch sehen sowie meinen In-

ternationalen Führerschein. Dieser ist schon lange abgelaufen, was sie nicht merken. Dafür werde ich aufgefordert, den Wagen zur Kontrolle zu bringen, damit ich an der Scheibe einen neuen Aufkleber mit unserer Adresse bekomme, da dies Vorschrift sei. Ich staune, denn in Maralal kennt man diesen Aufkleber nicht.
In Nyahururu übernachten wir erstmals und erkundigen uns am nächsten Tag, wo dieser Aufkleber zu besorgen ist. Erneut beginnt der Streß mit der Bürokratie. Zuerst muß der Wagen in die Garage, damit alle Mängel behoben werden, und danach bezahlt man für die Anmeldung zur Überprüfung. Er bleibt einen vollen Tag im Service, was wiederum viel Geld kostet. Am zweiten Tag können wir ihn vorführen. Ich bin überzeugt, daß alles klappt. Doch als wir schließlich an der Reihe sind, bemängelt der Prüfer sofort die geflickte Batterie und den fehlenden Aufkleber. Ich erkläre ihm, daß wir gerade umziehen und noch nicht wissen, welche Adresse wir in Mombasa haben werden. Es interessiert ihn nicht im geringsten. Ich bekomme keinen Aufkleber ohne feste Adresse. Wir fahren wieder weg, und mir wird das Ganze zu dumm. Ich verstehe nicht, warum es auf einmal so kompliziert ist und fahre einfach weiter. Zwei Tage haben wir gewartet und Geld ausgegeben für nichts. Ich will nach Mombasa. Wir fahren einige Stunden, um kurz hinter Nairobi in einem Dörfchen ein Lodging zu beziehen. Ich bin völlig erledigt von der Fahrerei, da mich der Linksverkehr viel Konzentration kostet. Jetzt muß ich Windeln waschen und Napirai stillen. Zum Glück schläft sie auf den ungewohnt glatten Straßen viel.
Am nächsten Tag erreichen wir nach sieben Stunden Mombasa. Hier ist das Klima tropisch heiß. Erschöpft stellen wir uns in die Kolonne der wartenden Autos, um mit der Fähre

auf die Südseite zu gelangen. Ich krame den Brief von Sophia hervor, den sie mir vor einigen Monaten kurz nach ihrer Ankunft in Mombasa zukommen ließ. Ihre Adresse ist nahe bei Ukunda. Meine ganze Hoffnung, für den heutigen Abend ein Dach über dem Kopf zu haben, liegt bei ihr.
Nach nochmals gut einer Stunde finden wir den Neubau, in dem Sophia jetzt lebt. Aber niemand öffnet in dem feudalen Haus. Ich klopfe nebenan, und es erscheint eine Weiße, die mir berichtet, Sophia sei für zwei Wochen nach Italien gereist. Meine Enttäuschung ist groß, und ich überlege, wo wir noch Unterkunft finden könnten. Eigentlich kommt nur noch Priscilla in Frage, aber mein Mann weigert sich, da er lieber an die Nordküste will. Damit bin ich nicht einverstanden, weil ich dort so schlechte Erfahrungen gemacht habe. Die Stimmung ist gereizt, deshalb fahre ich einfach zu unserem alten Village. Dort stellen wir fest, daß von den fünf Häuschen nur noch eines bewohnbar ist. Wenigstens erfahren wir, daß Priscilla in das nächste Village, fünf Minuten mit dem Wagen entfernt, gezogen ist.
Sehr schnell erreichen wir das Kamau-Village, das hufeisenförmig angelegt ist. Die Gebäude sind aneinander gebaute Zimmer wie die Lodgings in Maralal, in der Mitte mit einem großen Shop. Sofort bin ich begeistert von diesem Village. Als wir aus dem Wagen steigen, erscheinen neugierig die ersten Kinder, und aus dem Shop lugt der Besitzer. Plötzlich kommt Priscilla auf uns zu. Sie kann es kaum glauben, uns hier zu sehen. Ihre Freude ist groß, besonders als sie Napirai entdeckt. Auch sie hat in der Zwischenzeit noch einen Jungen bekommen, der etwas älter als Napirai ist. Gleich nimmt sie uns in ihr Zimmer mit, kocht Tee, und wir müssen erzählen. Als sie erfährt, daß wir in Mombasa bleiben wollen, ist sie überglücklich. Sogar Lketinga läßt

sich zum ersten Mal seit der Abreise von ihrer Freude anstecken. Sie bietet uns ihr Zimmer an und sogar ihr Wasser, das auch hier in großen Kanistern aus dem Brunnen geholt wird. Heute abend wird sie bei einer Freundin schlafen, und morgen will sie uns etwas Eigenes organisieren. Wieder einmal bin ich überwältigt, wie unkompliziert und gastfreundlich sie ist.

Nach der anstrengenden Fahrt gehen wir früh schlafen. Am nächsten Morgen hat Priscilla für uns bereits ein Zimmer am Anfang der Reihe aufgetrieben, damit unser Wagen nebenan stehen kann. Der Raum ist etwa drei mal drei Meter. Alles ist aus Beton, nur das Dach ist aus Stroh. Heute sehen wir auch einige der anderen Bewohner. Es sind alles Samburu-Krieger, die wir zum Teil sogar noch kennen. Lketinga spricht und lacht schon bald mit ihnen, während er Napirai stolz bei sich hat.

Neue Hoffnung

Als ich zum ersten Mal den Shop besichtige, fühle ich mich wie im Paradies. Hier bekomme ich einfach alles, sogar Brot, Milch, Butter, Eier, Früchte, und das zweihundert Meter von der Wohnung entfernt! In bezug auf eine neue Existenz in Mombasa wächst meine Zuversicht.
James will endlich das Meer sehen, und wir machen uns zusammen auf den Weg. Zu Fuß erreichen wir den Strand in knapp einer halben Stunde. Der Anblick des Meeres erfüllt mich mit Freude und einem Gefühl der Freiheit. Was ich allerdings nicht mehr gewohnt bin, sind die weißen Touristen in ihren knappen Badehosen. James, der das noch nie gesehen hat, schaut verschämt darüber hinweg und bestaunt die Wassermasse. Er ist, wie damals sein älterer Bruder, völlig irritiert. Dafür spielt Napirai freudig im Sand unter schattenspendenden Palmen. Hier kann ich mir mein Leben in Kenia wieder vorstellen.
Wir gehen in eine für Europäer errichtete Beach-Bar, um unseren Durst zu stillen. Alle starren uns an, und ich komme mir in meinem geflickten, wenn auch sauberen Rock unter den neugierigen Blicken etwas verloren vor. Von meinem früheren Selbstvertrauen ist nicht viel übriggeblieben. Als mich eine Deutsche anspricht und wissen will, ob Napirai mein Baby sei, fehlen mir sogar die Worte, um zu antworten. Zu lange habe ich kein Deutsch oder gar Schweizerdeutsch mehr gesprochen. Ich komme mir wie eine Idiotin vor, als ich in Englisch antworten muß.
Lketinga fährt am nächsten Tag an die Nordküste. Dort

will er ein paar Schmuckstücke einkaufen, um bei den Massai-Tänzen mit anschließendem Schmuckverkauf mitmachen zu können. Ich freue mich, daß auch er sich fürs Geldverdienen interessiert. Zu Hause wasche ich Windeln, während James mit Napirai spielt. Zusammen mit Priscilla schmieden wir Zukunftspläne. Sie ist begeistert, als ich ihr eröffne, daß ich einen Laden suche, um mit den Touristen ins Geschäft zu kommen. Da James nicht länger als einen Monat bleiben kann, weil er wegen seiner großen Beschneidungszeremonie nach Hause muß, beschließe ich, mit Priscilla die Hotels abzuklappern, um eventuell einen freien Laden zu finden.
In den feudalen Hotels werden wir von den Geschäftsführern zum Teil skeptisch empfangen, um dann auch gleich eine Absage zu bekommen. Beim fünften Hotel ist mein ohnehin geringes Selbstvertrauen geschwunden, und ich komme mir wie eine Bettlerin vor. Natürlich sehe ich nicht wie eine ordentliche Geschäftsfrau aus mit meinem rotkarierten Rock und dem Baby auf dem Rücken. Per Zufall hört ein Inder an einer Rezeption unser Gespräch und schreibt mir eine Telefonnummer auf, unter der ich seinen Bruder erreichen kann. Schon am nächsten Tag fahren mein Mann, James und ich nach Mombasa, um uns mit diesem Mann zu treffen. Er hat in der Nähe eines Supermarktes in einer neu erstellten Siedlung etwas frei, allerdings für umgerechnet 700 Franken Miete im Monat. Zuerst will ich schon abwinken, da mir dieser Betrag viel zu hoch erscheint doch dann lasse ich mir das Gebäude zeigen.
Das Geschäft liegt ganz feudal etwas abseits der Hauptstraße am Diani-Beach. Mit dem Auto sind es fünfzehn Minuten von zu Hause. Im Gebäude ist bereits ein riesiger, indischer Souvenirshop und gegenüber ein neu eröffnetes

Chinarestaurant, der Rest steht leer. Da das Ganze treppenförmig angelegt ist, sieht man von der Straße den Laden nicht. Trotzdem ergreife ich diese Möglichkeit, obwohl es nur etwa 60 Quadratmeter sind. Der Raum ist absolut kahl, und Lketinga versteht nicht, warum ich soviel Geld für einen leeren Laden ausgebe. Er geht weiterhin zu den Touristenaufführungen, doch das erwirtschaftete Geld verschwindet beim anschließenden Bier- oder Miraakonsum, was zu unschönen Auseinandersetzungen führt.
Während Einheimische nach meinen Plänen die Holzgestelle bauen, organisiere ich mit James in Ukunda Holzpfähle und bringe sie mit dem Wagen zum Shop. Tagsüber arbeiten wir wie die Wilden, während mein Mann mit anderen Kriegern in Ukunda herumhängt.
Am Abend koche und wasche ich meistens noch, und wenn Napirai schläft, unterhalte ich mich mit Priscilla. Lketinga nimmt bei Anbruch der Nacht den Wagen und fährt die Krieger zu den verschiedenen Aufführungsplätzen. Mir ist dabei nicht wohl, weil er keinen Führerschein hat und außerdem Bier trinkt. Wenn er nachts wieder erscheint, weckt er mich und will wissen, mit wem ich mich unterhalten habe. Sind nebenan schon einige Krieger zu Hause, ist er überzeugt, daß ich mit ihnen gesprochen habe. Ich warne ihn eindringlich, er solle nicht wieder alles kaputt machen mit seiner Eifersucht. Auch James versucht, ihn zu beruhigen.
Endlich ist Sophia zurück. Es ist eine große Wiedersehensfreude. Sie kann kaum glauben, daß wir bereits dabei sind, ein Geschäft aufzubauen. Sie ist schon seit fünf Monaten hier und hat ihr Caféhaus immer noch nicht eröffnet. Allerdings wird meine Euphorie gebremst, als sie mir von all der Bürokratie, die auf mich zukommt, erzählt. Im Gegensatz

zu uns wohnt sie komfortabel. Fast täglich sehen wir uns kurz, was meinem Mann eines Tages nicht mehr gefällt. Er versteht nicht, was wir uns mitzuteilen haben, und nimmt an, ich erzähle von ihm. Sophia versucht ihn zu beruhigen und schlägt ihm vor, er solle doch weniger Bier trinken.
Seit dem Mietabschluß für den Shop sind vierzehn Tage vergangen, und die Einrichtung steht bereits. Ich möchte Ende des Monats eröffnen, und wir müssen die Verkaufslizenz und meine Arbeitsbewilligung beantragen. Die Lizenz erhält man in Kwale, weiß Sophia, die sich mit uns und ihrem Freund auf den Weg macht. Wieder heißt es Formulare ausfüllen und warten. Zuerst wird Sophia aufgerufen und verschwindet mit ihrem Begleiter im Office. Nach fünf Minuten sind beide wieder draußen. Es hat nicht geklappt, weil sie nicht verheiratet sind. Bei uns sieht es nicht besser aus, was ich nicht glauben will. Doch der Officer meint, ohne Arbeitsbewilligung gibt es keine Lizenz, es sei denn, ich überschreibe bei einem Notar alles meinem Mann. Außerdem müsse auch der Name des Shops zuerst in Nairobi registriert werden.
Wie ich diese Stadt mittlerweile hasse! Und nun müssen wir schon wieder dorthin. Als wir enttäuscht und ratlos zum Wagen marschieren, kommt uns der Officer nach und meint, ohne Lizenz gäbe es auch keine Arbeitsbewilligung. Aber vielleicht könne man Nairobi irgendwie umgehen, wenn er darüber nachdenke. Er sei um 16 Uhr in Ukunda, dann könne er uns bei Sophia besuchen. Natürlich ist uns allen sofort klar, worum es geht: Schmiergeld! Mir steigt die Galle hoch, aber Sophia bekundet sofort ihre Bereitschaft, auf diesem Weg die Lizenz zu bekommen. Wir warten bei ihr zu Hause, und ich bin stinksauer, daß ich nicht allein mit Lketinga nach Kwale gefahren bin. In der Tat er-

scheint der Typ und schleicht sich unauffällig ins Haus. Er kommt umständlich zur Sache und sagt, morgen sei die Lizenz bereit, sofern jede von uns 5 000 Schillinge in einem Kuvert mitbringt. Sophia willigt sofort ein, und mir bleibt nichts anderes übrig, als ebenfalls zu nicken.
Nun erhalten wir ohne Probleme die Lizenz. Der erste Schritt ist getan. Mein Mann könnte bereits verkaufen, doch ich darf mich nur im Laden aufhalten und nicht einmal ein Verkaufsgespräch führen. Ich weiß, daß es so nicht geht, und überrede meinen Mann, mit mir nach Nairobi zu fahren, um die Arbeitsbewilligung sowie den Namen des Geschäftes zu beantragen. Wir taufen den Laden auf »Sidais-Massai-Shop«, was zu großen Diskussionen mit Lketinga führt. Sidai ist sein zweiter Name. Aber Massai will er nicht anschreiben. Da aber die Lizenz nunmal ausgestellt ist, gibt es kein Zurück mehr.
Im zuständigen Amt in Nairobi werden wir nach mehreren Stunden Wartezeit aufgefordert mitzukommen. Ich weiß, daß es um sehr viel geht und mache dies meinem Mann eindringlich klar. Einmal ein Nein bleibt ein Nein. Wir werden ausgefragt, warum und wieso ich eine Arbeitserlaubnis brauche. Mühsam erkläre ich der Sachbearbeiterin, daß wir eine Familie sind, und da mein Mann keine Schule besucht hat, bleibe mir nichts anderes übrig, als zu arbeiten. Dieses Argument sieht sie ein. Aber ich habe zu wenig Devisen gebracht, und mir fehlen fast 20 000 Franken, um zusammen mit der vorgezeigten Lizenz die Bewilligung zu bekommen. Ich verspreche, dieses Geld aus der Schweiz einzuführen und mich wieder zu melden. Voller Hoffnung verlasse ich das Office. Geld brauche ich nun sowieso, damit ich Ware einkaufen kann. Erschöpft begeben wir uns auf die weite Heimreise.

Als wir todmüde zu Hause eintreffen, sind einige Krieger daheim und präparieren Speere für den Verkauf. Edy ist auch dabei. Wir freuen uns sehr, uns nach so langer Zeit wiederzusehen. Während wir uns über früher unterhalten, krabbelt Napirai freudig auf ihn zu.
Da es schon spät ist und ich müde bin, erlaube ich mir, Edy für morgen zum Tee einzuladen. Schließlich war er es, der mir damals, als ich verzweifelt Lketinga suchte, geholfen hat.
Kaum sind die Krieger weg, fängt mein Mann an, mich mit Vorwürfen und Vermutungen über Edy zu quälen. Unter anderem wisse er nun, warum ich drei Monate allein in Mombasa war und ihn nicht vorher gesucht habe. Es ist unglaublich, was er mir unterstellt, und ich will einfach weg, damit ich diese häßlichen Anschuldigungen nicht ertragen muß. Ich packe meine schlafende Napirai auf den Rücken und laufe in die dunkle Nacht hinaus.
Ziellos streife ich durch die Gegend und stehe auf einmal vor dem Africa-Sea-Lodge-Hotel. Da überkommt mich das Bedürfnis, meine Mutter anzurufen, um ihr zum ersten Mal mitzuteilen, wie es um unsere Ehe steht. Schluchzend erzähle ich meiner überraschten Mutter einen Teil meines Elends. In so kurzer Zeit einen Rat zu geben ist schwierig, und so bitte ich sie, zu veranlassen, daß jemand von unserer Familie nach Kenia kommt. Ich brauche einen vernünftigen Rat und seelische Unterstützung, und vielleicht hilft es auch Lketinga, mir endlich mehr zu vertrauen. Wir vereinbaren, morgen um dieselbe Zeit wieder zu telefonieren. Nach dem Gespräch geht es mir besser, und ich stolpere zu unserem Häuschen zurück.
Mein Mann ist natürlich noch streitsüchtiger geworden und will wissen, woher ich komme. Als ich ihm von mei-

nem Telefongespräch und dem anstehenden Besuch eines Familienmitglieds erzähle, wird er sofort ruhig.
Zu meiner Erleichterung erfahre ich am nächsten Abend, daß mein ältester Bruder bereit ist zu kommen. Er wird bereits in einer Woche mit meinem benötigten Geld hier sein. Lketinga ist gespannt, noch jemanden von meiner Familie kennenzulernen. Da es mein ältester Bruder ist, hat er schon jetzt Respekt und behandelt mich freundlicher. Als Geschenk näht er ihm ein Massai-Armband mit seinem Vornamen aus bunten Glasperlen. Irgendwie rührt es mich, wie wichtig dieser Besuch für ihn und James ist.
Mein Bruder Marc ist im Hotel »Two Fishes« eingetroffen. Die Freude ist allgemein groß, obwohl er nur eine Woche bleiben kann. Er lädt uns oft zum Essen ins Hotel ein. Es ist herrlich, obwohl ich nicht an seine Rechnungen denken darf. Natürlich erlebt er meinen Mann von der besten Seite. In dieser Woche geht er nie weg, um Bier oder Miraa zu konsumieren, und weicht meinem Bruder nicht von der Seite. Als Marc uns zu Hause besucht, staunt er, wie seine früher so elegante Schwester haust. Doch vom Shop ist er begeistert und gibt mir noch ein paar gute Tips. Die Woche ist viel zu schnell vorbei, und am letzten Abend spricht er ausführlich mit meinem Mann. James übersetzt ihm jedes Wort. Als er ehrfürchtig und kleinlaut verspricht, mich nicht mehr mit seiner Eifersucht zu quälen, sind wir überzeugt, daß dieser Besuch ein voller Erfolg war.
Auch James muß zwei Tage später nach Hause. So begleiten wir ihn nach Nairobi und gehen wegen der Arbeitsbewilligung nochmals ins Nyayo-Gebäude. Die Stimmung unter uns ist gut, und deshalb bin ich sicher, daß es gelingen wird. Der Name ist registriert worden, und wir haben alle Papiere beisammen. Wieder sind wir im Office und stehen

derselben Dame gegenüber wie vor zweieinhalb Wochen. Als sie das eingeführte Geld sieht, ist alles klar. Ich bekomme meine Arbeitserlaubnis. Dafür streicht sie mir die Niederlassung, die ich die nächsten zwei Jahre nicht benötige. Bis dahin muß ich den Namen meines Mannes im Paß führen und Napirai einen kenianischen Ausweis haben. Mir ist das gleichgültig, Hauptsache ich habe meine Arbeitserlaubnis für die nächsten zwei Jahre. Viele warten jahrelang auf diesen Stempel, der mich allerdings 2 000 Franken kostet.
In Nairobi gehen wir auf den Massai-Markt und kaufen gleich groß ein. Jetzt kann das Geschäft losgehen. In Mombasa suche ich Fabriken, wo ich Schmuck, Masken, T-Shirts, Kangas, Taschen und andere Waren günstig bekomme. Mein Mann begleitet mich meistens mit Napirai. Mit den Preisen ist er selten einverstanden. Sophia ist überrascht, als sie meinen Laden besichtigt. Nach nur fünf Wochen an der Küste steht alles, inklusive Arbeitsbewilligung. Bei ihr hat es leider noch nicht geklappt.
Ich lasse 5 000 Flugblätter drucken, auf denen ich uns vorstelle. Auch eine Wegbeschreibung ist angegeben. Angesprochen sind hauptsächlich Deutsche und Schweizer. In fast allen Hotels darf ich sie an der Rezeption auflegen. In den zwei größten Hotels miete ich zusätzlich Vitrinen, um Ware auszustellen. Natürlich hänge ich noch ein ungewöhnliches Hochzeitsbild dazu. Nun sind wir bereit.
Morgens um neun eröffnen wir das Geschäft. Für Napirai nehme ich Omelett und Bananen mit. Es ist sehr ruhig, nur zwei Personen erscheinen kurz im Laden. Mittags ist es sehr heiß, und kein Tourist kommt die Straße entlang. Wir gehen in Ukunda essen und öffnen um zwei Uhr wieder. Ab und zu laufen auf der Hauptstraße Touristen zu dem

weiter unten gelegenen Supermarkt, unser Geschäft bemerken sie nicht.
Am Nachmittag kommt endlich eine Gruppe Schweizer mit dem Flugblatt in den Händen. Freudig unterhalte ich mich mit ihnen, und sie wollen natürlich vieles wissen. Fast jeder kauft etwas. Für den ersten Tag bin ich zufrieden, obwohl mir klar ist, daß wir die Leute noch besser auf uns aufmerksam machen müssen. Am zweiten Tag schlage ich meinem Mann vor, sobald Weiße des Weges kommen, ihnen einen Zettel in die Hand zu drücken. Bei ihm schaut jeder sofort hin. Tatsächlich, es gelingt. Der Inder nebenan versteht die Welt nicht mehr, als alle Touristen bei ihm vorbeilaufen und zu uns in den Shop kommen.
Heute, am zweiten Tag, haben wir schon gut verkauft. Allerdings ist es manchmal schwierig mit Napirai, falls sie nicht gerade schläft. Ich habe für sie eine kleine Matratze unter den T-Shirt-Ständer gelegt, wo sie ruhig schlafen kann. Da ich aber immer noch stille, kommt es vor, daß gerade dann Touristen erscheinen, mit denen ich mich beschäftigen muß. Die Unterbrechung gefällt ihr gar nicht, und sie macht sich lautstark bemerkbar. So beschließen wir, ein Kindermädchen zu engagieren, das täglich im Shop ist. Lketinga findet eine junge Frau, ungefähr sechzehnjährig, die die Ehefrau eines Massai ist. Sie gefällt mir auf Anhieb, da sie in traditionellen Massai-Kleidern und schön geschmückt erscheint. Sie paßt zu Napirai und zu unserem Massai-Shop. Täglich nehmen wir sie im Wagen mit und laden sie abends bei ihrem Mann zu Hause ab.
Nun ist unser Geschäft schon eine Woche geöffnet, und der Umsatz steigt von Tag zu Tag. Doch damit wird es notwendig, Nachschub in Mombasa zu organisieren. Dabei stellt sich ein neues Problem. Lketinga kann nicht den ganzen

Tag allein verkaufen, weil manchmal bis zu zehn Personen im Laden stehen. Deshalb brauchen wir noch eine Verkaufskraft, die meinen Mann oder mich während der Abwesenheit des anderen unterstützt. Es muß aber eine Person aus unserem Village sein, da mein Mann in etwa drei Wochen nach Hause fährt, um der Beschneidungszeremonie seines Bruders James beizuwohnen. Auch ich als Familienmitglied sollte eigentlich fahren und hatte große Mühe, ihm beizubringen, daß ich den Laden nicht so kurz nach der Eröffnung wieder schließen kann. Erst als meine jüngere Schwester Sabine genau für diese Zeit ihren Besuch ankündigt, akzeptiert er es. Ich bin heilfroh über ihre Nachricht, denn mich hätten keine zehn Pferde nach Barsaloi gebracht.
Lketinga kann nun keinen Einwand mehr vorbringen und will im Gegenteil versuchen, rechtzeitig zurück zu sein, um sie noch vor ihrer Abreise kennenlernen zu können. Aber noch ist es nicht soweit. Erst muß eine Mithilfe im Laden gefunden werden. Ich schlage meinem Mann Priscilla vor, doch er ist sofort dagegen. Er traut ihr überhaupt nicht. Empört erwähne ich, was sie alles für uns getan hat. Aber er ist nicht umzustimmen. Statt dessen bringt er eines Abends einen Massai-Boy mit. Dieser stammt aus dem Massai-Mara und hat früher die Schule besucht. Folglich trägt er Jeans und Hemd. Es stört mich nicht, denn er macht einen ehrlichen Eindruck. Ich bin einverstanden, und William wird unser neuer Mitarbeiter.
Endlich kann ich Nachschub an T-Shirts und Schnitzereien organisieren, während die beiden den Laden hüten. Das Kindermädchen begleitet mich mit Napirai. Es ist anstrengend, von einem Händler zum nächsten zu fahren, die Ware auszusuchen und zu handeln. Gegen Mittag bin ich

zurück. Lketinga hängt an der Bar im Chinarestaurant und trinkt teures Bier. William steht im Laden. Ich frage nach, wie viele Leute hier waren. Leider nicht viele, nur ein Massai-Schmuck wurde verkauft. Alle Touristen laufen oben an der Straße vorbei. Irritiert frage ich weiter, ob denn Lketinga nicht unseren Prospekt verteilt habe. William schüttelt den Kopf und erklärt, daß er fast die ganze Zeit an der Bar Bier getrunken habe. Er habe dafür das Stockgeld aus der Kasse genommen. Darüber bin ich ärgerlich. Er schlendert gerade in den Shop, und ich rieche seine Bierfahne. Natürlich entsteht Streit, der damit endet, daß er den Wagen nimmt und verschwindet. Ich bin enttäuscht. Jetzt haben wir einen Angestellten und ein Kindermädchen, und mein Mann versäuft das Geld.
Mit William räume ich die neuen Waren ein. Sobald wir Weiße sehen, springt er zur Straße und gibt einen Prospekt ab. Fast jeden bringt er in den Laden, und als gegen halb sechs Lketinga erscheint, ist der Laden voll, und wir führen angeregte Verkaufsgespräche. Natürlich werde ich nach meinem Mann gefragt und stelle ihn vor. Doch er schaut starr an den interessierten Touristen vorbei. Statt dessen will er wissen, was wir schon verkauft haben und zu welchem Preis. Sein Benehmen ist mir mehr als unangenehm. Ein Schweizer kauft für seine zwei Töchter einiges an Schmuck und eine geschnitzte Maske. Ein gutes Geschäft! Bevor er geht, fragt er uns, ob er ein Foto von meinem Mann und mir mit Napirai machen darf. Natürlich bin ich einverstanden, weil er sehr viel Geld bei uns ausgegeben hat. Mein Mann jedoch erklärt, nur gegen Bezahlung dürfe er uns fotografieren. Der nette Schweizer ist irritiert, und ich bin beschämt. Er macht zwei Bilder und gibt Lketinga tatsächlich 10 Schillinge. Als er außer Hörweite ist, versu-

che ich Lketinga klarzumachen, warum man bei Kunden für Fotos nichts verlangen darf. Er kapiert es nicht, sondern wirft mir vor, immer, wenn er Geld verdienen wolle, hätte ich etwas einzuwenden. Jeder Massai verlange Geld für Bilder, warum solle er nichts bekommen. Seine Augen funkeln mich böse an. Müde erwidere ich, daß die anderen aber keinen Shop haben wie wir.

Als neue Kundschaft erscheint, reiße ich mich zusammen und bemühe mich, zuvorkommend zu sein. Mißtrauisch beobachtet mein Mann die Kunden, und kaum faßt einer die Ware an, besteht er darauf, daß sie auch gekauft wird. Geschickt versucht William mit seiner ruhigen Art, die Kunden von Lketinga wegzulocken, um die Situation zu retten.

Zehn Tage nach der Eröffnung haben wir bereits die Ladenmiete hereingeholt. Ich bin stolz auf mich und William. Die meisten Touristen bringen am nächsten Tag neue Leute aus ihrem Hotel mit, und so spricht sich unser Laden herum, weil auch die Preise niedriger sind als in den Hotelboutiquen. Alle drei bis vier Tage muß ich nach Mombasa, um Nachschub zu organisieren.

Da viel nach Goldschmuck gefragt wird, suche ich eine geeignete Vitrine. Es ist nicht so einfach, doch zu guter Letzt finde ich eine Werkstatt, die sie nach Maß anfertigt. Eine Woche später kann ich sie abholen. Für diesen Zweck nehme ich alle Wolldecken mit und parke direkt vor der Werkstatt. Vier Männer bringen die schwere Glasvitrine zum Wagen. Meine Wolldecken sind in den zehn Minuten gestohlen worden, obwohl ich den Wagen verschlossen hatte. Auf der Fahrerseite ist das Schloß aufgebrochen. Der Ladenbesitzer leiht mir alte Säcke und Kartons, damit ich wenigstens den Wagenboden etwas polstern kann. Der Ver-

lust meiner Schweizer Decken ärgert mich sehr. Auch Lketinga wird betrübt sein, daß seine rote Decke verschwunden ist. Enttäuscht fahre ich zurück zur Südküste.
Im Laden ist nur William, der mir vergnügt entgegenkommt und erzählt, er habe für 800 Schillinge Ware verkauft. Ich freue mich mit ihm. Da wir die Vitrine nicht ausladen können, geht er zum Strand, um Freunde zu suchen, die uns helfen. Nach einer halben Stunde erscheint er mit drei Massai, die vorsichtig die schwere Vitrine ausladen und aufstellen. Zum Dank gebe ich allen ein Soda und jedem 10 Schillinge. Ich räume die Vitrine mit Modeschmuck ein, während die anderen vor dem Shop zusammen mit dem Kindermädchen und Napirai ihre Sodas trinken.
Wie immer, wenn eine Arbeit getan ist, erscheint auch mein Mann. In seiner Begleitung ist der Ehemann unseres Kindermädchens. Böse herrscht er seine junge Frau an, und ich sehe die fremden Massai abziehen. Erschrocken frage ich, was los ist, und erfahre von William, der Ehemann wolle nicht, daß seine Frau mit anderen Männern zusammensitzt. Wenn er sie nochmals erwischt, darf sie nicht mehr hier arbeiten. Leider darf ich mich nicht einmischen und muß froh sein, daß nicht auch Lketinga zu schimpfen beginnt. Über den Ehemann des Mädchens bin ich entsetzt, und sie tut mir leid, denn sie steht mit gesenktem Kopf etwas abseits.
Gott sei Dank kommen Kunden, und William stürzt sich mit Eifer auf sie. Nachdem ich aus dem Gespräch höre, daß es Schweizer sind, spreche ich sie an. Sie sind aus Biel. Neugierig möchte ich etwas aus meiner Heimatstadt erfahren. Wir unterhalten uns, und nach einer Weile wollen sie mich auf ein Bier an der China-Bar einladen. Ich frage Lketinga, ob er einverstanden ist. »Why not, Corinne, no problem, if

you know these people«, erklärt er großzügig. Natürlich kenne ich das Pärchen nicht, das etwa in meinem Alter ist und vielleicht ehemalige Freunde von mir kennt.
Wir bleiben eine Stunde an der Bar, ehe wir uns verabschieden. Kaum bin ich zurück, fängt die Fragerei wieder an. Woher ich diese Leute kenne? Warum ich mit dem Mann soviel gelacht habe? Ob er ein Freund von Marco sei oder gar einmal mein Freund war? Fragen über Fragen und immer: »Corinne, you can tell me. I know, no problem, now this man has another lady. Please tell me, before you come to Kenya, maybe you sleep with him?« Ich kann es nicht mehr hören und halte mir die Ohren zu, während mir die Tränen über das Gesicht rollen. Vor Wut könnte ich ihn nur noch anschreien.
Endlich ist Feierabend, und wir gehen nach Hause. Natürlich hat William alles mitangehört und es Priscilla erzählt. Jedenfalls kommt sie zu uns und fragt, ob wir Probleme haben. Ich kann es nicht für mich behalten und berichte ihr von dem Vorfall. Sie versucht, Lketinga ins Gewissen zu reden, und ich gehe mit Napirai schlafen. In zwei Wochen kommt meine Schwester und, wenn ich Glück habe, ist mein Mann nicht mehr hier. Die Streitereien nehmen zu, und von den guten Vorsätzen nach dem Besuch meines Bruders ist nichts mehr zu spüren.
Jeden Morgen stehe ich um sieben auf, um bis neun Uhr im Geschäft zu sein. Nun kommen fast täglich Vertreter, die Schnitzereien oder Goldschmuck anbieten. Diese Art von Nachschubbeschaffung ist eine große Erleichterung. Ich kann sie jedoch nur nutzen, wenn Lketinga nicht im Laden ist, denn er benimmt sich unmöglich. Jeder Vertreter spricht zuerst mich an, und das erträgt mein Mann überhaupt nicht. Er schickt sie fort und meint, sie sollen wieder-

kommen, wenn sie wissen, wem das Geschäft gehört, schließlich sei hier Sidais-Massai-Shop angeschrieben.
William hingegen ist eine echte Hilfe. Er schleicht sich davon und sagt den Vertretern, sie sollten wiederkommen, wenn mein Mann nachmittags in Ukunda ist. So verstreicht noch eine ganze Woche, bis er endlich nach Hause fährt. Er will in drei Wochen zurück sein, so daß er Sabine während ihrer letzten Ferienwoche kennenlernen kann.
Jeden Tag fahren William und ich zusammen ins Geschäft. Das Kindermädchen ist meistens schon da, oder wir treffen sie auf dem Weg zum Shop. Mittlerweile kommen bereits morgens mehrere Touristen. Oft sind es Italiener, Amerikaner, Engländer oder Deutsche. Es gefällt mir gut, mich mit allen so unbekümmert unterhalten zu können. William springt ohne Aufforderung zur Straße, und dieses Locken funktioniert immer besser. Es gibt Tage, an denen wir unter anderem bis zu drei Goldkettchen mit dem Keniawappen verkaufen. Ein Händler besucht uns wöchentlich zweimal, so daß ich auch Kundenwünsche weitergeben kann.
Mittags schließen wir regelmäßig für eineinhalb Stunden und gehen zu Sophia. Sorglos kann ich nun bei ihr Spaghetti und Salat essen. Ihr Restaurant ist seit kurzem eröffnet, obwohl sie selbst immer noch nicht arbeiten darf. Sie freut sich jedesmal, wenn unsere Mädchen zusammen spielen. Natürlich bezahle ich auch das Essen von William, weil es fast die Hälfte seines Monatsgehaltes ausmacht. Als er das zum ersten Mal bemerkt, will er nicht mehr mitkommen. Aber ohne ihn könnte ich mit Napirai nicht hinfahren. Da er so eifrig arbeitet, lade ich ihn gerne ein. Das Kindermädchen geht zum Essen täglich nach Hause.
Inzwischen nehme ich so viel ein, daß ich jeden Mittag Geld zur Bank bringen muß. Autoprobleme gibt es auch

keine mehr. Einmal die Woche fahre ich nach Mombasa und kaufe ein, den Rest beziehe ich von fahrenden Händlern. Ich fühle mich wohl als Geschäftsfrau. Es sind die ersten harmonischen Tage im Shop.
In der zweiten Augustwoche trifft Sabine im Africa-Sea-Lodge ein. Am Tag ihrer Ankunft gehe ich mit Priscilla und Napirai zum Hotel, während William den Laden versorgt. Die Wiedersehensfreude ist groß. Es sind ihre ersten Ferien auf einem anderen Kontinent. Leider habe ich nicht viel Zeit, da ich bald wieder im Geschäft sein möchte. Sie liegt sowieso erst mal den ganzen Tag in der Sonne. Am Abend nach Geschäftsschluß verabreden wir uns an der Hotelbar. Ich nehme sie gleich mit zu uns ins Village, und auch sie wundert sich, wie wir hausen, obwohl es ihr gefällt.
Nebenan sind einige Krieger zu Hause. Neugierig fragen sie, wer dieses Mädchen ist, und es dauert nicht lange, bis jeder um meine Schwester buhlt. Auch sie scheint von ihnen fasziniert zu sein. Ich warne sie mit guten Ratschlägen und erzähle von meiner Misere mit Lketinga. Sie kann sich das nicht so recht vorstellen und ist enttäuscht, daß er nicht da ist.
Sie will zurück ins Hotel, weil es Abendessen gibt. Ich fahre sie mit dem Wagen hin, und einige Krieger nutzen ebenfalls die Fahrgelegenheit. Vor dem Hotel lade ich alle aus und verabrede mich mit Sabine für morgen abend an der Bar. Während ich losfahre, unterhält sie sich noch mit den Massai. Ich gehe zu Priscilla, um mit ihr zu essen. Jetzt, wo Lketinga nicht da ist, wechseln wir uns mit dem Kochen ab.
Sabine erscheint am nächsten Nachmittag überraschend mit Edy im Geschäft. Sie haben sich gestern in der Bush-Baby-Disco kennengelernt. Sie ist erst achtzehn und will das Nachtleben genießen. Mir schwant nichts Gutes beim

Anblick der beiden, obwohl ich Edy gut leiden kann. Die meiste Zeit hängen sie am Pool herum, der zur Anlage gehört.
Ich arbeite im Shop und sehe meine Schwester selten, sie ist mit Edy viel unterwegs. Ab und zu treffe ich sie in unserem Village zum Chai. Natürlich will sie mit mir in die Disco, doch wegen Napirai geht das nicht. Außerdem gäbe es große Probleme, wenn Lketinga wieder erscheint. Meine Schwester kann mich nicht verstehen, weil ich immer ein so selbständiger Mensch war. Aber sie hat ja meinen Mann noch nicht kennengelernt.

Bittere Enttäuschung

Acht Tage später ist es soweit. William und ich sind im Laden. Es ist drückend heiß, und deshalb ist nicht viel los. Dennoch können wir zufrieden sein mit unserem Umsatz, von dem Sophia im Moment nur träumen kann. Ich sitze auf der Eingangsstufe zum Shop, und Napirai trinkt trotz ihrer dreizehn Monate zufrieden an meiner Brust, als plötzlich ein großer Mann hinter dem Inderladen hervortritt und auf uns zukommt.

Ein paar Sekunden brauche ich, bevor ich Lketinga erkenne. Ich warte auf ein freudiges Gefühl in mir, aber ich bleibe wie erstarrt. Sein Anblick verwirrt mich. Seine langen, roten Haare hat er kurz geschoren, einiges vom Kopfschmuck fehlt. Dies könnte ich noch akzeptieren, doch seine Kleidung sieht lächerlich aus. Er trägt ein altmodisches Hemd und dunkelrote Jeans, die viel zu eng und zu kurz sind. Seine Füße stecken in billigen Plastikhalbschuhen, und sein sonst schwebender Gang wirkt hölzern und steif.

»Corinne, why you not tell me hello? You are not happy I'm here?«

Erst jetzt wird mir bewußt, wie ich ihn angestarrt haben muß. Um Fassung zu gewinnen, nehme ich Napirai und zeige ihr den Papa. Freudig nimmt er sie entgegen. Auch sie scheint verunsichert zu sein, denn sie will sofort runter und zu mir zurück.

Er betritt den Shop und untersucht alles. Bei den neuen Massai-Gürteln will er wissen, von wem ich sie habe. »Von Priscilla«, ist meine Antwort. Er räumt sie weg und will sie

ihr später zurückgeben, von ihr will er nichts in Kommission verkaufen. Mein Ärger wächst und augenblicklich bekomme ich Magenkrämpfe. »Corinne, where is your sister?« »I don't know. Maybe in the hotel«, antworte ich kurz. Er verlangt den Autoschlüssel und will sie besuchen, obwohl er nicht einmal weiß, wie sie aussieht.
Eine Stunde später ist er zurück, er hat sie natürlich nicht gefunden. Statt dessen hat er in Ukunda Miraa gekauft. Er setzt sich vor den Eingang und beginnt zu kauen. Nach kurzer Zeit liegen überall Blätter und abgenagte Stengel herum. Ich schlage ihm vor, woanders sein Kraut zu essen, was er so interpretiert, daß ich ihn loswerden will. William fragt er gründlich aus.
Von zu Hause und James erfahre ich wenig. Er hat nur die Beschneidung abgewartet und das Fest frühzeitig verlassen. Vorsichtig frage ich nach, wo seine Kangas sind und warum er seine Haare abgeschnitten hat. Die Kangas sind in der Tasche, ebenso seine Haarpracht. Er gehöre jetzt nicht mehr zu den Kriegern und brauche deshalb keine Kangas mehr.
Ich gebe zu bedenken, daß die meisten Massai in Mombasa noch ihre traditionelle Kleidung, ihren Schmuck und lange Haare tragen und dies für unser Geschäft auch besser sei, woraus er schließt, daß mir alle anderen besser gefallen. Dabei wünsche ich mir nur, daß er wenigstens Hemd und Jeans wieder gegen die Kangas tauscht, da diese einfache Kleidung ihm viel besser steht. Aber ich gebe es vorläufig auf.
Als wir nach Hause kommen, sitzt Sabine mit Edy bei den anderen Kriegern nebenan vor der Hütte. Ich stelle sie meinem Mann vor. Freudig begrüßt er sie. Sabine schaut etwas überrascht zu mir. Natürlich wundert sie sich ebenfalls

über seine Aufmachung. Lketinga hingegen hat sich wohl noch keine Gedanken gemacht, warum Sabine hier sitzt.
Eine halbe Stunde später möchte sie zurück zum Hotel wegen des Abendessens. Es ist für mich die einzige Gelegenheit, mit ihr ein paar Worte zu wechseln, und so schlage ich Lketinga vor, daß ich sie schnell zum Hotel fahre, während er zehn Minuten Napirai hütet. Das kommt für ihn jedoch nicht in Frage, er will sie zum Hotel fahren. Meine Schwester starrt mich erschrocken an, und gibt mir in Schweizerdeutsch zu verstehen, daß sie auf keinen Fall in den Wagen steigt, wenn er fährt. Sie kenne ihn überhaupt nicht, und er sehe nicht aus, als beherrsche er ein Fahrzeug. Ich weiß nicht, was ich machen soll und teile ihr dies mit. Zu Lketinga gewandt erwidert sie: »Thank you, but it's better I walk with Edy to the hotel.« Für einen Moment halte ich die Luft an und überlege, was passiert. Lketinga lacht und erwidert: »Why you go with him? You are sister from Corinne. So you are like my sister.«
Als alles nichts nützt, will er sich mit ihr für den Abend in der Bush-Baby-Bar verabreden, er könne nicht verantworten, daß sie allein dorthin geht. Sabine, nun schon etwas ärgerlich, erwidert: »No problem, I go with Edy and you stay with Corinne or come together with her.« Ich sehe ihm an, daß er jetzt merkt, was hier los ist. Sabine ergreift die Gelegenheit und verschwindet mit Edy. Krampfhaft beschäftige ich mich mit Napirai. Lange Zeit sagt er keinen Ton und kaut intensiv Miraa. Dann will er wissen, was ich jeden Abend gemacht habe. Ich erwähne die Besuche bei Priscilla, die ja nur dreißig Meter entfernt von uns wohnt. Sonst sei ich immer früh ins Bett gegangen. Wer dann bei mir gelegen sei, will er weiter wissen. Mir ist klar, worauf er

hinauswill, und ich antworte etwas schärfer: »Only Napirai!« Er lacht und kaut weiter.
Ich gehe ins Bett und hoffe, daß er noch lange draußen bleibt, weil ich absolut keine Lust verspüre, mich von ihm berühren zu lassen. Erst jetzt wird mir richtig bewußt, wie abgestumpft meine Gefühle diesem Mann gegenüber sind. Nach den zweieinhalb Wochen, in denen ich ungebunden leben konnte, fällt mir nun das Zusammenleben unter diesem Druck besonders schwer.
Nach einiger Zeit kommt er ebenfalls zu Bett. Ich stelle mich schlafend und liege mit Napirai ganz an der Wand. Er spricht mich an, und ich reagiere nicht. Als er den Versuch macht, mit mir zu schlafen, was unter anderen Umständen normal wäre nach dieser Zeit der Trennung, wird mir fast schlecht vor Angst. Ich kann und will einfach nicht. Zu groß ist die erneute Enttäuschung. Ich schiebe ihn weg und sage: »Maybe tomorrow.« »Corinne, you are my wife, now I have not seen you for such a long time. I want love from you! Maybe you got enough love from other men!« »No, I have not got love, I don't want love!« schreie ich entnervt.
Natürlich hören uns auch hier die Leute streiten, aber ich kann mich nicht mehr beherrschen. Es entsteht ein Handgemenge, worauf Napirai aufwacht und losheult. Lketinga steigt wütend aus dem Bett, zieht seinen Schmuck und die Kangas an und verschwindet. Napirai schreit und ist nicht zu beruhigen. Auf einmal steht Priscilla in meinem Zimmer. Sie nimmt mir Napirai ab. Ich bin so erledigt, daß ich nicht fähig bin, mit ihr über unsere Probleme zu sprechen. Das einzige, was ich ihr mitteile, ist, daß Lketinga völlig crazy ist. Beruhigend erwidert sie, alle Männer seien so, dennoch dürfen wir hier nicht so schreien, sonst gibt es

Probleme mit dem Vermieter. Dann zieht sie sich wieder zurück.
Als ich am nächsten Tag wie gewohnt mit William ins Geschäft gehe, weiß ich nicht, wo mein Mann die Nacht verbracht hat. Die Stimmung ist gedrückt, das Kindermädchen und William sprechen nicht viel. Wir sind um jede Abwechslung durch Touristen froh, obwohl ich mich heute aus den Verkaufsgesprächen heraushalte.
Lketinga taucht erst gegen Mittag auf. Ständig hetzt er William herum. Er geht nicht mehr selber zur Straße hinüber, um die Zettel zu verteilen, sondern schickt William. Zum Mittagessen will er ihn nicht mitnehmen, obwohl wir nur nach Ukunda fahren. Zu Sophia darf ich auch nicht mehr, weil er nicht versteht, was ich mit ihr zu besprechen habe.
Seit einigen Tagen scheint in der Kasse Geld zu fehlen. Mit Bestimmtheit kann ich es nicht sagen, da ich nicht mehr täglich zur Bank fahre. Mein Mann nimmt auch hin und wieder Geld heraus, und ich kaufe von den Händlern Ware. Aber mein Gefühl sagt mir, daß etwas nicht stimmt. Meinen Mann darauf anzusprechen, wage ich allerdings nicht.
Der Urlaub meiner Schwester geht zu Ende, ohne daß wir viel zusammen waren. Am vorletzten Tag besuchen wir abends zusammen mit ihr und Edy die Disco. Es ist ihr Wunsch, vermutlich, weil sie mich unter Menschen bringen möchte. Napirai lassen wir bei Priscilla. Während Lketinga und ich am Tisch sitzen, tanzen Sabine und Edy ausgelassen. Seit langem trinke ich wieder einmal Alkohol. Meine Gedanken wandern zurück zu der Zeit, als ich mit Marco hier war und fast einer Ohnmacht nahe, als Lketinga zur Tür hereinkam. Was ist alles geschehen in der

Zwischenzeit! Meine aufsteigenden Tränen versuche ich zu verbergen. Ich will Sabine den Abschied nicht vermiesen und andererseits auch keine Auseinandersetzung mit meinem Mann. Auch er war damals sicher glücklicher als jetzt.
Meine Schwester kommt wieder an den Tisch zurück und merkt sofort, daß es mir nicht gut geht. Ich eile zur Toilette. Als ich mein Gesicht kalt abwasche, steht sie neben mir und nimmt mich in die Arme. Schweigend stehen wir einfach da. Dann steckt sie mir eine Zigarette zu und sagt, ich solle sie später gemütlich rauchen. Es täte mir sicher gut, denn sie sei mit Marihuana gemischt. Falls ich mehr benötige, sollte ich mich nur an Edy wenden.
Wir kehren an den Tisch zurück, und Lketinga fordert Sabine zum Tanz auf. Während sie tanzen, fragt Edy, ob ich mit Lketinga Probleme habe. »Manchmal schon«, ist meine kurze Antwort. Edy möchte ebenfalls tanzen, doch ich lehne ab. Kurze Zeit später brechen Lketinga und ich auf, da ich Napirai zum ersten Mal bei Priscilla gelassen habe und unruhig bin. Ich verabschiede mich von Sabine und wünsche ihr eine gute Heimreise.
Im Dunkeln stapfen wir zum Village. Schon von weitem höre ich mein Mädchen, doch Priscilla beruhigt mich, da Napirai gerade erst aufgewacht ist und natürlich die gewohnte Brust vermißt. Während Lketinga sich mit Priscilla unterhält, gehe ich in unser Zimmer. Als Napirai wieder schläft, setze ich mich draußen in die schwüle Nachtluft, zünde den Joint an und ziehe gierig den Rauch in die Lungen. Gerade als ich den Rest auslösche, kommt Lketinga, und ich hoffe, daß er den Geruch nicht wahrnimmt.
Ich fühle mich freier und besser und schmunzle vor mich hin. Als sich alles in meinem Kopf dreht, lege ich mich aufs

Bett. Lketinga merkt, daß ich verändert bin, doch ich erkläre es mit dem ungewohnten Alkohol. Heute fällt es mir nicht schwer, meine Ehepflicht zu erfüllen. Selbst Lketinga ist erstaunt über meine Bereitschaft.

In der Nacht erwache ich, weil meine Blase drückt. Ich schleiche hinaus und erledige es gleich hinter dem Häuschen, da die Plumpsklos zu weit weg sind und mein Kopf noch schwirrt. Als ich zurück in unser großes Bett steige, fragt mein Mann in die Dunkelheit, woher ich komme. Erschrocken erkläre ich ihm den Grund. Er steht auf, nimmt die Taschenlampe und verlangt von mir, ihm die Stelle zu zeigen. In meinem anhaltenden »Flash« muß ich lachen, mir kommt alles sehr komisch vor. Lketinga jedoch schließt aus meiner Fröhlichkeit, daß ich mich mit jemandem verabredet hatte. Ich kann das nicht ernst nehmen und zeige ihm den nassen Ring am Boden. Schweigend gehen wir wieder schlafen.

Am Morgen brummt mein Kopf, und das volle Elend kehrt zurück. Nach dem Frühstück fahren wir zum Laden, und William ist zum ersten Mal nicht auffindbar. Doch als wir beim Laden vorfahren, steht er bereits da. Natürlich geht es mich nichts an, und so frage ich auch nicht, wo er war. Er ist nervös und zurückhaltender als sonst. Heute läuft nicht sehr viel, und nach Ladenschluß fällt mir auf, daß tatsächlich jemand Geld aus meiner Tasche genommen hat. Aber was soll ich tun? Immer öfter beobachte ich William und meinen Mann, sofern er anwesend ist. Mir fällt nichts auf, und dem Kindermädchen traue ich es schon gar nicht zu.

Als ich vom Waschen komme, sitzt Priscilla bei uns und spricht mit Lketinga. Sie erzählt, William gebe jeden Abend in Ukunda viel Geld aus. Wir sollten besser aufpas-

sen, sie kann sich nicht erklären, woher er das viele Geld hat. Mir ist unwohl bei dem Gedanken, daß mir Geld gestohlen wurde, doch ich behalte es für mich und nehme mir vor, mit William unter vier Augen zu sprechen. Mein Mann würde ihn sofort entlassen, und dann bliebe mir die ganze Arbeit. Bis jetzt war ich ja sehr zufrieden mit ihm.
Tags darauf kommt er wieder direkt von Ukunda zur Arbeit. Lketinga stellt ihn zur Rede, aber er bestreitet alles. Als die ersten Touristen kommen, arbeitet William wie gewohnt weiter. Mein Mann fährt nach Ukunda. Ich nehme an, er will sich umhören, wo William gewesen ist.
Als ich mit William allein bin, sage ich ihm auf den Kopf zu, ich wisse, daß er mir Geld gestohlen hat und zwar täglich. Lketinga werde ich nichts erzählen, wenn er verspricht, in Zukunft seriös zu arbeiten. Dann werde ich ihn auch nicht entlassen. Sobald in zwei Monaten die Hochsaison beginnt, bekomme er auch mehr Lohn. Er schaut mich an und sagt nichts. Ich bin mir sicher, daß es ihm leid tut und daß er nur gestohlen hat, um sich für die schlechte Behandlung durch meinen Mann zu rächen. Als wir allein waren, hat nie ein Schilling gefehlt.
Als Lketinga von Ukunda zurückkommt, weiß er, daß William die Nacht in einer Disco verbracht hat. Erneut stellt er ihn zur Rede. Diesmal mische ich mich ein und erkläre, daß er gestern ja den Vorschuß bezogen hat. Langsam kehrt Ruhe ein, aber die Atmosphäre ist angespannt.
Nach dem harten Arbeitstag vermisse ich den Joint, der mir angenehme Entspannung bringen könnte und überlege, wo ich Edy treffen kann. Für heute fällt mir nichts ein, aber morgen gehe ich ins Africa-Sea-Lodge, um meine Haare zöpfeln zu lassen. Das dauert sicher drei Stunden, und somit ist meine Chance groß, Edy an der Bar zu finden.

Nach dem Mittagessen fahre ich mit dem Wagen ins Hotel. Beide Friseusen sind beschäftigt, und ich muß eine halbe Stunde warten. Dann beginnt die schmerzhafte Prozedur. Meine Haare werden zusammen mit Wollfäden am Kopf entlang nach oben gezöpfelt und am Ende jedes Zöpfchens stecken farbige Glasperlen. Da ich auf vielen feinen Zöpfchen bestehe, dauert es mehr als drei Stunden. Es ist fast halb sechs, und die Prozedur ist noch nicht ganz überstanden.

Ausweglosigkeit

Plötzlich kommt mein Mann mit Napirai daher. Ich verstehe nicht, was das soll, denn ich habe ja den Wagen, und unser Shop ist immerhin einige Kilometer entfernt. Er schaut auf seine Uhr und herrscht mich an, wo ich so lange bleibe. Möglichst gelassen erwidere ich, er sehe ja, daß ich erst jetzt fertig werde. Er setzt mir die völlig verschwitzte Napirai auf den Schoß. Ihre Hosen sind voll. Ärgerlich frage ich, was er hier mit ihr zu suchen habe und wo unser Kindermädchen sei. Er hat sie und William nach Hause geschickt und den Shop einfach geschlossen. Er sei ja nicht verrückt und wisse, daß ich mich mit jemandem verabredet habe, sonst wäre ich schon längst wieder erschienen. Alle Einwendungen nützen nichts, Lketinga ist krank vor Eifersucht. Er ist überzeugt, daß ich vor dem Friseur ein Treffen mit einem anderen Krieger hatte.

So schnell wie möglich will ich die Hotelanlage verlassen, und wir fahren direkt nach Hause. Die Lust am Arbeiten ist mir vergangen. Es will mir nicht in den Kopf, daß ich keine dreieinhalb Stunden allein zum Friseur gehen kann, ohne daß mein Mann völlig durchdreht. So kann es nicht mehr weitergehen. Voller Zorn und Haß schlage ich meinem Mann vor, er solle nach Hause fahren und eine zweite Frau heiraten. Finanziell werde ich ihn unterstützen. Aber er soll gehen, damit wir alle zur Ruhe kommen. Ich habe keinen anderen Lover und will auch keinen. Ich will nur arbeiten und in Frieden leben. Er kann auch in zwei oder drei Monaten wiederkommen, und wir sehen weiter.

Doch meine Argumente erreichen Lketinga nicht. Er wolle keine andere Frau, denn er liebe nur mich. Er möchte, daß es wieder wie früher ist, bevor Napirai zur Welt kam. Daß er alles mit seiner verdammten Eifersucht zerstört hat, begreift er einfach nicht. Ich kann nur noch atmen, wenn er fort ist. Wir streiten, und ich heule und weiß keinen Ausweg mehr. Nicht einmal die Kraft, Napirai zu trösten, habe ich, da ich selbst so im Elend bin. Wie eine Gefangene komme ich mir vor. Ich muß mit jemandem sprechen. Sophia wird mich verstehen! Schlimmer kann es nicht mehr kommen, und so steige ich in den Wagen und lasse Mann und Kind zurück. Er stellt sich mir in den Weg, doch ich brause einfach los. »You are crazy, Corinne!« ist alles, was ich noch höre.
Sophia ist völlig vor den Kopf gestoßen, als sie mich sieht. Sie dachte, alles sei bestens, weil ich so lange nicht mehr vorbeigekommen bin. Als ich ihr das ganze Ausmaß erzähle, ist sie geschockt. In meiner Verzweiflung sage ich ihr, daß ich vielleicht zurück in die Schweiz gehe, weil ich Angst habe, es passiere eines Tages noch Schlimmeres. Sophia redet mir zu, jetzt, wo das Geschäft so gut geht und ich die Arbeitsbewilligung habe, solle ich mich zusammenreißen. Vielleicht geht Lketinga ja doch nach Hause, weil er sich in Mombasa nicht wohl fühlt. Wir besprechen vieles, doch innerlich bin ich ausgebrannt. Ich frage, ob sie Marihuana hat. Tatsächlich bekomme ich welches von ihrem Freund. Etwas erleichtert fahre ich zurück und bin schon auf den nächsten Krach gefaßt. Aber mein Mann liegt vor dem Haus und spielt mit Napirai. Er sagt keinen Ton. Ja, er will nicht einmal wissen, wo ich war. Das ist völlig neu.
Im Zimmer drehe ich hastig einen Joint und rauche ihn. Nun geht es mir besser, und alles scheint leichter ertragbar

zu sein. Heiter setze ich mich draußen hin und schaue meiner Tochter amüsiert zu, wie sie immer wieder versucht, auf einen Baum zu steigen. Als mein Kopf wieder klarer wird, kaufe ich Reis und Kartoffeln, um das Abendessen zu kochen. Der Joint verursacht ein großes Hungergefühl. Später bade ich Napirai wie gewöhnlich im Waschbecken, bevor auch ich mich in die »Buschdusche« zurückziehe. Die Windeln weiche ich wie immer über Nacht ein, damit ich sie morgens vor der Arbeit waschen kann. Dann gehe ich ins Bett. Mein Mann fährt Krieger zu einer Tanzaufführung.
Die Tage streichen dahin, und ich freue mich jeden Abend auf den Joint. Im Intimen läuft nun mehr, nicht weil ich Freude daran habe, sondern weil es mir gleichgültig ist. Ich lebe leer vor mich hin. Mechanisch öffne ich den Shop und verkaufe zusammen mit William, der immer unregelmäßiger erscheint, die Ware. Dafür ist Lketinga nun fast den ganzen Tag im Shop. Die Touristen erscheinen mit Kameras und Videos, und bald sind wir auf vielen Filmstreifen festgehalten. Mein Mann verlangt nach wie vor Geld, was mich nicht mehr aufregt. Er versteht nicht, warum die Leute uns fotografieren wollen und sagt zu Recht, wir seien doch keine Affen.
Immer wieder fragen die Touristen, wo unsere Tochter ist, da sie annehmen, Napirai, die mit dem Kindermädchen spielt, gehöre zu ihr. Ich muß allen erklären, daß das mittlerweile sechzehnmonatige Kind unsere Napirai ist. Zusammen mit dem Kindermädchen lachen wir über die falsche Annahme, bis mein Mann sich schließlich Gedanken macht, wieso alle Leute dasselbe vermuten. Ich versuche, ihn zu beschwichtigen, die Verwechslungen könnten uns doch egal sein. Dennoch bohrt er bei den irritierten Kun-

den weiter, warum sie mich nicht gleich als Mutter erkennen, so daß einige erschrocken unser Geschäft wieder verlassen. Auch dem Mädchen gegenüber verhält er sich mißtrauisch.
Meine Schwester ist seit fast einem Monat zu Hause. Edy erscheint ab und zu, um nach Briefen von ihr zu fragen, was Lketinga mit der Zeit ganz anders sieht. Seiner Ansicht nach kommt Edy natürlich meinetwegen, und eines Tages ertappt er mich dabei, wie ich Edy Marihuana abkaufe. Er beschimpft mich wie eine Schwerverbrecherin und droht, mich bei der Polizei anzuzeigen.
Mein eigener Mann will mich ins Gefängnis bringen, obwohl er weiß, wie elend es dort zugeht! In Kenia sind die Bestimmungen über Drogen sehr streng. Mit Müh und Not kann Edy ihn davon abbringen, nach Ukunda zur Polizei zu fahren. Ich stehe fassungslos da und kann nicht einmal weinen. Schließlich brauche ich dieses Zeug, um ihn ertragen zu können. Ich muß ihm versprechen, nie mehr Marihuana zu rauchen, sonst zeigt er mich an. Er will nicht mit jemandem zusammen sein, der die Gesetze in Kenia mißachtet. Miraa ist dagegen erlaubt und somit nicht dasselbe.
Mein Mann durchsucht meine Taschen und riecht an jeder Zigarette, die ich mir anzünde. Daheim erzählt er es Priscilla und jedem, der es hören will. Alle sind natürlich entsetzt, und ich komme mir miserabel vor. Bei jedem Gang zur Toilette begleitet er mich. Zum Shop im Village darf ich schon gar nicht mehr. Ich bin nur noch in unserem Geschäft, und zu Hause hocke ich auf dem Bett. Das einzig Wichtige ist mein Kind. Napirai scheint zu spüren, daß es mir schlecht geht. Sie bleibt die meiste Zeit bei mir und plappert »Mama, Mama« und ein paar unverständliche Worte. Priscilla hat sich von uns zurückgezogen. Sie will keinen Ärger.

Die Arbeit bereitet mir keine Freude mehr. Lketinga ist ständig um uns. Entweder im Shop oder von der China-Bar aus werde ich kontrolliert. Bis zu dreimal am Tag stellt er meine Tasche auf den Kopf. Einmal kommen wieder Schweizer Touristen. Ich mag mich nicht groß mit ihnen unterhalten und erkläre, daß ich mich nicht wohl fühle und Magenschmerzen habe. Mein Mann kommt gerade hinzu, als eine Schweizerin Napirai bewundert und arglos die Ähnlichkeit zu dem Kindermädchen feststellt. Wieder kläre ich die Besucherin auf, als Lketinga fragt: »Corinne, why all people know, this child is not yours?« Mit diesem Satz hat er meine letzte Hoffnung und meinen letzten Respekt vor ihm vernichtet.

Wie in Trance stehe ich auf und gehe ins Chinarestaurant hinüber, ohne auf die Fragen der anderen zu reagieren. Den Besitzer bitte ich um ein Telefongespräch. Ich lasse mich mit dem Swissair-Office in Nairobi verbinden und frage nach dem nächstmöglichen Flug für mich und mein eineinhalbjähriges Mädchen nach Zürich. Es dauert eine Weile, bis ich die Auskunft erhalte, in vier Tagen sei noch Platz frei. Mir ist klar, daß telefonische Buchungen von Privatpersonen nicht möglich sind, doch ich bitte die Dame eindringlich, mir die Plätze zu reservieren. Ich könne erst einen Tag vor Abflug die Tickets abholen und bezahlen. Aber es sei sehr wichtig, und ich käme auf jeden Fall. Mein Herz klopft bis zum Hals, als ich ihr »okay« entgegennehme.

Langsam kehre ich zum Shop zurück und sage ohne Umschweife, daß ich ferienhalber in die Schweiz fliege. Lketinga lacht zuerst unsicher, um dann zu erklären, ohne Napirai könne ich gehen, so sei er sicher, daß ich wiederkomme. Müde erwidere ich, daß mein Kind mit mir fliegt. Ich komme wieder, wie immer, aber ich brauche nach dem Shop-Streß Erholung, bevor die Hochsaison im Dezember beginnt. Lketinga ist nicht einverstanden und will mir auch keine Ausreiseerlaubnis unterschreiben. Trotzdem packe ich zwei Tage später. Priscilla und auch Sophia sprechen mit ihm. Alle sind überzeugt, ich komme wieder.

Flucht

Am letzten Tag lasse ich alles zurück. Mein Mann will, daß ich nur wenige Sachen für Napirai einpacke. Ich gebe ihm alle Kontokarten der Bank, damit er sieht, daß ich wiederkommen muß. Wer gibt schon freiwillig so viel Geld, einen Wagen und ein voll eingerichtetes Geschäft auf?

Hin- und hergerissen, ob er es glauben soll oder nicht, begleitet er Napirai und mich nach Mombasa. Kurz vor unserer Abfahrt nach Nairobi hat er immer noch nicht unterschrieben. Zum letzten Mal bitte ich ihn, denn fahren werde ich auf jeden Fall. Ich bin innerlich so ausgebrannt, so gefühllos, daß keine Träne mehr kommt.

Der Fahrer startet den Motor. Lketinga steht neben uns im Bus und läßt sich von einem Mitreisenden zum wiederholten Mal mein beschriebenes Blatt übersetzen, auf dem zu lesen ist, daß ich die Erlaubnis meines Mannes, Lketinga Leparmorijo, habe, Kenia gemeinsam mit unserer Tochter Napirai für drei Wochen Urlaub in der Schweiz zu verlassen.

Der Busfahrer hupt zum dritten Mal. Lketinga kritzelt sein Zeichen auf das Papier und sagt: »I don't know, if I see you and Napirai again!« Dann springt er aus dem Bus, und wir fahren los. Erst jetzt rollen meine Tränen. Ich schaue aus dem Fenster und verabschiede mit jedem Blick die vorbeiziehenden, vertrauten Bilder.

Lieber Lketinga,

hoffentlich kannst Du mir verzeihen, was ich Dir jetzt mitteilen muß: Ich komme nicht zurück nach Kenia.
Inzwischen habe ich viel über uns nachgedacht. Vor mehr als dreieinhalb Jahren habe ich Dich so sehr geliebt, daß ich bereit war, mit Dir in Barsaloi zu leben. Ich habe Dir auch eine Tochter geschenkt. Aber seit dem Tag, an dem Du mir vorgeworfen hast, daß dieses Kind nicht von Dir ist, habe ich nicht mehr dasselbe für Dich empfunden. Auch Du hast dies bemerkt.
Nie habe ich jemanden anderen gewollt und habe Dich nie belogen. Aber in all diesen Jahren hast Du mich nie verstanden, vielleicht auch deshalb, weil ich eine »Mzungu« bin. Meine Welt und Deine Welt sind sehr verschieden, doch ich dachte, eines Tages stehen wir zusammen in der gleichen.
Aber jetzt, nach der letzten Chance, die wir in Mombasa hatten, sehe ich ein, daß Du nicht glücklich bist und ich erst recht nicht. Wir sind immer noch jung und können nicht so weiterleben. Im Moment wirst Du mich nicht verstehen, doch nach einiger Zeit wirst auch Du sehen, daß Du mit jemandem anderen wieder glücklich wirst. Für Dich ist es leicht, eine neue Frau zu finden, die in der gleichen Welt lebt. Aber suche jetzt eine Samburu-Frau, nicht wieder eine Weiße, wir sind zu verschieden. Du wirst eines Tages viele Kinder haben.

Ich habe Napirai mit mir genommen, denn sie ist das einzige, was mir geblieben ist. Auch weiß ich, daß ich nie mehr Kinder haben werde. Ohne Napirai könnte ich nicht überleben. Sie ist mein Leben! Bitte, bitte Lketinga, vergib mir! Ich bin nicht länger stark genug, um in Kenia zu leben. Dort war ich immer sehr allein, hatte niemanden, und Du hast mich wie eine Verbrecherin behandelt. Du merkst es selber nicht, denn dies ist Afrika. Noch einmal sage ich Dir, ich habe nie etwas Unrechtes getan.
Nun mußt Du überlegen, was Du mit dem Shop machen willst. An Sophia schreibe ich ebenfalls, sie kann Dir helfen. Ich schenke Dir das ganze Geschäft. Aber wenn Du es verkaufen willst, mußt Du mit Anil, dem Inder, verhandeln. Von hier aus will ich Dir helfen, so gut ich kann, und will Dich nicht fallen lassen. Falls Du Probleme hast, sage es Sophia. Die Shopmiete ist bis Mitte Dezember bezahlt, doch wenn Du nicht mehr arbeiten willst, mußt Du unbedingt mit Anil sprechen. Auch den Wagen schenke ich Dir. Ich lege Dir für ihn ein unterzeichnetes Papier bei. Wenn Du den Wagen verkaufen willst, bekommst Du mindestens noch 80 000 Schillinge, aber Du mußt jemanden Guten finden, der Dir hilft. Danach bist Du ein reicher Mann.
Bitte, Lketinga, sei nicht traurig, Du wirst eine bessere Frau finden, denn Du bist jung und schön. Bei Napirai werde ich Dich in guter Erinnerung halten. Bitte versteh mich! Ich würde in Kenia sterben, und ich denke nicht, daß Du das willst. Meine Familie denkt nicht schlecht von Dir, sie haben Dich immer noch gern, doch wir sind zu verschieden.

Viele Grüße von Corinne und Familie

Lieber James,

ich hoffe, Du bist okay. Ich bin in der Schweiz und sehr traurig. Mir ist jetzt klar, daß ich nie mehr nach Kenia zurückkommen werde. Heute habe ich dies Lketinga geschrieben, denn ich bin nicht länger stark genug, um mit Deinem Bruder zu leben. Ich fühlte mich sehr allein, weil ich eben weiß bin. Du hast uns erlebt. Ich habe ihm eine Chance in Mombasa gegeben, doch es ist nicht besser, sondern noch schlechter geworden. Dabei habe ich ihn einmal so sehr geliebt! Aber seit dem Krach wegen Napirai hat diese Liebe einen großen Riß bekommen. Seit diesem Tag haben wir uns von morgens bis abends nur noch gestritten. Seine Gedanken sind nur negativ. Ich glaube nicht, daß er weiß, was Liebe ist, denn wenn man jemanden liebt, kann man nicht solche Sache sagen.
Mombasa war meine letzte Hoffnung, aber er änderte sich nicht. Es war wie im Gefängnis. Wir haben einen guten Laden eröffnet, doch ich glaube nicht, daß er allein dort arbeiten kann. Bitte fahre so schnell wie möglich nach Mombasa und rede mit ihm! Er hat jetzt niemanden mehr und ist ganz allein. Wenn er den Shop verkaufen will, kann ich mit Anil telefonieren, aber ich muß wissen, was geschehen soll. Auch den Wagen kann er behalten. Please, James, geh so schnell wie möglich nach Mombasa, denn Lketinga braucht Dich sehr, wenn er meinen Brief bekommt. Ich werde von der Schweiz aus helfen, so gut ich kann. Wenn er alles verkauft, wird er ein reicher Mann sein. Er muß aber vorsichtig sein, denn sonst wird die große Verwandtschaft alles Geld schnell verbrauchen. Ich weiß nicht, wie der Shop funktioniert ohne mich, aber bis jetzt hatten wir ein gutes Geschäft. Bitte gehe nachschauen, denn im Geschäft steckt

viel Geld in Form von Goldschmuck und anderem. Ich will nicht, daß man Lketinga betrügt. Hoffentlich können mir alle das, was ich tun mußte, verzeihen. Käme ich nach Kenia zurück, würde ich dort sehr schnell sterben.
Bitte erkläre alles Mama. Ich liebe sie und werde sie nie vergessen. Leider kann ich ja mit ihr nicht sprechen. Erzähle ihr, daß ich alles versucht habe, mit Lketinga zu leben. Doch sein Kopf lebt in einer anderen Welt. Bitte schreibe schnell zurück, wenn Du diesen Brief bekommen hast. Ich selber habe auch viele Probleme, denn ich weiß nicht, ob ich in der Schweiz bleiben kann. Wenn nicht, wird es Deutschland sein. Für die nächsten drei Monate lebe ich bei meiner Mama.

Liebe Grüße von Corinne

Lieber Pater Giuliano,

ich bin nun seit dem 6. Oktober 1990 in der Schweiz. Nach Kenia werde ich nicht zurückkommen. Ich bin nicht länger stark genug, um mit meinem Ehemann zu leben. Dies habe ich ihm vor zwei Wochen in einem Brief mitgeteilt. Nun warte ich auf seine Antwort. Es wird ihn hart treffen, denn ich ließ ihn in der Meinung, daß ich nur ferienhalber in die Schweiz reise. Andernfalls hätte er mir nie erlaubt, zusammen mit Napirai das Land zu verlassen.
Wie Sie wissen, haben wir an der Südküste einen tollen Laden eröffnet. Wir hatten vom ersten Tag an ein gutes Geschäft. Doch mit meinem Ehemann ist es nicht besser geworden. Er war so eifersüchtig, auch wenn ich nur mit

Touristen sprach. Er hat mir nie vertraut in all den Jahren. In Mombasa war es wie im Gefängnis. Die ganze Zeit haben wir nur noch gestritten, was auch nicht gut für Napirai war.
Das Herz meines Mannes ist gut, doch in seinem Kopf stimmt etwas nicht. Es ist sehr hart für mich, das zu sagen, doch ich bin mit dieser Meinung nicht allein. Alle unsere Freunde haben uns verlassen. Selbst einige Touristen bekamen Angst vor ihm. Es war nicht jeden Tag gleich schlimm, doch zuletzt fast täglich. Ich habe ihn mit allem zurückgelassen, Shop, Auto etc. Er kann alles verkaufen und als reicher Mann nach Barsaloi zurückkehren. Ich wäre glücklich, wenn er eine gute Frau und viele Kinder bekommen würde.
Ich lege noch ein paar Kenia-Schillinge in diesen Brief, die sie der Mutter meines Mannes geben können. Auf der Barclays Bank habe ich noch Geld. Vielleicht könnten Sie dafür sorgen, daß die Mama dieses Geld erhält? Dafür wäre ich Ihnen sehr dankbar. Bitte geben Sie mir Bescheid.
Ich habe Ihnen diesen Brief geschrieben, damit Sie mich verstehen, wenn Sie eines Tages von diesen Geschehnissen hören. Sie können mir glauben, ich habe mein Bestes versucht. Ich hoffe, auch Gott kann mir verzeihen.

Viele Grüße von Corinne und Napirai

Hallo Sophia!

Gerade eben habe ich Deinen und Lketingas Anruf erhalten. Ich bin sehr traurig und nur noch am Weinen. Ich habe Dir jetzt gesagt, daß ich nicht mehr zurückkomme. Es ist die Wahrheit. Es war mir klar, noch bevor ich die Schweiz erreicht hatte. Du kennst meinen Mann auch ein bißchen. So sehr habe ich ihn geliebt wie niemanden vorher in meinem Leben! Für ihn war ich bereit, ein richtiges Samburu-Leben zu führen. Dabei wurde ich so oft krank in Barsaloi, doch ich blieb da, weil ich ihn liebte. Vieles hat sich verändert, seit ich Napirai zur Welt brachte. Eines Tages hat er behauptet, dieses Kind sei nicht von ihm. Seit diesem Tag ist meine Liebe zerbrochen. Die Tage sind vergangen mit Höhen und Tiefen, und er hat mich oft schlecht behandelt.
Sophia, ich sage Dir bei Gott, ich hatte nie einen anderen Mann, nie! Dennoch mußte ich mir dies von morgens bis abends anhören. In Mombasa habe ich meinem Mann und mir noch eine Chance gegeben. Aber so kann ich nicht weiterleben. Er selbst merkt es nicht einmal! Ich habe alles aufgegeben, sogar mein Heimatland. Sicher habe auch ich mich verändert, doch ich denke, das ist unter diesen Umständen normal. Es tut mir sehr leid für ihn und für mich. Wo ich in Zukunft bleiben kann, weiß ich noch nicht.
Mein größtes Problem ist Lketinga. Er hat nun niemanden mehr für den Shop, den er nicht managen kann. Bitte laß mich wissen, ob er ihn behalten will. Ich wäre froh, wenn er damit zurecht käme, wenn nicht, soll er alles verkaufen. Das gleiche gilt für den Wagen. Napirai bleibt bei mir. Ich weiß, sie ist so glücklicher. Bitte, Sophia, kümmere Dich ein bißchen um Lketinga, er wird nun viele Probleme haben. Leider kann ich ihm nicht viel helfen. Wenn ich nochmals

nach Kenia käme, würde er mich niemals mehr in die Schweiz zurücklassen.
Sein Bruder James kommt hoffentlich nach Mombasa. Ich habe ihm geschrieben. Bitte hilf ihm mit Gesprächen. Mir ist bewußt, auch Du hast viele Probleme, und ich hoffe für Dich, sie werden sich bald lösen. Ich wünsche Dir, daß alles gut wird und Du auch wieder eine weiße Freundin findest.
Napirai und ich werden Euch nie vergessen.
Ich wünsche Dir alles Gute und viele Grüße

Corinne

Ich danke allen meinen Freundinnen,
die mich in der Zeit des Schreibens unterstützt haben,
namentlich vor allem:

Hanny Stark, die mich motiviert hat,
dieses Buch überhaupt zu schreiben und
Anneliese Dubacher, die mein handschriftliches
Manuskript in mühsamer Arbeit auf den Computer
übertragen hat.

Stefanie Gercke

Ich kehre zurück nach Afrika

ISBN 3-426-61498-7

Als die junge Henrietta Ende der fünfziger Jahre auf Geheiß ihrer Eltern nach Südafrika zieht, ist dies eigentlich als Strafe gedacht. Doch Henrietta ist glücklich, daß sie der Enge und den Konventionen ihrer Heimatstadt entfliehen kann, und baut sich in dem fremden Land ein neues, glückliches Leben auf. Als sie den Schotten Ian kennenlernt, scheint ihr Glück vollkommen. Doch bald geraten sie mit dem System der Rassentrennung in Konflikt …

Der große Schicksalsroman einer Frau, die ihren Traum von Afrika zu verwirklichen sucht!

Knaur

Leseprobe aus

Stefanie Gercke

Ich kehre zurück nach Afrika

Dienstag, den 26. März 1968

Durch das Dröhnen der Flugzeugmotoren meinte sie die Stimme ihres Vaters zu hören, traurig und voller Sehnsucht. »Du bist in Afrika geboren, auf einer kleinen Insel im weiten, blauen Meer.« Seine Worte waren so klar wie damals, vor fast dreiundzwanzig Jahren. Sie sah ihn am Fenster lehnen, das blind war von dem peitschenden Novemberregen, seine breiten Schultern nach vorn gefallen, und ihr war, als vernähme sie wieder die windverwehte Melodie von sanften kehligen Stimmen, als stiege ihr dieser Geruch von Rauch und feuchter, warmer Erde in die Nase.
»Afrika«, hatte er geflüstert, und sie wußte, daß er den dunklen Novemberabend nicht sah, daß er weit weg war von ihr, in diesem fernen, leuchtenden Land, dessen Erinnerung ihm, ihrem turmgroßen, starken Vater, die Tränen in die Augen trieb.
Die Stirn gegen das kalte Fenster des großen Jets gepreßt, sah sie hinunter auf das Land, das sie liebte, ihr Paradies. Ein Schluchzen stieg ihr in die Kehle. Sie schüttelte ihre dichten, honigfarbenen Haare schützend vor das Gesicht. Niemand durfte ihr etwas anmerken, niemand durfte wis-

sen, daß sie dieses Land für immer verließ, niemand! Besonders nicht der Kerl da vorne, der in dem hellen Safarianzug mit dem schwarzen Bürstenschnurrbart, der so ruhig an der Trennwand zur ersten Klasse lehnte. Vorhin, als sie einstieg, stand er zwischen den Sitzen in einer der letzten Reihen. Sein Genick steif wie ein Stock, ließ er seine Augen ständig über seine Mitpassagiere wandern. Von Gesicht zu Gesicht, jede ungewöhnliche Regung registrierend, ohne Unterlaß. Daran hatte sie ihn erkannt, an dem ruhelosen, lauernden Ausdruck seiner Augen. Einer von BOSS, dem Bureau of State Security, ein Agent der Staatssicherheit, der gefürchtetsten Institution Südafrikas. BOSS, die eine Akte über sie führten.
Tief unter ihr glitt die Küste von Durban dahin. Die Bougainvilleen leuchteten allenthalben wie rosafarbene Juwelen auf den sattgrünen Polstern gepflegter Rasenflächen. Ihre Augen ertranken in stillen Tränen.
Reiß dich zusammen, heulen kannst du später!
So verharrte sie lautlos, saß völlig bewegungslos, zwang sich, das Schluchzen hinunterzuschlucken. Sie tat es für ihre Kinder, ihre Zwillinge, Julia und Jan, den Mittelpunkt ihrer kleinen Familie, die ganz still neben ihr in den Sitzen hockten.
Ihre Gesichter, von der afrikanischen Sonne tief gebräunt, waren angespannt und blaß, ihre Augen in verständnisloser Angst aufgerissen. Obwohl sie sich bemüht hatte, sich nichts anmerken zu lassen, mußten sie dennoch etwas gespürt haben. Sie waren gerade erst vier Jahre alt geworden. Viel zu jung, um so brutal aus ihrem behüteten Dasein gerissen zu werden, zu klein, um zu verstehen, daß von nun an nichts mehr so sein würde, wie es bisher war. Vor wenigen Wochen erst hatten sie mit einer übermütigen Kuchen-

schlacht ihren Geburtstag gefeiert, doch Henrietta hatte Mühe, sich daran zu erinnern, denn die folgenden Ereignisse töteten alles andere in ihr, ihre Gefühle, ihre Erinnerungen, ihre Sehnsüchte. Es war, als wüchse ein bösartiges Geschwür in ihr, das sie ausfüllte und langsam von innen auffraß.

Das metallische Signal des bordinternen Lautsprechers schnitt scharf durch das sie umgebende Stimmengesumm. Das Geräusch kratzte über ihre rohen Nerven, sie zuckte zusammen, fing die Bewegung aber sofort auf. Um keinen Preis auffallen! Nur nicht in letzter Sekunde die Fassung verlieren und den Mann gefährden, der dort unten, irgendwo in dem unwegsamen, feuchtheißen, schlangenverseuchten Buschurwald im Norden Zululands versuchte, über die Grenze nach Moçambique zu gelangen. Ihr Mann. Es war ihr plötzlich, als spüre sie seine Hand in der ihren. So stark war ihre Vorstellungskraft, daß sie seine Wärme fühlte. Sie strömte in ihren Arm und breitete sich wohlig in ihr aus, so als teilten sie denselben Blutkreislauf. Sie wußte, solange diese Hand die ihre hielt, konnte ihr nie etwas wirklich Furchtbares passieren. Ihr nicht und Julia und Jan nicht. Sie schloß die Augen und gab sich für einen Augenblick dieser kostbaren Wärme und Geborgenheit hin.

Doch ebenso plötzlich war es vorbei, es fröstelte sie. Eiskalte Angst ergriff ihre Seele. Denn sollte der Agent von BOSS mißtrauisch werden, merken, daß sie auf der Flucht war und nicht die Absicht hatte, nach Südafrika zurückzukehren, würden sie ihn fangen, bevor er die Grenze überquert hatte. Verschnürt wie Schlachtvieh, würden sie ihn in ein vergittertes Auto werfen und dann in einem ihrer berüchtigten Gefängnisse verschwinden lassen. Als Staatsfeind unter dem 180-Tage-Arrest-Gesetz, einhundertachtzig Tage ohne Anklage, ohne Verurteilung und ohne die Möglichkeit für den Gefangenen, einen Anwalt oder auch nur seine Familie zu benachrichtigen. Nach 180 Tagen würden sie ihn freilassen aus der dumpfen, dämmrigen Zelle, zwei, drei Schritte in den strahlenden afrikanischen Sonnenschein machen lassen, die Freiheit des endlosen Himmels kosten, um ihn auf der Stelle für weitere 180 Tage zu inhaftieren. »Bis die Hölle zufriert«, pflegte Dr. Piet Kruger, Generalstaatsanwalt von Südafrika, zynisch zu bemerken. Irgendwann würden sie ihn mit gefälschten Anschuldigungen vor Gericht stellen und dann für viele Jahre qualvoll hinter Gittern verrotten, zum Tier verkommen lassen. Ihr wurde speiübel von den Bildern, die sich ihr aufdrängten.

Als aber die Stewardeß sie nach ihrem Getränkewunsch fragte, konnte sie lächeln, und ihre Stimme war klar und ohne Schwankungen. In den letzten Wochen mußte sie das lernen. Zu lächeln, obwohl ihr das Herz brach. Sie hatte Dinge gelernt und Dinge getan, von denen sie nie ahnte, daß sie dazu fähig sei. Sie hatte gelogen, getäuscht und jede Menge Gesetze gebrochen, mit lachendem Gesicht und einem stummen Schrei in der Kehle, der sie fast erstickte.

Der weiße Jet flog hinaus über die blaue Unendlichkeit des Indischen Ozeans. Der wie helles Gold schimmernde Strand, der um Natal liegt wie ein breites Halsband, wurde zu einem feinen, leuchtenden Reif, die Küste versank im Dunst der Ferne. Kurz darauf legte sich das Flugzeug in eine scharfe Kurve landeinwärts, und sie erkannte Umhlanga Rocks an der aus dem dünnen Salzschleier steigenden Hugellandschaft und dem rot-weißen Leuchtturm, der vor dem traditionsreichen Oyster Box Hotel die Seefahrer vor den tückischen, felsbewehrten Küstengewässern warnte. Und weil sie wußte, wo sie suchen mußte, entdeckte sie das silbergraue Schieferdach ihres Hauses, oben am Hang, unter den Flamboyants. Sie sah es nur für den winzigen Bruchteil eines Augenblicks zwischen dem flirrenden Grün, dann versank es in dem Meer von Bäumen.

*

Vor etwas mehr als acht Jahren war sie hier gelandet, hungrig nach Leben nach den Einschränkungen der Nachkriegsjahre in Deutschland, gierig nach Freiheit, froh, endlich den erstickenden Vorschriften und Traditionen einer seelisch verkrüppelten Gesellschaft entronnen zu sein. So kam sie im Dezember 1959 nach Südafrika, noch nicht zwanzig Jahre alt, sprühend von Lebensenergie, erfüllt von unbändiger Willenskraft, hier ihr Leben aufzubauen.
Sarahs dunkles Gesicht tauchte vor ihr auf, daneben das von Tita, gerahmt von ihren flammenden Locken, und hinter ihnen gruppierten sich die Menschen, die sie liebte und die sie jetzt verlassen mußte. »Ich kehre zurück, Afrika«, schwor sie und dachte dabei an Papa. »Einmal noch nach Afrika – ich werde nicht nur davon träumen.« Eine übermächtige Wut packte sie auf alle, die ihr und ihrer Familie das antaten, Kampfgeist brach durch ihren Schmerz, doch sie grub ihre Fingernägel tief in die Handflächen. Noch mußte sie durchhalten, noch wenige Stunden. In knapp fünfundvierzig Minuten war die Landung auf dem Jan-Smuts-Airport in Johannesburg vorgesehen. Zwei Stunden später würde sie dann an Bord der British-Airways-Maschine dieses Land verlassen. Wenn sie mich nicht erwischen! Bis dahin muß ich weiter lächeln und lügen und mich verstellen.

Sie sah hinunter auf ihr Paradies, um sich jede Einzelheit einzuprägen. Das Flugzeug stieg steil und schnell, und Umhlanga verschwand hinter den fruchtbaren, grünen Hügeln von Natal. Zurück blieb der Abdruck dieses Bildes, das sich tief und unauslöschlich in ihr Gedächtnis grub.

*

Es begann vor langer Zeit, als Henrietta noch sehr klein war, als Entfernungen noch in Tagen und Wochen gemessen wurden, zu der Zeit, als sie die Welt bewußt wahrzunehmen begann.

Im sterbenden Licht eines dunklen, stürmischen Novembertages, auf dem dünnen Teppich über dem harten Parkettboden im Wohnzimmer ihrer Großmutter in Lübeck sitzend, wendete sie die steifen Seiten ihres Lieblingsbilderbuches über wilde Tiere in einem fremdartigen, grünen Blätterwald und badete ihre ungestüme Kinderseele in den leuchtenden, bunten Farben. Regen explodierte gegen die Fensterscheiben, und Wind heulte durch die kahlen Bäume, fegte fauchend um die Häuserecken. Ihr Vater lehnte seinen Kopf in den blauen Ohrensessel zurück. Seine Hände, die ein Buch hielten, sanken auf die Knie. »Afrika«, sagte er nach einer Weile leise, und nach einer langen, stillen Pause, »nur noch einmal Afrika.« Seine hellen, blauen Augen blickten durch den grauen Regenvorhang, als sähe er ein Land und eine Zeit jenseits der kalten, unwirtlichen Novemberwelt.

Das kleine Mädchen auf dem Boden hob den Kopf, Lampenlicht vergoldete ihre Locken, und lauschte dem Nachhall der Worte. »Afrika?« wiederholte sie fragend.

Ihr Vater sah hinunter auf seine Tochter und nickte. »Es ist nicht zu früh, du wirst es verstehen«, murmelte er und drückte sich mit seinen kräftigen Armen aus dem Sessel auf die Füße. Sein rechtes Bein war schwach und dünn wie das eines Kindes und mußte durch eine Metallschiene gestützt werden. Die Folgen eines Unfalls und einer verpatzten Operation, die ihn zum Krüppel gemacht hatten. Er stützte sich schwer auf seinen Stock und hinkte zum Glasschrank, der stets verschlossen war und Dinge von seltsamen, fremden Formen hinter den Spitzengardinen verbarg. Er holte einen fleckigen, vergilbten Leinensack heraus und legte ihn geöffnet in ihren Schoß. »Nimm es heraus.«

Ein schwacher, staubiger Geruch von getrocknetem Gras stieg ihr in die Nase, süßlich und kaum wahrnehmbar. Vorsichtig griff sie hinein. An einer festen, geflochtenen Kante aus Bast, die mit schmalen, gezähnten Muscheln besetzt war, hing ein dickes, puscheliges Röckchen aus dunkelbraunem, vom Alter brüchigen Gras. Es war länger als ihr ausgestrecktes Kinderärmchen und reichte bis auf den Teppich.

»Es war dein erstes Kleidungsstück«, lächelte ihr Vater, »ein Baströckchen, wie es die Eingeborenen, die es dir schenkten, auch trugen. Denn du bist in Afrika geboren, auf einer kleinen Insel, unter hohen, flüsternden Palmen, genau in dem Moment, als der große Regen begann. Vor dir war noch nie ein weißes Kind auf dieser Insel geboren worden, und für sie, die sie eine schwarze Haut hatten, warst du ein kleines Wunder mit deinen blonden Haaren und blauen Augen. So nahmen sie dich in ihren Stamm auf.« Er trat ans Fenster, das jetzt dunkel und undurchsichtig war und an dem der Regen wie ein Sturzbach herunterfloß. »Es ist eine sehr kleine Insel. Sie liegt über dem Äquator zwischen anderen Inseln in einem weiten, blauen Meer.« Seine Stimme wurde leiser, und sie hatte Mühe, seine Worte zu verstehen. »Es ist immer warm dort und hell, und Blumen blühen das ganze Jahr.«

Er schwieg und wendete sein Gesicht ab. Seine Schultern bewegten sich.

Henrietta vergrub ihre Nase in dem Baströckchen und sog den Duft ein. Etwas rührte sich in ihr. Sie fühlte eine Wärme auf ihrer Haut, unvergleichlich heißer und lebendiger als die nördliche, blasse Sonnenwärme, und sie hörte eine windverwehte, weit entfernte Melodie von sanften, kehligen Stimmen. Ein anderer Geruch berührte ihr Gesicht, rauchig und vertraut. Schmetterlingszart stieg er auf und streichelte sie. Ein berauschendes Gefühl von Dazugehören und Frieden umschloß sie, hüllte sie ein. Sie hob ihre Augen zu ihrem Vater. »Afrika?« fragte sie, und er nickte.

So begann es.

Afrika. Für Henrietta wandelten sich das Wesen und der Inhalt des Wortes über die Jahre. Für das kleine Kind war es die Welt der Wunder und Märchen, der Traum von Schätzen und dunkelhäutigen Prinzen in prächtigen Gewändern und fernen, in der Sonne glitzernden Küsten, ihr Traum, in den sie sich in den trüben, nordischen Wintern flüchtete.

In jener turbulenten, chaotischen Zeitspanne zwischen Pubertät und Erwachsenwerden war es der geheime Zufluchtsort, in den sie sich zurückzog, wenn die Welt zuviel von ihr verlangte. Der Ort war nirgendwo, hatte keine bestimmte Form, es war nur ein warmes, dunkles Gefühl, ein Rhythmus und eine Erinnerung, Frieden gefunden zu haben.

Wenn ihre Sehnsucht nach Licht und Wärme etwas anderes

verlangte als nur Sonne, wenn die verknöcherten Vorschriften ihrer Umgebung zu einem Gefängnis wurden, dann hatte das Wort Afrika die Bedeutung von Hoffnung und Trost und einer Verheißung von Freiheit. Ohne dieses Afrika, ihr Afrika, konnte sie nicht überleben.

»Du bist in Afrika geboren, auf einer kleinen Insel im weiten, blauen Meer«, hatte ihr Vater gesagt, und dann roch sie diesen Duft, rauchig und vertraut, und hörte die windverwehte Melodie dunkler, sanfter Stimmen. Seine Worte waren wie ein Samen, und ihre Sehnsucht, dieses Verlangen nach dem Ort, der ihre Heimat war, wuchs daraus als kräftige, widerstandsfähige Pflanze. Sie wußte, daß sie eines Tages zurück nach Afrika gehen mußte. »Gleich, wenn ich groß bin!« Um sie herum wurde es dann hell und warm, selbst wenn draußen alles Leben unter einer Eisdecke gefror.

Waris Dirie

Wüstenblume

Vom Nomadenleben in der somalischen Wüste auf die teuersten Designer-Laufstege der Welt – ein Traum. Und ein Alptraum, denn Waris Dirie wurde im Alter von fünf Jahren Opfer eines grausamen Rituals: Sie wurde beschnitten. In *Wüstenblume* bricht sie ihr jahrelanges Schweigen und erzählt ihre Geschichte. Heute kämpft sie als UNO-Sonderbotschafterin gegen die Genitalverstümmelung, die täglich 6000 Mädchen erleiden müssen.

Knaur

Buchkultur im Handgepäck

Galsan Tschinag
Eine tuwinische Geschichte
Für diese große Erzählung erhielt der in deutscher Sprache schreibende mongolische Dichter 1992 den Adelbert-von-Chamisso-Preis.
ISBN 3-927743-19-4

Galsan Tschinag
Die Karawane
Der Autor, gleichzeitig Oberhaupt einer kleinen Gruppe tuwinischer Jäger und Hirtennomaden, führt sein Volk über 2000 km zurück in die Heimat im Hochaltai.
ISBN 3-927743-30-5

Galsan Tschinag
Das Ende des Liedes
Lyrisch epischer Gesang auf ein einfaches, hartes Leben. Ein Nomadenroman voller Unmittelbarkeit, Bilderreichtum und Dramatik.
ISBN 3-927743-10-0

Hassouna Mosbahi
Der grüne Esel
Tunesische Erzählungen
Wie ein Nomade wandert der Autor durch seine phantastischen Erzählwelten zwischen Orient und Okzident.
ISBN 3-927743-24-0

Curt Meyer-Clason
Portugiesische Tagebücher
Das berühmte Portugalgefühl: Tuchfühlung auf ländlich, zärtlich und warmvertraut, und immer die Frage: warum meine Sehnsucht nur, warum?
ISBN 3-927743-32-1

Stegmüller/Chitre/Dhasal
Bombay – Mumbai
Bilder einer Megastadt
Annäherung an das Geheimnis des geliebten Molochs Bombay, aus der Sicht zweier indischer Dichter und eines Fotografen.
ISBN 3-927743-26-7

A1 Verlag · Hippmannstraße 11 · 80639 München